# 道德经新鉴

周新民 著

商务印书馆国际有限公司
中国·北京

图书在版编目(CIP)数据

道德经新鉴 / 周新民著. -- 北京：商务印书馆国际有限公司,2020.9

ISBN 978-7-5176-0751-9

Ⅰ.①道… Ⅱ.①周… Ⅲ.①道家 ②《道德经》-研究 Ⅳ.①B223.15

中国版本图书馆 CIP 数据核字(2020)第 157681 号

DAODEJING XINJIAN

## 道德经新鉴

| 著　　者 | 周新民 |
|---|---|
| 出版发行 | 商务印书馆国际有限公司 |
| 地　　址 | 北京市朝阳区吉庆里 14 号楼<br>佳汇国际中心 A 座 12 层 |
| 邮　　编 | 100020 |
| 电　　话 | 010-65592876(编校部)<br>010-65598498(市场营销部) |
| 网　　址 | www.cpi1993.com |
| 印　　刷 | 北京新华印刷有限公司 |
| 开　　本 | 710mm×1000mm　1/16 |
| 字　　数 | 358 千字 |
| 印　　张 | 33.25 |
| 版　　次 | 2020 年 9 月第 1 版第 1 次印刷 |
| 书　　号 | ISBN 978-7-5176-0751-9 |
| 定　　价 | 70.00 元 |

版权所有·违者必究

如有印装质量问题,请与我公司联系调换。

# 简 明 导 读

当今世界进入了大调整、大变革、大转折的变局期,全球治理、国家治理、社会治理及人类道德建设出现了前所未有的新问题和新挑战。站在人类发展新的十字路口,世界将走向何方?中国应怎样走向世界?人类文明该如何演进?已成为困扰世人和亟待解决的重大命题。

如果你想知道东方文明为何屹立不倒并终将崛起于世界之原因,

如果你想知道秉持"人类命运共同体"与"让美国再次伟大"两种理念治国谁终成王者,

如果你想知道中国为什么必然能走到"世界舞台中央",

如果你想知道未来中国能否跳出"富者更富、穷者恒穷"怪圈,

如果你想知道"修身、齐家、治国、平天下"需要哪些真本事,

如果你想知道在家也可自我修身、修性、修心,"开启幸福圆满人生"的秘诀,

如果你想知道"天不怕、地不怕",不知敬畏将带来怎样的后果,

如果你想知道避免"黑天鹅""灰犀牛"事件的微明智慧,

如果你想知道"为自己活着"最终能否行远成功,

那么,你就打开本书,定能从中得到启示、启发和启迪,从中汲取智慧、能量和力量,从中找到答案、方法和钥匙。

# 目　录

序 ................................................................ 1
引言 .............................................................. 3

## 上篇　道经新鉴

第一章 ...................................................... 003
　　立起道思想、强化道理念、弘扬道文化

第二章 ...................................................... 011
　　以"美中有丑、善中有恶、贵中有贱"辩证观，
　　防"表面化、绝对化、理想化"生忧患

第三章 ...................................................... 017
　　反对"人为标榜、人为渲染、人为炫智"倾向，
　　追求"自然之治、无为之治、无所不治"境界

第四章 ...................................................... 027
　　"道容量、道能量、道力量"，"无所不覆、无所
　　不达、无所不能"

第五章 ·········································································· 032
"偏心、偏颇、偏私"失道,"守中、居中、和中"合道

第六章 ·········································································· 038
把握"初始、本源、永恒"之道性质,遵循"造化、运化、演化"之道规律

第七章 ·········································································· 044
以"克己为公、舍己为公、无己为公"之品质,行"自我成长、自我成全、自我成就"之自然

第八章 ·········································································· 049
不争果报以得长远、安守低位以聚力量、顺化外境以绝祸患

第九章 ·········································································· 055
"盈则致溢、锐则致折、贵则致咎","遂须知退、遂应淡退、遂当隐退"

第十章 ·········································································· 061
修"清静真一、清静自然、清静无为"真性,养"生而不有、为而不恃、长而不宰"上德

第十一章 ········································································ 068
秉承"无形亦有形、无形成有形、无形胜有形"思想,致力"就虚看实、向虚求实、以虚胜实"相结合

## 第十二章 ·········· 074
兴"朴俭、朴素、朴实"内德,入"去奢入俭、除华归本、淡表重里"境界

## 第十三章 ·········· 080
破除"患辱、患失、患害"小我格局,升华"无我、无私、无畏"大我境界

## 第十四章 ·········· 086
坚守"亘古本始、不变规律、永存纲纪","驾驭、统驭、善驭"万物

## 第十五章 ·········· 092
提升"自慎、自律、自谦"品质,贯通"澄清、神清、至清"逻辑

## 第十六章 ·········· 098
"致虚极、守静笃、归其根","避凶险、行大道、致久远"

## 第十七章 ·········· 105
"尚无为、崇自然、复淳风",实现"良性互动、良性循环、良性治理"

## 第十八章 ·········· 112
回归"总根、命根、本根"源头,把握"修身、齐家、治国"真谛

第十九章 ·············· 118
　　遵"效天法理、见素抱朴、少私寡欲",弃"把弄圣智、卖弄仁义、倒弄巧利"

第二十章 ·············· 124
　　"信天道、贵天道、持天道",方能"心有准则、心有主流、心有所止"

第二十一章 ·············· 131
　　大道"永远、永恒、永生",理当"不忘本来、无愧过来、拥抱未来"

第二十二章 ·············· 137
　　"冤终能申、低终能高、少终能多"乃真理,"忍中求机、谦中求进、简中求成"皆智慧

第二十三章 ·············· 143
　　"失道遭道报、无道遭道罚、逆道遭道灭","以守道成事、凭循道成功、靠正道成就"

第二十四章 ·············· 149
　　反对"固执己见、自以为是、自我标榜、自矜骄傲"之坏作风,培养"自醒、自量、自知、自谦"之好品质

第二十五章 ·············· 155
　　效法"地之宽厚无私、天之无所不覆、道之虚无清静",追求"道法自然、顺其自然、自然而然"

## 第二十六章 ······················································ 160
"急躁、浮躁、狂躁"则身轻天下，"稳重、厚重、持重"则燕处超然

## 第二十七章 ······················································ 166
善于"循道尊理、循道明理、循道释理"，必能"待人人和、接物物盛、处事事兴"

## 第二十八章 ······················································ 173
守"强不凌弱、智不侮愚、贵不欺卑"，归"天然本性、自然本色、浑然本源"

## 第二十九章 ······················································ 179
"为治而治、强势而治、背道而治"终败，"顺时而治、顺势而治、顺理而治"终成

## 第三十章 ······················································ 187
"战必有据、战必有度、战必有道"，"胜则知止、胜则勿强、胜则取柔"

## 第三十一章 ······················································ 193
"尚武、尚兵、尚战"胜而不美，"习文、拥善、崇和"天下归心

## 第三十二章 ······················································ 199
"强求、强制、强为"难长久，"宽容、包容、兼容"能永恒

第三十三章 ………………………………………………… 205
"认清自己、强大自己、战胜自己"才能"心智不乱、意志不衰、精神不灭"

第三十四章 ………………………………………………… 211
不自高方能高大、不自傲方能博大、不自大方能伟大

第三十五章 ………………………………………………… 217
"执守真理、坚守真理、信守真理",方能"平安康泰、事业长久、人生圆满"

第三十六章 ………………………………………………… 223
"盛衰有道、成败有数、治乱有势",把握"欲抑先扬、欲擒故纵、欲取姑予"微明智慧

第三十七章 ………………………………………………… 230
以"无为之理、无名之朴、无欲之静"自然之道,实现"万民自化、无欲自静、天下自定"大治境界

## 下篇 德经新鉴

第三十八章 ………………………………………………… 239
攀登"品德山峰、仁德高峰、上德顶峰",坚持"循道贵德、守道厚德、行道彰德"

## 第三十九章 … 246
遵循"中平、均衡、和合"的统一观,避免"分化、极化、恶化"的坏局面

## 第四十章 … 254
遵循"反向运动、物极必反、无限循环"规律,坚信"小能变大、低能变高、弱能变强"必然

## 第四十一章 … 261
遵循"大智若愚、大方无棱、大器晚成"规律,追求"自然修德、潜心修德、不懈修德"境界

## 第四十二章 … 268
以"中和、平和、调和"智慧,结"共利、共进、共荣"硕果

## 第四十三章 … 274
"无形天道、无声天道、无痕天道"看似无为,实则"无所不至、无所不能、无所不成"

## 第四十四章 … 279
"知重、知足、知止"方能"安身、安全、安宁"

## 第四十五章 … 284
求"虚静、恬静、清静"之静境,行"守正、中正、至正"之正道

## 第四十六章 … 289
"恬淡方知足、知足方满足、满足方常足","自觉克贪念、主动治贪欲、积极防贪祸"

第四十七章 …………………………………………………… 294
"立足自我、立足内在、立足根本"认识基础，升华"由己知人、由内知外、由一知多"认识境界

第四十八章 …………………………………………………… 300
以"加法治学、减法修炼、加减得法"，行"以学促修、以修养德、以德开道"

第四十九章 …………………………………………………… 306
效法"以善化恶、以信化诈、以心唤心"圣人之德，建设"淳朴善良、诚实守信、同心同德"文明社会

第五十章 …………………………………………………… 313
"席丰履厚、丰功厚利、高官厚禄"终无度厚亡，"恬淡寡欲、戒奢尚俭、安心坦荡"方厚享终身

第五十一章 …………………………………………………… 320
尊道贵德"成长、成材、成就"，失道离德"夭折、夭殃、夭灭"

第五十二章 …………………………………………………… 326
"尊始、察微、归本"，"无险、无灾、无殃"

第五十三章 …………………………………………………… 332
"守道道坦、偏道道离、背道道黑"，"坚走大路、坚走正路、坚走明路"

## 第五十四章 ………………………………………… 339
道观世事知成败、道观天下知兴衰、道观未来知更替

## 第五十五章 ………………………………………… 344
"至柔、至静、至和",方能"至盛、至兴、至远"

## 第五十六章 ………………………………………… 350
只有"静养天真、慎守天真、和涵天真",才能"德与道同、德与道合、德与道和"

## 第五十七章 ………………………………………… 355
遵循"善政防奇、德政禁奇、久政绝奇"规律,追求"无为自化、无事自富、无欲自朴"境界

## 第五十八章 ………………………………………… 361
把握"福祸相倚、正反相随、机危相伴"之规律,警惕"过满招损、过正生反、过盛转衰"之风险

## 第五十九章 ………………………………………… 368
厚植"俭约、简约、谨约"珍啬之德,开辟"长胜、长久、长盛"固蒂之道

## 第六十章 ………………………………………… 373
循烹小鲜"不翻腾、不闹腾、不折腾"之要,成治大国"良民竭力、刁民收敛、道同德合"之效

## 第六十一章 ……………………………………… 379
"处大守小、处强守弱、处贵守卑","以谦为上、以谦取小、以谦得胜"

## 第六十二章 ……………………………………… 385
循"尊道、行道、得道"轨迹,赢"保全、成全、万全"结局

## 第六十三章 ……………………………………… 392
以"易处着手、细处着力、难处着眼"之法,达"无为之为、无事之事、无难之难"之境

## 第六十四章 ……………………………………… 398
"安时思危、富时守俭、治时防乱","防微杜渐、防萌杜变、防患未然"

## 第六十五章 ……………………………………… 405
秉持"诚得诚、信得信、实得实",才能"顺天理、得民心、赢大治"

## 第六十六章 ……………………………………… 411
放低"姿态、身态、心态",方能"亨通、光明、成功"

## 第六十七章 ……………………………………… 416
"慈悲、慈俭、慈爱","战必胜、守必固、天必护"

## 第六十八章 ……………………………………… 422
自觉"敬贤爱士、礼贤下士、信贤赖士",实现"仰才而治、垂拱而治、自然而治"

## 第六十九章 … 428
秉持"不畏战、不生战、不好战"防御战略，铸造"威武、正义、文明"胜利之师

## 第七十章 … 435
"表形、表征、表意"露外似石，"品位、品格、品质"藏内如玉

## 第七十一章 … 440
不知为知太无知、小知大知半无知、知而不知真大知

## 第七十二章 … 446
去"自威、自见、自贵"，取"自尊、自知、自爱"

## 第七十三章 … 452
"谨慎、审慎、周慎"则活，"冒失、冒进、冒险"则杀

## 第七十四章 … 459
"以道教之、以德化之、以法惩之"齐下，"法德兼顾、法德并重、法德共治"同行

## 第七十五章 … 464
"强求、贪求、妄求"终难求，"自然、顺然、超然"成果然

## 第七十六章 … 469
"强横、强制、强势"暗藏危机，"柔弱、柔和、柔韧"潜藏生机

第七十七章 …………………………………………………… 474
　　遵循"平衡、权衡、守衡"天道法则，防止"分化、异化、恶化"人为灾难

第七十八章 …………………………………………………… 479
　　养"处下秉性、利他品性、守柔韧性"水之品质，入"能低能高、能舍能得、能屈能伸"自如境界

第七十九章 …………………………………………………… 484
　　"以善防怨、以善止怨、以善化怨"，"养善心、植善根、求善报"

第八十章 ……………………………………………………… 489
　　反对"图霸、争霸、称霸"霸权思维，崇尚"和平、和睦、和谐"和合文化

第八十一章 …………………………………………………… 495
　　向往"只唯真、只唯实、只唯爱"圣心，追求"为大众、益大众、爱大众"境界

后记 …………………………………………………………… 501

# 序

太上混元，无极大道，万类资始。鸿蒙依此始判，阴阳因之肇分。天宝之以致清，地秘之以致宁，三光乘之以高明，五岳从之以得镇，天子得之以致治，国祚赖之以致平。

至真妙道，极而至极，高而无上。天地玄宗，万气本根，包罗宇宙，化育群生。虚无自然，自古及今，其名不去，大寰宇内，遍处皆存。往古迄今，无时不在。无为无形，有情有信。其上不皎，其下不昧。迎不见首，随不得后。宇宙根源，运动法则。冥冥造化，天地运度。万物纲纪，造化枢机。生杀本始，神明之府。杳杳无闻，妙用难窥。灵机罔测，神通莫拟。

应之于人，是为理性，纯粹刚正，无坚不摧，入水不溺，入火不焚。圆明寂照，万劫不磨，永无生灭，真空妙觉。日用万事，皆具其理，百般情感，咸仗其性。道物关系，似同水波，水波一体，道物不二。森罗万象，芸芸众生，须臾不离。帝王将相，得道多助。仕宦黎庶，失道寡助。山川动植，有道则生。胎卵湿化，离道即亡。遐迩高卑，贤愚贵贱，长短曲直，美丑清浊，色声香味，包容无遗。玄之又玄，众妙之门，取之不尽，用之不竭。冥冥造化，玄功无穷。天子皇权，盖莫敢逾。英雄豪杰，莫能抗拒。智谋高士，无计可施。满堂金玉，莫之买卖。黄老立论，义冠群经，理蔽诸家。自然灾祥，人世臧否，动物寿夭，植物荣枯，兵家胜负，国政治乱，事业成败，人类吉凶，无不备至。周文孔丘，继道之标，倡明明德，亲民至善，自古及今，被世尊崇。仁义礼智，修齐治平，规范人类。释宗其妙，禅其空相，不生不灭，不垢不净，不增不减，究竟涅槃，了悟圆觉。道体其本，致虚守静，返情归性，内修达圣，外用为王，与道合真。

今有北京周新民先生，钦慕老子之学，且颇下功夫，用心良苦，重新解释老子《道德经》，八十一章，五千余文，结合古今，见识超凡，现已成册，立待面世，为人们探究《道德经》有着极高的价值，钦佩之至。今草为序，以俟来哲。

任法融

庚子夏仲月二十五日

# 引　言

进入新世纪，人类社会已经走过二十年发展历程，世界已处在不稳定、不确定、不安定的变局期，正步入大调整、大变革、大转折的前奏期。面对世界百年未有之大变局，中国这个东方文明古国和世界大国，在人类社会发展的十字路口，应该为世界贡献怎样的全球治理智慧？

第三次工业革命后，世界经过七十多年发展，已经进入了第四次工业革命前夜。在科学技术日益突破推动人类进步的同时，伴生的负面影响远超以往，特别是高科技在军事、航天等领域的突破和应用，带来了极具威胁性的潜在风险。这次让全世界停摆的新冠肺炎疫情，是一场全球性灾难，也是一次"伟大的纠错"，唤醒世人对自然和生命本质的尊重、敬畏，让人类深刻反思与自然万物的依存关系，昭示人类应尽快回到爱护生命、守护地球、尊重自然的轨道上来。面对日新月异的科技发展和与日俱增的危险隐患，中国这个东方文明古国和世界大国，应该在规范世界秩序中贡献怎样的中国智慧？

西方世界自第一次工业革命以来，经过二百六十余年崛起发展，日益暴露出许多不完善之处，而其发展根基在经济和金融危机后受到严重的冲击，资本主义国家先后陷入了困惑、迷茫、焦虑的状态，落入了无奈、无助、无力的境地。这种困局在这次全球抗击新冠肺炎疫情进程中表现得更加淋漓尽致。面对疫情肆虐，一些国家显得有些力不从心，从医疗体系、民众动员、政府领导力等方面充分暴露出其制度缺陷。面对西方世界的消沉与困境，中国这个东方文明古国和世界大国，应该贡献怎样的思想理念助其焕发生机活力、努力走出困局呢？

经过七十年不懈奋斗，中国大步跨进新时代，中国梦已经成为十四亿中国人民共同的追求和向往。中华民族伟大复兴作为物质文明和精神文明同步繁荣的雄浑交响，愿景无比宏伟，前途无比光明，征程无比伟大。"行百里者半九十"，面对近代以来中华民族最伟大的梦想日益照进现实的灿烂曙光，新时代的中国，应该怎样在把准航向的同时激发开拓奋进的动力源泉？

坚持"道路自信、理论自信、制度自信、文化自信"是推进中国特色社会主义伟大事业的底蕴支撑和制胜法宝。文化自信是"四个自信"中最深厚、最雄浑、最绵长的深沉力量。针对当前"文化自信"相对滞后于其他"三个自信"的不争事实，面对建设社会主义文化强国的艰巨任务，新时代中国，应该怎样发挥"四个自信"整体合力，为建设社会主义现代化强国积聚本源性力量？

国民素质直接决定社会文明程度、国家文明程度、民族文明程度，直接制约中国特色社会主义现代化强国建设水平。针对当今国民素质现状与未来愿景目标之间存在的现实反差和提升全社会公民道德素质任重道远的客观实际，新时代中国，应该怎样从中华民族优秀传统文化中汲取营养，走出一条提升国民思想文化素质的特色之路？

毫无疑问，以上这些问题，是当今世界和新时代中国正在面临、必须正视的重大问题，既关系到人类社会发展的前途命运，更关系到中华民族伟大复兴的光明前景。显然，这些问题都是当今世界和当代中国面临的深层次问题，而解决深层次问题必须立足于大规律、大逻辑、大智慧，从中寻求答案、方案。既要坚持马克思主义科学理论指导，坚持马克思主义世界观和方法论，又要善于从优秀文化积淀、古老哲学思想中寻找力量、汲取智慧。

《道德经》是研究宇宙、自然、国家、社会、人及其相互关系等重大命题的伟大哲学著作，揭示了宇宙演变规律、国家治理规律、人生修养规律等等，有"万经之王"美誉。自古以来，深得明君圣贤推崇借鉴，纷纷遵此思想固邦安本，以求开创万世太平。众所周知，中国历史上的"文景之治""贞观之治"与老子思想备受运用、发挥作用不无关系。数千年后，东学西渐，《道德经》远播海外，尤其在第一次世界大战后，其"天人合一""道法自然"和"无为而治"的思想智慧，深深震撼了饱受战争创痛的西方世界。不难看到，无论人类如何变迁、社会如何进步、世界如何发展，《道德经》的思想内核依然拥有超越时空、超越国界、超越制度的神奇力量，闪耀着亘古永恒的智慧光芒。老子不仅不"老"，而且历久弥新。

历史的车轮行至今日，人类面临问题的复杂程度、困难程度、风险程度前所未有。要解决当今世界面临的地缘政治博弈、价值观碰撞、宗教种族对立、资源危机、贫富差距悬殊等现实难题，解决建设中国特色社会主义进程中面临的深层次、复杂性、顽瘴性问题，完全可以从中华文明文化瑰宝——《道德经》中追本溯源、汲取智慧和力量。如果能够把深藏其中的修炼人生、治理社会、治理国家的巨大价值进一步挖掘出来，就会从传统文化宝库中找到打开人类社会所面临的现实问题之"锁"的"金钥匙"。

几千年来，历朝历代、古今中外挖掘《道德经》的思想智慧者数不胜数。据史料记载，到元朝时期就有三千余种注释版本，到今天为止，世人对《道德经》思想智慧的探究和挖掘从未停止。但必须看到，在成千上万的注释和译本中绝大部分仍停留在文字解读和道文化传播上，其蕴藏的本源精华、深邃内涵、智慧哲思应该说还没有充分挖掘到位、广泛传播到位、借鉴运用到位，从某种意义上而言这也掩盖了《道德经》本有的智慧光芒，削弱了其应有的时代价值，令人非常遗憾。

令人惊喜的是，我在比较研究现代《道德经》注释著作中发现，当代著名传统文化专家任法融道长所著《道德经释义》完全自成一派、独树一帜，无论释义站位、视野格局，还是思想深度、逻辑谨度均实现了新的跨越，达到了新的境界。任法融道长，在终南山潜心研道、悟道、修道六十余载，数十年如一日深耕中国传统文化，精通《老子》《庄子》《周易》，学养底蕴极其深厚；而《道德经释义》一书，在本源意义阐释上迈出了重大一步，有正本清源之感，为后人领悟学习《道德经》经典提供了重要蓝本。

为了深入挖掘《道德经》蕴藏的思想价值、时代价值、文化价值，给当代全球治理、国家治理、社会治理等方面提供启发借鉴，我结合研究新时代治国理政之道、领导者核心能力理论的经验和长期人生感悟，以东方出版社的《道德经释义》所释版本为底本，同时借鉴任法融道长的释典，倾心写就了《道德经新鉴》一书。这本书旨在运用马克思主义批判性思维，汲取《道德经》思想之精华，在传统文化与时代发展现实问题之间架起一座桥梁；旨在通过重温《道德经》原典、借鉴名家经典释义、结合时代悟道鉴典的递进研究方式，形成与原典章节一一对应、具有时代意义的系列启鉴，为新时代"修身、齐家、治国、平天下"提供新借鉴，为挖掘中华优秀传统文化价值开拓新路径，为运用《道德经》思想智慧解决现实问题开辟新思路，助力中华优秀传统文化光大，助力中华优秀传统文化自信生根，助力中华文化复兴大业发展，助力中华优秀传统文化走向世界乃至造福世界。

周新民

# 上 篇

## 道经新鉴

# 第一章

## 立起道思想、强化道理念、弘扬道文化

**老子原典**

道。可道，非常道。名。可名，非常名。无名，天地之始；有名，万物之母。常无欲，以观其妙；常有欲，以观其徼。此两者，同出而异名，同谓之玄。玄之又玄，众妙之门。

**法融释典**

"大道无形，生育天地；大道无情，运行日月；大道无名，长养万物。吾不知其名，强名曰道。""道"是阴阳未判之前的混元无极，是宇宙之起源、天地之本始、万物之根蒂、造化之枢机。它无形无象、无色无臭、无所不在、无所不备，充塞宇宙、遍满十方、不增不减、永恒常存。其本无形而不可名，但真实存在，为便于世人了解、掌握、研究、运用，故以"道"名。

混沌初开，阴阳始判，清浊肇分，乾坤定位，是谓太极。在天有日月星辰、风云雷雨，在地有东西南北、山川湖海，天地之间有飞潜动植、人间社会。这些有形有象之事物，皆有生有灭，有成有毁，不能永恒常存。一切可生可灭的万事万物，皆属"可

道"范围。因有形有质，处于变化之中，故谓"非常道"。

此"名"乃"道"之命名。混元无极大道，无形无象，立"道"为名，此名实为常名。"名"由何起？"名"由实存事物而起。名至于实，有物才有名。宇宙间万事万物，千差万别，各具特性，为了区别它们，需要安名立字。由于这些名称概念所代表的事物可生可灭，因而标志它们的名称概念必然是可生可灭的"可名"。由"可名"代表的万事万物生灭运化、变动不居，故凡"可名"皆"非常名"。

"道"之名实为勉强之名。虚无大道无形而无名，因早于天地而存在，故谓"天地之始"。天地是指有形有象的具体事物，是最早的实物，其名亦是最早的名。万物由天地而生，故有形有名的天地谓之"万物之母"。

"常有欲"者，是指先天的虚无体性已动，变为后天情欲。心智可以思虑的，耳目可以见闻的，但均属事物粗糙的形体和外壳——徼。两者名虽不同，却均由先天虚无的混元无极所生。物之始生之机为妙，物之终成之体为徼；人心静之为性，动之为情。两者同出于宇宙本源——无极大道。

无征兆、无端倪、无形象、无边际，至为深远者谓之"玄"。至微又微、至远又远、至隐又隐，无法估量者谓之"又玄"。玄之又玄、深不可测的虚空之中，含藏着生育之机、万化之妙，万事万物及其运行变化莫不由此而生出，此真空妙相谓之"众妙之门"。

作为开篇，老子在本章开宗明义提出了"道"这个核心概念，

阐释了"道"具有"玄之又玄,众妙之门"的本质特性:"道"是"阴阳未判之前的混元无极,是宇宙之起源、天地之本始、万物之根蒂、造化之枢机"。老子用一个"玄"字和一个"门"字高度概括了"道"的功能定位、作用地位和禀赋品位。

法融道长用"起源""本始""根蒂""枢机"四个关键词揭示了"道"的本质特性:"道"造就了宇宙,生成了天地,孕育了万物,运行了日月;"道""无形无象、无色无臭、无所不在、无所不备,充塞宇宙、遍满十方、不增不减、永恒常存";"道"虽视之不见、闻之无声、触之无感、嗅之无味,但客观存在、真实存在、普遍存在、永远存在。

自古以来,《道德经》倡导的思想智慧一直备受中外思想家、政治家、哲学家认可推崇,并得以广泛应用。据有关研究介绍,德国哲学家莱布尼兹正是根据伏羲黄老阴阳学说提出了二进制思想;伊曼努尔·康德正是借鉴了《道德经》朴素的辩证法思想成为世界著名哲学家、辩证法奠基人;诺贝尔奖获得者、物理学家李政道正是从《道德经》中找到了量子力学"测不准原理"理论根据;毛泽东在战争年代正是坚持运用《道德经》《孙子兵法》等经典中的中华传统智慧指导军事斗争,不断开创以弱胜强的奇迹。世界最新科技发展成果,特别是量子理论的产生、黑洞和暗物质的发现,更加验证了"道"思想的科学性。古今中外无数经典事例和科技发展成果告诉世人,"道"思想不仅是伟大思想,更是永恒智慧、不灭真理。然而,虽然中国的先哲发现了"道"、阐释了"道"、弘扬了"道",是名副其实的"道"思想之源、之根、之母,但今日中国对其思想价值、智慧价值的挖掘和运用与"道"思想的本身价值和内在力量差距巨大,真正领悟"道"思想者少之又少,自觉运用"道"思想者寥寥无几,坚持以"道"思想指导实践者更是凤毛麟角。相反,对"道"思想非解、误解、曲解者却大有人在,最为典型的是把"无为而治"歪曲成"消极而治",严重影响了"道"思想的广泛传播和作用发挥。这种现状与老子思想的起源地地位、与东方文明古国地位、与建设社会主义文化强国和文明大国目标、与为世界谋大同愿景相比很不吻合,很不匹配,很不相称。新时代中国,要屹立于世界民族之林,实现中华民族伟大复兴,必须进一步坚持从中华优秀文化源头挖掘智慧、汲取营养、获取力量。由于老子拥有"百家之祖、诸子之宗"的地位,其思想相对其他中国优秀传统文化,具有文化本源性和价值独特性,新时代弘扬优秀传统文化,应该把"道"思想在中华大地上更好地立起来、让"德"理念在国人心目中更好地强起来、把"道"文化在世界范围内更好地扬起来。

把"道"思想更广泛地立起来。老子命名的"道"是一种自然意义之"道"、天然意义之"道"、浑然意义之"道",是一种先天力量、先发力量、先导力量,具有无边无际的容量、能量和力量,人类社会如果漠视"道"、违背"道"、忤逆"道",必将得到教训、惩罚,甚至遭受毁灭。弘扬"道"思想智慧,发挥"道"价值作用,首先要把"道"理念更加广泛地植根在世人心里。一是要引导世人认识到"道"的存在。通过结合全社会公民道德教育和实践,在思想深处立起"道"的概念,把"道"思想与"道教"区别开来，把对"道"的错误认知纠正过来。二是要引导世人敬畏"道"的力量。通过结合全社会公民道德教育和实践，培养敬"天"畏"地"的敬畏意识，改变无畏规则、法则、天则的无知现象，积极营造心有所畏、行有所止的敬畏文化氛围。三是要引导世人自觉遵道行事。通过结合全社会公民道德教育和实践，警示世人违背自然、违背科学、违背趋势的事坚决不能做，引导世人尊重自然、尊重科学、尊重趋势。

让"德"理念更普遍地强起来。老子阐述的"道"和"德"与普遍熟知的"道德"概念并不完全相同，更不是"道"和"德"的简单组合，它揭示了一种"道"和"德"之间本质与表象的相互关系。"道"为本，"德"为表；"道"为体，"德"为用；"道"的人格化就是"德"，上德者必有道。老子阐述的"德"从自然之道延伸而来，具有"虚无""自然""纯粹""素朴""恬淡""平易""清静""无为""柔弱""不争"十大特征。长期以来，国家在政治道德、思想品德、社会公德、家庭美德上强调得比较多，但在如何培养符合守"道"的"德"上强调得比较少，而这种守"道"的"德"对普遍熟知的道德修炼具有根基作用，离开了这种"德"的熏陶培养，其他的品德、公德、美德就失去了血脉和灵魂。弘扬中国优秀传统文化，树立核心价值观，提升公民道德素质，应该进一步强化守"道"的"德"理念。一要树立守"道"即有"德"理念。通过全社会公民道德教育实践，引导世人把"道"理念与"德"理念同时强起来，在思想深处强化守道、遵规、循理就是有德，上德者就是守道者，守道者永无虞的理念。

二要树立培养合"道"之德就是修炼人性、天性、本性的理念。通过全社会公民道德教育和实践，引导世人在克制欲念的同时，自觉涵养自然之心、恬淡之心、谦下之心，为提升高尚道德品质奠定自然、朴素、永恒的德行基础。三要树立修炼合"道"之德与提高公民道德素质不矛盾的理念。通过全社会公民道德教育实践，自觉把修炼合"道"之德与提升普遍熟知的道德有机融合起来、贯通起来、统一起来，形成以合"道"之德支撑普遍熟知的道德素质提升、以普遍熟知的道德标准带动合"道"之德深入人心的良性互动局面，使全社会公民道德素质更有底蕴、更有内涵、更有力量。

把"道"文化更自信地扬起来。"道"文化是中华民族的根文化、母文化，是真正意义上的本土文化。人类文明发展史表明，本土文化才是最有生命张力的文化，民族的就是世界的，只有民族的文化才最容易穿透意识形态纷争，传播到全世界。古往今来，中国的明君圣贤对"道"文化一向高度认可，古有孔子"今见老子，其犹龙邪"之赞叹，今有鲁迅先生"不读《道德经》，就不知中国文化"之口口相传的警示和南怀瑾先生"中国文化的中心要点就是一个'道'字"之高度总结。环顾五大洲，纵览千百年，研究"道"文化的国际学者层出不穷，对《道德经》更是格外青睐和赞赏有加。而当前，一些人依然对"道"文化心存偏见、心有误解，将"道"视为宗教迷信，将其与马克思主义信仰对立起来，致使"道"文化在传播上远没有达到儒家文化的广度和高度，这不仅是对"道"文化的片面认知所致，也是对马克思主义的一知半解，更与"道"文化自身价值和时代需要不相符合有关。只要进行深入的比较研究，就不难发现，"道"文化思想与马克思主义哲学存在着跨越时间、地域、文化的理论契合点。《道德经》在第一章就提出了世界本源问题，实际揭示了哲学的本体论思想，即以"道"为本体、为万物之共性，既可从万物之中高度抽象出来，又存在于万物之中。马克思主义关于"物质"概念也是从万物中高度抽象出来，但又客观存在，与万物是共性和个性的关系，在这一点上毫无疑问与"道"有着异曲同工之妙；马克思主义辩证法主张以联系、变化、发展的观点看待一切事物，这又与"道"文化思想中蕴含的矛盾运动哲理相互贯通。由此可见，道文化思想与马克思主义哲学在本体论、辩证法、价值理念和社会理想等诸多方面有着融会贯通之处。综上，应该理直气壮地、坚定自信地把"道"文化大力弘扬传播，让世人更多地把握"道"文化的精髓、实质、真谛，让世界更好地感受"道"文化的魅力和张力。

一要深度挖掘《道德经》思想智慧，发挥优秀传统文化时代价值。"道"思想博大精深、奥妙无穷，充满哲理智慧，我国有关部门应该组织力量和调动资源，对《道德经》思想深入开发，既要挖掘《道德经》蕴含的治国之道、治理世界之道的时代价值，及时渗透到治国理政政略、方略、策略之中；又要挖掘修身、修炼、修为的时代价值，运用于干部管理、素质培养全过程，全面提高国人的道德素质和人生修养。二要结合治国理政实践成就，寻求优秀传统文化本源力量。加强对新时代以来中国治国理政方略中运用的传统思想智慧的梳理总结，挖掘传统文化优势，发挥优秀传统文化价值，坚定文化自信。三要加快"道"文化走出去步伐，提升优秀传统文化影响力。在继续坚持对外宣介儒家文化的同时，加快引导"道"文化走向世界，探索在海外开设孔子学院的基础上，开办"老子学堂"的新途径，首先可在接受程度较高的欧洲实现突破，条件成熟时，组合推介中华诸子百家传统文化精髓，让世界了解中华优秀传统文化的全貌，帮助西方国家透过中国传统文化读懂中国、读懂中国现行治理体系，进而消除误解、误会，凝聚认同力量、支持力量、大同力量。

# 第二章

## 以"美中有丑、善中有恶、贵中有贱"辩证观，防"表面化、绝对化、理想化"生忧患

### 老子原典

天下皆知美之为美，斯恶已；皆知善之为善，斯不善已。故，有无之相生，难易之相成，长短之相形，高下之相倾，音声之相和，前后之相随。是以，圣人处无为之事，行不言之教。万物作而不辞，生而不有，为而不恃，功成不居。夫唯不居，是以不去。

### 法融释典

天下事物，在表观上总是分为真、善、美和假、恶、丑两个对立方面。然而任何事物或善或美、或恶或丑都具有两重性和可变性，都是相对的而不是绝对的。正所谓"正复为奇，善复为妖"。美的可以造成恶的结果，善的会造成不善的影响。金无足赤，人无完人。任何美的和善的事物，本身都包含着不美不善的一面。一切事物都处于运动变化之中，美会转化为不美，善会转化为不善，乃是大道运化之必然，亦是事物发展之规律。把美的事物当成永恒的美，把善的事物视为绝对的善，必然事与愿违，

导致恶的、不善的结果。

　　大道周流六虚，变动不居，循环不已，周而复始。虚空可生出万物，万物可散而归于虚空。物从虚中生，有从无中来。无可化为有，有可化为无，有无永远处于相互转化之中。治国兴邦，发展事业，乃至应万物、行万事，必须慎终如始。多从困难处着想，不可掉以轻心、草率从事，这样难可化为易。反之，若只想顺利，只图侥幸，不做好克服困难的充分准备，易也会转化为难。难和易不是一成不变的，而是相辅相成、相互转化的。事皆有别，物各有形。长和短是在相互比较中体现出来的，无长则无所谓短，无短亦无所谓长。高以下为基，贵以贱为本。无下则无高，无高亦无下，二者相辅相成。"音声之相和""前后之相随"，亦同前理。

　　体现真常自然之道之圣人，明晓天地万物之理，深知自然运化之机，使自己的体性合于大道，因任自然，清静无为，以德化民，不施酷政，正己化人，使人民不知不觉地处于浑厚的淳风之中，并非不让百姓有知见而故意使庶民愚昧。大道虚无自然，清静无为，生化万物而不推辞，创造万物而不据为己有，不自恃己能，不居功自傲。由于不居功，它的功绩才永远不会被埋没。非但国政、朝臣不宜居功自傲，即使一个普通之人在日常处事交往中，对某人施有恩惠或有帮助，本应是一件让对方感恩戴德的善事，如口口表白，念念不忘，会使受惠方不但不感恩，还会厌恶。由此可见，无论国事家事，都不宜居功自傲，只有如此，方可永久保持其功绩。大道具有如此伟大的品质，法天地自然之道的圣人，亦应具备如此品质，造福于人类而不求回报。

## 悟道鉴典

"天下皆知美之为美，斯恶已；皆知善之为善，斯不善已。故，有无之相生，难易之相成，长短之相形，高下之相倾，音声之相和，前后之相随。"老子以天下事物在表观上呈现的真、善、美和假、恶、丑两个对立面揭示了"道"的辩证内涵，阐述了"正复为奇、善复为妖"的演变规律。

"美的可以造成恶的结果，善的会造成不善的影响。""长和短是在相互比较中体现出来的，无长则无所谓短，无短亦则无所谓长。""美会转化为不美，善会转化为不善，乃是大道运化之必然，亦是事物发展之规律。把美的事物当成永恒的美，把善的事物视为绝对的善，必然事与愿违，导致恶的、不善的结果。"法融道长以朴素、生动且富含逻辑的阐述，揭示了天下事物均具有两面性、对立性、矛盾性的客观真谛：美中有丑、丑中有美，美丑能够相互转化；善中有恶、恶中有善，善恶能够相互转化；贵中有贱、贱中有贵，贵贱能够相互转化。

毫无疑问，这些辩证思想历经数千年，其蕴含的智慧光芒如今仍然熠熠生辉，与马克思主义唯物辩证法的思想高度一致。然而，必须正视的是，虽然辩证哲学思想在中华大地绵延了数千年、马克思主义指导中国实践已经近百年，但在现实生活中，深谙老子辩证法思想、马克思主义唯物辩证法精髓，以深厚哲学素养运用辩证思维认识问题、分析问题、解决问题的能者、智者、高者还是极少数，相当多的人习惯于浅层次看问题、简单化想问题、定式化解问题。看问题时"只知其一，不知其二"者大有人在，要么只看到优势，看不到劣势，要么只看到劣势，看不到优势；看问题时非黑即白者大有人在，要么全面肯定，要么全盘否定；看问题时固化僵化者大有人在，看不到事物变动、变异、变化规律，要么一味看好，要么一味看坏，从而限制了认知能力、分析能力、决断能力和工作水平、管理水平、领导水平的提升。

新时代中国正面临百年未有之大变局，前进道路上的困难挑战之复杂程度、艰巨程度、风险程度前所未有。如果停留在惯性思维、简单思维、极端思维的状态，必将付出沉重代价。应该尽快采取有效措施，全面提高各级干部乃至全体国民的辩证思维能力，防止因看待问题表面化、判断问题绝对化、处理问题理想化而给事业发展埋下祸根、给未来前景种下苦果。新时代中国，在当今世界形势越来越复杂的现实背景下，应该进一步借鉴吸收老子辩证思想，全面强化以辩证思维看正反、以正反思维看变化、以变化思维看转折的思想方法，引导各级干部乃至全体国民自觉摒弃想当然、简单化、单一化思想，树立慎终如始理念，凡事从困难处着想、从风险处预防、从问题处发力、从原因处化解，在源头上切实把风险防控住。

坚持以辩证思维看正反。任何事物都包含对立两面，只有一面的事物永远不存在，这是事物发展的基本规律。任何时候，不管是国家还是集体、集体还是个人，都要坚持从正反两个方面辩证地、系统地、全面地正视问题、分析问题、解决问题。既要看到正面、正向的正常态势，又要看到负面、反向的异常态势；既要看到有利、有效的形势，又要看到不利、乏力的被动局势；既要看到向善、向上的向好趋势，又要看到趋恶、转下的变坏趋势。

新时代中国取得了历史性成就，发生了历史性变革，未来前景光明可期，无论是国家、集体还是个人，在如此大好形势下，应该保持更加理性、更加清醒、更加警醒的头脑，切实静下心来、定下心来、安下心来，坦然地、坦诚地、坦率地评价已经取得的功绩和存在的不足，评估政策成效和缺失，评判进步伴生的负面影响和作用，只有清晰地、清醒地把美与丑、善与恶、真与假、强与弱、长与短、高与低看清楚，才能避免被胜利冲昏头脑，避免事业遭受曲折、挫折，避免出现不应有的重大损失。

坚持以正反思维看变化。矛盾运动是推动事物发展的内在力量。正和反两面永远处于竞赛、斗争、较量的状态，既相互依存，又相互博弈，并在此消彼长中不断推动事物发展演变。任何时候，不管是国家还是集体、集体还是个人，都要以动态的、发展的、变化的观点认识问题、分析问题、解决问题。在推进工作和事业发展中，坚持从正、反两个方面综合评估形势与趋势，既要看到正义力量占主流、邪恶力量不入流的基本面，又要看到邪恶力量不会自动"缴械"、主流力量不会一帆风顺的现实面；既要看到积极力量占优势、消极力量处劣势的基本面，又要看到消极力量不会就此罢休、积极力量不会所向披靡的现实面；既要看到进步力量在壮大、保守力量在萎缩的基本面，又要看到保守力量不会偃旗息鼓、进步力量不会不战而胜的现实面。新时代中国取得了历史性成就，发生了历史性变革，未来前景光明可期，无论是国家、集体还是个人在如此大好形势和历史机遇下，应该更好地秉承科学态度，以辩证、客观、动态的思想方法判断得失、权衡高下、对比优劣，及时发现变化规律、分析趋势走向、优化政策策略，确保事业更加有序、更加高效、更加顺利地向前发展。

坚持以变化思维看转折。变是永恒的主题、不灭的定律。察变、求变、改变是推动事物发展的大逻辑。辩证法告诉世人，量变积累到一定程度必然引起质变，必然引发事物性质的转折。善于把握转折点是国家发展、事业发展、个人发展的不二法门。任何时候，不管是国家还是集体、集体还是个人，都要以敏锐的、穿透的、前瞻的思想方法判断问题、权衡问题、决断问题。在推进事业发展中，要善于观察拐点、判断拐点、把握拐点，既要从历史维度把握拐点出现的规律，以史为鉴；又要从现实维度把握拐点出现的迹象，以实为鉴；还要从未来维度把握拐点演变的时机，以理为鉴。新时代中国取得了历史性成就，发生了历史性变革，未来前景光明可期，在如此大好形势下，对国家而言，应该对国际国内形势进行基于现实的深度分析、剖析、透析，找准新一轮国际较量的本质，尽快对世界大国关系所出现的重大变化、转折做出判断，为全球格局的重大转变做好心理准备、战略准备、策略准备。对个人而言，应该充分认清百年未有之大变局带来的时代机遇，增强时代紧迫感，树立在新时代大展宏图的理想追求，为建设富强民主文明和谐美丽的社会主义现代化强国、共享祖国史无前例的繁荣红利做好姿态准备、思想准备、能力准备。

# 第三章

反对"人为标榜、人为渲染、人为炫智"倾向，追求"自然之治、无为之治、无所不治"境界

## 老子原典

不尚贤，使民不争。不贵难得之货，使民不为盗；不见可欲，使民心不乱。是以圣人之治，虚其心，实其腹，弱其志，强其骨。常使民无知无欲，使夫知者不敢为也。为无为，则无不治矣。

## 法融释典

在朝廷，论爵位之高低；宗庙祭祀，以尊卑排序；乡邻行处，以年龄大小定其称呼；承办事业，则推崇贤能。这都是自然之序，非有意作为。国家崇尚贤才，自然而然、天经地义。若有意标榜、人为树立贤才，必使得天下争名逐利而不务实际，坐享其成而不做贡献。贤名为形式障蔽，必为投机者所用，必失其真，流于虚名，贻误国家，危害社会。

金玉珠宝，是难得之货，本已珍贵，若再加推崇，必然促使人们行盗。人为地加尊某种东西，必然导致不良后果。浓妆艳抹，

卖弄媚姿，显其丽色，必惑人之本性，乱人之常心，触人之邪念，诱人之妄行。同样道理，为政者若彰荣华、显富贵、扬虚名、倡奢靡，亦会惑乱民心，上行下效，弊病四起，紊乱纲纪，国政腐败。

圣人心地纯素，不留一物，性体圆明虚朗，不甘陷入虚华尘网之中。他们恬淡无为，心虚意静，柔弱谦和，不与物争，敛华就实，神凝气聚，精全髓满，自然百病不生，身康体健。若使人们保持淳朴的自然之性，不炫机智，不尚狡诈，返朴还淳，乐享天真，贤愚与贵贱相忘于德化之中，少数尚狡诈者，自然不敢妄为。此乃以德化民之方，而非愚民之策。

道的体性是无——无形无象、无声无色，不阴不阳、不上不下，空空洞洞、杳杳冥冥，恬淡无为，似有非有，似无非无，一切皆无。然而万类咸仗，群生皆赖，无所不生，无所不造。"道"具有无为而无不为的体性和功能。人类若法天地自然之道，使其体性合于大道，虚无自然，无私无欲，无执无偏，恬淡无为，以"道"的"无为"原则修身治国，必可无所不治，无所不达，修身身康壮，治国国太平，收到最佳成效。

## 悟道鉴典

"不尚贤，使民不争。不贵难得之货，使民不为盗；不见可欲，使民心不乱。""为无为，则无不治矣。"老子用三个"不"字深刻阐述了治国安民必须坚持的重大原则：国家要实现自然之治，无为之治，应该坚持做到"不尚贤""不贵难得之货""不见可欲"。

"崇尚贤才，自然而然"，"若有意标榜"，"贤名为形式障蔽，必为投机者所用，必失其真，流于虚名"；"金玉珠宝"，"本已珍贵，若再加推崇，必然促使人们行盗"。"圣人心地纯素"，"恬淡无为，心虚意静，柔弱谦和，不与物争，敛华就实"；"以'道'的'无为'原则修身治国，必可无所不治，无所不达，修身身康壮，治国国太平"。法融道长揭示了治国安民过程中过分标榜贤才、贵重珠宝、炫耀机智的严重危害，劝导执政者，只有做到"不尚贤"才能使百姓"虚其心"，只有做到"不贵难得之货"才能使百姓"实其腹"，只有做到"不见可欲"才能使百姓"弱其志，强其骨"，最终实现圣人之治、无为之治、无所不治。

老子"不尚贤"主张长期以来一直被世人所诟病，一些人片面认为老子反对任用贤能，主张推行愚民政策。事实上，这是对老子"不尚贤"思想的极大误解。老子所言的"不尚贤"不是不要尚贤，而是不能过度尚贤。在他眼里，国家治理、社会发展、举贤用能，这是自然之序、自然之道，天经地义，无须人为标榜。人为标榜就会使天下人争名逐利，陷入不务实际、谋求虚荣的境地。

古今中外治国安民历史反复证明，不仅"不尚贤"思想具有真理性，而且"不贵难得之货""不见可欲"的思想同样具有真理性。三国两晋时期，当时的西晋王朝奢靡之风盛行，统治阶级与上层人士崇尚奢靡豪华，社会上普遍以富为荣、以奢为美。上至晋武帝司马炎，下至皇亲国戚、文武百官，统统过着奢靡无度的生活，争相炫富、攀比享乐，甚至出现了看谁家的厕所更精致、哪家煮饭的工具更新奇的荒诞奇闻。石崇斗富就是最经典的案例。

由于西晋王朝穷奢极欲、崇尚炫富、放任欲念，因此仅存在了三十七年就土崩瓦解，成为中国历史上最短命的王朝之一。

如何看待贤能人才、物质财富、国民素养，是治国安邦的基本问题。人才问题、财富问题、国民素养问题，自古以来直接影响国家发展、国力增长、文明进步。新时代推动国家健康发展、永续发展，同样必须把握好、处理好、解决好这一基本问题。只有坚决反对人为标榜贤才、人为渲染财富、人为夸耀机智，不断完善科学合理的人才制度，树立健康正确的财富观，构建积极向上的社会价值导向，才能开创"自然之治、无为之治、无所不治"的境界。

尊重贤才但必须反对人为标榜贤才。举贤任能是良治社会的基本要求，精英治国是文明社会的基本范式。对于国家发展而言，持续不断地选贤任能完全是自然之举、正常之举、应有之举。若有意标榜，刻意为之，反而会使世人为追逐贤能之名而不务实际、求取浮名、徒做虚功，长此以往，必然贻误国家，危害社会。一要坚决反对把正常之举作为突出业绩加以标榜。选贤任能、人才为本的战略思想任何时候都必须特别重视，但培养选拔任用贤才只需积极作为无需过多的浓墨重彩。要尽快形成一种治理机制，使人为标榜贤才的行为举措没有市场。二要建立贤才使用检查评估机制。把重用贤才的制度、机制、成果定期复盘，工作重点不该放在评价人才制度优越性、先进性上，不该放在统计贤才使用数量上，而要把工作重心放在贤才政策效果反思上，放在贤才发挥作用检验上。应尽快建立人才发现使用机制，让那些本能大有可为的贤才、具有圣人之心的奇才不被埋没、不被遗忘、不被冤枉，让其尽快拥有为国效力的平台，进而真正开创择天下英才而用之的用人局面。三是人才评价必须坚持事实导向和客观准则。对贤才进行科学评价历来是天下难题，如何做到客观、公正、准确地评价人才，关系到用人导向、人心所向、价值取向，应痛下决心坚决反对"为了重用一贤而人为标榜一贤"的错误倾向，违背自然、违背事实、违背客观的人为"贴金"，对事业和社会风气具有巨大杀伤力。吹出来的"肥皂泡"终究要破灭。应该尽快建立操作性更强、能够区分贤才个体和团队集体作用的评价机制，防止把集体的功劳一股脑儿记在个体头上、以集体成果佐证个体能力、把历史发展结果作为个体业绩的问题发生。个体没本事、没付出、没业绩"下山摘桃子"，对百姓不公平，对干部不公平，对历史不公平。

作为国家人才体系的个体，亦应从"不尚贤"的反对人为标榜的思想中汲取营养，引以为鉴。一要牢记自我标榜是自负。"山外有山、天外有天、人外有人"是千年古训，即使有点才能、才华、才情，也应该保持清醒头脑和自知之明，万万不能自命不凡、自高自大、自以为是。二要牢记自我收敛是自信。收敛既是修养和品质，又是智慧和本事。欲望膨胀都是从不收敛起步，狂妄自大都是由不收敛萌芽。取得成绩时不能盲目膨胀、目空一切，取得进步时不能洋洋自得、趾高气扬，受到赞美时不能目空一切、盛气凌人，应始终保持谦虚之心、低调之态、求实之行。三要牢记自我标榜会自灭。自我标榜是功利之心、贪欲之念滋长甚至泛滥的必然结果。人为自我标榜，有悖自然规律。动机不纯，动作就会变形，动作变形，必然走向反面，终有一日华丽包装的所谓高大全、"全能神"形象面纱将被撕得粉碎。

重视财富但必须反对人为渲染财富。财富是国家社会发展的重要物质基础，是社会发展必须追求的目标之一，建设强大国家，必须要创造高度发达的物质文明，为不断满足人民对美好生活的向往提供丰厚的物质保障。经过改革开放四十多年的高速发展，中国社会物质财富得到了极大增长，经济实力从来没有像今天这样强大。但是，中国特色社会主义现代化强国目标是集经济建设、政治建设、文化建设、社会建设、生态文明建设于一体的立体目标，只有经济建设，没有其他建设，就不是社会主义现代化强国。当下，新时代中国五大建设齐头并进的理念尚须进一步强化，过分重视经济发展和物质财富的现象依然比较普遍。必须坚决反对过度渲染经济发展作用和以财富论英雄的思想行为，确保中国特色社会主义道路始终沿着健康轨道向前推进。一要坚决避免过度渲染财富力量。财富的功能、地位、价值人所共知，创造财富、积累财富、分享财富已经深入人心。但必须看到，社会上存在过度渲染财富力量、迷恋财富价值、夸大财富作用的不良现象，极易滋长诱发拜金主义，扭曲正确价值观，腐蚀精神信仰，败坏社会风气，使整个社会产生铜臭味、使民众产生仇富心理，加剧"穷人"与"富人"的隔阂和对立。应当对中国影视行业中出现的财富低俗化宣传进行规范和整治，对那些刻意渲染向往财富地位、奢华生活，不加节制地刺激观众欲望的作品和行为，必须坚决亮明态度，防止诱导民众崇富拜金、迷信资本、沉迷于物质享受。二要全面引导社会树立正确财富观。经过改革开放四十多年经济高速发展，中国社会积累了相当大的物质财富，使一部分人先富了起来，产生了数以万计的亿万富豪。追求财富、分享财富红利，本来无可厚非，但必须适度、有度、守度，否则就会形成一种负面导向，产生金钱至上、财富至上、一切向钱看的财富观。当下社会流行的福布斯、胡润等各种富豪排行榜，新闻媒体追逐企业家、富商、明星，在社会中形成了不良的错误导向，容易引发国人对财富、地位、金钱不切实际的幻想和迷恋，给社会增加不安定因素。应该加大力度引导国人树立正确财富观，牢固树立"金钱并非万能"的理念，强化用劳动创造财富、创造价值的意识，激发以劳动创造财富的光荣感、脚踏实地创造财富的充实感、靠自身努力积累财富的幸福感。坚决遏制和打击各种炫富行为，纠治追求一夜暴富心理，依法处置不义之财。三要努力做到追求物质财富和精神财富同步发展。物质和精神财富是国家发展的两大根本支柱，但物质财富集聚依赖于精神财富支撑，任何时候都要重视精神财富和物质财富同步发展，做到统筹谋划、统筹布局、统筹推进。过度渲染物质财富力量，必然削弱精神财富价值作用。当下，世界500强，中国500强，行业500强各种评比多如牛毛，而这些所谓的"强"充其量就是大，不仅和新时代中国倡导的新发展理念不相吻合，而且对于无限追逐财富扩张具有推波助澜的作用。应该严格控制和限制以上类似评比，可以把评选100强、500强这类评比调整为"中国好企业"评选，引导企业自觉追求提升核心竞争力，引导企业经营者全面履行政治责任、经济责任和社会责任。在新闻舆论宣传中，应该更加重视对企业社会责任和社会贡献的宣传，立起履行经济、政治、社会责任相统一的先进标杆，把全社会思想理念聚焦到追求物质财富和精神财富同步发展的正确轨道上来。

作为国家财富创造体系中的个体，亦应从"不贵难得之货"、不能人为渲染财富的思想中汲取营养，引以为鉴。一要坚持"创造财富而不迷恋财富"。物质财富只是人生追求更高目标的基础和保障，不是人生追求的终极目标。一旦痴迷于金钱、执着于物质，得到的财富也会失去，甚至给人生带来祸患。二要坚持"积累财富而不吝啬财富"。财富从来都具有社会性，取之于社会，用之于社会，这才是大道。任何时候都要靠勤劳的双手不断积累财富，但不能只做"守财奴"，把物质财富看得比人性生命还重要。如果这样，就会出现"人为财死、鸟为食亡"的悲惨结局。拥有了财富，就应该懂得共享分享，懂得贡献奉献，懂得舍得施舍，以体现财富的本来价值，涵养"拥有财富而不占有财富"的大智慧。三要坚持"追求物质和精神财富同步"。古今中外备受称颂的财富故事充分说明，没有精神财富做底蕴支撑的物质财富难以长久，真正拥有大财富的巨贾普遍具有同时拥有物质财富和精神财富的显著特征。想要成为巨大物质财富的拥有者，必须涵养自身的精神境界，同步积累精神财富。自觉做到在创造物质财富的同时，自觉修养自身格局、境界、情怀，从更高层面理解物质财富的定位、功能、局限，形成以精神财富支撑物质财富之集聚，以物质财富支撑精神财富之丰富的良性格局，不断提升"有限地追求物质财富、无限地追求精神财富"的高尚境界。

注重机智但必须反对刻意夸大机智。机智是一种巧智，是智慧的组成部分，但不等同于智慧。机智运用得当，能够发挥应有作用。由于机智以"机"为前提，一旦人为刻意夸大机智的妙用，就会引发投机取巧、偷奸耍滑，甚至投机作恶的情况发生。当下，新时代中国存在"娱乐至死"现象，一些人在高度发达的信息社会环境下，热衷于展示技巧、展示机智、展示特异功能，以此为个人才能来博取眼球、赚取财富，这是很不正常的社会现象，如果任其蔓延，就会让炫小聪明、耍小聪明、靠小聪明走捷径的现象形成气候。机智永远是小技巧，不是大智慧，只能解决小问题，不能解决根本问题。一要引导国人崇尚智慧而不能工于技巧。智慧是事物大规律、发展大潮流、做人大道理，全面提升国民素质根本目标就是要提升国民智慧。应该通过公民道德教育和实践，引导国人追求大智慧，摒弃小聪明，养成遵从道理、遵照原理、遵循规律、追求真理的行事准则，培养一代又一代的智者、贤者、圣者，让那些工于技巧、工于心计、长于投机的"聪明人"没有市场、没有空间。二要引导国人涵养智慧、不学歪门邪道。智慧和伎俩背道而驰，技巧和伎俩永远登不了大场面，派不上大用场。应该通过道德教育和实践，引导国人自觉涵养智慧，把修学、修养、修身统筹起来，追求以知识支撑智慧、以修养丰富智慧、以修炼提升智慧、以修身成就智慧的境界。对当下一些娱乐节目为了收视率和经济利益、为了博人眼球，大力推出一些有智力天赋的"人才"公开角逐以吸引观众的种种行为，应该尽快叫停，防止全社会形成不切实际地崇拜高智力的不实风气。三要引导国人主动为国家发展贡献智慧。智慧的价值在于奉献。拥有了智慧，自觉奉献社会、奉献国家，才是正道。应该通过公民道德教育实践，引导国人不仅要尊重智慧，涵养智慧，还要自觉奉献智慧。及时把好主见、好主张分享给团队、奉献给社会、贡献给国家，这是每个公民的责任和义务，如果私心作祟、心胸狭隘，终不能成就事业，更不能成就大业。任何时候都要以国家大业、集体事业为重，积极地、自觉地、主动地把自己的聪明才智贡献出来，实现个人价值与国家发展交相辉映。智慧只利己不利他，就会生锈、变质、失效。

作为国家发展体系的个体，亦应从"不见可欲"、不能人为夸大机智的思想中汲取营养，引以为鉴。一要追求大智慧。大智慧是真聪明，是真本事，也是人生最高境界的追求。拥有大智慧的人，才能创造成功、不断成功、永远成功。二要培养大格局。格局是人生高度，格局决定结局，甚至格局决定一切，有多大格局才能干多大事业。一个拥有大格局的人，必定是有大智慧的人，一定能够登高望远、高瞻远瞩、高屋建瓴。三要提升大境界。境界决定底气，境界决定正气，境界决定大气，决定一个人做事的高度、深度、厚度，决定一个人做事的心怀、胸怀、情怀。一个有大境界的人，终将克敌制胜、不可战胜、战无不胜。

# 第四章

## "道容量、道能量、道力量","无所不覆、无所不达、无所不能"

### 老子原典

道冲而用之,或不盈。渊兮,似万物之宗。挫其锐,解其纷,和其光,同其尘。湛兮,似或存。吾不知谁之子,象帝之先。

### 法融释典

道这种虚无妙气虽无形象、无端倪、不可见,却无所不在,无所不备,体性圆满,妙用无穷。它深不可测,广不可量,似有非有,似无非无,却是万物生化之母、主宰万物的宗主。

它不显聪明才智,不露棱角锋芒,犹若浑圆之球体。万事万物,莫不有对,大千世界,无处没有矛盾、没有纷争。道则如和气药、润滑剂,处处起消除矛盾、和解纠纷之作用,造成宇宙的和谐与统一。天下事物,阴阳刚柔,美丑善恶,是非曲直,各具其性。道则含光内敛,体性圆明,在方为方,在圆为圆,在美为美,在丑为丑,超脱一切,又内涵于一切事物之中,不局限于一个方面。

大道之妙气无形象、无方位、无终始，好像根本就不存在，其实它是的的确确存在的宇宙本根。

## 悟道鉴典

"道冲而用之，或不盈。""渊兮，似万物之宗"；"湛兮，似或存"；"吾不知谁之子，象帝之先"。老子以"渊兮""湛兮"等感叹词再一次揭示了"道"的自然特征、天然特性、超然特质："道"是万物之宗、象帝之先，具有无限容量、能量和力量。

"虽无形象、无端倪、不可见，却无所不在，无所不备"；"它深不可测，广不可量，似有非有，似无非无，却是万物生化之母、主宰万物的宗主"。"大道之妙气"，"好像根本就不存在，其实它是的的确确存在的宇宙本根"。法融道长进一步阐述了"道"容量的无限性、"道"能量的无尽性、"道"力量的无穷性，揭示了"道"的妙用深不可测、不可限量、无所匹敌的特征。

老子认为，"道"是宇宙主宰、万物本根、世界起源，具有无所不覆的容量、无所不达的能量、无所不能的力量。两千多年的历史变迁和科技发展，不断印证了老子这一思想的超前性、科学性和真理性。尽管人类社会的现有科学认识还不能充分证明"道"容量、"道"能量、"道"力量的巨大功能，但随着人类认识世界能力的提升，对"道"是本源力量、本始力量、本质力量的认同度必将不断提高。由于长期以来对"道"文化本质内涵揭示不够，形成了许多对老子思想的曲解和误解。不仅对"道"容量无所不覆、"道"能量无所不达的性质缺乏理解，更是对"道"力量无所不能这一点毫无概念，缺乏敬畏，从而对违道、失道、背道的行为司空见惯、习以为常，给人类社会和国家治理增加了更大难度。新时代中国要建设社会主义现代化强国，实现中华民族伟大复兴的中国梦，应该借助"道"的神奇魔力、洪荒巨力、磅礴伟力，通过强化国民"道"意识，令其知晓"道"敬畏、掌握"道"智慧，大力提高公民科学文化素质、思想道德素质，提升人文修养、人格修养、人生修养。《道德经》虽然仅有五千余字，但涵盖了哲学、伦理学、政治学、军事学、经济学、管理学、教育学、宇宙学、物理学、天文学、生命学、生态学、空间理论学等知识体系，博大精深、玄妙无穷。应该结合公民道德教育和实践，加强和深化"道"思想的普及，从自然科学角度阐释"道"容量的无所不覆性，从前沿科学角度阐释"道"能量的无所不达性，从社会科学角度阐释"道"力量的无所不能性。

从自然科学角度阐释"道"容量的无所不覆性。"天下之物生于有，有生于无""道生一，一生二，二生三，三生万物""其大无外，其小无内"都阐释了"道"具有无所不覆的容量。一要从"天下之物生于有，有生于无"阐释"道"容量。启发世人"无"并非没有，人类认知能力是有限的，一些肉眼看不见、耳朵听不见、手脚触不到的东西并不是不存在，只是处在一种"有质无形"的状态，如人体经络和穴位，西医解剖发现不了，但却真实存在。"道"也一样，尽管无色无形无味，但存在于宇宙天地万物之间。二要从"道生一，一生二，二生三，三生万物"阐释"道"容量。世人根据现代天文技术观测实证，"宇宙大爆炸"假说很可能是正确的，"奇点"理论已被很多物理学家认同，"道"容量说具有巨大的想象空间、探索空间。三要从"其大无外，其小无内"阐释

"道"容量。启迪世人认识到宇宙无限大、物质无限小,物质构成的基本单位已经从分子、原子细分到电子、轻子、光子、中微子、夸克层面,"道"容量的无限性随着科学发展,必将不断得到验证等事实。正如人类一直认为世界只有三维一样,而随着科学的发展,四维甚至五维空间说已经出现。

从前沿科学角度阐释"道"能量的无所不达性。"道冲而用之,或不盈""湛兮,似或存""吾不知其谁之子,象帝之先"都阐释了"道"具有无所不达的能量。一是从"道"是宇宙能量本源阐释"道"能量。告示世人在前沿科学领域,已经出现了把宇宙的电磁力、强核力、弱核力和重力四种基本力合而为一的研究趋势,积极从科学角度探究宇宙的本源力量,而老子把宇宙万物的本源力量命名为"道","道"或许就是这四种宇宙基本力的合力。二是从暗物质的发现阐释"道"能量。告示世人科技最新研究成果表明,宇宙大部分物质是由不可见、神秘的暗物质、暗能量组成,占比高达96%。这种能量虽然肉眼不可见,却能推动宇宙中所有恒星和行星运动。三是以黑洞的存在阐释"道"能量。告示世人当代前沿科学已经证明广义相对论的奇性定理和黑洞面积定理,所有星系之核心,都是超大质量的黑洞。超大黑洞的质量相当于100万倍至100亿倍的太阳质量,中心引力巨大,具有强大的吞噬力,可使其周围空间一片虚无、无所留存。2019年,人类已经公布了第一张黑洞照片,标志着黑洞真实存在,同时也验证了老子"道"能量无穷无尽、无法估量、无所不达的思想。

从社会科学角度阐释"道"力量的无所不能性。"道"思想揭示的国家治理规律和人生成长规律,已经被中外历史证明是科学有效的，且历经千年不朽，显示出强大的生命力量和永恒的智慧光芒。遵道、守道、行道，则国家发展、社会安定、人生成长；违道、失道、背道，则国家衰落、社会动荡、人生不幸。一要引导世人从老子的"和"主张中感悟"道"力量。老子认为"和"是自然、社会、人生和一切生命的真谛，主张"和睦、和平、和谐"，反对"图霸、争霸、称霸"。应该通过公民道德教育和实践，传承"和"基因、弘扬"和"文化、坚定"和"理念、厚植"和"底蕴，走和平崛起道路，永远不称霸。二要引导世人从老子的"中"主张中感悟"道"力量。通过公民道德教育和实践，引导世人效法天道运行公平、公正和平衡、均衡的法则，构建天人合一自然和谐观、人性自然适度发展观、自然而为实践观，反对极度、极端的发展思维，维护社会公平公正，追求发展平衡均衡。三要引导世人从老子的"善"主张中感悟"道"力量。"善"主张包括无私奉献、知足寡欲、淡泊名利、节俭素朴、诚实守信、谦虚卑下、谨慎审慎、宽容包容、自重自止、礼让不争等道德理念，与主流社会核心价值观异曲同工、高度一致。应该通过公民道德教育和实践，引导世人树立"行善积德走向成功、行恶积怨走向毁灭"的因果理念，自觉做到思想向善、行动行善，做到心存敬畏、行有底线，做到深植善根、播撒大爱。同时社会要积极营造向善环境，使善人有好报、回报、福报，使恶人遭唾弃、惩治、报应。

# 第五章

## "偏心、偏颇、偏私"失道，"守中、居中、和中"合道

### 老子原典

天地不仁，以万物为刍狗；圣人不仁，以百姓为刍狗。天地之间，其犹橐籥乎！虚而不屈，动而愈出。多言数穷，不如守中。

### 法融释典

天地无情感、无意识，对万物无所谓仁慈和偏爱，纯任万物自运自化、自生自灭。《阴符经》云："天生天杀，道之理也。"指的是天生万物并非因为爱，天杀万物并非因为恨，而是自然运动变化之规律。天道运行，四时成序，阴阳消长，其中自有生杀之机。春夏到，阳长阴消，万物应时而生长；秋冬至，万物应时而收藏。此皆自然之道，而非有意作为。圣人法天地自然之道，治国理民，以无心为仁，不以自我意志强加于天下。人若无私无为，内充道德，处之以柔弱谦恭，必得人钦崇而尊之；反之，如人内失其德，处之以骄肆强暴，必为人厌弃而辱之。圣人无偏爱，无私情，开诚布公，替天行道，对王公贵族和庶民百姓一视同仁。

《庄子》曰："天籁、地籁、人籁。橐龠和籁因中空，其中有自然之妙用，动则声生，静则音止。"意思是说动可吹出无穷无尽的曲子，静则无声无息。天地之间中空犹如橐龠亦如籁，静则无声息，动则生万物，千变万化永无限量。中虚具有无限生化之功能，守中抱本可"枢始环中，以应无穷"，至虚的真空妙气潜藏生机，永远不会衰竭且永存不灭。言辞再多，总有不尽之处。橐龠虽空，发气却无穷无尽。既知此理，不如致虚守静，不言守中。

## 悟道鉴典

"天地不仁，以万物为刍狗；圣人不仁，以百姓为刍狗。""多言数穷，不如守中。"老子通过阐述天地对万物无所谓仁慈和偏爱这一自然品性，揭示了治国安民应效法天地自然之道，不能将自我意志强加于天下，须始终做到致虚守静、不言守中。

天地"对万物无所谓仁慈和偏爱，纯任万物自运自化、自生自灭"；"圣人法天地自然之道"，"以无心为仁，不以自我意志强加于天下"。法融道长通过进一步阐释天地无情感、无意识，对万物无偏颇、无私心这一独特品质，揭示了以自我意志强加于天下的行为都是偏心、偏颇、偏私的失道之举，而守中、居中、和中才是合道之举。

自古以来，历朝历代，当统治者出现偏心、偏颇、偏私，将个人意志强加于百姓之上，丧失正念、放弃大爱、丢掉大公之时，必然出现厚此薄彼、贵贱有别、社会失衡等严重问题，轻则导致社会动荡，重则引发政权更替，历史上无数经典案例无不证明了老子致虚守中思想的真理性和永恒性。元朝统治者曾以强大的军事实力和令人震惊的军事才能，建立了空前庞大的元帝国，成为中国历史上疆域最大的封建王朝。元朝统治者为保持蒙古族对其他民族的统治地位，实施"四等人制"的区别对待的治理政策。这一政策明确规定将百姓分为蒙古、色目、汉人和南人四类，四类人群社会地位严格遵循等级排序，其中数量最多的汉人居于三等人的地位；只允许蒙古人和色目人担任朝廷要职；在军队组织上，虽有蒙古军、探马赤军、汉军和新附军的区别，但军事指挥权一律掌握在蒙古军帅手中；更为可笑的是，刑法上规定蒙古人可以殴打汉人，汉人不能还手，即使蒙古人打死了汉人，最多只受到流放充军的处罚。毫无疑问，这些偏心、偏颇、偏私的治国政策，人为制造了民族压迫和民族撕裂，加剧了民族隔阂和民族矛盾，引发了不公不义的社会问题，激化了社会矛盾，催发了人民起义，最终为元朝灭亡埋下了祸根。在多种因素共同作用下，本可维持更长时间统治的元朝，可惜只运转了九十八年就退出了历史舞台。

得民心者得天下，古今中外，概莫能外。中国是一个拥有十四亿人口、五十六个民族的世界大国，对于执政者而言，十四亿人民都是中华民族的子孙，任何时候必须一视同仁地对待，不偏不私地对待，心底无私地对待，这是治国安邦的根基所在。人口的巨量性、民族的多样性、文化的多元性、地区的差异性更加增大了国家和社会治理难度，如何把握政策平衡、发展平衡、社会平衡，不仅是现实难题，而且是长远命题。新时代中国，不断满足人民对美好生活的向往，应该积极借鉴老子倡导的守中思想，防止偏心、偏颇、偏私作祟，做到守中、居中、和中，不断回应最广大人民群众的期待向往，不断解决不公平、不平等、不平衡等偏颇失中的社会问题，进而不断推进和谐有序的社会发展。

以正心守中。正心，就是端正治国理政的出发点；守中，就是对全体国民一视同仁。新时代背景下的治国理政，应该积极效法天地自然之道，坚定为人民执政理念，切实把权为民所赋、权为民所用、利为民所谋的思想贯穿于治国安邦、强国富民的全过程。一要纯粹全心全意为人民服务的出发点。全心全意为人民服务是党的根本宗旨，体现了党的根本性质，既包含了一心一意、真心真意、实心实意为人民服务的根本要求，又包含了维护最广泛人民利益、最广大人民利益的根本要求。未来中国，在带领中国人民进行新长征的过程中，应该进一步纯粹治国理政理念，冲破利益格局束缚，切实把全心全意为人民谋利益、谋发展、谋幸福的宗旨理念扎深根、深扎根。二要坚持广大人民群众共享发展成果的出发点。社会主义的本质就是共同富裕、共同发展、共同进步，针对国家现实贫富差距远高于世界公认警戒线的客观实际，应该加快国民收入和财富分配机制改革，尽快缩小收入分配差距，大踏步向"橄榄型"社会的目标迈进。三要彰显坚持正义、维护正义、伸张正义的出发点。保持正心需要正义之举来捍卫，社会没有正义，政府就会失去民心，为最广大人民谋利益的出发点就会失焦。应该坚定高举正义大旗，把人民群众反对的、厌恶的、痛恨的行为现象作为惩治打击的重点对象；应该坚持除恶务尽原则，把腐败毒瘤深挖严治，确保党和政府始终站在正义一边，始终代表最广大人民的根本利益。

以大公居中。大公，就是治国理政政策制度公正、公平、公开；居中，就是治国理政对策措施不偏不倚、不左不右、拿捏有度。新时代背景下的治国理政，应该积极效法天地自然之道，构建覆盖全面、兼顾各方、远近结合，普遍适用、普遍认同、普遍受益的政策策略机制。一要坚持整体利益导向。始终把国家利益、民族利益、人民利益放在制定一切政策策略的首位，纠正为了部门利益损害国家利益、为了集体利益损害民族利益、为了个体利益损害集体利益的本位主义错误导向。二要顺应大众利益诉求。始终把大多数人民群众的利益诉求作为政策方向、政策导向、政策指向，不断纠正为少数人开旁门、开偏门、开后门的错误倾向。三要实现普遍受益的目标。始终坚持大多数人受益、受惠、受利的原则，坚决纠正个别群体、个别阶层、少数个体占有资源、垄断财富、独享成果的危险倾向。

以博爱和中。博爱，就是以博大之爱善待天下百姓；和中，就是以平和、谦和、调和的方法维护社会和谐平衡。新时代背景下的治国理政，应该积极效法天地自然之道，营造和谐稳定、健康有序、包容友爱、团结互助的社会氛围。一要始终坚持人民利益高于天。维护人民利益、为人民谋幸福是共产党人的永恒追求，任何时候都要把人民利益作为最高利益、最大利益、最先利益，让全体人民共享利益、共享红利，共同发展、共同进步。二要始终坚持群众利益无小事。全心全意为人民服务的宗旨，决定了党的全部工作就是为人民群众解难题、克难题、破难题。应该通过创造性建立"不忘初心、牢记使命"常态化教育和实现机制，把解决人民群众的诉求、期盼、心愿作为主要抓手，以强有力的措施最大限度化解社会矛盾、平衡各方利益、促进和谐稳定。三要始终坚持造福百姓无止境。"不断满足人民日益增长的美好生活需要"意味着造福人民、造福百姓、造福群众必须树立持续满足、全面满足的大追求，实现国家发展一步，人民受益提高一层，国家与人民共进步、共发展的美好愿景，既要不断满足人民群众物质生活需求，又要不断满足其精神生活需求，还要大力营造政通人和、上下同欲、同舟共济的社会大环境。

# 第六章

把握"初始、本源、永恒"之道性质,遵循"造化、运化、演化"之道规律

### 老子原典

谷神不死,是谓玄牝。玄牝之门,是谓天地根。绵绵若存,用之不勤。

### 法融释典

太空是虚无之体,变化的妙用确是不生不灭,不计年劫多少,永无止期。无极一动是太极,太极一静是无极,这是宇宙从无到有、从有到无而演化的纵向关系。无极一动,化为太极,太极中含着阴阳二气,二气合和,化生万物。无极与太极一动一静,是天地万物的总根,其中造化之机,连续不断,自然而然,万汇品类,无不由此而始生。至虚的真空妙气潜藏无限生机,永恒存在且不会泯灭,是生化天地万物之大母。这一生化万物之大母,是天地所从以生的宇宙本根,虽空洞杳冥,无形无象,但妙用无穷无尽。

### 悟道鉴典

"谷神不死","绵绵若存,用之不勤"。老子用"不死""若

存""不勤"三个关键词,揭示了"道"的初始、本源、永恒的性质,劝诫世人应该把握"道"的独特本质,遵循造化、运化、演化的"道"规律。

"太空是虚无之体,变化的妙用确是不生不灭,不计年劫多少,永无止期。""无极与太极一动一静,是天地万物的总根","万汇品类,无不由此而始生"。"至虚的真空妙气潜藏无限生机,永恒存在且不会泯灭,是生化天地万物之大母。"法融道长进一步阐释了"道"是宇宙万物本根、大母、主宰之独有定位,具有造化之机连续不断、运化力量无穷无尽、演化妙用永无止期的神奇力量。

老子认为,"道"对天地万物乃至宇宙万物而言,具有初始性、本源性和永恒性的地位,是"道"造化了天地万物,运化了天地万物,演化了天地万物,是万事万物的总根源之所在。"道"集初始性、本源性、永恒性于一体表明,"道"既是初始力量,又是本源力量,更是永恒不灭的力量。这一"道"的性质从另一个角度揭示了天地万物演进发展规律,保持永恒力量,必须从初始和本源出发,主动寻找原动力、运用原动力、激发原动力,切实把握天地大道造化、运化、演化之规律。否则,就会出现输在开头、败在源头的致命后果。古今中外,历朝历代都未能跳出"其兴也勃焉,其亡也忽焉"这个历史周期律,历史反复证明:只有遵循天道初始、本源、永恒的性质,通过把握初始、寻找本源、实现永恒,才能确保事业长盛不衰;只有回归初始、寻找本源、保持永恒,才能找到一切问题治本之道。

毫无疑问,中国历朝历代都没有跳出历史周期律魔咒的影响,一个政权长期执政一段时期取得成就之后,很容易出现惰性思想、随性行为、惯性思维，进而出现掌控不力、治理懈怠、矛盾爆发的危险隐患，出现"政息宦成""人亡政息""求荣取辱"的悲惨结局。究其原因，随着时间推移，容易忘记初心，忘记起始创业之艰辛，在源头上出现了致命危患，失去了初始性、本源性、永恒性的力量源泉。唐朝开元时期国力曾达到了顶峰，一度成为当时世界上最强盛的国家，但由于唐玄宗执政后期沉迷美色、怠慢朝政，引发了历史上著名的"安史之乱"，唐朝继而由盛转衰，直至灭亡。

新时代中国，已经走过了七十多年辉煌历程，取得了举世瞩目伟大成就，开创了前无古人人间奇迹。世界上第一个社会主义国家苏联建国未满七十周年，一夜之间分崩离析，再一次证明了历史周期律是不以人的意志为转移的客观规律，永远不能无视。未来中国，党要实现长期执政的崇高理想，建成社会主义现代化强国，实现中华民族伟大复兴的中国梦，迫切需要从中华传统文化"道"思想中汲取再出发、再奋进、再成功的智慧力量。应该大力引导国人自觉回到出发点，寻找前进源动力、寻找攻坚源动力、寻找创造源动力，切实把"一切向前走，都不能忘记走过的路；走得再远、走到再光辉的未来，也不能忘记走过的过去，不能忘记为什么出发"的深刻思想牢牢地铭记在心。

从初始出发造化事业。老子认为，道是宇宙万物生成的初始点，是道造化了宇宙万物。人类按道行事，必须认清道的初始本质，发挥道的造化功能。在推动国家发展上，必须坚守最基本的原则，不忘初始、立足初始、坚持初始来造化事业、推动事业、成就事业。党领导中国人民开创中国特色社会主义事业新局面，就是要不忘初心、牢记使命、永远奋斗，就是要把为中国人民谋幸福、为中华民族谋复兴作为不变的理想追求，就是要从初心使命出发寻找再前进、再发展、再辉煌的源动力。一要通过回归初心使命保持奋斗力量。回归初心使命，不仅是保持奋斗动力的重要方法，而且是克服骄傲自满的有力武器。应该通过坚持"不忘初心、牢记使命"长效机制，切实用好初心使命这面镜子、这把尺子、这根鞭子照出问题、量出弊端、抽出动力。二要通过弘扬光辉历史获取精神力量。党在领导中国人民干革命、搞建设、抓改革的初创时期、初始阶段，创造了许多宝贵的精神财富和优良传统，正是那些宝贵的精神力量推动了事业发展壮大。从初始出发造化事业，就是要在回归初心使命保持奋斗力量的同时，继承和发扬党在各个时期积累的宝贵经验和优良传统，把各种伟大精神的时代价值挖掘出来，汲取从胜利走向胜利的强大精神力量。三要通过传承优秀文化增强底蕴力量。中华优秀文化是中华民族五千年长期积累的智慧结晶，是中华文化之根、之母、之本，是本源力量、底蕴力量、智慧力量。从初始出发造化事业，不仅要通过回归初心使命保持奋斗力量、弘扬光辉历史获取精神力量，还要通过传承优秀文化增强底蕴力量，让党初心使命的原始力量、光辉历史的精神力量和优秀文化的底蕴力量组合发力，形成协同效应，保持造化事业始终拥有不竭的源动力。

从本源出发运化事业。老子认为，道是宇宙万物运行的本源力量、中枢力量、根本力量，是道运化了宇宙万物。人类按道行事，必须认清道的本源性质，发挥道的运化功能。在推动国家发展上，最基本的原则就是回归本源、立足本源，用本源力量运化事业、推动事业、成就事业。"运化"二字标志着运行支配事业发展进程，必须按照道的本源性质，遵循固有规律，推动事业发展变化。一要发挥起始力量运化事业进程。任何事物都有一个起始性力量，这是一种原始之力、自然之力、源头之力。一切科学都是从自然科学演变而来，必须遵循自然科学法则，按照自然规律办事，坚守"人与自然共生共存共兴"的理念，做到尊重自然、顺应自然、爱护自然、美化自然，不断创造物质资源、物质财富、物质价值，走出一条人与自然和谐共生、和谐发展的本源之路。二要发挥基本力量运化事业进程。起始力量就是基本力量，基本力量是本质力量。从本源出发运化事业，就是要在按照自然规律推动事业发展的同时，遵循执政党的建设规律、社会主义建设规律、人类社会发展规律，与客观规律同行，与客观真理同行，与客观科学同行，切实在加强党的领导、推进社会主义事业发展、促进人类社会进步三者运化协同上，走出一条符合中国国情、符合时代要求、符合人民期待、符合国际社会愿望的创业、兴业之路。三要发挥根本力量运化事业进程。在尊重自然规律和社会规律的同时，还必须充分发挥根本力量的作用，通过根本力量的发挥，实现起始力量、基本力量最大化、最优化、最佳化。根本力量无论对何种社会制度、何种执政模式、何种领导体制都是一致的、一贯的、一定的，这个力量就是人民推动事业发展的伟大力量。发挥根本性力量，最基本的原则，就是要始终牢记"水能载舟，亦能覆舟"的历史铁律，牢固树立以人民为中心的执政理念，不断激发人民群众的能动力、创造力、推动力，使人民真正成为推动历史发展的中流砥柱。

从永恒出发演化事业。老子认为，道是宇宙万物演化发展的永恒力量、持久力量、无限力量，是道演化了宇宙万物。人类按道行事，必须认清道的永恒性质，发挥道的演化功能。在推动国家发展上，最基本的原则，就是立足永恒、坚持永恒，以永恒力量演化事业、推动事业、成就事业。一要坚持按天道规律推动事业发展。天道，是推动事业发展最基础、最本质、最恒久的大规律，是国家发展、事业成功的致胜王道。从永恒出发演化事业，最基本的原则，就是要树立"永远以天道规律推动事业发展"的理念，从源头上、本质上、顶层设计上，防止一切违道的理念、思想和行为，从思想上、理论上、文化上夯实按天道规律推动事业发展的坚实基础。二要坚持以恒心恒力推动事业发展。遵道、守道、行道，永远和欲望、欲念、欲求背道而驰，双方无时无刻不在进行着博弈较量，能否保持恒心恒力按道行事，直接决定事业发展成败。从永恒出发演化事业，最基本的原则，就是要克服侥幸心理、纠正侥幸心态，树立"违道必遭祸、违道必定败"的理念，自觉培养按道行事的定力、毅力、耐力，防止因人性的劣根性作祟导致事业中途夭折。三要坚持以不变应万变推动事业发展。事业发展不会永远一帆风顺，出现问题、矛盾、挫折在所难免。尽管解决问题、化解矛盾、应对挫折的方法多种多样，甚至无穷无尽，但最有效、最根本的方法，就是以遵循天道的不变规律应对变化无穷的万事万物。从永恒出发演化事业，最基本的原则，就是要从大道规律、天道规律、王道规律寻找问题原因、矛盾根源、挫折成因，以最自然、最直接、最简单的按道行事天则，解决复杂问题、化解复杂矛盾、应对复杂挑战，发挥出坚定行道的永恒力量、永恒作用、永恒价值。

# 第七章

以"克己为公、舍己为公、无己为公"之品质，行"自我成长、自我成全、自我成就"之自然

### 老子原典

天长地久。天地所以能长且久者，以其不自生，故能长生。是以圣人，后其身而身先，外其身而身存。非以其无私邪？故能成其私。

### 法融释典

天能长生，地能久存。天地所以能长久存在，是因为天地没有私情欲望，其运作不为己，无心自求长生，所以能够长生。

圣人效法天地不求生而长生的自然之道，处事谦让柔弱，把自身置于人后，而自然为人拥戴于先。使自身置之度外，舍己为人，不求身存，自然得到万民敬仰和保护。只有无私，才能最终成就自己。人类应无私无为不求其荣贵而处先，不为自我身存而贪其厚享，事事为国为民，时时为天下生灵，把己身置之度外。如此日久，必能德望日重、万民钦佩。

## 悟道鉴典

"天长地久","以其不自生,故能长生","非以其无私邪?故能成其私"。老子通过揭示天地所以能长久存在,是因为天地没有私心欲念的缘故,告诫人类应该去私立公、无心自求,遵循天人合一之理,以得长生久视。

"因为天地没有私情欲望","无心自求长生,所以能够长生"。"把自身置于人后,而自然为人拥戴于先";"使自身置之度外","自然得到万民敬仰和保护"。"只有无私,才能最终成就自己。"法融道长进一步诠释了只有把自身置于人后、置之度外,不求其荣贵而处先,不为自我身存而贪其厚享,才能终身有保、德望日重、万民钦佩的深刻道理,劝导世人应培养克己为公、舍己为公、无己为公的品质,确保自我成长、自我成全、自我成就。

"天长地久"这一成语经过数千年演变,已经成为人类对世事万物的美好期许。老子揭示的没有私心欲望、运作不为己、无心自求长生,自然可收获"天长地久"的深刻道理,已被人类广泛推崇和借鉴。古今中外,历朝历代,许多圣人贤人、功成名就之士纷纷遵循天地因无私而长久的规律,以克己、舍己、无己的境界开创了人生、开拓了事业、创造了辉煌。无数成功人士以鲜活的事实证明了自身对待公私的态度、控制私利的态度,这些直接决定其人生高度、事业高度和成就高度。世界上公认的伟人、领袖之所以取得别人无法比肩的伟大成就,最根本的一条,就在于没有私心、一心追求伟大事业,然后才能成就伟大事业。无论是古代"周公吐哺,天下归心"的传世经典,还是现代周恩来总理

"大贤秉高鉴，公烛无私光"的人格写照，无不生动诠释了"心底无私才能天地宽""天下为公才能赢天下"的真理。

众所周知，保护自我是人类与生俱来的本能和天性。常人因为贪欲、懒惰、虚荣、攀比产生私心实属正常，但如果不加控制，发展演变到自私自利、私欲膨胀、唯利是图的地步，则与天道相悖，对人生和事业危害巨大。实践证明，人生成长、事业发展从根本而言，是公心与私心较量、博弈、拔河的长期过程。公占据上风、公限制了私、公战胜了私，才会自然而然实现人生成长、人生成功、人生成就。在新的历史条件下，盘算个人私利、计较一己私誉、算计小我得失的私心杂念随时都会出现，这给人生修炼提出了更加严峻的挑战。作为有追求的有志者，应该树立与私心、私念、私欲长期做斗争的理念，通过不懈努力，实现从克私到舍利，再从舍利到无我的境界跨越。

遵循"克己为公方能成长自我"提升初级境界。无己为公是做人最高境界，追求无己为公必须从克己为公的初级境界起步。任何人都有七情六欲，总会有私心杂念、小我思想，这是自然属性。但作为社会人和有追求的人，应该养成克制私情、私欲、私利的自觉习惯，把私心杂念控制在最初阶段、最微状态、最小范围。否则，就会私情放纵、私欲膨胀、私利泛滥，最终影响阻碍个人成长、人生发展、事业进步。应该结合公民道德教育实践，引导世人把克制私欲作为修身养性最基本的一课，练就欲望面前能克制、能限制、能控制的本领，防止欲望之堤决口甚至决堤。对手握权力的各级领导干部，应该结合理想信念和纪律作风教育，打牢克己为公思想基础，切实把慎独、慎微、慎欲贯穿始终。一要慎独，不断强化自制力。强化独处、独守、独醒意识，自觉纠正克服表里不一的行为和"双重人格"，不断培养在独处时照样自觉遵守道德、遵守纪律、遵守法律的定力能力。二要慎微，不以恶小而为之。不仅要坚持守住大节，还要守住小节；不仅要避免大问题，还要克服小毛病。做到善小也为之、恶小也避之。三要慎欲，常思贪欲之害。贪欲之念一旦失控，如同脱缰的野马、决堤的洪水，将无法收拾。任何时候，都要牢记非分之想要不得、违规之念想不得、逾线越法做不得，自觉锤炼"无欲则刚"品质。

遵循"舍己为公方能成全自我"提升中级境界。能否主动牺牲自身局部利益，让位于全局整体利益，需要舍己为公的品质保障。铸就舍己为公品质必须以克己为公为基础，如果连私欲都管控不好，舍己为公必定是一句空话。未来中国，比任何时候更加需要一代又一代、一批又一批、一茬又一茬舍己为公的有格局者、有情怀者、有大爱者为国效力、为国奉献、为国牺牲。应该结合公民道德教育实践和人才培养工程，把培养国人特别是社会中坚舍己为公的精神境界作为最关键的一课，教育引导世人深刻领悟只有舍己为公才能成全自我、成就大我的道理；深刻领悟无限放大自身利益、挤压公共利益，最终难以成全、难以安全的道理；深刻领悟自身利益泛滥、侵占公共利益最终会被私利埋葬的道理，切实守住合法得利、合理得利、合情得利的原则底线。对手握权力的各级领导干部，引导其把考虑天下大事、为国为民造福作为人生至高追求，不断提升做人情怀、格局、境界。做到既正确认清私利和公利关系和私欲膨胀导致原则失守的危害，又牢固树立公私分明观，坚持国家至上、全局为大、事业为重的原则，防止损公济私、损公肥私、损公徇私的私念滋长蔓延，自觉培养当个人利益和全局利益发生矛盾时，无条件牺牲个人利益，保全全局利益的高尚情怀。

遵循"无己为公方能成就自我"提升高级境界。无己为公是一种完全无我的崇高境界，其出发点完全基于天下大事、国家大局、人间大爱，没有丝毫私心私利，这是一种普通人难以企及的人生境界和崇高标杆。但是，对于具有向圣之心的理想之士、肩负国家发展重任的时代精英、手握重权的高级干部而言，应该树立崇高追求，向着"我将无我，不负人民"的高尚境界不懈努力和奋勇攀登。应该从培养造就一代又一代事业接班人的战略高度，在全社会精英中树起无己为公理想标杆，积极引导具有舍己为公品质境界的优秀者，向无我境界高峰攀登。对于身居重要岗位的治国理政骨干，应该涵养"天下为公"、胸怀国家、心系天下的情怀；国家应把"我将无我，不负人民"作为选拔任用标准，引导高级干部把自我追求与党、国家、人民的要求融为一体，确保任何时候坚持党的利益、国家利益、民族利益、人民利益高于一切的原则，自始至终以公心、公正、公道作风履行职责、践行使命、造福人民。

# 第八章

**不争果报以得长远、安守低位以聚力量、顺化外境以绝祸患**

### 老子原典

上善若水，水善利万物而不争。处众人之所恶，故几于道。居善地，心善渊，与善仁，言善信，政善治，事善能，动善时。夫唯不争，故无尤。

### 法融释典

最善的事物莫过于水。无水，则不能产生芸芸众生的生命世界；无水，任何生物都不能生存。水生育万物，滋润群生而与物无争，不求后报。它柔弱温顺，总处于人们鄙弃的最低下的地方。因此，水之品性最似于道。

"人往高处走，水往低处流"，人有喜欢媚上欺下、攀龙附凤、青云直上的劣根性，而水则总是流向低凹、最安全的地方，无任何倾覆之患。人心总会有私心杂念、七情六欲之烦扰，而水静则清澈湛然，无色透明，无混无浊，可鉴万物，心灵如善渊一样。水善养万物，施恩不求报，植物皆沾滋润之恩，动物咸获饮食之惠，仁慈至极。水利万物，诚实和顺，无假无妄，表里如一，诚实至真。水之为治，若大匠取法，以"平中准定上下"，不左不右，不偏不倚，对万物一视同仁，至为公平。水理万物，能力非凡。去污洗浊，攻坚克固，行船渡筏，兴云致雨，生物育人，功用不可估量。春夏温热，万物繁衍，最需要水，水则蒸云降雨，滋润群生，降温祛暑；秋冬渐寒，万物成藏，水则结为坚冰，凝为霜雪，覆盖大地，恰若天被，保护生灵，遮风御寒，施善及时。

水之体性，虽有以上"七善"，但皆出于自然，与物无争，故水永远没有过失。

## 悟道鉴典

"水善利万物而不争"，"夫唯不争，故无尤"。老子以水喻"道"，以善地、善渊、善仁、善信、善治、善能、善时这"七善"，深刻而全面地揭示了水利于万物而不争的自然品性和它因为不争则永远无忧的内在真谛。

水"总是流向低凹、最安全的地方，无任何倾覆之患"；它"清澈湛然，无色透明，无混无浊，可鉴万物，心灵如善渊一样"；水之体性，"出于自然，与物无争，故水永远没有过失"。法融道长从水的价值、功能、品质等方面进一步揭示了水虽具有生育万物、滋养万物、运化万物之不可替代的作用，但始终"不争果报、安守低位、顺化外境"，劝导世人，要实现永无忧患、永绝祸患圆满结局，必须效法水"利万物而不争"的品性，坚持遵循天道真谛。

老子"不争"思想极其深刻，借水的比喻揭示了天道无私无求、无往不利的伟大品质。但是几千年来，世人对"上善若水"

的理解大多停留在浅表层次，对水之品性理解不深、把握不透、效法不够。相反，对"不争"思想更多的是从负面理解把握，片面认为，不图回报、不争高低是理想主义的迂腐理念，根本不值得效法。毫无疑问，这些错误认知是对老子"不争"思想的巨大误解。以史为鉴，"争"与"不争"最终结局将大相径庭，充分证明了老子"不争"思想的真理性和智慧性。春秋战国时期，范蠡就是一个效法善水之品而功德圆满的杰出代表，其以不图报、不求名、不求利的品性，最终赢得了"忠以为国、智以保身、商以致富，成名天下"的美誉。相反，西汉开国功臣、军事家韩信，曾辅佐刘邦击败项羽建立了不世之功，但其功成名就后不知收敛、争名夺利、居功自傲、贪恋荣华，最终落得"夷灭三族"的可悲下场。

当今社会，由于受到发展市场经济大背景的影响以及提升国民素质须经过漫长过程规律的制约，凡事喜欢讨价还价、锱铢必较、分斤掰两的"争利者"比比皆是、随处可见，心甘情愿而不图回报、服从要求而不择环境、埋头苦干而不讲条件、默默无闻而不争名利的"不争者"却凤毛麟角、相对稀少。这种现状与建设现代文明强国和实现中国梦的远景目标相比形成了强烈反差。

新时代中国迫切需要造就千千万万不图回报、不择条件、不求名利的重道者、守道者、行道者。未来中国，应该紧密结合公民道德教育实践和中华优秀传统文化弘扬，大力引导国人涵养"上善若水"品质，大力强化"不争回报以谋长远""安处低位以聚力量""顺化外境以绝祸患"的理念，自觉与凡事图回报、凡事论条件、凡事计名利的违道、失道、背道的行为决裂。

遵循"不争回报以谋长远"的天道。不图所报是一种无私境界、无我情怀、无上智慧，更是一种安稳、安然、安全的处世策略。道理非常简单，如果做事动机是为了回报，目的性很强，并以自我为中心，终将导致心态变化、心态失衡、心态扭曲，长此发展必将带来无穷隐患。事实证明，不图所报并非不会有回报，甚至终得大回报。新时代中国，应该积极培养国人以平和、理性心态对待世事万物。一要引导国人遇事淡化商人思维。自觉纠正把图回报作为行事出发点的行为，防止凡事都按商业逻辑思考，要树立"看大局，算大账"的谋事成事思维。二要引导国人摒弃短视思维。自觉纠正锱铢必较、斤斤计较，事还没做就追求即时回报，看不到回报就缩手止步的行为，积极树立长远意识、前瞻意识、战略意识。三要引导国人摒弃贪婪思维。自觉纠正少投入、快回报，少付出、多回报，少奉献、大回报的赌徒心理和懒汉做派，自觉强化"只管付出少计回报、只管耕耘莫问收获、只管努力少论结果"的正确意识。

遵循"安处低位以聚力量"的天道。甘于立足低处，不讲条件、不论环境地浸润大地、滋养万物、福报人类，既是水突出的优秀品质，也是其源远流长、川流不息、永不枯竭的奥秘所在。涵养"上善若水"品质，应该引导教育国人不能过分依靠环境、依赖条件、依附外力做事成事，而要强化不择环境、不讲条件、不计处境干事谋事的意识，依靠自身力量走出一条从低处起步、从小处发展、从弱处着手取得成功的靠谱道路。一要坚持从"低处"起步。引导国人牢固树立"往高处走必须从低处出发"的理念，任何时候始终坚持步步为营、循序渐进、稳扎稳打的渐进思路，自觉防止一步登天留下踏空隐患，做到每一步踩得坚实而稳健。二要坚持从"劣境"起步。引导国人牢固树立恶劣环境最能磨砺人、塑造人的信念，使其形成只有经过恶劣环境洗礼，才能战胜一切困难的理念，坚决反对"挑肥拣瘦"、挑三拣四、选择优越环境的错误做法，做到在恶劣环境中成就令人称道、让人心服的事业。三是坚持从"卑位"起步。引导国人在对待个人成长和事业发展时牢固树立千里之行、始于足下，不积跬步、无以至千里的理念，放弃一步登天、一鸣惊人、一蹴而就的幻想，坚决杜绝因为位卑而贱看自我、轻看自我、小看自我的悲观心理，做到在"小舞台"唱出"大戏"，赢得认可、赢得尊重、赢得掌声。

遵循"顺化外境以绝祸患"的天道。液态是水之常态，在大地上流淌时善于随着河道、山势蜿蜒迂回，而不是一味横冲直撞，同时又善于根据时节改变自身，变成不同形态孕育生命、滋养万物。致柔、利他、善容既是水之宝贵品质，又是突出能力。涵养"上善若水"品质，应该引导教育国人不能固守一己模式，要善于根据环境需要、工作需要、事业需要、大局需要改变自己、转变自己、蜕变自己，以适应环境变化、事业要求、成事规律，进而防止墨守成规、冥顽不化、安常习故的心态带来祸患。一要胸怀大爱自觉变。牢固树立只要对事业发展和国家利益有利，就当自觉改变自己的奉献理念，养成只要大局和全局需要，就心甘情愿改变自己的习惯、思路和打法，滋养宁可牺牲自我也要奉献社会、服务大局的情怀。二要遵循规律及时变。大力强化紧跟形势、趋势、大势及时改变自我的意识，增强时代需要什么就改变什么，环境需要什么就转变什么，目标需要什么就蜕变什么的行动自觉，努力做到遵循规律、把握时机、顺应趋势、及时转变，防止祸患发生。三要脱胎换骨勇敢变。由液态变成固态，再由固态变为液态和气态，从形态上实现脱胎换骨的变化，体现了水之应变能力。要敢于以脱胎换骨的蜕变精神实现人生成长、事业进步、未来发展，坚决走出心理舒适区，改变一成不变的懒惰心态，通过改变自我、革新自我、升华自我，实现人生成长，向更高层次跃升迈进。

# 第九章

"盈则致溢、锐则致折、贵则致咎","遂须知退、遂应淡退、遂当隐退"

### 老子原典

持而盈之,不如其已。揣而锐之,不可常保。金玉满堂,莫之能守。富贵而骄,自遗其咎。功成名遂,身退,天之道。

### 法融释典

容器盛液体过于盈满,必有溢失之患;器物留空,则可容物无患。"满招损,谦受益",既知盈满易失,当应适可而止。刀剑磨得过于锋利,最易锉钝,伤其锋刃。如果尖锐过度,必然锐度难以常保。人若锋芒毕露,亦必受挫。人皆一个脑袋两只手,虽体智有别,收益有异,但凭劳动所得,悬殊不会太过。不劳而获,金玉满堂,必有不义,不义之财必招祸患,无法常保。身处富贵,最易骄肆,必遭众人所恶,咎祸自出。

既知过盈有溢失之患,锐利之锋不可常保其刃,金玉满堂无法守藏,富贵而骄必遭祸殃,须知万事万物"过犹不及",一旦功成名遂,达到顶点,当退身于外,以善终其功、善全其名、避免咎祸,这是天道规律。

## 悟道鉴典

"持而盈之，不如其已。""功成名遂，身退，天之道。"老子通过容器盛装液体、刀剑打磨自然之道，财富和名利积聚之道，深刻揭示了任何事物过犹则不及，应该适可而止的道理，从自然之道、财富之道引申阐明了功成身退之道，告诫世人，无度追求财富、权力、功名必有祸殃，功成名遂不能迷恋成功、妄想更大成功、奢求永远成功，而应该循道而为、全身而退、避免咎祸。

"容器盛液体过于盈满，必有溢失之患"；"刀剑磨得过于锋利，最易锉钝"；"不劳而获，金玉满堂，必有不义"，"无法常保"；"身处富贵，最易骄肆"，"咎祸自出"。"一旦功成名遂"，"当退身于外，以善终其功、善全其名、避免咎祸，这是天道规律"。法融道长进一步揭示了这一深层原因，劝导世人，应该遵循"盈则致溢、锐则致折、贵则致咎"的真理规律，不断提升"遂须知退、足应淡退、成当隐退"的人生境界。

老子"功成名遂，身退"这一成功者应恪守的人生圆满之道，具有极强的思想性、现实性、警示性，直击人性弱点、人性缺点、人性软肋。古今中外，事业有成而不知功成身退、晚节不保者众多，诸多案例生动诠释了这一思想的深刻性、智慧性、真理性。无数商贾巨富本已取得巨额财富，成为令人羡慕的成功人士，但由于求大贪多无度，最终前功尽弃，落到家财散尽甚至身陷囹圄的悲惨境地。二十世纪九十年代名噪一时、曾被誉为"中国首富"的牟某，通过艰苦创业积累了巨大财富，但随着野心膨胀，手笔越来越大，不顾客观条件抛出了"委托俄罗斯3年放60颗卫星把地球全罩起来进行商业运营""6—8个月制造运算速度在10亿—100亿次之间的芯片""炸开喜马拉雅把大西北变成塞上江南""独家投资100亿把满洲里造成北方香港"等夺人眼球的大胆构想，结果摊子铺得过大，资金链濒于断裂，走投无路之时铤而走险，不惜搞金融诈骗，最后锒铛入狱，结束"造富神话"。无数本已成功的政治精英，退而不休，依然迷恋台上风光，忘不掉权势带来的存在感，继续利用余威大搞权力腐败，最终不得善终。新时代以来，不少官员退出岗位多年却仍被反腐利剑斩落下马，不单是其背负前科积案，更重要的原因是退休后仍不收敛、不收手，最终难逃人民正义的审判。反观历史上一些成功的政治精英，深谙进退之道，该退则退，毫不眷恋，毅然回归淡泊甚至隐居生活，终得圆满人生。例如唐朝名将郭子仪、明朝重臣徐溥、清朝名臣曾国藩等都是此类典型人物。无数阴沟翻船、功败垂成、功亏一篑的惨痛教训警示人们，只有盖棺定论以后的成功才是真正的成功，只有笑到最后的人生才是真正圆满的人生，否则都是暂时成功、一时圆满，如果不知功成名就则身退之道，就会招致个人折损，甚至伤及根本，导致过往功名一笔勾销。对于有志于干一番大事业和已经行进在成功路上的社会精英们，应该从老子功成身退之道中汲取智慧，引以为鉴、得到警示，深刻领悟"盈则致溢、锐则致折、贵则致咎"的天道规律，做到"遂须知退、遂应淡退、遂当隐退"，以保人生圆满。

  领悟盈则致溢之道，功成名遂须知退。容器装满液体，继续填装就会溢出，溢出就会漫延生害；人生财富功名超出自身德才容量，继续奢求索取，就会带来"才不配位、必遭祸殃"的严重后果。对于渴望成功、正在成功、已经成功的有志之士而言，应该及早领悟到"盈则致溢，遂须知退"这一深刻道理，牢牢把握进退智慧。一要铭记"箭头不会一直向上"的警示。任何成功绝不可能永无止境，如同登山健儿征服了世界最高峰后，还妄想继续再征服更高山峰，只能借助"通天梯子"向上爬，最后必定摔得粉身碎骨。凡事须有度、有限、有止，追求成功也一样，功成后需要强化"知退"意识，多想一想如何退、怎么退、退到什么程度，才是人生得大智慧者，否则就会在执念妄念中走向失败。二要恪守"追求成功目标不宜过高，应留有余地"的适度原则。好高骛远定目标不是明智之举，留有余地更能获得成功、增强自信、创造佳绩。对成功的目标的理解，不能过于教条、僵化、死板，防止被目标牵引、束缚、绑架；应该对成功报以超然心态，对成功的判定多一些维度，以平淡、平静、平和之心自然对待。三要把握"进中有退、退后再进、进退自如"的进退哲学。大多数成功都不会以"直捣黄龙"的方式取得，而是经过迂回曲折、反复磋磨、螺旋式上升的过程取得，任何寄希望于只进不退、永进不退的念头和做法，都是违背规律、痴心妄想、难以长久的。任何时候都要明晓进中有退、退中有进、进退有度、进退自如的道理，决不能只想着"一股脑"往上蹿、不顾一切往前走、不留后路拼命奔，以一种姿态、一种状态、一种心态之不变应万变。

领悟锐则致折之道，功成名遂应淡出。锋利的尖刀虽杀伤力大，但也会因为过刚易折、伤其锋刃、失去力量；能力强大之人在众人眼中如同锋利无比的尖刀，如果不避锋芒、不知内敛，人生必将遭到挫折。任何时候都应该领悟"锐则致折、遂应淡退"的道理，切实懂得内敛、保持内敛。一要铭记"没有锋芒悲哀，锋芒毕露悲惨"的思想理念。做人需要一定的锋芒，因为锋芒一定程度上代表朝气、锐气、底气。凡是唯唯诺诺、俯首帖耳、唯命是从者，通常作风软弱、不思进取、威信不足，难以取得良好表现，达到成功；但如果锋芒过露甚至毕露，则会转化为逞强好胜、过分自信、咄咄逼人的冒失行为，在伤害别人的同时，也会招致嫉恨，带来不必要的折损，甚至造成悲惨后果。真正的有识之士既要"积极进取、有所锋芒"，保持推动工作的强度、力度、硬度，又要"锋不过露、芒不逼人"，提高工作的科学性、艺术性、成效性。二要坚持"刚柔并济、收放自如"的行事原则。刚柔并济才是辩证、科学、高效的工作方法，一味用"柔"就会失去权威，一味使"刚"则会失去人心。任何时候都要做到"刚柔并济、收放自如"，该柔则柔、该刚则刚，柔中带刚、刚中带柔、收放自如，一味用"柔"或"刚"，都不会收到理想成效。三要坚持"看淡功名、自觉淡出"的智慧选择。功名是一把双刃剑，一方面能激发干事创业动力，感悟奋斗快乐、感受奋斗价值，但另一方面又会助长追名逐利思想，进而被功名所累。任何时候都要正确认清功名的两面性，扬长避短、克短扬长，自觉涵养淡泊名利的心态，万万不可执着功名、追逐功名、妄求功名，导致陷入功名窠臼不能自拔；任何时候都要正确对待成功，面对成功要知节度、知进退；要正确认识人生阶段使命规律，及时感知转折点、转弯点、转变点的到来，在合适时机及时退出历史舞台，万万不能忘不了过去、舍不了繁华，继续找感觉、要权威、逐名利，而应把姿态摆平、把状态调平、把心态放平。

领悟贵则致咎之道，功成名遂当隐退。财富和权力不加管控容易让人骄傲自满、忘乎所以、任性妄为，蔓延发展必将咎祸自出。事业大成者固有自身聪慧、勤奋努力的原因，更有机遇偏爱、多方扶持等因素，永远不能因为自身成功或多次成功，就认为自己可以成为"神话"，永立不败之地。天道规律昭示世人，世界是公平的，没有人能够永远鹤立鸡群、独占鳌头、永享荣华。对于已经取得了巨大成功的人士而言，不仅要知退、知止，更应追求隐退境界。一要顺应人生发展规律适时退出一线。事业有大成者，经历了长期奋斗历程，普遍年事已高，如果"不服老""不认命""不服输"，则有违自然法则，绝不可取，应该放平心态，该退的时候就坚决从事业一线退出，让位于更加年轻、更有活力、更有冲劲的接班人，以延续未来事业，决不能抱着"老当益壮""左不放心、右不放手"的心态，耽误国家事业前程。二要顺应人生角色定位及时退出"江湖"。不在其位，不谋其政。退出一线必须做到干净、利索、彻底、全面，不能退而不休、退而不放、半退半休、半退半放，继续摆老资格、耍老经验、指手画脚干扰一线工作。应该坚决退出"江湖"、远离"江湖"、隔绝"江湖"，给后人干事创业留一个好环境、好氛围、好局面。三要顺应人生圆满天律安然隐退"田园"。回归自然、回归本始、回归家庭，解甲归田、告老还乡、回归故里，享受天伦之乐、颐养人生极乐合乎天道规律。只有远离喧嚣、远离名利、远离世俗才能真正做到人生圆满，成为无愧于历史、无愧于时代、无愧于人生的真正大成者。

# 第 十 章

修"清静真一、清静自然、清静无为"真性，养"生而不有、为而不恃、长而不宰"上德

### 老子原典

载营魄抱一，能无离乎？专气致柔，能如婴儿乎？涤除玄览，能无疵乎？爱民治国，能无知乎？天门开阖，能为雌乎？明白四达，能无为乎？生之，畜之，生而不有，为而不恃，长而不宰，是谓玄德。

### 法融释典

元神属阳，轻清易飞而上行，元精属阴，重浊易凝而下行，二者虽相反但互补。先天元神本为清静，因后天欲念所扰致散乱不安。若祛除妄念、清心寡欲，则神自清静、元精自安。载入体内的魂魄能做到不受外界干扰、合和抱一而不分离吗？

常人因私欲妄念所扰，心神不能专一，无意中导致其气粗暴、神气不合、阴阳不交、坎离分居、先天与后天脱离关系。专心致志运气静气，能达到婴儿一样至软至柔的状态吗？

欲修真养性，必须清除心界一切杂念，让先天圆明之体性重现。清除杂念、洞观无碍、清静神心，能做到不留一点弊病吗？

无为自然心虚，心虚自然神凝，神凝自然气聚。神凝气聚、康健身心，能做到不用心智、自然而然吗？

先天性开，后天情欲即生。后天情欲静，先天之性即现。人生天地之间，必然运心应物。举心运念，不能让情欲障蔽本性，而应以清静无为处之。致柔笃静，能坚持始终"守雌"吗？

心渊纯净，不被情染；性海圆明，不为物牵。犹若皓月当空，无处不照，无处不明，此乃明白四达。明白通晓四面八方至深之道理后，能没有图谋和欲求吗？

做到魂魄合一、至柔如婴、除览无疵、凝神无知、静性守雌、四达无为就达到了心性与天地同体、清静圆明、无为而化的"道"之境界。生育万物而不占有万物，蓄养万物而不居功于万物，运化万物而不主宰万物，这就是深不可识、高不可稽、广不可量、远不可睹的与"道"同体的上上之德。

## 悟道鉴典

"生而不有，为而不恃，长而不宰，是谓玄德。"老子破天荒地连用六个反问句，既揭示了修真养性普遍存在的问题，又揭示了修真养性的最高境界——魂魄合一、至柔如婴、除览无疵、凝神无知、静性守雌、四达无为，同时借这一境界又揭示了得道圣人"生而不有，为而不恃，长而不宰"三大品质，告诫世人，修真养性贵在合一、至柔、无疵、无知、守雌、无为，应该坚持按照上德标准静心修炼。

"做到魂魄合一、至柔如婴、除览无疵、凝神无知、静性守雌、四达无为就达到了心性与天地同体、清静圆明、无为而化的'道'之境界。""生育万物而不占有万物，蓄养万物而不居功于万物，运化万物而不主宰万物"，这就是与"道"同体的"上上之德"。法融道长从修真养性的演进逻辑入手，揭示了涵养心性与天道自然终极统一的规律，劝导世人，应以修身修炼至高境界涵养上德品质，通过修持"清静真一、清静自然、清静无为"之真性，蓄养"生而不有、为而不恃、长而不宰"之上德。

老子揭示的修身思想和玄德思想传播广泛，世人无不知修真养性之重要、玄德之高尚的道理，自古以来，加强修真养性不仅是人类社会普遍倡导的积极理念，而且也是绝大部分世人的人生追求。然而从古至今真正修行到家、达到玄德境界的得道圣人，无论在什么时代、什么国度都是屈指可数，更未形成群体效应。绝大部分世人要么半信半疑、不得要领，要么功利作祟、半途而废，要么无知无畏、违道强为，使修真养性之路自生波折，无法善终。老子倡导的"生而不有、为而不恃、长而不宰"三条上德标准，很大程度上成为了修真养性高不可攀、无法逾越的理想目标。在现实中，"生而占有"的情况大量存在，甚至还有大量"不生而占有"的情况发生；"居功自傲"的情况大量存在，甚至还有大量"无功而傲"的情况发生；"长而主宰"的情况大量存在，甚至还有大量"不长而宰"的情况发生。这些情况严重败坏了社会风气，成为自私、自负、自大的负面标杆，严重影响了健康社会氛围的形成和营造。在当今世界道德滑坡、道德扭曲、道德沦丧的问题日趋恶化的新形势下，借鉴老子修真养性玄德思想具有积极的时代价值，一个国家的文明水平取决于国民道德修养水平。在人心浮躁的今天，尽快引导世人自修"清静真一、清静自然、清静无为"的真性，涵养"生而不有、为而不恃、长而不宰"的上德，已经成为人类社会必须面对的当务之急。

修"清静真一、自然无为"之真性，养"生而不有"之上德。修真养性磨砺的是心气、心智、心境，离开了清静真一的专注、自然无为的品质，必定修而无果、养而无终，更谈不上滋养"生而不有"的上德。对于致力修真养性的有志者而言，应该把追求"清静真一、自然无为"作为根本原则，把滋养培育"生而不有"的上德作为终极目标。一要坚决摒弃"生必占有"理念。催生者、生发者、生养者，对于"被生者"而言属于因果逻辑的"因"，"被生者"对于"生者"而言属于因果逻辑的"果"。人性的习惯支撑"有因才有果"的思想，认为"果"是由"因"自然形成，源自于"因"，理当归属于"因"，加以占有理所应当。事实上，这是与道不合的惯性思维，绝不可取。对于致力修真养性的有志者而言，应该坚决摒弃"生必占有"理念，自觉从因果逻辑中跳脱出来，积极调整理所当然的占有心态，自觉涵养"生而不占"的优秀品质。二要坚决反对"生同于私"理念。"生者"作为制造者、创造者、缔造者，容易滋生家长思维，诱发家长制作风，把制造、创造、缔造的"果"当作私有财产。事实上，这是违道的自私行为。对于致力修真养性的有志者而言，应该自觉开阔胸怀、提升格局，坚决反对"生同于私"理念，坚决与"付出就要回报"的经济思维决裂，让一切"果"回归社会性、公有性、独立性。

三要坚决杜绝"未生强霸"理念。"好事都想沾边,坏事都想溜边"是当今社会普遍现象,一些品行不端、居心不良、厚颜无耻之徒,本无付出,亦无贡献,非要生拉硬扯与"生"的关系,以从中强行分"一杯羹",事实上,这是严重的践道行为。对于致力修真养性的有志者而言,如果心有此念,是对修真养性的严重亵渎和极大侮辱,应该坚决杜绝,自觉把"强占""霸有"的无耻念头扼杀在萌芽状态,以免落得令世人贻笑大方的结局。

修"清静真一、自然无为"之真性,养"为而不恃"之上德。推进事业、创造财富,奉献才智、做出贡献,保持谦逊、低调作风,决不居功自傲、更不高调渲染,是优秀的上德品质。以常理而言,做出功绩就有了资本,喜悦之情难以自禁、自信之心油然而生、兴奋之态不能自已本无可厚非,但对致力于修真养性的有志者而言,这是修身养德、提升境界的严重障碍。一要认清居功自傲的危害。居功自傲容易滋生自负、自傲甚至自大心态,进而使人忘乎所以,导致失败。与谦逊内敛相比,居功自傲实为下策,事实上,居功自傲者容易让人看轻、厌恶、唾弃,最终会失去人心。取得了功绩,应该懂得自我约束,善于控制喜悦之情、骄矜之气,要尽快地从成功喜悦自诩中跳脱出来,以免骄傲之害一发不可收拾。二要摆正个人功绩位置。"一个篱笆三个桩,一个好汉三个帮",任何事业的成功都不会是单打独斗所成。尤其在现代社会,离开了团队合作、协作必定一事无成。取得了成功,应该摆正个人与团队、个人与集体、个人与社会的关系,理性评估自身贡献价值,决不能高估成绩、高估自己、高估贡献。宁可把自己所做贡献的调子定低一点、看淡一点、看轻一点，也不能无视他人、忽视他人、漠视他人的奋斗努力。三要清除无功摆功的瘤毒。看到别人取得了成绩，自己没有出力，却想坐享其成"搭便车""下山摘桃子"，这些都是典型的无良行为、践道行为，终将失去人心。在涵养"为而不恃"上德过程中，还应坚决肃清无功摆功恶习，做到不该伸的手不伸、不该沾的光不沾、不该摘的"桃"不摘，决不能以一己之私伤付出者之心、否协同者之功、冷支持者之情。

修"清静真一、自然无为"之真性，养"长而不宰"之上德。拥有高地位、大权力、强力量，却不居支配地位、不以己为主、不乱用控制手段，而平视一切、平等待人、平和处事，这是玄德标准中的最高层次，也是最难做到的一条。客观而言，有地位、有权力、有力量的人处于优势主导地位，能够主动有意淡化地位、淡化权力、淡化力量，需要拥有巨大的心性和修养。对致力于修真养性的有志者而言，应该自觉反省行为习惯、克制人性欲望、冲破固化思想，把涵养"长而不宰"上德作为终身追求的目标。一要强化"高处不胜寒"意识。位置越高越孤独，风险越大；高高在上恃强，风险更大。面对手中的权力、拥有的平台、掌控的资源，应该树立敬畏之心，坚持适度、谨慎、合理的使用原则，决不能放大自身优势，更不能硬行强势之举。二要树立"柔性力量最有效"理念。"柔性力量"具有渗透性、浸润性、辐射性，是一种文化力量、智慧力量、引领力量，柔性既能支撑刚性，又能发轫刚性，还能支配刚性。任何时候都要认清"柔性力量"蕴藏的强大威力,坚信"柔性力量"自身的独特价值,优先选择使用"柔性力量"。三要防止"力小任重强出头"错误。当今社会错误理解"地球离了谁都可以转""盲目自信强出头""不自量力站前头"等没有自知之明者大量存在,这同样是践道行为,应该坚决反对、坚决杜绝。任何时候都要防止"力小任重强出头"错误发生,牢固树立"强出头者终将不能持久,甚至招来横祸"理念,不该露头时坚决不能露、不该挑头时坚决不能挑、不该领头时坚决不能领,更不能以强硬、强行、强为的姿态挑战天理、挑战规律、挑战人心。

# 第十一章

秉承"无形亦有形、无形成有形、无形胜有形"思想，致力"就虚看实、向虚求实、以虚胜实"相结合

### 老子原典

三十辐，共一毂，当其无，有车之用。埏埴以为器，当其无，有器之用。凿户牖以为室，当其无，有室之用。故，有之以为利，无之以为用。

### 法融释典

车轮、车轴只是单独实体，唯有插轴之孔是车至为关键的实用处。若无此小孔，整个车只是无用之物。壁、底、盖等实体均为器皿要件，只有其内的中空才是盛水藏物的实用部分。无此中空，器皿则无用。房屋墙壁、顶盖等是实体，而其门窗和室内中空部分才是其实用处。内部之中空和门窗的虚无部分，只有通过其实有部分才有实用。无内部之中空和门窗之通口，房子则无用。

由此可见，事物由有与无、实与虚两部分构成，其中虚无部分只有通过其实有部分才能有实用。因此，实有部分只是藉利，而虚无部分才是实用。像车、器、室的中空部分是实用之处，外

壳的实有部分，只是藉利之处。中空部分具有实用功能，说明宇宙万物柔能克刚，弱能胜强，虚空之中，妙用无穷。人身亦一样，躯体外壳为藉利，身体的虚灵不昧才是实用，五官七窍，起着全身主导作用。

## 悟道鉴典

"有之以为利，无之以为用。"本章是老子对"有"和"无"、"有无相生"思想的深化阐述。通过车、器、室三个比喻，说明无、虚、空的实际作用，揭示了实有部分只是藉利、虚无部分才是实用的基本规律和"以无驭有""以无为用"的深刻道理。

"事物由有与无、实与虚两部分构成"，"中空部分具有实用功能，说明宇宙万物柔能克刚，弱能胜强，虚空之中，妙用无穷"。法融道长进一步揭示了"有"和"无"的辩证关系——世间万物显与隐、有与无、虚与实相辅相成，劝导世人，宇宙万物虚空之中，更有无穷妙用，如身体的虚灵不昧才是实用，五官七窍在全身起着主导作用。

老子虚与实辩证思想经过几千年发展，充分证明这是一种大智慧。随着时代发展和历史演进，这一虚实思想不断得到印证和拓展，从务实与务虚相结合的思想方法论、工作方法论的产生，到物质文明与精神文明同步发展理论的兴起，再到大国竞争时代硬实力与软实力并举新理念的运用，都不断证明虚与实相辅相成、虚与空妙用无穷。社会科学理论发展同样印证了老子虚实辩证思想的真理性。一百多年前产生的冰山理论认为，一座冰山只有八分之一露出水面，八分之七藏在水底，而暗涌在水面之下更大的山体，才是被人们忽略的"内在"。冰山理论告诉世人，有形与无形是对立统一体，揭示了无形亦有形、无形成有形、无形胜有形的客观规律。然而，在现实生活中，世人很少坚持以虚实结合的眼光认识事物，习惯于关注看得见、摸得着的实体，往往忽略那些大量看不见、摸不着的虚体，进而导致观察认识问题陷入片面性的泥潭。千真万确的是，善于看"虚"，才是认识问题的最高境界，具有看"虚"意识，代表了深刻；具有看"虚"能力，代表了深度；具有看"虚"智慧，代表了深邃。坚持"虚实结合、以实探虚、以虚求实"的方法论，升华"就虚看实、向虚求实、以虚引实"的高境界既是高能力更是大智慧。

当今世界，随着科技日新月异，事物本身的隐藏性、隐秘性、隐蔽性远超以往，问题本身的复杂程度、深刻程度、交织程度前所未有。国家之间的竞争，已从传统的以经济、军事、科技为标志的硬实力较量，转向深层次的以思想文化、价值观念、意识形态为标志的软实力比拼。新时代中国，应该更加积极地从老子虚空、虚实的辩证思想中汲取治国、治世、安民之大智慧，着力引导国人自觉摒弃只看实不看虚、重有形轻无形、重物质轻精神的错误思想理念，使其不断养成以"虚"剖析"实"、以"虚"塑造"实"、以"虚"引导"实"的思想方法，更好地把握万事万物本质、规律和真谛。

秉承"无形亦有形"思想，掌握就虚看实思想方法。无形并非不存在，同是客观存在，无形也有形。在推进国家发展进程中，应该引导国人特别是各级干部强化无形、虚空的实际作用，避免犯"表面化""表层化""表象化"的错误，形成就实看虚、虚实结合、以虚看实的思想方法，不断提升认识问题的境界。一要就实看虚，把握认识事物的根本基础。教育引导国人特别是各级干部，认识问题要坚持以实为起点、为依托、为根据，自觉养成就实看虚的意识和习惯，不断改变只看实不看虚、只求实不探虚、只务实不务虚的片面思维。二要虚实结合，把握认识事物的根本方法。教育引导国人特别是各级干部，认识事物要坚持虚实结合的思想方法，善于实中看虚、虚中看实，既埋头拉车，又抬头看路；既追求显绩，又追求隐值；既创造物质财富，又丰富精神世界。三要以虚看实，把握认识事物的最高境界，不仅要把握就实看虚的根本基础和实虚结合的根本方法，还必须形成以虚看实的实际能力。教育引导国人特别是各级干部，认识事物要自觉丰富知识储备，丰富认知阅历，强化深入挖掘内涵本质的意识，增强贯通思维，参透本领和智慧底蕴，提高善于从规律把握现象、善于从本质穿透表象、善于从根源反观现实的能力。

秉承"无形成有形"思想，坚持向虚求实行动路径。无形并非不存在，更不是没有用处。相反，无形支撑有形，没有冰山下的八分之七，哪会有海面上的八分之一。认识问题，必须树立整体、全面、立体的观点，善于将内外、表里、显隐相结合，尤其善于从内部、里层、隐性视角深入看、潜入看、参透看。虚意味着深刻、深度、深邃，意味着未觉、未知、未来，更意味着无穷无尽、无所不覆、无限可能。教育引导国人特别是各级干部，认识问题要坚持向虚求实的行动路径，通过发挥虚空作用促成实际成果。一要认清虚空作用。自觉划清"虚"与虚假、虚伪、虚化的界限，认清虚与实是有机整体、一体两面、相辅相成的客观事实，认清虚具有支撑实、成形实、成全实的实际作用，防止简单理解虚、片面理解虚、错误理解虚，一步步误入"虚无主义"泥潭。二要发挥虚空功能。既要善于务虚与务实结合，做到虚中探实、虚中求实，最大限度把虚空的功能作用发挥出来，还要善于从看不见的地方发现看得见的问题，更要善于深入事物内质探究问题发展成因，从无形之处把握事物发展趋势，运用虚空作用解决现实问题。三要追求向虚求实。向虚求实，不仅是理念和视野，更是本事和气魄。这种行动路径，集宏阔性、高远性、根本性于一体，是立足于深层发力、根子发力、源头发力的大思路、大思维、大思想。应该致力开辟向虚求实大境界，不断强化向虚求实意识、拓宽向虚求实视野、增强向虚求实能力、提升向虚求实格局，形成向虚求实的思想自觉、理念自觉、行动自觉。

秉承"无形胜有形"思想，强化以虚胜实价值导向。无形不仅等于有形、成就有形，而且胜过有形。实显外，虚敛内，没有虚，实之作用无法发挥。虚具有无穷无尽的能量，在推动万事万物发展中发挥着根本性、决定性作用。在推进国家发展进程中，应该引导国人特别是各级干部自觉秉承"无形胜有形"的思想，强化其以虚胜实的价值导向。一要强化符合规律的思想力量、文化力量、文明力量是终极致胜力量的理念。坚定中国强盛崛起乃至引领世界发展，进而屹立于世界民族之林，最终依赖于文化底蕴之深厚、文明程度之先进、思想智慧之科学的信念，坚持把提升国家软实力作为实现中国梦的根本支撑。二要坚持把提升国家软实力置于更加重要、更加关键的地位。形成以软实力支撑硬实力、推动硬实力、引领硬实力高效发展的科学理念，提升更有底蕴、更有张力、更可持续的国家竞争力。三要牢固树立"无形胜有形"核心价值观。把文化底蕴、思想智慧、文明水平作为时代"精神道统"和明辨是非、评判美丑、权衡得失的基本标准，不断推动思维方式、心理习性和行为操守完善与升华，以国民素质全面提升助推现代化强国建设进程。

# 第十二章

兴"朴俭、朴素、朴实"内德，入"去奢入俭、除华归本、淡表重里"境界

## 老子原典

五色令人目盲，五音令人耳聋，五味令人口爽，驰骋畋猎令人心发狂，难得之货令人行妨。是以圣人为腹不为目，故去彼取此。

## 法融释典

大道玄虚幽冥，无声无色，无臭无味，此乃道之真体，为生化万物之本根。五色、五音、五味，虽出之于道，却是粗浅而外在之枝末。人之心性若为外在之末所障蔽，则不能知其本。虽目能视、耳能闻、口能尝，实则盲、聋、爽矣。故不可求外在之末，而应体悟并抱守纯素清淡的内在之本。人之先无本性是虚静清明，无贪无欲。狩猎之人，整日驰骋奔逐，放荡不羁，其心必狂，必然失去虚静清明之本性。难得之货最能诱人之邪念，勾人之心魂，使人行为不轨，做不德不义、贼害国民、陷己伤人之事。

得道之圣人注重内德修养，而非心神奔逐于外。修身的正确态度应该是重内德，重纲本，求实用。

## 悟道鉴典

"五色令人目盲，五音令人耳聋，五味令人口爽，驰骋畋猎令人心发狂，难得之货令人行妨。"老子以"五色""五音""五味"揭示了过度追求外在享受和刺激的极端危害性，告诫世人，应该追求内在修养修炼，保持内心宁静、恬淡安宁。

"人之心性若为外在之末所障蔽，则不能知其本"，"难得之货最能诱人之邪念，勾人之心魂，使人行为不轨"；"得道之圣人注重内德修养，而非心神奔逐于外"。法融道长进一步揭示了对声、色、货、利以及口腹之欲若不加克制、任性纵欲必损性害命的道理，劝导世人，应该精神内守、敛华就实、返朴归真，反对循俗苟安、随波逐流、沉溺私欲。

缤纷色彩、曼妙音乐、珍馐美食、奇珍异宝，容易令人如痴如醉、渴望拥有、不断追求，这是不争的事实，但"五色""五音""五味"充其量只是外在美好，一旦过度追求，必将招致祸端，甚至自取灭亡。"肥肉厚酒，务以自强，命之曰'烂肠之食'；靡曼皓齿，郑卫之音，务以自乐，命之曰'伐性之斧'。"这些千古名言全部阐释的都是纵欲之害。古今中外国家兴败衰亡的历史反复证明，骄奢淫逸必遭祸端，穷奢极欲必致身死国灭。夏桀、商纣亡于奢靡无度、荒淫暴虐；隋炀帝后期沉醉于灯红酒绿，落得身死国灭的下场；唐明皇晚年沉迷于美色，盛唐历史因他而终结；罗马帝国后期统治者日益腐化堕落，集荒淫、挥霍、空虚、贪婪于一身，最终帝国土崩瓦解。相反，秦穆公信奉"以俭得之，以奢失之"的思想，勤俭治国，秦终得天下；汉文帝崇尚节俭，力戒奢侈，开创"文景之治"；中国共产党坚持"两个务必"，反对奢靡之风和享乐之风，永葆奋斗本色，成功破解了历史周期律魔咒。新时代中国正在进行新的伟大长征，尽管奋斗七十余载，呈现出一片繁荣景象，步入了盛世前夜，但老子追求"朴俭、朴素、朴实"自然之德的郑重告诫，没有过时，依然闪耀着不朽的思想光芒。在新的历史条件下，中国人民要夺取新长征全面胜利，必须永远保持艰苦奋斗本色，引导和教育国人始终坚守"去奢入俭、除华归本、淡表重里"的自然理念，注重追求内在修养提升、品质塑造、心性锤炼、情怀涵养，推动国民素质和文明程度不断提高，真正无愧于东方文明古国之美誉。

　　永走去奢入俭兴国之路。改革开放以来，中国人民逐渐过上了富日子、甜日子和好日子，但必须看到，随着物质财富快速增长，人们追求外在享受、追求外在刺激的欲望受到前所未有的诱发。奢靡浪费之风、攀比炫富之风、贪图享乐之风呈现抬头趋势，世界观、人生观、价值观遭到扭曲，心性、心智受到迷惑，出现了大量意志薄弱者沦为金钱欲望的奴隶和牺牲品的现象，严重败坏了社会风气。毫无疑问，当今社会普遍存在的浮躁之风、浮华之风、奢华之风已经成为影响中国梦实现的重大隐性问题，如果任其蔓延，后果必定不堪设想。未来中国，必须坚定走去奢入俭兴国之路。一要强化去奢入俭政策导向。推动以反对"形式主义、官僚主义、享乐主义和奢靡之风"为主要内容的反"四风"常态化，建立长效机制，防止反"四风"活动一阵风现象；大力宣传节约光荣、浪费可耻的思想观念，积极树立去奢入俭先进典型，发挥榜样示范作用，让厉行节约、反对浪费成为时代风尚。二要形成去奢入俭制度机制。加紧制定新时代中国去奢入俭刚性制度，明确刚性标准、刚性内涵、刚性要求；突出关键少数，加紧建立去奢入俭制度机制，明确责任主体、原则、标准，把"舌尖上的浪费"控住、"车轮上的腐败"刹住、"会所中的歪风"治住；始终坚持以上率下制度，以中央带动地方、以地方带动基层，一级带动一级、一级治理一级。三要保持去奢入俭惩戒态势。加强监督检查和问责追责，对公款奢侈浪费行为，视情节轻重以违纪甚至犯罪论处。特别是要狠刹农村红白喜事大操大办、奢侈浪费的陋习旧俗，根治盲目攀比、举债装点门面的歪风邪气，夯实去奢入俭底层基础。

恪守除华归本养廉之根。古今中外兴衰成败的历史不难得出追求享受、贪图享乐是腐败衰败之祸根，除华归本、清廉简朴才是成事之基、立业之根的深刻结论。未来中国，必须深刻汲取历史教训，恪守除华归本，厚植本养廉之根。一要把"东方魔力"的故事永远传承下去。中国人民在革命战争年代，依靠艰苦奋斗、勤俭节约不断成就伟业历史，谱写出一部令世人赞叹的"东方魔力"故事。新时代中国，应该继承发扬这种精神，让世代永远传承这种精神，使之成为中华民族薪火相传的宝贵财富。二要把防止过度追求高端、华丽、上档次的行为作为治本之策。一段时期以来，追求"高端大气上档次"已经变成一种社会风尚，这既不符合效用、实用、管用的原则，又容易诱发社会享乐、攀比、炫富之风。应该制定具体严格的建造、制造、创造质量标准体系，制定差异化策略，对不需要追求高端、高档、高级的商品产品，以满足实用、够用、耐用为目标，坚决遏制不顾现实条件、借以为了百年大计，不惜成本代价、肆意浪费国家资源和财产的"犯罪"行为。三要把"三简"生活理念贯穿于公民道德教育和实践全程。除华归本，从根本上而言，就是要倡导国民坚持过简单、简约、简朴生活，以简去繁、以简去华、以简养廉。既要引导国人简单生活，知足常乐，心清气正，不为贪欲所惑；又要引导国人简单做人，远离低级生活方式，培养健康高雅的生活情趣和业余爱好；还要引导国人简单为官，不取不义之财，不拿不法之物，不去不净之地，不交不正之友，不为名利所动，不为享乐所动，不为私欲所动，立志当老实官、正派官、干净官。

坚持淡表重里修为之道。淡表重里，无论对国家、集体还是个人，都是必须遵循的修为之道、努力涵养的根本之道。未来中国，要真正取信于世界、让世界信服，要真正取信于民、让人民信赖，个体要真正取信于他人、受他人信任，必须坚持淡表重里修为之道。一要提升国家内在品质让世界信服。在加速走向世界的进程中，不仅要追求经济实力、科技实力、军事实力提升，更要追求文化竞争力、思想引领力、文明推动力提升，致力走出一条物质与精神双文明、双强大的强国发展之路，让世界全面领略中国式的强大是全面强大、立体强大、经得起世人检验的真正强大。二要提升执政党品质让人民信赖。党要保持长期执政地位，永葆江山稳固，从根本上而言，取决于人民的拥护程度、支持程度、信赖程度。必须始终把加强党的自身建设，把提升党的纯洁性、先进性作为根本追求和立党之本，让人民领略党的威信、威望、威名不是自诩的，而是人民自觉认可、尊崇、赞美的。三要提升自身品格让社会信任。作为社会人，在社会上立足、发展、成长，最关键、最根本的就是要提升自我品格，自我品格的高低直接决定社会地位、社会价值、社会影响。要引导教育国人不能舍本逐末、财迷心窍、浑浑噩噩、目无法纪，应该严以修身、正心明道，自重、自省、自警、自律，自觉建设精神家园，提升格调格局，让社会认可、接受、信任，只有这样，才能成就高品质、有价值的幸福人生。

# 第十三章

破除"患辱、患失、患害"小我格局,升华"无我、无私、无畏"大我境界

### 老子原典

宠辱若惊。贵大患若身。何谓宠辱?宠为下,得之若惊,失之若惊,是谓宠辱若惊。何谓贵大患若身?吾所以有大患者,为吾有身。及吾无身,吾有何患?故,贵以身为天下,若可寄天下;爱以身为天下,若可托天下。

### 法融释典

受到偏爱、褒扬或责罚、贬斥就惊慌失措,此乃"宠辱若惊"。何谓"受宠若惊"?其实,受宠不仅不光彩,而且很低下。得宠或失宠就惊慌失措,就是受宠若惊。得宠或失宠就惊慌失措,恐惧不宁,像大祸临头一样,此乃"宠辱若惊"。何谓"贵大患若身"?是因为把个人看得太重。如果不把自身的名利、地位、虚荣等看得太重,而能淡然处之,不当回事,还有什么惊慌失措的必要和大祸临头的感觉呢?

大道无情,天地不仁,本无宠辱。加于人的宠辱全是情欲之

所致，如能保得常清常静的天真本性，宠辱不必理会，哪有若惊现象？所谓遇宠辱而感惊慌者，是因为把自我虚荣声名看得太重的缘故。

自以己身为尊贵，其心志趋攀于高贵名显之境者，犹若把自身寄给了天下。自以己身为重爱，其意念沉溺于名利地位之地者，等于将己身托付于天下。此两者皆不合道，非长久之计。只有虚静恬淡自守，忘乎自我，忘乎贵贱，超脱荣辱，才是全身之计。

## 悟道鉴典

"何谓宠辱？""何谓贵大患若身？""及吾无身，吾有何患？""贵以身为天下，若可寄天下；爱以身为天下，若可托天下。"老子用两个发问、一个反问，深刻揭示了受宠或受辱其实都不光彩的道理，阐明了宠辱若惊全是情欲所致的深刻思想，告诫世人，对于名与利、得与失、宠与辱，应处之泰然、心静如水，不可心驰于外物而自累身心。

"所谓遇宠辱而感惊慌者，是因为把自我虚荣声名看得太重的缘故"，"只有虚静恬淡自守，忘乎自我，忘乎贵贱，超脱荣辱，才是全身之计"。法融道长通过进一步分析宠辱若惊的深层原因，得出了"自以己身为尊贵""自以己身为重爱"皆不合道的结论，劝诫世人，应该保持常清常静的天真本性，看淡荣辱、看淡得失，努力做到荣辱不惊。

毫无疑问，老子在两千多年前已对福祸相倚、得失相和、荣辱相随的辩证思想进行了哲理化阐述，对正视荣辱、贵身久存的智慧看得非常透彻：受宠或受辱都是主观感受、情欲所致，宠辱若惊不可取，宠辱不惊是高人。然而，由于人类具有与生俱来的情感欲望，一贯正确面对宠辱实为难事。受宠亦惊，受辱亦惊，患得患失，患利患害，自古以来大有人在。中国古典名著《儒林外史》中描述的周进和范进两人物，就是宠辱若惊的典型形象。周进因久不得志，痛不欲生，多次欲寻短见；范进屡考不中，金榜题名后喜出望外，最终失态癫狂。实践证明，对待荣辱的态度，表面看是小问题，但从深层看，是关乎如何面对得失利害的大问题。荣辱观、得失观、利害观体现出胸怀、格局、境界。一个能够正确对待荣辱、得失、利害，宠辱不惊，得失泰然，无我无畏者，必定是经过曲折人生历练的强者，更是终能成就大业的王者。孙中山一生虽屡战屡败、屡败屡战、坎坷至极，但最终成为彪炳千秋的中华民国创立者；毛泽东在新民主主义革命时期，虽受党内错误路线排挤，曾三次被撤职、免职，多次遭遇孤立，但最终成为新中国缔造者；邓小平历经风雨，虽人生"三起三落"，但始终从容面对，最终成为中国改革开放总设计师、中国人民富起来的领路人。不难想象，这些伟人如果对于人生的起起落落、风风雨雨、荣荣辱辱过于在意、过分介怀，中华民族就不可能收获今天的巨大成就和伟大辉煌。

当下，建设中国特色社会主义伟大事业、实现"两个一百年"目标已经进入实现第一个百年目标的最后冲刺阶段，对国民尤其各级干部的能力素质、修养品行提出了前所未有的更高要求。必须正视，当今社会尤其官场上患丢名声、患失利益、患害自身，以我为中心、以私利为半径、过度爱惜自身羽毛的现象依然存在，与无我无私无畏的大我境界格格不入，更与当代中国"我将无我，不负人民"的博大情怀形成巨大反差。新时代中国，推进社会主义现代化强国建设进程，应该把破除"患辱患失患害"的小我格局、升华"无我无私无畏"的大我境界作为全民思想政治建设、干部队伍素质能力建设的重要内容，坚持引导国人尤其是各级干部，自觉树立正确荣辱观、得失观、义利观，砥砺无私品质、锻造无畏精神、涵养无我情怀。

砥砺无私品质。拥有无私品质，是牢固树立正确荣辱观、得失观、义利观的前提基础。无私才能看淡荣辱、看清得失、看薄义利，才能无畏无我。要结合公民道德教育和实践，结合全面加强干部队伍建设的实际，切实把砥砺无私品质、提高人生境界作为必修课。一要把一心为公之理念立起来。对照"大公无私、公私分明、先公后私、公而忘私"的高标准，引导国民特别是各级干部，克服私心杂念，避免私心作祟、私欲膨胀，努力做到公字当头、公字当先、公心为上。二要把榜样标尺树起来。倡导"爱国精神、奉献精神、忘我精神、牺牲精神"，引导国民特别是各级干部，自觉以国家利益、集体利益为重，树立奉献者崇高、奉献者伟大的尚贤理念，自觉对照榜样标杆学习效仿。三要把无私旗帜举起来。鼓励自觉与"损公济私、损公肥私、损公徇私、损公为私"的行为做坚决斗争，引导国民特别是各级干部，在自觉砥砺无私品质的同时，培养全局观念，与一切自我、自私、自利行为划清界限，形成强大正能量，让私心作祟者、私欲膨胀者感到压力、羞愧和有辱。

锻造无畏精神。无私方能无畏。无畏精神，既是不畏困难、不畏风险、不畏挑战、不畏牺牲的革命精神，又是敢于负责、敢于担当、敢于拼搏、敢于献身的革命气概。无畏，是比无私更高贵的伟大品质。无畏者，是稀缺资源。要结合公民道德教育和实践，结合全面加强干部队伍建设实际，切实把锻造无畏精神、培养无畏气概，作为应对各种风险挑战的有力武器。一要叫响时代呼唤无畏者精神。在政策导向上明晰无私无畏与无知鲁莽的本质区别，引导国民特别是各级干部，尽快从表皮化、简单化、妖魔化地认识无畏者的惯性思维中跳出来，坚决划清无畏与无知、勇敢与鲁莽、开拓与冒进的本质界限，大讲特讲时代需要无畏者、期待无畏者、呼唤无畏者的现实意义和独特价值。二要树立重用无畏者的风向标。在干部选拔、任用过程中，旗帜鲜明树立重用无畏的改革者、创造者、有为者风向标，通过实践导向培育无畏精神；要创新与时代要求、发展阶段、人民期待相适应的选人用人理念，大胆果断培养选拔有个性、有闯劲、有魄力、有担当的各级干部，以活生生的事实引导世人赞美赞扬无畏精神，培育培养无畏精神，践行仿效无畏精神。三要营造无畏者"吃香"的社会氛围。积极营造为无畏者点赞、为无畏者撑腰、为无畏者鼓劲的良好社会氛围，推动形成无畏者层出不穷的良性局面；通过构建完善具有操作性的无畏者识别机制、评估机制、使用机制，有效发挥激励机制、容错机制、保护机制的功能，确保高扬正气、顺应民意、保护干吏、赢得人心落地落实。

涵养无我情怀。无私才能无畏，无畏展示无我。无我情怀，是大我情怀、大爱情怀、大忠情怀，是无私品质、无畏精神向前演进的最高境界。要结合公民道德教育和实践，结合全面加强干部队伍建设的实际，切实把涵养国人特别是各级干部的无我情怀作为永恒追求。一要树立远大志向崇尚无我情怀。引导国民特别是各级干部，树立崇高信念和人生理想，坚决摒弃只看眼前、只论得失、只计自我、只较小利的狭隘思维方式，自觉涵养为了事业不计荣辱、不计得失、不计名利的思维格局。二要遵循无我情怀涵养规律。引导国民特别是各级干部，主动投身艰苦环境磨砺无我情怀，引导各类人才自觉到条件艰苦、矛盾交织、困难重重的一线、基层等地经风雨、见世面、受锻炼，不断磨砺心理心智，增强承受能力，提升淡然、坦然、超然的无我境界。三要不断强化千锤百炼意识。铸就无我情怀是百炼成钢的过程，未经受大风大浪、起落浮沉的洗礼，终将与无我情怀无缘。要引导国民特别是各级干部，通过经受大风大浪锤炼无我情怀。自觉强化千锤百炼意识，不断在政治风浪中经受考验，在人生风雨中经受历练，在变革风险中经受挑战，在钱色风情中抵制诱惑，努力成为不怕火炼的真金。

# 第十四章

坚守"亘古本始、不变规律、永存纲纪"，"驾驭、统驭、善驭"万物

### 老子原典

视之不见名曰夷，听之不闻名曰希，搏之不得名曰微。此三者，不可致诘，故混而为一。其上不皦，其下不昧，绳绳不可名，复归于无物。是谓无状之状，无物之象，是谓惚恍。迎之不见其首，随之不见其后。执古之道，以御今之有。能知古始，是谓道纪。

### 法融释典

大道本是纯粹、素朴、无色之元气，又是清静、自然、无形之虚空。故以目视而无色可见，是真色无色；以耳听而无声可闻，是谓大音希声；用手触摸而无物可得，是谓大象无形。无色可见，无声可闻，无物可搏，以上三种现象，只可心悟，无法听闻与触摸，难以用语言互相咨询甚至诘问。"夷""希""微"三者混成一物。

独立无偶的混元大道，是虚明静体，它不上不下，不明不暗，阴阳由此而判，清浊由此而分。在上而不见皦皦之光明，在下而

不觉昧昧之黑暗。连续不断，无法命名。如同"色即是空，空即是色"，不是一个具体物象。它似空不空，无形无状，无体无象。可谓恍恍惚惚，杳杳冥冥的真空妙象。道在九霄之上不为高，在六极之下不为低，在上古之先就存在，将来永远不毁灭。它无头无尾，无前无后，三界十方遍处皆是。行之于前，而迎不到首，随之于后，而见不到尾。

若能执持先于天地的亘古之道，就能支配驾驭有形有象万事万物。大道虽无形、无情、无名，但能生育天地，运行日月，长养万物。无名之道，是天地万物之本始和纲纪。

## 悟道鉴典

"视之不见名曰夷，听之不闻名曰希，搏之不得名曰微"，"能知古始，是谓道纪"。老子描述了"道"之深微玄妙之性，以"夷""希""微"和"不皦""不昧""不可名"揭示了"道"的亘古性、不变性、永存性，告诫世人，只有执古之道，才能御今之有。

"道在九霄之上不为高，在六极之下不为低，在上古之先就存在，将来永远不毁灭。""大道虽无形、无情、无名，但能生育天地，运行日月，长养万物。""无名之道，是天地万物之本始和纲纪。"法融道长揭示了大道亘古本始的特性，劝导世人，只有执持先于天地、无形无名的亘古之道，才能支配驾驭有形有象之万事万物。

"道"是天地人之灵魂、宇宙万物之本源、万物生灭运化之总持。老子认为，天地间万事万物应按照"道"规律行事。在自然界，如果物道合一，必然兴旺绵延、生生不息；在人世间，如果国道合一，必定国家繁荣昌盛、社会秩序井然、人民富足安康。反之，违背大道、违背规律、违背自然就会面临物道分离、国道分离，出现宇宙生态失衡、日月星辰停运、自然万物无法生息长存、国家发展难以长治久安、人体生命不得延续的灭顶之灾。纵观漫漫历史长河，"上不明道则乱，下不明道则痴；守道而变则升，弃道而动则妄"如同天道法则，人类无法抗拒。只要稍做分析，就会得出中外历史上国家灭亡、改朝换代大多源于国君昏庸无道、逆天而行的沉重结论。道理非常简单，一旦一国之君大行荒淫暴虐、横征暴敛、穷兵黩武等无道之举，必然引发忠臣难为、佞臣当道、天灾频发、战乱四起、天怒人怨的悲惨结局。中国古代商纣王、周幽王、秦二世、隋炀帝等违道君主都是把国家之气数耗尽的罪魁祸首。

按照天道法则，长期以来无数国际组织、良知国家、社会精英纷纷站在为人类永续发展忧虑的高度，出谋划策、献计献策，甚至投入巨大资源寻求世界安定、安宁、安全发展之路。然而令人遗憾的是，第二次世界大战结束后，世界虽然没有发生大规模杀戮和战争，但也没有如世人所期待的那样和平安宁：自然灾害突发频发，国家之间硝烟弥漫，贸易战火四处蔓延，人类面临许多动荡不安、纷争不断的凄惨景象。尽管人类文明已走过几千年辉煌历程，科技已经高度发达，为什么依然会陷入如此动荡不安的困局？从老子"道"思想角度不难得出结论，是人类不遵道、不守道、不从道导致了形形色色的恶果。解决当今世界如此诸多棘手现实问题和人类发展长远问题，特别需要从"返朴归真"中领悟"执古之道，以御今之有"的深刻思想，汲取中华文明深邃智慧。当前和今后一定时期内，中国作为负责任的大国、人类命运共同体理念的倡导者和践行者，应该责无旁贷地引导世界，共同坚守"亘古之道本始、不变之道规律、永存之道纲纪"，科学理性"驾驭、统驭、善驭"世界万事万物，积极为解决世界发展难题、人类永续发展命题贡献东方智慧。

引导世界坚守亘古之道本始，共同驾驭世界发展之船。老子命名的"道"，先于天地、孕育天地、运行天地，长养万物、涵养万物、滋养万物，是宇宙乃至世界万物之本始。由于人类习惯于认为肉眼看不见、耳朵听不到、双手摸不着或仪器探测不到的东西是不存在的，从而人为设置了认知障碍，限制了认知水平提升。未来中国，在致力推动世界发展进步的进程中，应该利用一切机会和平台，向世界阐释老子"道"思想蕴含的东方智慧，引导世界共同遵守亘古之道本始，共同驾驭世界发展之船。一要引导世界相信"道"的客观存在，从自然科学、社会科学、前沿科学角度，佐证"道"存在的客观性，共同从宇宙产生的本源出发寻找治理世界之道。二要向世界展示当代中国践行亘古之道的生动实践，客观推介尊重自然、天人合一的政略方略，揭示守道得道、得道发展的必然性。三要在参与世界治理中遵循"道"思想，树立正确的宇宙观、地球观、人类发展观，在外交政策、争端处理、经济合作等各个方面彰显中国守道循道的坚定性。

引导世界坚守不变之道规律，共同统驭世界发展之船。老子命名的"道"，穿越时空，贯通古今，永恒不变，不因时空变化而变化，不因人类轻视而消失，更不会因科技发展而消亡。由于

"道"玄妙深奥、虚无抽象、不易把握，人类往往难以坚定遵守不变之道规律，犯下一时守道不能坚持守道的错误，甚至造成因选择性守道而受到惩罚的严重后果。未来中国，在致力推动世界发展进步的进程中，应该利用一切机会和平台，向世界阐释老子"道"思想蕴含的东方智慧，引导世界共同坚守不变之道规律，共同统驭世界发展之船。一要引导世界深刻认识"得知大道，万法归一"的规律，坚持以不变之"道"统驭世界，无论在推动自然发展、社会发展，还是国家发展的过程中，共同做到按规律向前推进发展事业。二要积极倡导以不变之"道"规律应对变幻莫测之世界，共同恪守大道规律始终不变之理念，坚持用大道规律治理世界万物。三要敢于在国际舞台与一切否定道存在、漠视道力量、践踏道规律的行为做坚决斗争，坚定站在真理、正义、道义、规律、文明、智慧一边，用实际行动引导世界共同坚持不变之道。

引导世界坚守永存之道纲纪，共同善驭世界发展之船。老子命名的"道"，过去存在，现在存在，将来存在，永远存在，能量不会衰竭，力量不会衰退，容量不会衰减，是天地万物的纲纪，永远发挥作用。由于人类受"生命无法永生"规律误导，往往容易产生"道"终有无能为力、无所作为、寿终正寝那一天的错误理念，从而对永恒之道的纲纪性缺乏敬畏，进而产生了时而守道、时而违道、时而背道的反复行为。未来中国，在致力推动世界发展进步进程中，应该利用一切机会和平台，向世界阐释老子"道"思想蕴含的东方智慧，努力引导世界共同坚守永存之道纲纪，共同善驭世界发展之船。一要引导世界认识到"道"不是一时管用而是永远管用这一点，令其坚信"道"永远不会有失效无效那一天，任何时候都不能心存侥幸。二要引导世界认清功利性守道最终必将被功利心埋葬的危害，共同增强守道的一贯性、一致性、一律性。三要把永存之道作为纲纪贯穿于大政方针制定过程，积极构建符合大道、顺应规律、追随真理的体制机制，为世界做出守道表率，不断开创以永存之道善驭万事万物之境界。

# 第十五章

## 提升"自慎、自律、自谦"品质，贯通"澄清、神清、至清"逻辑

### 老子原典

古之善为道者，微妙玄通，深不可识。夫唯不可识，故强为之容：豫若冬涉川；犹若畏四邻；俨若客；涣若冰将释；敦兮，其若朴；旷兮，其若谷；浑兮，其若浊。孰能浊以静之徐清？孰能安以久动之徐生？保此道者不欲盈，夫唯不盈，故能弊不新成。

### 法融释典

有道之士，体道自然，恐惧乎其所不闻，戒慎乎其所不能睹，潜修密行，韬光养晦，恬淡清静，不言而教，不为而成，深不可识。因为常人不识有道之士之修持，只能给予其勉强的形容。有道之士，处事接物，谦恭谨慎，不敢肆意妄进，就像冬天履冰过河一样，时时小心，步步谨慎，唯恐冰凝不坚，一足踏陷入水中。有道之士，心德纯全，动静自然，处处谨慎小心，无论独居一室，还是行于野外，举心运念，一言一行，唯恐违背天道，逆物失理，犹如四邻在身旁监视一样。有道之士，端方正直，严肃认真，常

常好似宾主互相恭敬一般。有道之士，处于尘俗之中，贫而不谄，富而不骄，不贪不染，不留不滞，其心性如冰之遇阳光，融化而不留任何形迹。有道之士，其本来天性，未经人间世情历练，与人相处出于真诚之心，与物相接本着忠厚之意，如同木之未雕，朴然浑全。有道之士，心地虚明，胸襟开阔，没有贵贱之分、上下之别，正如空谷一样，无所不容，无所不纳。有道之士，性体圆明，湛然清澈，处于万物之中，与天地浑然一体，因民之所乐而乐，因民之所忧而忧，和光同尘，没有任何分别。

　　人之天真本性一动，贪求世味就变为后天七情六欲。心念趋于尘沦之中。如何除尽后天七情六欲，荡尽尘俗一切污浊，使其心宁静呢？只有返回其先天之虚明性体，就如浊水缓慢而静，才能澄清而重现一样。有道之士，身虽处于尘俗之中，其性顺物而自然，不染不着，不滞不留，如同浑浊一样，其性体常住。有道之士，身虽处于世俗之中，其心不被世情染着，举止自如，长顺自然，其身自安，安之久而心自定，心定而神自清，神清而性自静。有道之士，常保其虚心自敛，隐迹韬光居于"为而不恃，功成不居，长而不宰"的清静平易之境。如同破旧物品，没有"新成"一样。

## 悟道鉴典

　　"古之善为道者"，"豫若冬涉川"，"犹若畏四邻"，"俨若客"，"孰能浊以静之徐清？""孰能安以久动之徐生？""夫唯不盈，故能弊不新成。"老子用了七个形象比喻描述了有道之士的外在表现和内在品性，深刻揭示了有道之士普遍具有的"自慎、自律、自谦"

的品质和智慧，告诫世人，应该追求恬淡清静、谦恭谨慎、动静自然、富而不骄、朴然浑全、无所不纳、和光同尘的境界。

有道之士，"步步谨慎，唯恐冰凝不坚，一足踏陷入水中"；有道之士，"无论独居一室，还是行于野外，举心运念，一言一行，唯恐违背天道，逆物失理，犹如四邻在身旁监视一样"；"有道之士，端方正直，严肃认真，常常好似宾主互相恭敬一般"。"荡尽尘俗一切污浊"，"只有返回其先天之虚明性体，就如浊水缓慢而静，才能澄清而重现"。有道之士，"安之久而心自定，心定而神自清，神清而性自静"。法融道长深刻揭示了只有"除尽后天七情六欲，荡尽尘俗一切污浊"，只有"返回其先天之虚明性体"，才能实现从澄清到澄明，再到至明之虚空境界的修身，劝导世人，不断提升"自慎、自律、自谦"之品质，努力贯通"澄清、神清、至清"之逻辑。

古之圣贤有道之士，历来谨言慎行、不敢妄进，表里如一、严于律己，恭敬端方、礼贤下士，不贪不染、不留不滞，忠厚真诚、朴然浑全，心地虚明、胸襟开阔，性体圆明、和光同尘，虽身处尘俗之中，但能够澄清污浊、神清心定、至清空静，最终收获无忧、无患、无祸之人生圆满结局。明朝内阁首辅徐溥就是一个集自慎、自律、自谦于一身的有道之士的杰出典范，为官四十多年，先后辅佐四代皇帝，人称"徐阁老"，最后荣归故里。他在少年时代就效仿古代先贤，培养谨慎、自律、谦逊的品质。他曾在家里准备了两个瓶子，每做一件善事，就往瓶子里投一粒黄豆，每做一件错事，就往另一瓶子里投一粒黑豆，每天晚上检查黄豆与黑豆数量。通过这种强制自律的方法，使黑豆越来越少、黄豆越来越多,使善事越做越多、错事越做越少,最终成为千古美谈。

实现中华民族伟大复兴是近代以来最伟大的梦想,所有中国人都是参与者、践行者、推动者,人人有责,人人有份。这就对全体国民特别是各级干部自身修养、修身、修为提出了更新要求、更高要求。毫无疑问,面对滚滚红尘和钱色风情的诱惑,涵养和保持谨慎、自律、谦逊品质,并非易事。幸运的是,几千年前,老子为后人提供了一条智慧之路,就是通过回归道自然,学习道品性,践行道真谛,不断澄清污浊,不断神清心境,实现至清目标。从澄清到神清,从神清到至清,是深化演进的大逻辑,也是修身养性的大轨迹。未来中国,提高全体国民特别是各级干部自身素质和道德修养,就要致力聚焦于"自慎、自律、自谦"的品质提升重点,引导国人走出一条贯通"澄清—神清—至清"的修炼提升之路。

聚焦自慎,力戒妄进作风。"天有盈虚,人有屯亏,不自慎不能济"揭示了修身养性必须自慎才能成功、修身养性必须以自慎为首的深刻道理。自慎,是一种自然、自发、自觉的敬畏感,本质就是一个"畏"字,能够心有"畏"、有所"畏"。也正是具有了这种敬畏感,才能收到"小心驶得万年船"的效果,正所谓"安者非安,能安在于虑亡;乐者非乐,能乐在于虑殃"。新时代中国,引导国人聚焦"自慎、自律、自谦",走出一条贯通"澄清—神清—至清"的修炼提升之路,应该首先瞄准自慎,力戒无所畏惧的妄进作风。一要培养敬畏感。自觉敬畏规矩、敬畏法律、敬畏纪律,与一切违道违规违纪的行为划清界限;自觉敬畏人民、敬畏组织、敬畏职责,与一切损害人民利益、组织大局、职责使命的行为划清界限；自觉敬畏初心、敬畏使命、敬畏信仰，与一切背离初心、使命、信仰的行为划清界限。二要培养约束感。没有自我约束，敬畏就是空话。约束是自慎的核心。自觉强化按照规章、规则、规定、规矩办事的意识，克服逾规越矩侥幸心理，自我调适心理活动，主动控制不良念头、动机、心态，把一切妄进行为控制在萌芽状态。三要培养强制感。自慎不仅是一种理念，更是一种实践，离开了强制自慎一钱不值。引导国人自觉与自身不良认知、错误思想、冒险行为较量斗争，自觉强化"知错必纠、有错即纠"的理念，自觉养成主动改正不足、缺点、错误的习惯，增强纠正"有错不改、任其蔓延、随心所欲、为所欲为"错误行为的坚定性。

聚焦自律，力戒妄为作风。自律是一种内在自我克制和自我控制能力，集自警、自爱、自控于一体。自律又是一种智慧、觉悟、利器，是最有效、最简单、最根本的修身之道。由于人类属于有欲望、欲念、欲求的高级生物，强化自律意识，意味着就要时刻和"心中贼"拔河与斗争，因此自律意识坚守、自律素质培养、自律能力提升极其艰难。新时代中国，聚焦"自慎、自律、自谦"，走出一条贯通"澄清—神清—至清"的修炼提升之路，应该重点瞄准自律，力戒毫无节制的妄为作风。一要端正价值追求动机。自律作风的养成，基础在于"三观"正确、价值正向、动机纯洁，没有健康向上的价值追求，增强自律等于没有根基。引导国人树立正确价值追求，不断以正确的世界观、人生观、价值观，以正确的政绩观、荣辱观、得失观引领自律方向，不断夯实自律的思想根基。二要养成自觉自律习惯。自律，只有养成习惯，才能真正发挥作用。

引导国人进行自我反省、反思、反问，定期扫除心灵尘埃、拔除心灵杂草，像每天都要照镜子那样，对当日言行加以检视，不断净化思想、涤荡心灵、提升人格。三要构建严格自律机制。自律机制决定自律效果。引导国人持续完善自我身心构建，形成"自省—自警—自律"的完整循环，通过不断完善自律机制，确保自我反省经常化、自我警示常态化、自我约束自然化。

聚焦自谦，力戒妄尊作风。自谦，既是一种大智慧、高素质，更是一种大自信、高格局。如果没有强大自信、博大格局、高尚境界、深厚情怀做支撑，永远难以达到真正的自谦。新时代中国，聚焦"自慎、自律、自谦"，走出一条贯通"澄清—神清—至清"的修炼提升之路，还应该重点瞄准自谦，力戒夜郎自大的妄尊作风。一要培养大国心态。引导国人作为正在崛起大国之公民，自觉以谦逊态度看待发展成就、以中正视角看待相互关系、以平和心态看待局势变化，不断培养成熟的国民精神状态，增强胸怀天下之大气、走向世界之雄心、贡献世界之情怀。二要涵养宽阔胸怀。胸怀有多大，世界就有多大，事业就有多大。引导国人积极涵养开阔眼界、开阔胸襟、开阔格局，自觉与狭隘思维、封闭思维、僵化思维、妄尊思维决裂，自觉展示虚怀若谷的谦和形象。三要塑造谦逊品质。"满招损，谦受益。"引导国人谦虚谨慎、戒骄戒躁，自觉砥砺低调生活、低调行事、低调做人之作风，无论中华民族崛起进程如何深入发展，无论取得多大辉煌成就，都不能滋生骄娇二气，更不能盛气凌人、目空一切，而是要永远保持谦虚、谦逊、谦和的优秀品质，以真实、真切、真正的"东方式谦虚"赢得世界尊重、尊敬、尊崇。

# 第十六章

"致虚极、守静笃、归其根","避凶险、行大道、致久远"

## 老子原典

致虚极,守静笃。万物并作,吾以观其复。夫物芸芸,各复归其根。归根曰静,静曰复命。复命曰常。知常曰明。不知常,妄作凶。知常容,容乃公,公乃王,王乃天,天乃道,道乃久,没身不殆。

## 法融释典

"虚极"就是混元无极大道之体、天地万物之极。体用何以致虚极?应内观其心,心无其心;外观其形,形无其形;远观其物,物无其物。观空亦空,空无所空;所空既无,无无亦无;无无既无,湛然常寂;寂无所寂,回归真静。

静而至静,乃混元无极大道之性、造化之枢机、品汇之起始。常人不能体悟,盖因时动妄心,心惊元神,著万物而生贪求,因贪求以致烦恼妄想,障迷自性,盲聋昏冥。何以守静笃?唯有专心致志,抱一笃守,寂然不动,方能体悟大道清静之性。

人之心机始张,七情恣妄,知见炫露,犹如天地间万物品类,互为峥嵘，参差并作，忘本逐末，不知返本复命，故有生死之不常。七情皆为幻妄，故以返情归性，复守其初，永顾其本。

宇宙万物虽然复杂万端，但终将复归寂静虚无之本初。例如，人之本性，为各种情态命根，一旦心性萌动，喜、怒、哀、乐等情随之出现，忧虑、感叹、恐怖、畏惧随之发生，浮躁、放纵、狂妄随之显露。但此情一静，即复归于寂静圆明本然之性体。又如，草木逢春夏，千姿百态，峥嵘参并。时临秋冬，自然枝枯叶落，归根复命，返于静根。再如，天地间飞潜动植，有情无情，错综复杂，形态各异，均由"虚极"而出，"静笃"而入。由此足证"虚极""静笃"乃自然体性，是宇宙万物之命根，永恒存在。如果人类肆意逞狂，追逐荣贵，快利耳目，露锋炫智，不知复其清静无为真常之性，终必流于欲海，迷于妄幻，宛转世间，漂沉爱河，沉滞声色，迷惑有无，如同草木断了命根，其枝叶必遭枯落之患。

虚无清静的真常之道，不毁不灭，永恒存在。与太虚同体，无所不容，无所不纳。真常之性，"湛然常寂"，视天下如一己，观万物似一身，无有彼此之介、爱憎之分、上下之别。无私情，无妄为，顺自然，符物理，无为而自治。因时顺理，因物附物，同天地之造化，同四时之运行，同日月之明晦，万物生杀，各遂自然。真常之道，虚无自然，清静无为，是天地之根、万化之宗，无凶患，无危险，不生不灭。

## 悟道鉴典

"致虚极，守静笃。""夫物芸芸，各复归其根。""复命曰常。知常曰明。不知常，妄作凶。""天乃道，道乃久，没身不殆。"老子以"致虚极,守静笃,归其根"九个字深刻揭示了防凶患、防危险、防灾祸和行大道、至久远、安人生的根本方法,告诫世人,宇宙万物终将复归寂静虚无本初,由"虚极"而出,"静笃"而入,"虚极""静笃"是宇宙万物命根,只有致虚极、守静笃、归其根,人生方能平顺、平坦、平安。

"何以致虚极?应内观其心,心无其心;外观其形,形无其形;远观其物,物无其物。""何以守静笃?唯有专心致志,抱一笃守,寂然不动,方能体悟大道清静之性。"七情恣妄,"忘本逐末,不知返本复命,故有生死之不常";"真常之道,虚无自然,清静无为,是天地之根、万化之宗,无凶患,无危险,不生不灭"。法融道长深刻分析了"虚极"和"静笃"是宇宙万物命根的内在原因,劝诫世人,不可肆意逞狂、追逐荣贵、快利耳目、露锋炫智,而应虚无自然、清静无为、抱一笃守、复归其根,否则,人生难以久远。

"虚极、静笃、归根",属于领悟天道、把握天道、遵循天道的超然境界、无我境界、虚空境界,也是实现对万事万物内在规律大彻大悟的根本方法。自古以来,但凡做出卓越成就、流芳千古的圣贤明君普遍深谙"虚极、静笃、归根"之真谛,毕其一生"致虚极、守静笃、归其根"。明代圣贤王阳明就是一位"致虚极、守静笃、归其根"思想的忠实践行者和杰出成功者,无论身处何等复杂环境、紧急局面、凶险泥淖,始终能够不慌不忙、不慌不张、不慌不乱,以龙场悟道的"虚极静笃"分析形势、剖析问题、谋划对策,最终成为立功、立德、立言"三不朽"的圣人代表。事实证明,从纷繁的事物回归虚空、从躁乱的心境回归宁静,是产生思想、智慧、方法的根本途径，正所谓"空生静、静生定、定生慧"。当今时代，空前激烈的竞争环境、快速节奏的生活状态、纷繁复杂的干扰诱惑、刺激膨胀的物质欲望，客观上容易诱发人类心态浮躁，充斥俗气、躁气、戾气，遇到难事容易着急上火、心烦意乱、神不守舍，在着急忙慌中容易让小问题催生出大问题，令小毛病催化为大毛病，甚至埋下致命祸根，无力回天。老子从天道本源出发，为现代人类消除浮躁，克制妄念，确保事业长久、人生无虞，开出了一剂良方。在建设中国特色社会主义现代化强国进程中，人民浮躁心理、私欲妄念的长期存在，是新时代继续攻坚克难的思想障碍和作风积弊，应该予以高度重视并严肃对待。在公民道德教育和实践中，应大力引导教育国人身体力行"致虚极、守静笃、归其根"，确保事业和人生发展避凶险、行大道、致久远。

遵"致虚守静"，明心正念避凶险。人生有常亦无常，人生无常亦有常。对于致力成就事业的有志者而言，人生有两个生命，一是人人皆有的自然生命，二是成就事业的政治生命。无论是自然生命还是政治生命，都会遇到不测和凶险。这些祸患看似意料之外，实则意料之中。许多意外的发生大多与个体心不静、念不定、魂不守有关，以烦躁、浮躁、狂躁的心态心境面对突如其来的变故，由于仓促应对、慌忙应对、错乱应对，进而引发了意外；走向犯罪道路的腐败分子之所以踏上不归之路，是因为普遍不懂自省、反观，不知放空、反省，任凭欲念像脱缰野马一样膨胀，最后在狂妄、骄横、跋扈中走向失败。无论是自然生命还是政治生命出现凶险，根本原因都在于自身、在于内心的狂躁和妄念。

要引导教育国人特别是各级干部，为防止人生道路出现意外凶险，必须致虚守静、修身养性、明心正念，把握规避凶险的治本之道。一要强化致虚守静意识。"神静而心和，心和而形全；神躁则心荡，心荡则形伤。"心浮气躁，必因方寸大乱、举止失常、进退无据而招致灾祸。要自觉强化致虚守静意识，善于从纷繁复杂的现实中跳出来、走出来、转出来，及时清除杂念、清除私念、清除欲念，让心灵回复到空灵状态和宁静状态，做到心无旁骛面对问题、面对事物、面对一切，最大限度激发自身智慧潜能，防止乱中出错、错上加错的情况发生。二要提高放空静心能力。定期清理私心、清理杂念、清理"内存"，适时让自己慢下来、停下来、静下来，复盘、自省、内观是一种修炼能力，只有自觉放空静心，才能保持内心的"虚空"，永怀"不盈"之心，永不自傲自满。要不断提高放空静心能力，排除干扰，消除浮躁，去除妄念，回归初心、真心和本心，做到清醒认识自我、客观认识事物、辩证认识世界。三要坚持明心正念不懈。致虚守静的根本在于明心正念，保持心念纯正、心灵纯洁、心态纯朴，存正念、强正念，去欲念、除妄念。要自觉做到心眼明亮、心地纯亮、心胸敞亮，以正念干正事、行正道，坚持一贯、永不停顿、永不懈怠。

循"无常即常"，循理举事行大道。世界万物千姿百态、林林总总、错综复杂、变化万千，但看似无常实则有常，千态万态、千变万变总不离其宗，无不按照内在规律运行演变。生老病死、秋收冬藏、四季更替，循环往复，周而复始，这些现象背后就是主宰其演进发展体性圆明的真常大道。这就要求人类推进世间万物运行发展之时，必须遵循真常大道即内在规律，始终走在遵循规律的大道上。一要强化守常行事即大道意识。世间万物无常也有常的规律就是天下正道、天下大道、天下王道，只有遵循、坚守这条大道才能逢凶化吉、事业有成、人生有幸。要自觉强化守常行事就是遵循大道的意识，按照事物交替、更替、迭替的规律谋事、想事、干事，决不能因世事无常而消极等待、消极作为、消极度过人生，最终被"常"捉弄、教训甚至埋葬。二要树立顺应规律即大道理念。真常之道就是真理规律，真理规律就是最宽大道、最平大道、最近大道。要牢固树立顺应规律即大道理念，自觉追求真理、敬畏规律，坚守真理、恪守规律，践行真理、顺应规律，决不能以"小聪明""小道理""小把戏"对抗规律、冲撞规律、践踏规律，最终被真理规律重重惩罚。三要坚定排除干扰走大道之信念。真理和谬论、规律和假象、科学和迷信是天生死敌，其间的较量博弈一刻不会停止。现实生活中，一些被大多数人认为是真理、实则谬误的理念、思想及其势力对真理的追求、大道的追求每时每刻都会产生干扰、破坏，让人们晕头转向、迷惑困惑，没有对真理追求的坚定信念和信仰，极容易迷失自我、放弃坚守和追求。要坚定排除干扰走大道之信念，在践行真理中自觉培养"乱云飞渡仍从容"的强大定力，坚定与谬误、迷信较量斗争的信心，练就为真理而斗争到底的毅力，让真理大道越走越宽、越走越远、越走越久。

践"复命归根"，没身不殆致久远。归根就是归于命根，命根就是事物演进发展的生命之根。"复命归根"就是回到虚极、静笃的本源状态、本始状态、本真状态。只有回归本源才是治本之道，才能真正规避风险，实现人生久远。要自觉践行"复命归根"，清除欲念干扰、外界纷扰，以初心、本心、真心处理问题、化解矛盾、排除障碍、突破瓶颈，开创无虞人生。一要回归初心除欲。人之初心恬淡、朴实、无为，没有过多欲望、欲念、欲求，这种初始状态有利于客观认识事物、理性面对事物、清醒处理事物，不会带来隐患、风险、祸患。要自觉回归初心，革除不断增加、衍生、滋长的非分欲望，通过致虚极、守静笃、归其根，回归正常状态、正确姿态、正面心态，把欲念控制在适度范围。二要回归本心除妄。人之本心真诚、真实、真切，没有过多妄念、妄想、妄求，这种本始状态有利于真诚看人、真实做人、真切对人，不易引发嫌隙、滋生矛盾、激化冲突。要自觉回归本心，清除虚妄心结、狂妄心理、骄妄心态，通过致虚极、守静笃、归其根，回归本始状态、本来状态、本源状态，把妄念控制在萌芽状态。三要回归真心除伪。人之真心纯洁、纯净、纯粹，没有杂念、私念、伪念，这种本真状态能够让人心静如水、心地纯洁、心思纯粹，能够取信于人、悦服于人、感召于人，不易失度、失控、失衡。要自觉回归真心，消除私心杂念、虚情假意、欺骗伪念，通过致虚极、守静笃、归其根，回归本真状态、至纯状态、厚朴状态，把伪念消除在初始阶段。

# 第十七章

"尚无为、崇自然、复淳风",实现"良性互动、良性循环、良性治理"

### 老子原典

太上,下知有之。其次,亲之誉之。其次,畏之,侮之,信不足,有不信。犹其贵言。功成事遂,百姓皆谓我自然。

### 法融释典

上古圣君治天下,遵循真常自然之德,上顺天理、下应民情、无为无事,终使天下一统、万民一心、人心淳朴、风俗浑厚。天下大治而不知大治,有君王而不知君王。君王无心显威名于下民,百姓亦无意对上阿谀逢迎,上下相忘于浑厚淳风之中,如同"人在道中不知道,鱼在水中不知水"。

天道运度趋于中古,纯全真常之德,渐被情欲毁丧,浑厚淳风日益泯灭,社会开始崇尚贤能、赞誉善良,亲近仁人、始分上下,衡其贵贱、别其亲疏、异其贤愚。

之后,真常自然之德,愈来愈失,浑厚淳风,愈来愈薄。上者不道不德,恃其爵位,仗其权势,高高在上,作威作福;下者人心乖戾，凶暴邪恶滋生。于是朝廷不得不彰示政令、颁布刑律、以威禁之。随后，因刑政日繁，人民畏惧，滋生侮慢。上对下彰刑法以威而禁，下因畏惧则以侮慢应上；上失真诚自然之德以对下民，下民则以不忠欺哄于上。人心不断失道，于是上下相欺，国政由之腐败，百工由之若坠，民心由之而失，伦理由之而乱。失去真常自然之道，脱离清静无为之德，破坏了浑厚淳朴之风，由于上无真诚之心，民就产生了怀疑，朝廷不得不再兴科条、尚法令、贵言教，欲以治国平天下，取信于民。然而，已经南辕北辙，难以奏效。

欲使天下太平、万民康乐，还应重道德、尚无为、崇自然、复淳风，只有这样才能取得成功。圣君以德化万民，令耕而食、织而衣，各遂其生息，必定上下相和。虽天下大治，而民不知何因，完全自然而然。

## 悟道鉴典

"太上，下知有之"，"犹其贵言"，"功成事遂，百姓皆谓我自然"。老子通过上古以来治国模式演进分析，划分了"下知有之""亲而誉之""畏之""侮之"四个等次，深刻揭示了当时朝廷与百姓关系对立、民风每况愈下是因为执政者失去真常自然之德的道理，告诫世人，治国安民应该回到自然而然、无为而治的良治轨道。

"上古圣君治天下"，"天下大治而不知大治，有君王而不知君王"。"上对下彰刑法以威而禁，下因畏惧则以侮慢应上；上失真诚自然之德以对下民，下民则以不忠欺哄于上。""圣君以德化万民，令耕而食、织而衣，各遂其生息，必定上下相和。"法融道长通过分析治理模式不断演化的深层原因，揭示了治国要义在于"上顺天理、下应民情、无为无事"的深刻道理，劝导世人，治国平天下应该尚无为、崇自然、复淳风，追求良性互动、良性循环、良性治理。

自有人类社会以来，老子阐述的四种国家治理模式在人类历史发展过程中反复交替出现。上古三皇时期，上者体恤苍生，人与万物和谐共处于自然之中，人心质朴，没有是非之争，没有利害冲突，社会井然有序，开创了"道治"模式；五帝时期，尧舜禹顺天应势，逐渐开启主体意识渐生、私欲妄念渐存的人心变化之门，立仁政以养民心，制礼乐以叙尊卑，造衣冠以分贵贱，世道渐趋于崇尚尊贵贤能，开创了"德治"模式；春秋战国后期，霸道之风兴起，以武力征服天下、以严刑峻法震慑国民的崇尚之风盛行，开启了"法治"模式；秦始皇统一中国后，世道日薄、人心日乖、常德愈失，上者失道丧德、作威作福，下者人心乖戾、凶暴邪恶滋生，百姓在产生畏惧之心同时对统治者滋生了厌恶怨恨之心，统治者为消弭冲突、平定暴乱，开启了"暴政"模式。古今中外的国家兴亡史反复证明，"暴政"模式唯死路一条，单纯的法治模式也鲜有出路。虽然国家治理模式与国家发展阶段、社会环境、民风现状等因素密不可分，但是"道治"和"德治"因其顺天道、顺天理、顺民意，其治理思想无论处在何种政治体制、发展水平、社会条件中都值得借鉴和推崇，实为实现良治、大治的根本之道。新时代中国，随着改革开放国门打开，飞进了不少"苍蝇"和"蚊子"，无良、无德、无品的丑恶现象渗透到了中国社会各个阶层，特别是一些手握权柄者沦为腐朽思想的俘虏。社会道德沦丧，风气败坏，出现了欺下瞒上、上行下效、上下相欺的恶性循环。虽然经过重拳打击腐败，推行顺天理、应民情、得民心等一系列举措，局面发生了很大改观，但与建设良治、大治社会，开创盛世之目标相比，还须做出更大努力。未来中国，在提高国家治理能力和水平进程中，应汲取老子"道治""德治"智慧营养，在治国理政中，紧紧抓住"尚无为""崇自然""复淳风"三个关键点，推动国家与民众的良性互动、良性循环，实现良性治理。

　　尚无为，不乱为。老子倡导的"无为而治"不是消极无为、无所作为，而是追求合理作为、顺理而为、无为而无不为的至高境界。然而，世人对"无为"曲解颇多，把无为视为无所事事的厌世哲学、懒汉懦夫的混世思想、与时代潮流格格不入的过时神话。显然，这既是错误认知也是愚昧之见，更是天大的误解。治理者手握权力、占有资源、拥有平台，可轻而易举发号施令、施加影响、采取措施，一旦指向不明、措施不当，很容易产生"折腾"民众的不良后果，制造政府与民众的对立和矛盾，给国家治理人为增加难度。未来中国，在建设中国特色社会主义进程中，应积极借鉴老子"尚无为"的治理思想，坚决避免"折腾"人民、"折腾"社会、"折腾"国家的行为。一要尚精尚用，持续强化"在精不在多"理念。实践证明，政策越多，落实成本就越高，效果会越差。中国是一个治理幅度、程度、难度都非常巨大的国家，寄希望于政策能够事无巨细全覆盖是不现实的。如果一厢情愿、理想化地无限加密、加细制度体系，不仅基层政府和人民大众会无所适从，而且会严重遏制基层治理者和民众的创造力。国家政策制定时应该树立"在精不在多""在于管用"的理念，努力追求制度"疏而不漏"的理想境界。二要回归本质，持续强化"在导不在管"理念。治理的本质在于"导"，即引导、疏导和领导，而不在于"管"，更不是管牢、管僵、管死。现实生活中，一些领导干部以"执政者"自居，产生了角色错位，常以个人代替组织或者借组织名义行使个人权力，损害了政府和人民群众的"鱼水关系"，甚至激化了干群矛盾。应该坚决避免"无限政府"思想蔓延、"家长制"作风滋长、"耍威风"行为盛行，要引导各级干部强化"导"的意识、提高"理"的能力、养成"服务"自觉。三要持续减负，坚持强化"宜减不宜增"理念。要不断满足人民群众对美好生活向往的需要，最基本的就是要满足人民群众对减轻生活负担、政策负担、思想负担之向往的需要。一个人民拥护、政通人和、充满活力的国家，必须不断减轻广大群众所担负的压力，让百姓轻松、自如、快乐、幸福地生活。随着国家发展、实力增强，应该同步加大减负力度，让人民群众共享国家改革发展之红利。

崇自然，不冒进。治国理政崇自然，就是尊重自然、顺其自然、自然而然，自觉按照自然演化规律、国家治理规律、社会发展规律有序、有度、有效地推动治理进程，坚决反对不顾条件、罔顾现实、超越阶段、跨越基础，无序、无度、无效的冒进行为。行动上的冒进源于思想上的冒进，任何时候都应该坚决反对冒进思想，立足根本，解决冒进引发的祸患。一要坚决反对速成主义倾向。寄希望于以最短时间、最快速度、最高效率取得最大成果的心态，是常人共有的心理暗示和心理倾向，而这种暗示和倾向受"欲速则不达"事物发展规律的制约。任何时候必须坚决反对速成主义倾向，不提脱离实际的目标、超越实际的标准、不切实际要求，尽可能留有余地、留出空间、留足机会，坚决不能虚拔标准、空设目标、层层加码，给事业发展留下"萝卜快了不洗泥"隐患。二要坚决反对主观主义倾向。急躁冒进施行决策的部分根源在于主观主义倾向作祟，思考分析问题"想当然"、理想化、单向化，调查研究不深入，困难预判不充分，趋势判断不正确。任何时候必须坚决反对主观主义倾向，完善科学决策机制，做到反复论证、反复求证、反复佐证，确保主观符合客观、目标符合实际、方案符合现实，决不能草草率率搞调查、糊糊涂涂拿主意、匆匆忙忙赶进程。三要坚决反对功利主义倾向。在决策机制日益严密、日趋科学的今天，急躁冒进最大的敌人是功利主义思想和错误政绩观。一些领导干部为官指导思想不端正，所作所为不是为了建功立业而是为了出彩出头，不是为了推动工作而是为了留痕留名，不顾基础、不顾条件、不顾阶段、不顾进程，寅吃卯粮、涸泽而渔、杀鸡取卵蛮干，干出了一番经不起时间、实践、历史检验的"快速"政绩、"亮丽"政绩、"风光"政绩，为长期发展埋下了定时炸弹。任何时候必须坚决反对功利主义倾向，推动领导干部牢固树立正确政绩观，树立"功成不必在我、成功必定有我"的正确理念，有效遏制功利主义抬头，不断铲除功利主义滋生之土壤。

复淳风，不松垮。淳厚的社会风气是社会安定的浸润剂，是社会文明程度的"晴雨表"，既能营造良好的人文环境，又能降低无限的法治成本。淳厚社会风气的形成历来不易，相反世风日下却轻轻松松，营造从朴、从简、从淳之风如同攀登高山，民风向恶演变如同高山崩塌。在治国理政进程中，既要抓住理念上"尚无为"、思想上"崇自然"这两个关键，还要牢牢抓住治理上"复淳风"这一关键，通过培育优良民风，不断提高国民素质、降低治理难度、提升文明高度，不断增强国家软实力。一要高度重视淳厚民风建设。民风就是社风，既折射出党风政风水平，又折射出国家文明程度。提升国家软实力，不是一项可有可无、可抓可不抓、可造可不造的软性工作，而是一项功在当代、利在长远、益在永续的长久工程。应该站在中华民族伟大复兴的高度，把淳厚民风建设摆在重要位置、根基位置、根本位置。二要科学把握民风塑造规律。民风建设水平与国家发展程度、民众文化素质、价值取向追求、社会道德水准高度相关，这些看上去似一个个单项工程，实际上都纵横交错、互相牵制、互相影响、浑然一体。应该科学把握民风塑造规律，建立系统思维，通过综合发力、协同发力、立体发力，实现民风建设快速见效、持续见效、长期见效。应该坚决改变就民风抓民风、就社会风气抓社会风气、就道德建设抓道德建设的片面无效做法。三要久久为功，保持力度强度。淳厚民风的形成必然经过反复再反复的曲折历程，靠的是和风细雨式的渗透、润物细无声的浸润、令人心服口服的引导、以上率下的示范，需要慢功夫、细功夫、恒功夫。应该树立久久为功思想，保持民风建设的力度和强度，抓反复、反复抓，抓持久、持久抓，循环往复，不断向着民风建设新高度攀进跃升。

# 第十八章

## 回归"总根、命根、本根"源头,把握"修身、齐家、治国"真谛

### 老子原典

大道废,有仁义。智慧出,有大伪。六亲不和,有孝慈。国家昏乱,有忠臣。

### 法融释典

道德充实于内心,虽有仁义之行,而不知有仁义之行。如失道离德,仁义必然自显。由此可见,失道离德在先,仁义之举在后。

天性良智炫露滥用、以假为真、以文灭质、只求虚华、不讲实用,必然"奇物滋起"、怪事百出。由此可见,人之本性离失在先,假冒伪善之举在后。

家庭失去自然之道,父子、兄弟、夫妇必然不和。由此可见,家庭道德沦丧在先,崇尚孝慈之举在后。

治国失去恬淡无为之"道",不行无为之政,脱离清虚自然之"德",不用潜移默化,必然君王昏昧、权奸执柄,滥用机智、钩心斗角、争权夺利,迷恋酒色、醉生梦死,进而导致内忧外患、

民情危急、怨恨相加，为挽救国家于危亡必须呼唤扶国忠良挺身而出。由此可见，国家无道昏乱在先，呼唤忠义勇士之举在后。

## 悟道鉴典

"大道废，有仁义。智慧出，有大伪。六亲不和，有孝慈。国家昏乱，有忠臣。"老子以"大道废"三个字和四个"有"，深刻揭示了当时社会一味强调仁义、诚实、孝慈、忠诚是舍本逐末的道理，告诫世人，解决不仁、不诚、不孝、不忠的社会问题，只有回归大道本源，再兴"道德"，这才是从根本上解决问题的大道，倡导"仁义、诚信、孝慈、忠诚"属于从事物之末解决问题，实为下策。

"失道离德在先，仁义之举在后"；"人之本性离失在先，假冒伪善之举在后"；"家庭道德沦丧在先，崇尚孝慈之举在后"；"国家无道昏乱在先，呼唤忠义勇士之举在后"。法融道长通过深入分析仁义、诚信、孝慈、忠诚产生的内在原因，阐明了道是解决一切问题的总根、本根、命根，劝导世人，应该回归大道源头，把握修身、齐家、治国、平天下之真谛，而不应在细枝末节上大费周章。

老子的天道思想观点非常鲜明，认为天道就是天地万物运化发展的总根、命根、本根。只有由根而发，才能抓住本源、真谛、基本，否则就是舍本逐末。千百年来，老子这种从事物表象回归源头、寻找治理之道的思想，体现了极强的深邃性和真理性。古今中外的治理者，普遍存在依据表象就事论事、解决问题，不善于深入本质、回归本源以寻找解决问题"总钥匙"的倾向。现实生活中，世人对事物的认知大多处于二元对立的世界里，当社会出现负面问题时，通常习惯于利用其对立的正面导向解决问题，不善于超越二元对立、不善于与道合一去寻求解决之道，从而容易落入二元对立窠臼，出现舍本逐末、缘木求鱼、"按下葫芦浮起瓢"的结果。事实证明，任何问题发生都有其总源头、总根子、总原因，而立足源头、根本、症结解决问题才是真正的治本之道，才能收到"一通百通""一锤定音""一举而成"的神奇效果。当今世界，老问题日趋复杂，新问题层出不穷，问题种类无穷无尽，问题性质多种多样，如果只在问题表面做文章，必定会浪费资源、劳民伤财、劳而无功。新时代中国，应该积极借鉴老子思想中的从问题形成的本根出发，自觉回归源头，积极探索修身、齐家、治国、平天下的治本良策。

从根源出发修身。修身、齐家、治国、平天下，根在修身、基在修身、本在修身，离开个体的修身养性、增强素质、厚植底蕴、提高修养，将使齐家、治国、平天下成为空中楼阁。只有国民素质修养提升，家庭建设才有基础，治理国家才有保障。家风和民风是国家发展的透视镜，家风民风优良，国家必定兴旺发达；反之，家风民风败坏，国家必定混乱衰败。未来中国，借鉴老子从天道本根出发的思想解决问题，首先要立足根源，夯实修身基础。一要强化全民修身意识。修身养性既是每个公民终身必修课，也是应尽之社会责任，不是有志气者、有地位者、有成就者的独有专利。要强化全民修身意识，引导全体公民认识修身、重视修身、自觉修身、坚持修身，把全民修身作为公民道德教育实践和精神文明建设的基本内容，实现以提升国民素养支撑社会道德水平和国家文明程度。增强每个公民"一粒老鼠屎会坏一锅汤"的警示自觉，积极为社会风气改善、文明程度提高添砖加瓦。二要打牢修身底蕴基础。修身的本质就是提升道德水平、涵养优秀人性、培养做人优异品质。对于中国公民特别是各级干部而言，修身养性就是要提高政治道德、思想品德、社会公德、家庭美德、职业道德等道德修养水平，而这些道德修养必须基于原始的、本源的、自然的天道特征。未来中国，从根源出发修身，应该紧紧围绕天道虚无、自然、清静、无为、纯粹、素朴、平易、恬淡、柔弱、不争的本质，夯实修身养性基础。应该重点引导国人涵养自然之心、素朴之风、恬淡之品、谦下之怀，为提升政治操守、思想境界、情怀格局、品质素养奠定坚实"道德"基础。三要把握修身内在规律。"为学日益，为道日损。损之又损，以至于无为，无为而无不为"深刻揭示了修身养德的本质规律，修身非一日之功、一时之功，而是一贯之功、一世之功，需要久久为功、日积月累，不断克制欲望、减损欲望，不断改造自我、完善自我。应该引导教育国人把握修身养性本质规律，树立持久修炼、长久修炼、终身修炼的理念，培养毅力定力，不断提高标准、提升追求、涵养境界，把修身养德不断引向新高度，持续开辟永无止境新格局。

从根源出发齐家。家是最小国，国是千万家。天下之本在家，家庭是社会细胞，是社会和谐之基。未来中国，从根源出发齐家，应该紧紧抓住家庭建设这一社会道德建设基础，培养家庭美德、加强家庭教育、塑造优秀家风，为营造优良社会风气、提高国家文明程度、增强国家软实力夯实根基。一要抓住培养家国情怀这一核心。有国才有家，国兴才能家旺。应该引导每个家庭把家国情怀培养作为家庭建设的首要任务，树立爱家和爱国相统一、爱亲人与爱他人相统一、爱自己与爱社会相统一的理念，把国家利益、集体利益、全局利益放在优先位置，涵养提升爱国之心、为国之情、报国之志、强国之愿，矢志为国家发展强盛努力奉献。二要抓住发挥个体创造力这一根本。家庭建设是社会建设、国家建设创造力之源。家庭与家庭之间的差异性决定了不能千篇一律按统一模式抓家庭建设，应该尊重个体、尊重差异、尊重创造，激发每个家庭的创新创造活力。应该引导和鼓励每个家庭发挥传统优势，传承家训、家教、家风，并及时总结、宣传、推广，形成相互学习、相互借鉴、相互提升的良好氛围。三要抓住家庭建设主角家长这一关键。家庭建设成在家长，毁在家长，抓不住家长这个关键，家庭建设就是一句空话。应该牢牢抓住家庭建设的主角——家长这个关键，引导家族、家庭的主角担起家庭建设的主责，让家长既要成为负责任的"校长"，把家庭管好、把家人管住，把家规立起来、把家教严起来、把家风树起来；又要成为有作为的"校长"，做到管教有道、管教有方、管教有成；还要成为终生的"校长"，工作中的校长会退出岗位，但家庭建设中的"校长"不能退出，应该牢固树立把家庭建设的接力一棒一棒传下去、使优秀家风绵延不绝的理念，决不能放松管理、放松管教，误子孙、误后代、误社会。

从根源出发治国。治理国家是一个内涵博大、错综复杂、千头万绪的系统工程，难度巨大、极为不易，但只要立足总根、命根、本根出发，再难也不难。古今中外，治国有成走向昌盛的国家治理经验昭示：真理的光芒照耀千秋，正义的事业不可战胜，智慧的力量无穷无尽。只要牢牢立起按真理办事、照正义行事、靠智慧成事三根擎天大柱，国家治理、国家发展、国家昌盛就会自然而然进入全新境界。一要坚守遵循真理规律大前提。天道运行有规律，国家治理同样有规律，这个规律就是自然演进规律、社会发展规律、思维认识规律。遵循这三大规律就能确保国家治理大方向不偏、大风险不生、大目标不移。任何时候应该恪守人与自然和谐共生的思想、以人民为中心的根本原则、认识与实践螺旋上升无限演进的发展规律，并以此为前提，进行顶层谋划、顶层设计、顶层推动，实现持续和永续发展，实现国家长治久安、基业长青，实现文明繁荣发展、生生不息。二要坚守依据正义断事总标准。正义与否是决定事物发展最终结局的总根源，正义的事业终将胜利，非正义的事业必将失败。无论是推动国家发展还是引领世界发展，都应该始终坚守正义这条总标准、总原则、总底线，无论遇到什么问题，都要以正义这把尺子衡量、掂量、丈量，做到正义的事业坚决支持、坚决拥护，非正义的事业坚决反对、坚决斗争，永远站在正义、正道、正心一边。在国际关系处理上坚决不"拉偏架"、不"和稀泥"；在国家治理上，高举正义大旗，坚持全力建设公平正义社会不动摇。三要坚守依靠文化智慧强支撑。在遵循真理规律、坚守正义原则基础上，还要讲智慧、讲方法、讲策略，把握处理事物的时效度。任何时候都应该坚持厚积文化底蕴、培养文化张力，坚持丰富思想智慧、提升治理艺术，坚持自觉运用辩证思维、把握科学方法，实现精准判断、精准发力、精准见效。

# 第十九章

遵"效天法理、见素抱朴、少私寡欲"，弃"把弄圣智、卖弄仁义、倒弄巧利"

### 老子原典

绝圣弃智，民利百倍。绝仁弃义，民复孝慈。绝巧弃利，盗贼无有。此三者，以为文不足。故令有所属，见素抱朴，少私寡欲。

### 法融释典

天资敏捷，德性纯全，睿通渊微，言行举止符合伦理道德者谓之"圣"。通晓万物之理，洞观远近幽微之理者谓之"智"。有史以来，圣人效天地运行之道，法阴阳消长之理，定纲纪、分科条、兴法度、作典章。以此含养自修，万民乐而生息，国家自然大治，天下太平，人民康乐。由于天下人皆知非"圣智"不能任其事，如果圣人以张圣之名，玩弄机智，不正者必钻空子，如同帮助不正与不善者祸国殃民。

山中老虎生下虎崽，遭遇持械猎手，定会不顾生死地保卫其崽。平时虎"妈"忍饥受饿喂养其崽，以舌舔其毛表亲昵，这般慈爱，属于天然之性，自然之德，非人为教之。如果彰仁义之名，卖弄孝慈，必将扼杀百姓自然之性。

非正常技巧，有害于民；非分之利，有害于国，故应绝弃。燕衔泥垒窝以栖身，蜘蛛吐丝布网以求食，老鼠掘洞藏身以得安。万物皆然，各因自性，各因所需，各施技能，自然而然，虽有巧利，未尝有巧利。如果专尚巧利，玩弄技巧，必被强盗贼匪窃而用之。

圣智、仁义、巧利三者均属文表和虚华，没有实用，无益修身治国，不值得大书特书。修身治国的最好教诫和嘱告，理应回归天道本源，教化万民心地纯洁，行事真诚朴实，少存私心杂念，克制分外欲念。

## 悟道鉴典

"绝圣弃智"，"绝仁弃义"，"绝巧弃利"，"故令有所属，见素抱朴，少私寡欲"。老子用三个"绝"、三个"弃"再次亮明了圣智、仁义、巧利皆是违道、失道产物的基本观点，分析了圣智、仁义、巧利若被不正不善者利用的巨大危害，告诫世人，恢复孝慈、遏制盗贼、安定社会应该回归天道本质，引导百姓见素抱朴、少私寡欲。

"如果圣人以张圣之名，玩弄机智，不正者必钻空子"；"如果彰仁义之名，卖弄孝慈，必将扼杀百姓自然之性"；"如果专尚巧利，玩弄技巧，必被强盗贼匪窃而用之"；"修身治国的最好教诫和嘱告，理应回归天道本源，教化万民心地纯洁，行事真诚朴实，少存私心杂念，克制分外欲念"。法融道长分析了把弄圣智、卖弄仁义、倒弄巧利危害严重的原因，深刻指出了圣智、仁义、巧利属于文表和虚华之本质，劝导世人，应该遵循"效天法理、见素抱朴、少私寡欲"之真道，抛弃"把弄圣智、卖弄仁义、倒弄巧利"之伪术。

　　老子弃智、弃义、弃利的主张，见素抱朴、少私寡欲治国思想的倡导，被历史不断证明其潜藏着无穷动力和源源活力。自古以来，打着圣智、仁义、巧利治国旗号者，都会面临无穷后患，最终不得善终，甚至导致天下大乱。春秋战国时期，诸侯纷争，战乱四起，各国之间的相互攻伐，均打着维护仁义道德、匡扶天下的旗号；各国国君，无一例外，均以圣贤高人自居；许多四处游说的纵横家以"智者"面目示人，纷纷给诸侯带来"利"之学说挑起战争，换取功名。正是这些"圣智""仁义""巧利"兴盛，导致了社会动荡、民不聊生。究其原因在于"假仁假义"、"奸诈巧智"对国家兴盛、社会安康、人民福祉有百害而无一益。相反，在西汉初期，奉行黄老之说，推行以解甲归田、劝民还乡、释奴为民、十五税一、轻徭薄赋为主要内容的休养生息政策和以德化民、倡导节俭、关心农桑等见素抱朴、少私寡欲的政策，有效催生了百姓富裕、国家安定的文景之治。

　　1949年以来中国经过七十多年建设和四十多年改革开放，生产力水平不断提高，物质丰厚程度远超以往，但国人欲望也越来越多，人性中最宝贵的纯洁本性也有所沉沦，有些人不敬天地，不爱万物，不知廉耻，不懂礼数，严重败坏了社会风气。尽快实现国民经济与道德进步同步发展，已成为新时代必须解决的重大命题。这一命题不仅事关中国，而且事关世界。行之有效的办法，应该从中国传统智慧中汲取营养，回到"效天法理、见素抱朴、少私寡欲"的本道上。

效天法理，绝弃把弄圣智。所谓圣智与圣人智慧是完全不同的两个概念，圣智指的是以圣人自居、站在圣人高度、打着圣人名号迷恋、炫露、把弄才智的行为。真圣身处高位而不自高，虽处高位而百姓不知其高，心有大德而不自彰，虽施德于天下而百姓不知其所施，是无"圣"无"智"、忘我无为的自然状态。一个社会如果把弄圣智、卖弄圣智、标榜异术，所谓的"高德""高知""高道"满天飞，假圣人备受推崇、大行其道，必定扰乱思想，导致人心混乱、社会动荡。未来中国，在推进社会主义现代化强国进程中，应该坚持效天法理，绝弃把弄圣智行为，始终按照真理规律定纲纪、分科条、兴法度、作典章。在国际舞台上，应该旗帜鲜明反对打着"自由卫士""道德卫士""民主卫士"幌子把弄圣智的伪善行为。针对个别西方大国高高在上、高人一等、高不可攀的"救世主"心态和自诩是"上帝的选择""天之骄子""自由灯塔"的吹捧标榜，应该坚定地站在真理、正义、事实高度，采取有力方式予以奉劝、揭穿、批驳直至斗争，尽最大可能让世界回归真实、回归有序、回归稳定，做出东方大国应有的努力和贡献。在国内治理上，必须旗帜鲜明反对打着"为民请命""为国分忧""为民族忧患"等幌子把弄圣智的伪善行为。针对信息化时代为把弄圣智者带来了前所未有便利条件的客观现实，应该积极探索绝弃圣智行为的有效方法，加强互联网信息监管，对那些含沙射影攻击党和政府方针政策、别有用心煽动民众反政府反社会情绪、内外勾结攻击颠覆社会主义制度的行为要早发现、早识别、早处理，尤其要对那些"挂羊头卖狗肉"、居心叵测、蛊惑人心的所谓"大V""大咖""意见领袖"们采取果断措施坚决打击，防止养虎为患、迷乱人民思想、破坏安定团结政治局面的情况发生。

见素抱朴，绝弃卖弄仁义。所谓仁义与上德仁义是完全不同的概念，与本真自然之德无关。友爱宽厚、真诚善良、公正合宜、见义勇为，心怀孝敬、善事父母是人类的天然属性、自然属性和基本准则，无须人为造作，也非教化之功。真正有德的仁义之人，绝仁之名而不显其仁，弃义之名而不显其义，通常以无心无欲行仁义，以孝慈本性行善义。一个社会如果整天打着仁义的旗号、唱着仁义的高调必有害于自然之性，必将陷入越是高唱仁义、越是尔虞我诈的恶性怪圈；如果打着仁义幌子、假借仁义之名大行不义之事和罪恶勾当，则必将陷入无序、无良的混乱局面。未来中国，在推进社会主义现代化强国建设进程中，应该坚持见素抱朴，绝弃卖弄仁义行为，回归天道自然本真，遵循仁慈本源规律，做到随缘顺时、自然而然、毫不勉强，在无心中利天下一切人和物。在国际舞台上，应该展示求实、真实、平实、朴实的自然形象，淡化施仁行善和救助援助，强化义务责任和大国担当。在构建人类命运共同体进程中，调子要低，行动要实；期望要低，姿态要高；重心要低，格局要大。做到以潜移默化、真实自然、真诚朴实的行动践行天下大同理念，从而赢得国际社会真心认可。在国家治理上，应该大力弘扬"见素抱朴"理念，让大仁大义成为社会追求的风向标，成为国人发自内心深处的自觉行动；应该引导教育国人自然真诚、朴素无华、内敛自律，坚决摒弃矫揉造作、炫耀作秀、自我粉饰的表面文章和形式主义。对那些打着仁义旗号谋取私利的假仁假义行为，应该坚决治理；对那些谋"仁义"之名、行"欺骗"之事的犯罪行为应该从重打击，使崇尚朴实、真实、求实在全社会蔚然成风。

少私寡欲,绝弃倒弄巧利。权变之巧非大巧,财货之利非大利。"大巧"各因自性、各取所需、各展其能、自然而然,虽有智巧但天下不可见、众人不可知;"大利"既利于自己又利于他人,既利于万物众生又利于长远古今。一个社会如果倒弄巧利成风、耍弄手段盛行、私欲膨胀泛滥,必将诱发奸诈之心、助长不端之行,催生享乐、滋生盗心,害民害国。未来中国,在推进社会主义现代化强国建设进程中,应该大力倡导少私寡欲之追求,减少非分之想、克制非分之念、控制非分之欲,绝弃靠耍弄机智、玩弄技巧谋求私利的巧诈行为,引导国人争正当利益、谋合理利益、获共赢利益。在国际舞台上,应该坚守平等互利、互惠互利、双赢互利、共赢互利原则,坚决杜绝投机取巧、偷奸耍滑、尔虞我诈,摒弃一锤子买卖、一本万利、一夜暴富的盗贼行为。政治合作,坚持开诚布公、坦诚相待,不搞欺骗讹诈、以诈对诈,充分彰显大国之诚意和胸襟;经济合作,坚持竞合原则,在竞争中合作,在合作中竞争,算明账、赚明钱、谋明利,充分彰显大国之格局和气象;文化合作,坚持开放包容原则,既坚持文化自信又展示兼容品质,坚决摒弃"文化优越论",平等看待世界各国文明历史,尊重各国人民价值理念,充分彰显大国之底蕴和智慧。在国家治理上,应该坚决防止靠技巧获取暴利的行为,引导国人把私心、欲念控制在合理范围内,靠勤劳付出获取正当利益。既要完善制度机制,防止倒弄巧利者钻制度漏洞,损害社会、危害国家;又要引导国民少私寡欲,崇尚"极简主义",多做"减法",不被华表所迷,不随外物所转,自觉顺天应道、清心淡泊、净化心灵。

# 第二十章

"信天道、贵天道、持天道",方能"心有准则、心有主流、心有所止"

### 老子原典

绝学无忧。唯之与阿,相去几何?善之与恶,相去何若?人之所畏,不可不畏。荒兮,其未央哉!众人熙熙,如享太牢,如春登台,我独泊兮,其未兆;如婴儿之未孩,乘乘兮,若无所归。众人皆有余,而我独若遗。我愚人之心也哉,纯纯兮。俗人昭昭,我独若昏,俗人察察,我独闷闷。忽若晦,寂兮,似无所止。众人皆有以,我独顽似鄙。我独异于人,而贵食母。

### 法融释典

人在天地之间,如不知物性,不通人情,则难以生息。欲通物性,必以进学。但单学一科,独造一门,虽自感有进有益,实是以管窥天,以锥指地,不能复得天地之大全,事物之总体,悟性命精微之奥秘,观造化至极之妙用,通阴阳消长之情理。唯有大道真一绝学,具有一通百通之妙用,能够明晓万事万物之理。学问之间看似差别不大,但实际运用效果则大为不同。如同"唯"

与"阿"同出于口，相差不大，但因"唯"以谦让柔和应于人，能使人生好感而结善缘；因"阿"以怠慢愤怒答于人，使人产反感而种恶根。善缘恶根，相距天壤之别。可见，性体一动一静之微妙之机，为善恶因由，动之于"唯"结善缘，而得吉庆；动之于"阿"结恶果，而遭祸殃。正所谓"差之毫厘，失之千里"，天地间无不以此感到畏惧，掌握何种学问也应有此畏惧之心。

如果荒芜了天道绝学，就会失去性体根本，令人流荡身心，迷于世情，心灵像杂草丛生、灵根荒芜一样，从此就失去了判断事物的中心准则。如此则会出现众人沉溺于妄见之中，还自感嬉戏和悦，迷惑于世情之内，还自感春登高台，自鸣得意。而掌握天道绝学之人恬淡无为，心无贪念，像初生婴儿和混沌的孩子一般，无忧无虑，无有归往。当众人皆感到志得意满、得意洋洋之时，掌握天道绝学之人总感到缺失遗漏，像愚人之心，笃厚真诚，纯粹素朴；当众人各炫聪明、各逞机智之时，掌握天道绝学之人好似昏昧不明；当众人对大小事物明察窥探之时，掌握天道绝学之人始终与物同体，闷闷然如无贵贱、上下之分。

形成如此反差，在于未掌握绝学的常人脱离了根本，迷恋贪享世情，追求功名利禄，几乎达到了无涯无际、不能济岸、不能自止的境地。如此舍真逐伪，必定愈逐愈迷、愈逐愈深，而掌握天道绝学之人就像一个愚顽者一样，坚持恬淡无为。这就是掌握绝学之人与常人最大之不同，常人忘本逐末、只顾枝梢，绝学之人抱持大道，贵养本根，与众完全相反。

## 悟道鉴典

"绝学无忧","荒兮,其未央哉","忽若晦,寂兮,似无所止","我独异于人,而贵食母"。老子运用"绝学无忧"四个字,揭示了天道之学在一切学问中的根本地位、根本妙用、根本价值,严正发出了荒废天道之学如同失去判断事物准则一样的深刻警示,告诫世人,应该舍末逐本、抱持大道、贵养本根,争做被常人"鄙视"的"另类"守道之人。

"唯有大道真一绝学,具有一通百通之妙用,能够明晓万事万物之理","如果荒芜了天道绝学,就会失去性体根本","从此就失去了判断事物的中心准则"。"掌握绝学之人与常人最大之不同,常人忘本逐末、只顾枝梢,绝学之人抱持大道,贵养本根,与众完全相反。"法融道长揭示了天道绝学能够复得天地之大全和事物之总体、悟性命精微之奥秘、观造化至极之妙用、通阴阳消长之情理的深刻道理,阐明了荒废天道绝学,就会沉溺妄见、迷惑世情、志得意满、炫示聪明、难以自拔,劝导世人,只有坚持"信天道、贵天道、持天道",才能确保"心有准则、心有主流、心有所止",走在遵道、循道、守道之路上。

《道德经》经过几千年的沉淀和挖掘,使得老子作为中国最早的哲学家、思想家之一的地位越发巩固、越发坚实。《道德经》所阐发的涵盖自然、社会和人生各领域的哲学思想,已被古今中外杰出的思想家、哲学家、心理学家、文学家、科学家所借鉴学习。随着世人对道德经思想的不断挖掘,普遍得出了这样的结论:老子思想统摄了宇宙论、社会论和人生论,融本体论、认识论、价值论、方法论、历史观于一体，深刻揭示了世界的本源和最高统一性，阐明了人与自然、人与人相统一的终极基础，体现出人类思想智慧的高度。古有"半部论语治天下"的典故，今有"四分之一道德经治天下"的美谈。古今中外的无数经典案例反复证明，掌握天道绝学可万事无忧，治国则国泰民安、打仗则战无不胜、修身则人生圆满。然而，天道绝学不同于一般学问，读懂悟懂难，抱持践行更难。世上绝大部分人都无法跳出常人、凡人、俗人窠臼，只有少数信大道、贵大道、持大道的圣人可保持真我、崇尚自然，做到才华横溢而不骄横、淡泊名利而不清高、胸怀理想而不空想，虽有欲望而知所止，无私无我不求功利，最终成为大智、大勇、大成者。中国历史上的杰出人物周公、范蠡、刘伯温、王阳明等都是掌握真理天道、抱持真理天道、践行真理天道的典型代表。新时代中国，对天道规律不敬畏、对人性欲望不克制、对自身修养不重视、对功名追求不止步的现象广泛存在；不信真理信鬼神、不养心性任其性、放任自流随大流、追名逐利无底线，这些现象都严重败坏了社会风气，尤其是一些身居要职高位的领导者，不走"天理大道"而擅钻"羊肠小道"，在全社会树立了消极样板，带来了巨大负能量。未来中国，在推进中国特色社会主义进程中，应该引导教育国人特别是各级干部，涵养敬畏天道之心、领悟天道真理规律、效法天道本质，秉承"信天道、贵天道、持天道"之理念，做到"心有准则、心有主流、心有所止"，致力走出一条遵天循道的别样人生。

信天道，确保心有准则。老子揭示的天道规律，探讨了宇宙生成、自然演化、国家治理、身心修养等一系列重大命题，集天道、人道、治道于一体，是认识世界、改造世界、创造世界的大思想、大智慧、大真理。只有相信天道规律才能把握天道规律，进而确保处理万事万物之准则不偏不倚、命中靶心。应该引导教育国人特别是各级干部，要强化天道意识，养成尊重天道之自觉，并将其融入对马克思主义的正确理解之中，切实把天道规则融合于心，作为认识、分析、判断事物的准绳。一要把天道真理作为价值判断标准。价值判断直接决定事物和人生发展方向，只有追求向上、健康、正向的价值标准，才能确保事业有成、人生无忧。应该大力引导教育国人特别是各级干部，信仰真理、追求真理、追随真理，自觉把为国家做贡献、为人民谋利益作为干事创业的出发点、立足点和人生成长的目标点、趋向点，切实守住大方向、大原则、大框架。二要把天道准则作为是非判断标准。是非不分则立场不定，立场不定则一败涂地。应该引导教育国人特别是各级干部，恪守是非原则，始终站在真理一边、规律一边、人民一边，决不能模糊是非、混淆是非、颠倒是非。任何时候在是非问题上做到泾渭分明、黑白分明、真假分明，不搞"调和主义""抹平主义""骑墙主义"。三要把天道真理作为行为判断标准。天道尽管无踪无迹、无头无尾、无形无象，但绝不是虚无缥缈、海市蜃楼，而是具有"虚无""自然""清静""无为""纯粹""素朴""平易""恬淡""柔弱""不争"十大鲜明特征，这些特征是衡量行为正确与否的客观准绳。应该大力引导教育国人特别是各级干部，自觉按照天道本质观察行为、分析行为、判断行为、反思行为，自觉与自身的错误行为做斗争、与社会不良行为做斗争、与一切违道行为做斗争。

贵天道，确保心有主流。事物发展不会总是直线演进，而是有曲折、有波折、有反复、有迂回地螺旋式上升。正面力量与负面力量、主流力量与支流力量、积极力量与消极力量始终相互博弈，此消彼长。在千姿百态、林林总总、错综复杂的形势、大势、趋势面前，保持主流价值观是确保事业成功、人生成长的关键所在，这就要求世人任何时候都要尊重天道规律、贵重天道规律、倚重天道规律，以符合天道的主流价值，识大体、正是非、抵诱惑、强定力。应该引导教育国人特别是各级干部，无论面临何等复杂形势、面对何等困难局面、遭遇何等危急情况，都应该坚持贵天道、走正道，确保心有主流不迷惑，切实按照主流价值做判断、做决策。一要做到每逢大事有主意。主意定，行动坚。任何时候都要坚持依据天道准则认识事物、判断事物，以最高的站位、最深的思考、最快的速度形成解决问题的思路、方案、方法，既不能离开天道准则胡思乱想、异想天开，又不能面对问题不得要领、一筹莫展，最终错过时机、埋下隐患。二要做到危急关头有主见。危急情况突如其来，令人猝不及防，在无经验可循、无方案可鉴、无模式可用的情况下，必须以最快的速度、最高的效率、最准的判断拿出具有创造性的解决方案，避免引发灾难性后果。面对危难，既不能慌慌张张、火急火燎、匆忙决策，把危急变成危机；又不能慢条斯理、按部就班、拖延决策，把危急拖成危机，带来灭顶之灾。三要做到面对思潮站主流。社会思潮具有两面性，既有正向的引领性、激励性，又有负向的蛊惑性、危害性，对社会思潮的判断直接决定行事方向、做事思路、成事结果。任何时候都不能被错误思潮、有害思潮、反动思潮所蛊惑、所牵制、所利用，坚持做到以天道法则识别思潮性质、分析思潮成因、判断思潮走向，信主流不信支流、入主流不入支流、站主流不站支流，永远与天道一边、与真理一边、与规律一边、与正义一边。

持天道，确保心有所止。信天道、贵天道不是理念问题、理论命题，而是现实问题、实践命题，践行的过程中不存在一帆风顺、一蹴而就、一劳永逸，而是要经历一个反复较量、反复博弈、反复斗争的艰巨过程。按天道之理行事办事，以智慧之器阻无羁之欲，以定力之剑斩名利之私，以浑朴戒心除烦恼之情，最终以不松懈、不松劲、不松手之坚抱持天道、倚重天道，这样才能做到反省自我、约束自我、纠正自我，实现心有所止，把非分之念、非分之欲、非分之图把握住、控制住。应该大力引导教育国人特别是各级干部，任何时候都要磨炼坚持之心，养成"与自己拔河"的习惯，练就适可而止、适时而止、戛然而止的能力。一要涵养敬畏心理。善恶到头终有报，只有对天道因果规律怀有畏惧之心、对不良后果怀有惧怕之心，才能做到心有所止。任何时候都要强化后果意识、晓以后果利害，多思不良后果造成的不可原谅、不可挽回、不可逆转的严重危害，算清人生长远账、总体账、全局账。二要防止侥幸心理。举头三尺有神明，不畏人知畏己知。任何时候都要防止侥幸心理作祟，不要高估自身智商和运气，多一些正常思维、正面思维、正向思维、正道思维，摒弃自我暗示、自我安慰、自我开脱、自我放纵的消极念头。三要克服从众心理。心无所止，很大程度上是从众心理作怪造成的，认为"法不责众""一切随大流，枪打不着、瞄不准""别人无事我也无事"，因而无须自我吓唬、自我紧箍、自我压制、自讨苦吃。任何时候都要认清从众心理的错误和危害，在好事上多从众，在坏事上坚决不从众。如果反其道而行，人生必定翻船遭殃。

# 第二十一章

## 大道"永远、永恒、永生",理当"不忘本来、无愧过来、拥抱未来"

**老子原典**

孔德之容,惟道是从。道之为物,惟恍惟惚。惚兮恍,其中有象;恍兮惚,其中有物;窈兮冥,其中有精。其精甚真,其中有信。自古及今,其名不去,以阅众甫。吾何以知众甫之然哉?以此。

**法融释典**

物之得于道者便是"德"。在德的功用中,既能体现道之体性,又能显现德之功能。天地万物无不是在上德功能中不断变化和生长。万汇品类体性完备,神全气足,皆是"上德"的功能。因大道无形而无名,只有从德中才能体现道的体性。浑然一气的真常之道,恍惚似有,有而非有,无而非无。在恍恍惚惚、窈窈冥冥中,有不可视听的微妙运化之功。不但有微妙运化之功,而且至为真实。这个浑成一物的无名之朴,从古至今不变不易,以至于到无限将来，仍不会离去。正是大道永恒不变，长久存在，所以能尽阅大千宇内无限事物之起始。

## 悟道鉴典

"孔德之容，惟道是从"，"自古及今，其名不去，以阅众甫"。老子以"孔德"概念，提出了上德标准，揭示了大道是决定事物变化发展的大规律；用一个"容"字，阐明了上德就是遵道、循道、守道的大德思想，告诫世人，应该"惟道是从"，把握大道"永远、永恒、永生"之性质。

"物之得于道者便是'德'"，"天地万物无不是在上德功能中不断变化和生长"；"大道永恒不变，长久存在，所以能尽阅大千宇内无限事物之起始"。法融道长以通俗、易懂、生动的阐述，深刻揭示了"道"天然、自然、浑然的天性，永不消失、永恒不变、永续作用的实质，启发世人，把握惟道是从本质，以"道"统筹"本来、过来、未来"。

老子认为，道既是宇宙诞生本源，又是宇宙万物生存演化本源。随着人类文明进步和科学技术不断发展，老子"道"思想不断被人类认知的突破所证实。最典型的就是暗能量的发现，有研究表明，大约在 90 亿年前，暗能量就已经与引力展开"力量之战"了；在大约 50 亿—60 亿年前，暗能量之排斥力就已经超过引力，也正因为暗能量的存在，宇宙开始进入了快速膨胀阶段。根据天文观测，这种宇宙膨胀到目前为止仍未停止。从这些科学技术发展成果不难看到，道的本源性与虚实相通性，极有可能就是宇宙演化的根本动力。暗能量，从来没有离开过宇宙，没有离开过万事万物，更没有离开过人类。恍兮惚兮、杳兮冥兮的"道"，通过"德"蓄"德"养，推动着万事万物发展演进。

如果"道"真如老子所见，一直存在并永久发生作用，贯穿于万事万物之始终、全程、整体，那么遵循道的特质、天性、本质，尊道行事、循道行事、守道行事就是应有之义；万事万物就必须从源头开始、自始至终在遵道中坚守"道"法则，在循道中发挥"道"作用，在守道中顺应"道"规律。具体而言，就是要回归源头、不忘本来，把握现在、无愧过来，立足前瞻、拥抱未来。新时代中国，已经走过了七十多年辉煌历程，创造了令世人赞叹的人间奇迹，在百年未有之大变局的大背景下，如何继续排除干扰、坚定信念，把中国特色社会主义事业按照既定目标稳步向前推进，最重要的就是要从历史经验中不断获取自信、在现实奋斗中不断创造奇迹、在展望未来中不断激发前进动力。任何时候都要坚信，中国已经走过的路是一条成功之路，中国正在走的路是一条希望之路，中国将要走的路是一条光明之路。中国人民只要坚持不忘本来、无愧过来、拥抱未来，不忘初心、坚守初心、践行初心，正在进行的正义事业、宏伟事业、辉煌事业必将登上一个又一个伟大高峰。

在回望昨天中不忘本来。本来即由本而来，是事物先天本有、唯一、不变的自然存在状态，是事物发展的起点、源头、本始。一个国家、一个民族、一个政党、一个集体，甚至个人，如果忘记本来不可能拥有未来，如果忘记来路不可能找到出路。中国的今天，是先辈们在正义旗帜引领下开创的丰功伟绩，也是遵道、循道、守道的结果。未来中国，要继续开创更加令世人赞叹的奇迹，必须永远做到在回望昨天中不忘本来，在本来中坚守初心、牢记使命，在回望中总结历史教训、汲取精神力量、激发动力源泉、保持清醒头脑和奋斗姿态。应该通过建立"不忘初心、牢记使命"长效机制，带领中华儿女回望昨天的历史，并将"从哪里来？现在在哪里？最终到哪里去？"的答案铭记于心，真正整理出一本不忘本来的明细账。要通过建立定期、持续、自觉的常态化、制度化、固定化回顾机制，看一看本心有没有变、本色有没有变、本质有没有变，看一看昨天的经验有没有继承、有没有吸取、有没有发扬，看一看昨天的错误有没有复燃苗头、有没有复燃倾向、有没有复燃隐患，真正做到历史经验充分借鉴、历史教训充分汲取，坚决防止重蹈历史覆辙。作为个体，回望昨天、不忘本来，核心就是要做到"不忘本"，不忘起步艰难、不忘奋斗艰苦、不忘成事艰辛、不忘成功艰巨，保持工作热情、奋斗激情、昂扬豪情；就是要不断回望走过的路、回顾经历的事、回首曾经的岁月、回归真实的自己，从源头、过往、前路中反求诸己、返本拓新；就是要在不断回望昨天的自己、检视昨天的自己、批判昨天的自己中，完善今天的自己、强大今天的自己、提升今天的自己。

在守望今天中无愧过来。今天是昨天的继续、明天的开始。昨天代表着历史，今天则代表着现实。它一头挑着昨天，检验着昨天的努力；一头连着明天，承担着明天的责任。一个国家、一个民族、一个政党、一个集体，甚至个人，如果守不住今天就等于愧对昨天，如果做不好今天就等于愧对明天。新时代中国，要建成社会主义现代化强国，实现民族伟大复兴的中国梦，最终成为令世人信赖的文明大国，最关键的就是把自己的事情做好，把眼前的事情做好，把当下的事情做好。只有牢牢把握现状、把握现在、把握现实，才能真正无愧于历史的付出和奋斗，才能为未来前进之路打开通途。新时代国家发展的顶层设计、制度体系已经全面确立，政略、方略、战略符合时代发展趋势、符合中国基本国情、符合人民群众期待、符合未来发展方向。未来中国，应该继续坚定不移地把抓好新时代大政方针落实作为重中之重、要中之要，不断用生动的治国理政实践证明政略方略的正确性，证明未来发展的可期性。要引导各行各业加紧建立可量化、可比较、可评估、可检验的落实政略方略刚性机制，从政策落实、实际成效、能力发展、潜力发挥、动力积蓄等方面，多维度、多指标进行综合评估、立体评估、系统评估。要切实强化落实进程节点意识，建立倒排工期机制，显化落实进程和成效。作为个体，守望今天、无愧过来，核心就要做到"干为先"，牢记"做好当下，即是未来"，脚踏实地，一步一个脚印，才能拥抱希望、实现希望、放大希望；就是要强化"现在进行时"意识，做到今日事今日毕，只争朝夕，不负韶华，在实干中把握现实、把握机遇、把握将来；就是要强化忧患意识，时刻谨记昨天的成功并不代表今天的成功，任何时候不能躺在昨天的"功劳簿"上睡大觉，应始终坚持以高标准定位，向高目标努力、创高成色成果，不能成为"吃昨天老本、误明天前程"的抱憾者。

在展望明天中拥抱未来。回望昨天，守望今天，展望明天，说到底是为了拥抱未来。明天是未来奋斗的目标、努力的方向、前进的灯塔。一个国家、一个民族、一个政党、一个集体，甚至个人，如果对明天没有期待、期望、期许，就注定没有希望和指望；如果对未来没有憧憬、向往、愿景，就注定难成大事。回顾中国共产党发展壮大的历史，不难看到它就是一部愿景引领的光荣历史、理想指引的奋斗历史、希望召唤的辉煌历史，正是因为一代代共产党人心中对未来既有畅想，又有期待，既有梦想能力，又有圆梦能力，这才带领中国人民不断开创出光明前景。新时代中国，"中国梦"的伟大愿景已经在亿万人民心中矗立，未来蓝图已经在亿万人民眼前清晰可见。应充分发挥中国梦的愿景引领作用，坚决防止把中国梦政治化、标语化、口号化。要加紧建立以中国梦为愿景的引领未来发展的展望机制，把中国梦细化为更具体、更生动、更形象、更接地气的现实目标，确保每个中国人在伟大梦想引领下自觉筑梦、追梦、圆梦，最大限度地把中国梦愿景引领功能发挥出来、释放出来、激发出来。作为个体，展望明天、拥抱未来，核心就是要做到"敢做梦"，有梦想才能奋斗，有梦想才能作为，有梦想才能担当，有梦想才能成功。要引导国人胸怀远大理想追梦不止，锤炼自身能力扎实前行，充满必胜信心圆梦成真。

# 第二十二章

## "冤终能申、低终能高、少终能多"乃真理，"忍中求机、谦中求进、简中求成"皆智慧

### 老子原典

曲则全，枉则直，洼则盈，敝则新，少则得，多则惑。是以圣人抱一为天下式。不自见，故明；不自是，故彰；不自伐，故有功；不自矜，故长。夫唯不争，故天下莫能与之争。古之所谓"曲则全"者，岂虚言哉？诚全而归之。

### 法融释典

弱己饶人，潜忍愤怒，忍柔委曲，自然周全己身。"直而不肆"，"受辱不怨"，含冤受屈，自有伸展之日。"恭敬一切"，虚心谦逊，不论远近、贵贱之人，自然归服于己。守敝自修，方能日新而有上进。"道"为万化之根本。只有一点，至简至易，如求得者，可知万物之性，晓万殊之理。如妄追万汇之繁，必然迷于歧途，如坠烟海。"得其一，万事毕。""一"是混元无极大道。在人身即谓一点虚灵不昧，在物则为自然之性体，即未散的一元之朴。有道圣人，常抱守自然真一体性，应于天下万事万物。含其明而

不自以为是者，才是真正明白事理之人。不固执己见，其理必明。默默潜行，不炫耀己之有功，其功必能永存。虽有才能，但谦虚谨慎，不骄不躁，才是真正有才能之人。正因为有道之人不与人争，所以天下没有人能争过他。

"曲则全"一语，是上古圣人之所言，并非虚言妄语。只要守真理、行正道，眼下虽有委曲，将来定能普行天下，全备己身。

## 悟道鉴典

"曲则全，枉则直，洼则盈，敝则新，少则得，多则惑。""夫唯不争，故天下莫能与之争。"老子用正反对比手法，深刻揭示了事物正反两方面能够相互转化的规律，以六个"则"字分割，贯通了两种完全相反的对立状态，以四个"自"字，揭示了"不争"而得、"争"而不得的深刻道理，告诫世人，不要被眼前现象迷惑吓倒，而要坚守真理、坚持正义、行走正道。

"弱己饶人，潜忍愤怒，忍柔委曲，自然周全己身。""含冤受屈，自有伸展之日"；"守敝自修，方能日新而有上进"；"至简至易，如求得者，可知万物之性，晓万殊之理"；"虽有才能，但谦虚谨慎，不骄不躁，才是真正有才能之人。正因为有道之人不与人争，所以天下没有人能争过他"。法融道长揭示了忍柔委曲自然周全己身，含冤受屈自有伸展之日，恭敬一切自然归服于己，守敝自修方能日新而有上进，至简至易可知万物之性、晓万殊之理的内在规律，劝导世人，只要坚持"忍中求机、谦中求进、简中求成"的大智慧，必能迎来"有冤能申、位低能高、寡少能多"的最终结果。

老子"曲则全，枉则直，洼则盈，敝则新，少则得，多则惑"的思想被后人认为是其最有代表性的思想之一。自然规律和社会规律不断印证，正反状态不是一成不变，发展到一定程度必定发生转变，永远不要被固有状态所障目，只要保持忍柔委曲、恭敬一切、守敝自修、至简至易的品质、智慧，忍辱负重、坚持到底，事物终有一天会发生反转甚至逆转。春秋时期吴越之争，吴国灭了越国，越王勾践为了保全自己，忍一时之辱，卑躬屈膝于吴国夫差，经过近二十年蛰伏恢复国力，最后趁吴国战略失误之机一举灭吴，洗刷了前耻，这是"冤终能申"的经典案例。"低终能高、少终能多"的案例更是数不胜数，这些都揭示了事物演变的内在规律。这一规律告诫世人，冤屈终有昭雪的一天，低谷终有反弹一天，寡少终有爆发的一天，关键是能否坚定信念、坚持不懈、坚走正道。

必须看到现实生活中，认为有怨难平、位低难高、患少难多的人不在少数。因不能忍受冤屈而一蹶不振者有之，因不能屈居低位而放弃追求者有之，因不能面对物少而自暴自弃者有之，最终因为不能委曲丧失了机会、不能谦恭丧失了支援、不能简约丧失了前程。新时代中国，培养一代又一代社会主义新人，不仅要培养有道德、有文化、有信仰者，还要培养有意志、有韧性、有品质者，只有二者兼备，才能扛起时代责任、委以时代重任、担当时代大任。从培养接班人的战略高度出发，应该大力提高全体国民特别是各级干部的核心能力，培养"忍中求机、谦中求进、简中求成"的大智慧。

涵养忍中求机之智慧。未来中国，必将是更加阳光、透明、公正的文明社会，减少冤枉、防止冤屈、杜绝冤案是新时代依法治国、以德治国的终极目标。应该大力引导国人坚信依法治国力量，坚定"乌云终究遮不住真理之光"的信念，坚定正义可能迟到但永远不会缺席的信心。通过大力宣传法律面前人人平等思想、破除"退休等于平安着陆"潜规则、坚决纠正重大刑事冤假错案等，充分彰显依法治国、坚持正义、有错必纠、有冤必申的坚定决心，坚定国人对建设法治社会的信心。在蒙受冤屈时，始终坚定冤必能申信念，既要笃定据理力争，又要适时忍辱负重，静待阳光照耀大地，万不能一蹶不振、消极沉沦，更不能激化矛盾、让事态恶化。要在忍中求机的智慧涵养中，提高正视现实的能力、忍辱负重的能力、理性申冤的能力、择机反击的能力，在忍耐中履行职责、在等待中厚积能量、在坚持中把握机会。

涵养谦中求进之智慧。放低身段、放低姿态、放低欲求，保持谦虚、谦下、谦逊的君子品质，是中华文明数千年经久不衰的精神追求。中华民族之所以在历经磨难沧桑中依然能够取得辉煌成绩，保持向上、向前、向好的发展势头，关键在于保持和发扬了自谦的优良传统，做到了在谦逊中博采众长，在谦虚中善于从零开始，在谦和中赢得八方朋友。事实证明，谦下不是低下、示弱不是懦弱、就低不是低贱，它们恰恰是一种难以企及的智慧力量。新时代中国，在走向世界舞台中央、推动世界发展的进程中，同样需要继续保持低调本色，以不自大、不自满、不自傲的谦谦大国风范赢得世界尊重，让世界信服。应该坚定不移执行和平外交政策，做到越是强大越不凌弱，而是更善于照顾他国利益、照顾弱者利益，以赢得世界各国长期信任；做到越是博大越不自大，取得的成就再辉煌，也不沾沾自喜，更不陶醉于日益提升的大国地位，而要继续埋头办好自己的事、走好自己的路，全方位提升综合国力；做到越是伟大越不狭隘，随着国力增长，不断加大为人类谋大同的贡献力度，坚持以推进人类社会共同进步为己任，既为别国发展真心点赞，也不为别国发展受阻而幸灾乐祸，彰显出中华民族泱泱大国的宽阔胸襟、天下情怀。应该保持谦虚谨慎的优良作风，自觉涵养谦下、谦和、谦虚的智慧境界，任何时候都不以强凌弱、以大压小、以上欺下，做到不居功、不自傲、不张扬、不乖戾，以看人长、识人贤、崇人厚、敬人德的"谦谦君子"之风造福社会、造福国家、造福世界。

涵养简中求成之智慧。天道法则，以简为要。简朴自然才是"道"的基本面目、本来面目、初始面目。推动事物发展只有滤去繁杂、返璞归真，才能获得真实、还原自然。简单就是科学，简约就是效益，一切繁琐哲学、虚华景象，终将不堪重负、适得其反。事实证明，万事万物从来不是越多越好，而是越精越好，不多不少最好。中国是幅员辽阔、人口众多、民族多元、治理体系非常庞大复杂的大国，要高效建设社会主义现代化强国，必须坚定地走出一条简中求成的发展道路，最大限度减少人为资源浪费，提高治理国家的效能、效率、效益。应该着力围绕治理体系和治理能力现代化总目标，大力探索完善提升符合中国特色、时代要求、快速高效的国家治理体系之路，合理减少治理层级，加大垂直管理力度，有效防止信息衰减造成的效率低下、落实不力、人浮于事等顽症的出现；应大力推行精准文化，直击问题、直击本质、直击要害，有效防止概率瞄准造成大而化之的隔靴搔痒、就地打转、原地空转等问题的出现；应持续纠正浮夸之风、攀比之风、贪大之风，坚定追求简单科学、简化程序、简约高效行事之风，致力走出一条在求少中得效率、在求简中得效能、在求精中得大成的成功之道。

# 第二十三章

"失道遭道报、无道遭道罚、逆道遭道灭","以守道成事、凭循道成功、靠正道成就"

## 老子原典

希言自然。飘风不终朝,骤雨不终日。孰为此者,天地。天地尚不能久,而况于人乎?故从事于"道"者,"道"者同于"道","德"者同于"德","失"者同于"失"。同于"道"者,"道"亦得之;同于"德"者,"德"亦得之;同于"失"者,"失"亦得之。信不足,有不信。

## 法融释典

阴阳造化之道的妙用,不牵强,不造作。在寂静恬淡之中,自然而然,因时顺理,"不言而善应,不召而自来,繟然而善谋"。天地运化若正常而不失调,则阴阳平衡,晴雨适当。这是天地正常的自然之道。如阴阳失调,大旱大涝必作,定有暴风骤雨之异常,但大风暴雨都不会长久。人若轻举妄动,私欲过甚,悖戾多端,胡作非为,亦如飘风与骤雨而不得终朝与终日。

大千世界内的万事万物,其性虽通于一,但情状不一,趋向各异，其结果亦殊。故有从于道者，有从于德者，有从于失道失德者。道虽虚无清静，不施言令，但若人举心运念从于道，道仍以应之。德虽无为自然，无有赏罚施惠之动机，但若人言谈行事从于德者，德亦以应之。若人失道失德轻动妄为，虽用机智，以求治理，尚言教以彰法令，明玩技巧以求索，道则以失道失德而应之。在上者，对下民不体天地的好生之德，不怀真诚之意，而下民亦以此还报于上。

## 悟道鉴典

"飘风不终朝，骤雨不终日。""同于'道'者，'道'亦得之；同于'德'者，'德'亦得之；同于'失'者，'失'亦得之。"老子通过描述自然失调引发的狂风暴雨等自然灾害现象，深刻揭示了万事万物从道道应、从德德应、违道遭报、失德遭罚的因果规律，告诫世人，永远不能失道、无道、逆道，否则，难有好报、难成大业。

"阴阳失调，大旱大涝必作，定有暴风骤雨之异常，但大风暴雨都不会长久"；"若人失道失德轻动妄为，虽用机智，以求治理，尚言教以彰法令，明玩技巧以求索，道则以失道失德而应之"。法融道长进一步阐释了内心修养、行为方式与外在境遇所具有的映射关系：合于道者得道报，不合于道者受道罚。他借此劝导世人，不能轻举妄动、私欲过甚、悖戾多端、胡作非为，否则，将遭道报、道罚、道灭之报应。

世间万物皆有起因，也必有结果。冥冥之中自有天道，天道承负，因果相连，丝毫不爽，这是亘古不变的真理规律。纵观人类发展历史，因果循环这一规律几乎贯穿其中。一个政权以怎样的违道方式上台，也意味着会以同样违道的方式垮台，正所谓"得道者多助，失道者寡助"。历史上曹丕篡汉建魏，司马炎又篡魏建晋；刘裕夺晋建宋，萧道成夺宋建齐……几个朝代之开国之君，都是在当朝手握兵权后，威逼自己曾经侍奉的帝王让位于己。但是，天理昭昭，天道恢恢，这些违道之君的子孙后代，后来又被掌握重兵的外人进逼，重复被迫让出皇位的历史一幕，这是国家兴衰的因果循环报应。对于个体亦是如此，一个人怎么以违道成功，就会怎么以违道失败。"善有善报，恶有恶报"的理念在世人中的认同度越来越高。随着社会发展和时代进步，因果规律进一步被社会科学研究成果所证实。据说，英国加德夫大学与美国德州大学一项联合研究成果显示，少年罪犯的身体虽然比同龄的守法少年强壮，但步入中年之后，健康状况却急速下降，住院和残障的风险比守法少年高出数倍，这是从健康学的角度揭示了"恶有恶报"规律的存在。神经化学领域的科学家同样发现，当人心怀善念、积极思考时，人体会分泌出令细胞健康的神经传导物质，免疫细胞因此变得活跃，免疫系统也变得更加强健，这是从免疫学角度揭示了"善有善报"规律的存在。

尽管得道的结果、失道的报应之因果思想流传绵延至今，但在现实生活中，无视这一因果规律的无知妄为者大有人在，只是程度不同而已。有的不信因果、只信利益，失道失德、离善趋恶；有的无视规则、只视利益，无道无德、违善行恶；有的践踏规律、只求利益，背道而驰、缺德作恶。这些现象在人类社会中广泛存在。新时代中国致力建设现代化强国，这里的"强"必然包括国民素质强、国民道德观念强、国民精神修养强等重要精神内涵，否则，现代化强国就会打折扣、缺底蕴、少支撑。未来中国，提高全民道德素质，首先要从强化因果理念、遵循因果规律入手，打牢国民素质的思想基础。应该进一步引导国人自觉强化"失道遭道报、无道遭道罚、逆道遭道灭"的敬畏感，按照"守道成事、循道成功、正道成就"的逻辑干事创业。

强化"失道遭道报"意识，以守道成事。知信因果规律，是一种内在警醒力、约束力、自控力，也是最简单、最直接、最有效的自我管理。针对世人普遍对因果规律的存在性、必然性、利害性认知明显不足、不深、不透的客观实际，应该大力强化全体国民"失道遭道报"的意识，树立守道成事理念。一要坚信因果规律客观存在。强化"种瓜得瓜、种豆得豆"，因果相依、因果相随，有因必有果、有果必有因，有正因必有正果、有恶因必有恶果的因果意识，决不能无知无畏，无视因果逻辑、漠视因果法则、蔑视因果规律，犯"宁可信其无，不信其有"的危险错误。二要摒弃侥幸心理。自觉从长远、整体、立体视角认识因果规律的必然性，认清"善不积不足以成名，恶不积不足以灭身"的科学性，强化"善有善报，恶有恶报，不是不报，时辰未到"的理念，切实把一切侥幸念头遏制在萌芽状态，决不能自我安慰、自我开脱、自我放任，犯"早知今日，何必当初"的愚蠢错误。三要坚守道德底线。政治道德、思想道德、职业道德、社会道德、行为道德是社会基本行为规范，是干事创业、做人做事的基本底线，不能违背，要坚决守住逾规越矩的红线，养成按真理、道理、情理行事的习惯，始终在大道指引下干事成事。

强化"无道遭道罚"意识，凭循道成功。因果规律，是万事万物运行的大逻辑。自然演进、社会发展的历史反复证明，世界万事万物，无不可以从因果法则作用中找到必然结果。针对世人守道循道不经常、不坚持、不坚定的客观实际，应该大力强化全体国民"无道遭道罚"的意识，树立循道成功理念。一要自觉把循道成功作为行动指南。成功之路千万条，归根结底只一条，就是坚持循道谋事、循道干事、循道成事。任何时候都要牢记，违背真理、违背规律、违背规则必将失败的道理。二要自觉把一贯循道作为根本目标。循道不是权宜之计，更不是短期行为，而是一以贯之的长久大计，坚决不能"三天打鱼，两天晒网"、循一阵子歇一阵子，努力避免因循道三心二意导致"一失足成千古恨"的悲剧发生。三要自觉把坚定循道作为信念追求。守道循道如同马拉松长跑，比的不是爆发力，而是持久力。循道过程中必然会产生思想波动、意志松动、观念变动，应该不断坚强定力、坚强信念、坚强意志，坚决把放弃循道的念头遏制住，把放弃循道的行为制止住，把放弃循道的危险限制住，切实把循道作为坚持不懈的精神追求。

强化"逆道遭道灭"意识，靠正道成就。逆道就是与真理对立、与趋势对抗、与规律对决，是逆天而行的忤逆之举，必遭天谴道灭。法西斯主义与人民为敌、与人类为敌、与天道为敌，终难以逃脱天道惩罚；贪官污吏，无视生财之正道、大搞歪门邪道，终难以逃脱正义惩罚。针对世人无视逆道后果、违道行为屡禁不绝的客观实际，应该大力强化全体国民"逆道遭道灭"的意识，树立"靠正道成就事业"的理念。一要胸怀正义之心。真正成大事者，必定有一颗正义之心。是非不分、黑白不分、善恶不分者，必定无法成事，更成不了大事。即使能够短暂、偶然、侥幸成功，充其量只能是"脆弱"的成功、一时的成功、危险的成功，根本无法长久。二要涵养正直之品。真正成大事者，必定有正直品格。趋炎附势、欺上瞒下、弄虚作假者总有一天诡计阴谋会被人识破，终落得人财两空，更不可能成事、成大事。三要弘扬正派之风。真正成大事者，必定具有光明磊落、爱憎分明、公道无私的正派风范和人格魅力，能够最大限度感染、汇聚、团结各方力量共同成就大业。搞不公不正、旁门左道、歪风邪气者，必将陷入人心涣散、离心离德、一盘散沙之困境，终将一败涂地。

# 第二十四章

反对"固执己见、自以为是、自我标榜、自矜骄傲"之坏作风，培养"自醒、自量、自知、自谦"之好品质

### 老子原典

跂者不立，跨者不行。自见者不明，自是者不彰，自伐者无功，自矜者不长。其于道也，曰余食赘行。物或恶之。故有道者不处。

### 法融释典

脚跟不着地，是谓跂踵而立。迈着大步走，是谓跨行。人站立时脚跟着地，身子不偏不倚，稳稳当当，自然平易舒服，可以久立而不疲，这是立的自然之道。如果脚跟不着地而站立，自感奇特有异于人，却难以久立，失去了立的自然之道。人行走时，步子大小，随着自己的足力，一步一步前行，自然而然，不劳不累，虽久行而不怠，这是行走的自然之道。如果不根据自己的足力，迈开很大的步子向前奔跃，自感快速，却脱离了行走的自然之道，必不能久行。

固执己见者，不明大理，以己为"是"者，偏执一方，其

"是"不可彰显于众。稍微有点功劳就自居,常在人前夸耀自己,必不能成其大功。自觉比人长,总感了不起,并在人前傲慢者,其实这样的人没有什么长处。"跂立""跨行""自见""自是""自伐""自矜"皆非自然之道,而是故意造作,是有为之举。似同残羹剩饭、多生之指头,非但无用,而且累赘。因此,有道德的人从来不去这样做。

## 悟道鉴典

"自见者不明,自是者不彰,自伐者无功,自矜者不长。"老子以日常行走作比喻,揭示了一切不自知行为必然带来不正常结果的朴素规律,告诫世人,应该自然而然、顺其自然,不应该矫揉造作、标新立异,努力保持自然、自知、自谦的优秀品质。

"固执己见者,不明大理,以己为'是'者,偏执一方";"稍微有点功劳就自居,常在人前夸耀自己,必不能成其大功";"自觉比人长,总感了不起,并在人前傲慢者,其实这样的人没有什么长处"。"'自见''自是''自伐''自矜'皆非自然之道,而是故意造作,是有为之举","有道德的人从来不去这样做"。法融道长通过进一步揭示"自见""自是""自伐""自矜"的危害,郑重劝导世人,摒弃"固执己见、自以为是、自我标榜、自矜骄傲"的不良作风,锤炼"自醒、自量、自知、自谦"的优秀品质。

自古以来,固执己见、自以为是、自我标榜、自矜骄傲者多生危险、遭灾祸,难以长久,这是一条颠扑不破的人生铁律。固执己见,容易导致刚愎自用走向极端;自以为是,容易导致不自量力一意孤行;自我标榜,容易导致目空一切飘飘然然;自矜骄傲，容易导致头脑发热狂妄自大。历史上，西楚霸王项羽，在巨鹿之战获胜后，就不再把刘邦放在眼里，最终落得被迫自刎乌江的结局；三国袁绍，自以为手握雄兵，刚愎自用，草率决定与曹操一决雌雄，最终落得兵败官渡、丢掉大好江山的下场。固执己见、自我标榜，最终走向衰败的经典案例更是不胜枚举。自大自傲必然走向自负，自负放任必将走向自灭。反之，自古以来，圣贤立功于万世，从来淡然处之，不自居其功，但天下后世无不把大功德归于圣贤。圣贤"不伐功"，正是全其功，而世人自夸功，终而无功。当今社会，固执己见、自以为是、自我标榜、自矜骄傲的行为可谓屡见不鲜，一些人认为自己有些微长处，唯恐别人不知，便到处自吹自擂；一些人积了一点小善、拥有一点小技，便滋生高傲之心；一些人立了一点小功、做了一点贡献，便目中无人、傲视他人；更有一些人处处表现，事事逞能，言过其实，贪天之功为己有，捞众人之功为己功，私心作祟到了令人发指的地步。综合观察，在当今社会真正集"自醒、自量、自知、自谦"于一体的底蕴之才、厚重之才、智慧之才依然还是稀缺资源，这与东方文明古国的历史定位和建设现代化强国的目标还不能相适应，应该在全社会坚决反对"自我、自大、自夸、自傲"的不良风气，培育"自醒、自量、自知、自谦"的优秀文化。

　　反对固执己见，培育自醒文化。固执己见本质是盲目自信、盲目乐观、盲目坚持，表现在自我封闭、自我禁锢、自我僵化，归根结底就是缺乏自醒精神。一个缺乏自醒精神的国度，容易因闭关锁国、夜郎自大而走向衰弱，一个缺乏自醒精神的个体，容易因固步自封、排斥异见而走向极端。新时代中国，要大力提升国家软实力、提高国民综合素质，应该加快培育自醒文化。一要强化"自醒方能清醒"的理念。应该在全社会强化"山外有山、天外有天、人外有人"的意识，认清自身认识局限、知识局限、能力局限的客观性，以自我提醒、警醒的方法，保持清醒头脑。二要建立保持自醒常态机制。应该积极构建自我提醒、自我警醒、自我觉醒的全链条自我清醒机制，确保自身提醒、警醒经常化，做到经常反思是否考虑了他人意见、是否包容了不同意见，经常检视有无刚愎自用、任性固执的行为，经常回头审视固执己见行为有无改善。三要营造崇尚自醒的社会风尚。大力倡导包容、宽容、兼容文化，一切重大事项决策应该坚持广开言路、集思广益、博采众长，充分发挥集体智慧和力量，厚植在自醒中自立、在自立中自强的自信文化。

　　反对自以为是，培育自量文化。自以为是的本质是自高自大、自不量力，表现为自作聪明、自行其是，归根结底就是缺乏自量精神。一个缺乏自量精神的国度，容易因目空一切、肆意妄为而误入歧途，一个缺乏自量精神的个体，容易因自命不凡、不可一世而自食恶果。新时代中国，要大力提升国家软实力、提高国民综合素质，应该积极培育自量文化。一要强化"自量才有力量"的理念。只有正确衡量自身条件、度量自身实力、丈量自身水平，才能摆正位置、端正态度、保持理性、激发力量。二要建立保持自量常态机制。应该经常评估自身优势和劣势，经常评估自身强项和短板，经常评估自身能力和局限，做到既不过高又不过低地估量自身能力、既不乐观又不悲观地估量现实形势、既不忽视基础又不超越现实地瞻望未来。三要营造崇尚自量的社会环境。应该客观评估发展形势，客观看待发展成就，客观判断发展阶段，旗帜鲜明反对夸大其词、虚张声势、弄虚作假的失道行为，取得成绩成就不能沾沾自喜、不自量力，发展事业永远要坚持量力而行、量能而用、量才而为的原则。

反对自我标榜，培育自知文化。自我标榜的本质是虚荣作祟、虚张声势，表现为自我吹捧、自我粉饰，归根结底就是缺乏自知精神。一个缺乏自知精神的国度，容易因制造假象、自欺欺人而引发虚假繁荣之景象，一个缺乏自知精神的个体，容易因目不见睫、吹嘘过度而引发弄假成真之悲剧。新时代中国，要大力提升国家软实力、提高国民综合素质，应该培育自知文化。一要坚守"自知方能常明"的理念。应该自觉强化"自知者明"的认知，认清"失败不可怕，可怕在于不自知"的危害，坚持做到以自知之明求晓事明理。二要建立保持自知常态机制。应该经常想想是否做到了心有自知之明，经常看看是否存在夸大其词、夸大作用、夸大贡献的行为，经常找找有无标榜、粉饰、吹嘘自我的错误存在。三要营造崇尚自知的社会环境。应该科学分析现实条件，科学判断现实形势，科学预测未来趋势，坚决反对目标定得过高、步子迈得过大、口号喊得过响等一切脱离实际、不切实际的行为，不能把话说满、把事做绝，更不能虚伪冒险、"打肿脸充胖子"，而应始终坚持实事求是、从实际出发、讲究实效原则。

反对自矜骄傲，培育自谦文化。自矜骄傲的本质是自大自负、傲慢狂妄，表现为妄自尊大、不可一世，归根结底就是缺乏自谦精神。一个缺乏自谦精神的国度，容易因骄横妄为、四面树敌而成为"孤家寡人"，一个缺乏自谦精神的个体，容易因骄傲自满、藐视别人而成为众矢之的。新时代中国，要大力提升国家软实力、提高国民综合素质，应该主动培育自谦文化。一要强化"自谦既是品质又是智慧"的理念。应该时刻保持谦虚谨慎作风，牢记"虚心使人进步，骄傲使人落后"的教导，无论取得多大成就都不能滋长骄傲情绪，而应保持低调、谦和、内敛姿态。二要建立保持自谦常态机制。应该经常问一问取得成绩时是否存在骄傲的苗头和倾向，经常看一看是否存在过分谦虚、故作谦虚、刻意谦虚的虚假伪装行为，经常找一找是否存在高傲待人、傲慢处事、狂妄行事的问题。三要营造崇尚自谦的社会环境。应该低调对待成绩和荣誉，适度宣扬发展成就和历史贡献，坚决反对口号高亢、帽子高戴、作风高调的错误行为，始终保持自谦内敛品格，高调工作、低调生活，高调担责、低调求报，高调做事、低调做人。

# 第二十五章

效法"地之宽厚无私、天之无所不覆、道之虚无清静",追求"道法自然、顺其自然、自然而然"

## 老子原典

有物混成,先天地生。寂兮寥兮,独立而不改,周行而不殆。可以为天下母。吾不知其名,强字之曰道,强为之名曰大。大曰逝,逝曰远,远曰反。故道大、天大、地大,王亦大。域中有四大,而人居其一焉!人法地,地法天,天法道,道法自然。

## 法融释典

无形无名,无上无下,无头无尾,无左无右,不变不易,不明不暗的虚无一气,是为混成之物。它先于天地而早已存在,无始无终,无形无象,无声无臭,不增不减,若亡若存,周流变化,永不停息。它是"生生之本,化化之根",是生天生地的始祖、众生之父母、万物的根蒂。我不知道它是什么名字,勉强把它叫作"道"。它无边无际,故谓之"大"。它不断流逝,故谓之"逝"。在九霄之上不为高,在六极之下不为低,故谓之"远"。天地万物都是切身所赖，须臾不可离，故谓之"反"。"道"是天地万物的起源和始祖。但孕物之后，它仍涵于万物之内。

  道与天地万物并生而共存。人为万物之灵，王为万人之首。道生天地万物之后，道的整体运行法则及属性，仍然混融于天地万物之中，道与天地万物是一个整体。人为万物之灵，故人代表万物。人因有私情私欲，难容丝毫异己，故时有祸福之遭遇。大地深厚宽广，公而无私，任何事物无不承载。人须取法地之宽广深厚公而无私的品质，方可长久。因为人有私情，故应取法地之至公的自然之德，地应取法天无不覆的无为之道。大地虽承载及长生万物，但因地势有高低及软硬，故有沧桑之无常。大地须效法天道运行万物、永健而不衰竭的功能。天应取法大道虚无清静真一体性，天道运行虽然如此，但还有四时变更、寒暑交替之无常。在师法大道、保罗三才、运化群生这一运动中，无有任何主观、意气、感情、私心的人为因素。

## 悟道鉴典

  "故道大、天大、地大，王亦大"；"人法地，地法天，天法道，道法自然"。老子通过顶真表述，深刻揭示了"道"容量无限、能量无穷、力量无比的天然禀赋和优秀品质，告诫世人，"道"是先天混成之气，从而产生了天、地、人，而人必须效法地，地必须效法天，天必须效法"道"。

  "'道'是天地万物的起源和始祖"，"与天地万物并生而共存"。"人为万物之灵，王为万人之首"，"人须取法地之宽广深厚公而无私的品质"，"地应取法天无不覆的无为之道"，"天应取法大道虚无清静真一体性"。法融道长通过进一步阐释"道"的虚无清静、天的无所不覆、地的宽广深厚特征,劝导世人,只有效法地的品质、天的胸怀、"道"的体性,方可平安长久;只有"道法自然、顺其自然",才能"自然而然"。

"人法地,地法天,天法道,道法自然"是老子思想的精华所在,深刻揭示了"天人合一"法则和万物运行规律。老子认为,道、天、地、人四大主体中,人类是万物之灵,居四者之末,真正的守道者必须效法地、效法天、效法道,必须培养地的宽厚无私的品质、天的无所不覆的胸怀、道的虚无清静的品性。古今中外,无数成败得失的经典案例充分证明了这一思想的深刻性、伟大性、真理性。历史上取得巨大成就、光耀千秋的伟人,无一不是守道者、行道者、得道者,无不具有宽广无私的品质、包容天下的胸怀、道法自然的智慧。取得巨大成功、流芳百世的圣贤之士,同样也是坚定的守道者、行道者、得道者,普遍品质高尚、胸怀博大、智慧超然。相反,不守道、不行道者,终难以得道,事业必败无疑,即使取得一些成功,最终也是昙花一现。为世界谋大同、构建人类命运共同体是崇高而又伟大的追求,要实现如此伟大理想梦想、目标追求,人类更加需要"天人合一"思想的指引,更应效法地的宽厚无私、天的无所不覆、道的虚无清静,始终遵循天道规律,推动世界发展,切实把道法自然作为天理,把顺其自然作为法理,把自然而然作为真理。

遵循道法自然天理。茫茫宇宙、大千世界,无不由大道本始衍生而来。大道是天道、地道、物道、人道的总根、总源、总纲,具有规范、支配、统驭万事万物运行的强大功能,人类作为万物之灵欲得大道，只有遵循道法自然的天则，才能夯实永续发展、恒久昌盛的根本基础。未来中国，无论在走向世界、推动世界的发展中，还是在治理国家、强盛国家的进程中，应该始终遵循道法自然的天则，在展示东方智慧中彰显底蕴力量、持久力量、永恒力量。一要做到公正无私。坚守处理国际关系、国家大事、人民利益的出发点，站在人类发展高度、国家发展高度、民族发展高度思考问题、解决问题，不断向世人展现正心正念、大爱大公的品质情怀。二要做到向善如流。厚植造福人民、造福民族、造福世界的博爱理念，坚持思善、为善、行善三统一，不断向世人展现向善如流、扬善如一之大慈境界。三要做到智慧包容。坚持打开视野、心胸、格局，既胸怀祖国，又放眼世界，主动借鉴一切优秀的人类文明成果，使之为我所用，努力弘扬自身文明，绝不排斥、打压、攻击其他文明，不断携手世界走向和睦相处、和平共处、和谐发展的未来。

恪守顺其自然法理。人类社会发展规律充分证明，顺其自然既是效法自然的体现，又是实现自然而然的保证。顺其自然就是顺应客观规律谋事、顺应时代潮流行事、顺应未来趋势成事，不违背自然、违背规律、违背真理，不逆历史潮流、时代潮流、未来潮流而动。未来中国，无论在走向世界、推动世界的发展中，还是在治理国家、强盛国家的进程中，都应该始终恪守顺其自然的法则，把一切超越基础、超越阶段、超越能力、超越现实的非自然行为风险控制住、控制好。一要永远实事求是。只有坚持实事求是，遵循客观规律，才能追求到真理。无论国家发展到什么阶段，实事求是思想路线不能忘、不能丢、不能悖。要坚决杜绝脱离国情、脱离实际、脱离现实的浮躁虚假、大哄大嗡、大手大脚的行为滋长。二要始终量力而行。量力而行不是因循守旧、无所作为，而是为了确保事业成功必须坚守的基本原则和基本途径。无论国家发展到什么阶段，量力而行原则不能忘、不能丢、不能悖。要坚决杜绝寅吃卯粮、"死撑门面"、"打肿脸充胖子"等歪风滋长抬头。三要追求长远效应。只有追求长远效应，才能确保眼前效应、整体效应。无论国家发展到什么阶段，追求长远效应战略目标不能忘、不能丢、不能悖。要坚决防止竭泽而渔、杀鸡取卵、只顾局部不顾整体、只顾眼前不顾长远、只顾现在不顾将来的短视行为形成气候。

追求自然而然真理。从遵循道法自然天理，到恪守顺其自然法理，再到追求自然而然真理，是一条正向演进发展的逻辑链条。只要坚持道法自然、顺其自然，必然走向自然而然最高境界。自然而然地成长、成功、成就，才能真正做到牢不可破、坚如磐石、万古不朽。未来中国，无论在走向世界、推动世界的发展中，还是在治理国家、强盛国家的进程中，都应该始终追求自然而然的真则，追求顺理成章、水到渠成、瓜熟蒂落的成功，自觉与强为、强制、强求之举决裂。一要顺势而为不强为。坚持与规律、规法、规则同行、同在、同进，坚持科学观察形势、谋划大势、顺应趋势，不断创造胜势、创造奇迹、创造未来。二要顺理而制不强制。坚持与真理、原理、道理同行、同在、同进，坚持在追求真理、遵守原理、遵循道理中营造融洽环境、和睦环境、和谐环境。三要顺道而求不强求。坚持与大道、天道、王道同行、同在、同进，在寻大道、守天道、尊王道中实现自然发展、良性发展、永续发展。

# 第二十六章

"急躁、浮躁、狂躁"则身轻天下,"稳重、厚重、持重"则燕处超然

### 老子原典

重为轻根,静为躁君。是以君子终日行,不离辎重。虽有荣观、燕处超然。奈何万乘之主而以身轻天下?轻则失根,躁则失君。

### 法融释典

行为狂妄是谓轻躁。恣情纵欲是谓飘浮。轻以重为根本,躁以静为主宰。有道德的君子仁人,处事接物,一言一行,必守重静,常率其性,犹如行军运载着战械与军饷的车辆一样,不敢轻躁妄动。声色、货利、荣贵、宴乐的胜境,容易使人失性动心。有道的君子遇到此境,皆超然不顾。君子仁人,处事接物尚且不可轻举妄动,何况理万民之生息的万乘大国君主,岂能轻举妄为,恣情纵欲,贪享世情?

### 悟道鉴典

"重为轻根,静为躁君";"轻则失根,躁则失君"。老子以辎

重军车作喻，深刻揭示了重与轻、静与躁的相互关系：重是根本，轻是枝节，偏轻忽重，必失根本；静是根本，躁是枝节，弃躁守静，才能把握根本。老子欲借此告诫世人，躁为行事大忌，处事接物不可轻举妄动，否则必将身轻天下。

"轻以重为根本，躁以静为主宰。""君子仁人，处事接物，一言一行，必守重静，常率其性"；"万乘大国君主，岂能轻举妄为，恣情纵欲，贪享世情？"法融道长通过深入解析君子仁人拥有的稳重、厚重、持重的优秀品质，深刻指出大国君主必须以重为根、以静为本，面对世间繁华，内心应超然于物华之外，万不可轻举妄为，否则难以燕处超然。

自古以来，开创盛世的明君大多是仁君，多是性格稳重、作风厚重、处事持重之人，鲜有轻举妄为、恣情纵欲、贪享世情之举，以其深谋远虑、崇德自爱、志高清廉、爱民如子为人所称颂。相反，那些昏君、暴君、亡国之君多是性格急躁、作风浮躁、行为狂躁之人，处事接物喜目空一切、高高在上、为所欲为，往往集暴躁无度、暴虐无度、荒淫无度于一身。我国历史上第一个王朝夏朝，就是败在了躁君、暴君、昏君桀之手中。传说桀性情暴戾、狂妄自大、奢侈无度，皇宫内建造的酒池能够行船，池中美酒可以同时供三千人饮用。臣子关龙逄感到桀荒淫无道，冒死进谏，然而面对劝诫，桀不但张口怒骂，而且下令斩杀言官。正是桀的暴躁狂妄直接导致了夏朝灭亡。商纣王品性轻躁、肆意妄为，为博宠妃妲己开心，专门发明炮烙之刑，建造酒池肉林，大举扩建楼台园林，整日过着荒淫无度的生活，商朝同样败在了他的手上。周幽王刚愎自用、目空一切、重用奸臣，为了博得褒姒一笑，居然听信谗言，上演了"烽火戏诸侯"的闹剧，终因玩物丧志导致周朝灭亡。历史殷鉴不远，两千多年前老子主张的君子仁人特别是君主应该"守重忌轻、守静忌躁"的思想，时至今日依然闪烁着不朽的真理光芒，这对于培养事业接班人、提升干部队伍素质修养、避免人为因素造成事业受损，仍然具有启鉴意义。特别是对培养造就治国理政的核心力量、支柱力量、骨干力量，更具有现实借鉴意义。新时代中国，面对建设中国特色社会主义伟大事业的艰巨任务，应该把规避因"急躁、浮躁、狂躁"而"身轻天下"的风险作为重大任务，把培养"稳重、厚重、持重"而"燕处超然"的执政团队、执政骨干作为着力方向。

培养稳重性格，反对急躁之风。性格决定命运。管理和治理国家事务者，责任重大，其个人性格直接决定事业发展、人心凝聚、社会稳定。未来中国，在培养和选拔事业接班人上，应该高度重视中高级领导干部性格分析、性格评估、性格培养，通过树立重用性格稳重之才的导向，在源头上对急躁冒进行为进行警示和治理。一要树立"性情急躁乃为官大忌"的理念。积极引导领导干部走出"性格天生、性格无害"的认识误区，明晰"欲成大事必须谋定而后动、三思而后行"的深刻道理，认清"性情急躁必将引发草率行事、鲁莽冒进，后患无穷"的潜在风险。二要注重稳重性格培养修炼。性格虽有天生因素，但后天仍然可以培养修炼。应该把领导干部稳重性格的培养作为培训工作的重要内容，把提升静心、耐心、定心能力作为重要必修课；领导干部应自觉加强自我培养修炼，把稳重性格的培养上升到素质能力提升、领导水平提高、事业发展进步、队伍思想凝聚的高度，做到日积月累、坚持不懈、久久为功。三要校正急躁冒进行为。急躁冒进行为普遍都是性情急躁者所为，而且一般都会产生不利后果。应该把遏制急躁冒进行为，作为反对急躁之风的突破口，根据急躁冒进的性质和后果的严重程度及时加以校正、纠正，积极营造反急躁之风的大环境。对由于性格冲动产生的急躁冒进行为，应立足于帮助和校正；对因性格诱发、掺杂私欲的急躁冒进行为，应立足于纠正和惩治。

锻造厚重品质，反对浮躁之风。领导干部厚重品质的形成，既不是一日之功，也不是自然之势，而是长期锤炼党性、心性、品性的结果。如果缺乏正念、缺失正心、缺少正气，使得私心作祟、私欲膨胀、私利为上，则永远不可能涵养厚重品质、拥有厚重品质、保持厚重品质。未来中国，在培养选拔事业接班人上，应该高度重视中高级领导干部厚重品质的锻造，把反对"浮躁、浮夸、浮华"的风气，作为领导班子建设和干部管理工作重要内容。一要树立"作风浮躁贻害无穷"的理念。引导领导干部认清"浮躁作风、浮夸作风、浮华作风对事业有百害而无一利"的客观性和现实性，认清"浮躁作风、浮夸作风、浮华作风是干部堕落腐化的诱发剂和助推器"的本质和性质，认清"浮躁作风、浮夸作风、浮华作风是上下都反对、与好干部要求相背"的错误和危险倾向。二要注重厚重品质锻造修炼。具有厚重品质者，普遍具有重视思考、重视规矩、重视智慧的特质和品行，是可以看重、器重、倚重的优秀人才。未来中国，应该把厚重品质锻造修炼，作为培养好干部的重要一环，通过严格的政治历练、党性修炼、组织磨砺、自我砥砺，不断提升厚重品质的内涵、底蕴和张力。

三要治理浮躁浮华之风。浮躁浮华之风，不仅会扰乱人之心性，而且会败坏社会风气，还会诱发奢靡奢侈、腐败堕落的行为，甚至引发亡党亡国的危险。新时代以来，中国取得了巨大发展成就，更要把反对浮躁浮华之风的大旗高高举起，这既是有效防止历史周期律魔咒再现的制度举措，又是营造朴俭、朴素、朴实社会风气的有效载体，足见其意义之重大、影响之深远。

　　锤炼持重风范，反对狂躁之风。急躁向前一步必定浮躁，浮躁再往前一步必定狂躁，这是一条不可逆转的演进逻辑。狂躁性格与持重性格完全相悖，极易招致祸端。俗话说"天狂必有雨，人狂必有祸"，对于领导干部而言，能否做到稳重与厚重合一，能否做到沉稳决策、持重决断、谨慎抉择，不仅关系到自身安身立命的根本、事业发展的成败，而且影响到国家的前途命运。未来中国，在培养事业接班人上，应该特别重视中高级领导干部持重风范的锤炼，把反对狂躁之风作为纪律检查、巡视督查、国家监察的重要内容。一要树立"持重就是责任"理念。引导领导干部树立"持重不仅是领导风格，更是责任要求"的理念，认清"持重是防止决策失误本质措施"的实质，认清"持重是科学发展、永续发展前提保证"的根本。二要注重锻造锤炼持重风范。持重风范集经历阅历、底蕴修为、能力智慧于一体，是难以企及的领导境界。应该把领导干部持重风范锻造锤炼，作为建设高素质专业化干部队伍的目标追求，通过解放思想、开拓创新，以先进理念、综合措施、系统方法、科学体系，加快探索出一条立体化锤炼持重风范的有效路径。三要惩治狂躁乱为之风。狂躁乱为者，不加整治和约束，就会滑向腐败堕落、违法犯罪的道路，给国家、社会、人民造成巨大损害。在新时代，反腐败取得压倒性胜利的大好形势下，应该适时把反贪腐的重点转向反乱作为上去，尽快形成高压整治态势，真正从源头上筑牢不想腐机制、铲除滋生腐败的土壤，努力做到让胡乱作为者失去平台和舞台、及时下台和倒台；让敢作为、能作为、善作为者真正成为时代风向标。

# 第二十七章

善于"循道尊理、循道明理、循道释理",必能"待人人和、接物物盛、处事事兴"

### 老子原典

善行无辙迹;善言无瑕谪;善计不用筹策;善闭,无关楗而不可开;善结,无绳约而不可解。是以圣人常善救人,故无弃人。常善救物,故无弃物。是谓袭明。故善人,不善人之师;不善人,善人之资。不贵其师,不爱其资。虽智大迷,此谓要妙。

### 法融释典

善于处世接物之高人,因时顺理、自然而然,至简至易,当行则行,当停则停,如同善行之物不留痕迹;善于言语表达之高人,明了事理、当言则言、不执己见,无任何漏洞和弊病可被人责备;善于筹谋计划之高人,以道待人且行事有条有理,众人不计其利而甘心效力;善于自我保护之高人,以道处事、以德服人,追求天然保护,如同不用门闩关门外人也无法打开;善于掌控事物之高人,以道接物、以道驭物,如同不用绳索捆约,众人皆心悦诚服,千里之外必应之。

体道之圣人，具备了以上"五善"，掌握了处事接物之大道，视物与己同体，视人与己同心，即使有人或物不如己，照样无分别之意，无厌弃之心，坚持把救助于人、救助于物作为常态，不停留在以己之明的状态，而是以引导他人掌握大道规律为善明。

举心运念符合于道者，是谓善人。言行举止背道徇私者，是谓不善人。所以，善人是不善人学习的老师，不善人又是善人的借鉴资本。如果不善者不尊重善人教导、不向善人学习，善者不注重不善之人的教训警示和借鉴作用，双方之举看起来聪明，其实愚昧至极，这是高深奥妙的悟世之道。

## 悟道鉴典

"善行无辙迹；善言无瑕谪；善计不用筹策；善闭，无关楗而不可开；善结，无绳约而不可解。""故善人，不善人之师；不善人，善人之资。"老子以"五善"描述了善于把握天道规律之人的鲜明特征，揭示了圣人心中没有无用之人、无用之物的超然境界，劝诫世人，应该"贵其师，爱其资"，既善于从成功经验中学习，又善于从失败教训中汲取营养，自觉戒除不善，改进不足，把握真正的聪明智慧。

"善于处世接物之高人，因时顺理"，"如同善行之物不留痕迹"；"善于言语表达之高人，明了事理、当言则言、不执己见，无任何漏洞和弊病可被人责备"；"善于筹谋计划之高人，以道待人"，"众人不计其利而甘心效力"；"善于自我保护之高人"，"追求天然保护，如同不用门闩关门外人也无法打开"；"善于掌控事物之高人"，"以道驭物，如同不用绳索捆约"，"千里之外必应之"。"善人是不善人学习的老师，不善人又是善人的借鉴资本"；"不善者不尊重善人教导、不向善人学习，善者不注重不善之人的教训警示和借鉴作用，双方之举看起来聪明，其实愚昧至极"。法融道长通过对"五善"能力的深入分析，揭示了"五善"之人就是深谙天道规律之人的真谛，劝导世人，要实现"待人人和、接物物盛、处事事兴"的结果，就应该"循道尊理、循道明理、循道释理"。

行事处世有痕却看不到痕迹、言语表达有力却找不出漏洞、筹谋计划周全却不大张旗鼓、自我保护自然而不被动消极、掌控事物自如而不强制硬为，这些已成为古今中外杰出成功者、事业有大成者的真实写照，而他们达到如此境界的根本原因在于掌握了天道规律。古今中外的明君圣贤，处世接物普遍因时顺理、讲话传义普遍句句在理、谋事行事普遍有条有理，心有大法、行有章法、智慧得法，无论认识境界、思想境界、行为境界都高人一筹，一般人难以企及；不仅自身注重修性养心，追求天道真谛，而且胸有天下、平视一切、关爱众生，把救助他人作为己任，积极引导众人提高认识、把握规律、尊崇天道；同时还善于从反面和失败教训中汲取智慧营养，使自身能力、境界、情怀、德行不断攀升，日臻圆满。历史上，开创文景之治的刘恒、开创贞观之治的李世民、开创康乾盛世的康熙和乾隆最为典型。带领中国人民实现民族解放的毛泽东更是在坚持马克思主义、批判借鉴吸收历代圣明君王思想、品德、情怀之精华的基础上，实现了全新超越。毛泽东文化底蕴深厚，哲学素养极高，追求真理矢志不渝，出口成章、妙语连珠，言谈中散发出思想之光芒；对外他可以运筹帷幄、决胜千里、料事如神，深谙掌控事物、万众归心之道；对内他注重修养自我、强大自身、自觉如一。正是毛泽东如此行事能力、格局、智慧、境界、情怀，征服了党内反对派、打败了国民党反动派，得到了人民支持、天道支持、正义支持，带领中国人民夺取了新民主主义革命的伟大胜利。圣人之举虽然高不可攀，但并不是不可仿效、无法学习。新时代中国，应该积极借鉴老子思想，在培养一批又一批优秀人才上用劲发力，让更多精英循道尊理、循道明理、循道释理，尊重规律、把握规律、践行规律，知大道、明本经、守真理；应该引导国人特别是各级干部向圣贤学习，在尊道、循道、行道中开创待人人和、接物物盛、处事事兴的局面。

循道尊理，追求真理。天道之理融真理、原理、情理于一身，是事物发展必须遵循的自然规律、客观规律、根本规律。真理是永恒不变、最为纯真、最合实际的至高认知，是认识世界、改造世界、创造世界的根本武器。向圣贤学习首先要学习崇尚真理、把握真理、追求真理的信仰和情怀。在推进社会主义现代化建设的进程中，应该大力引导教育国人特别是各级干部自觉循道尊理、坚持追求真理。一要崇尚真理。真理是真谛、真道、真本，唯有真理之光不灭，唯有真理之心不死，唯有真理之力不绝。追求真理必须由衷相信真理、崇尚真理、信仰真理。应该引导教育国人特别是各级干部认清真理的地位、作用、价值、力量，认清无视真理、轻视真理、蔑视真理的致命危害，自觉把真理置于至高无上的位置。二要把握真理。认识真理、领悟真理、把握真理是艰难和长期的过程，需要不断的知识积累、实践认知、领悟升华，需要坚持不唯上、不唯书、只唯实的原则，需要通过交换、比较、反复的曲折历程，这样才能真正把握要义真谛。应该引导教育国人特别是各级干部遵循真理认识规律、掌握真理运用方法、养成探索真理作风，不断深化对真理的认识领悟，去除理解的谬误偏差，向真理无限趋近靠拢。三要坚持真理。追求真理的至高境界就是在任何情况下都毫不动摇，无论形势多么险恶，甚至个人生命面临危险，都要坚持真理、捍卫真理，做到不搞变通、不搞妥协、不打折扣，为真理战斗到底。应该引导教育国人特别是各级干部始终坚定真理信仰，强化"为真理而奋斗"的信念，做到不惧权力、不畏势力、不怕压力，始终站在真理一边，以实际行动践行对真理的信仰。

循道明理，把握原理。一切原理都符合天道。所谓原理，就是具有普遍意义的基本规律，是经过实践检验、又能指导实践的通用"钥匙"，是认识世界、改造世界、创造世界的科学武器。向圣贤学习还要坚持从原理出发，认识原理、遵循原理、把握原理，把坚持原理作为解决一切问题的落脚点和归宿点。一要立足原理谋事。想问题、办事情在遵循真理大规律的前提下，必须让思想思路符合科学原理，决不能违背自然、违背规则、违背事理，更不能无视原理存在、原理作用和原理价值，切实打牢认识问题的基础。应该引导教育国人特别是各级干部坚持立足以原理谋事的原则，以马克思主义基本原理、自然科学基本原理、社会科学基本原理把握方向、把握本质、把握框架、把握路径、把握方法，决不能不顾科学理论、科学原则、科学方法而胡思乱想、空想瞎想、痴心妄想。二要运用原理办事。科学原理既是指导推动事物发展的认识论也是方法论，任何时候必须坚持运用科学原理行事办事，否则就会出现守株待兔、拔苗助长、南辕北辙的荒谬行为。应该引导教育国人特别是各级干部自觉坚持运用原理办事，确保行事永远符合科学原理、科学规律、科学智慧，决不能脱离原理蛮干、违背原理胡干、践踏原理妄干。三要坚守原理成事。按照原理办事并不容易，时刻考验着人的惰性、劣根性和私心杂念，要想成事，必须坚持原理、坚定原理、坚守原理，稍有松懈、犹豫、放任就会前功尽弃。应该引导教育国人特别是各级干部，坚定坚守原理成事之信心和决心，排除心理干扰、思想干扰、外力干扰，以坚守原理的执着、毅力、定力突破思想僵局、行为阻碍、外界困扰，直至抵达成功彼岸。

　　循道释理，合乎情理。遵循天道之理，在坚持真理、原理的同时还要坚持情理。所谓情理，就是超越普通感情、性情、人情的事物之理和人伦之理。情理是世界存在的自然律则，如同"无情未必真豪杰"揭示的道理一样，循道释理也要合乎情理，合乎情理既是对追求真理、遵循原理的有力支撑，又是确保行事成功见效的可靠保证，是认识世界、改造世界、创造世界的人本武器。向圣贤学习还要学习合情合理的求实原则、有情有义的真挚感情、大情大义的高尚情怀。一要坚持合情合理原则。如果说追求真理是行事最高原则，遵循原理是行事必要原则，坚持合情合理就是行事充分原则，离开了合情合理就缺失了人文基础、人本基础、人心基础。应该引导教育国人特别是各级干部，坚决摒弃脱离实际、脱离实情、脱离人本的行为，摒弃片面机械地追求"高大全"的思维，不能不管不顾事物之理、人伦之理、人之常情，搞虚无的真理主义、空洞的原理主义，人为增加工作难度、障碍、干扰，而把好事办坏、办砸、办"黄"。二要培养有情有义品质。正常的情义是凝聚人、感召人、团结人的黏合剂，一个人若对人麻木不仁、冷漠无情、无情无义，像冷血动物一样，这既是做人的悲哀又是做人的缺陷，终将成为孤家寡人。应该引导教育国人特别是各级干部，自觉培养有情有义的优秀品质，待人要有真心、善心、爱心，决不能高高在上、高高挂起、高冷于人，不关注他人痛痒、他人难处、他人需求，只顾自己、只为自己、只爱自己。三要涵养大情大义境界。作为有良知有追求的公民，不仅要培养有情有义的品质，还要涵养大情大义的境界，滋养家国情怀、民族情怀、人民情怀，对国家、民族、人民要爱得深沉、爱得坚定、爱得持久，做到把个人命运与国家、民族命运紧紧联系在一起。应该引导教育国人特别是各级干部，不断开阔心胸、提高站位、打开格局、提升境界，做到把国家利益、民族利益、人民利益始终放在优先位置，为国家利益、民族利益、人民利益奋斗终生，随时随地准备奉献一切、牺牲一切。

# 第二十八章

守"强不凌弱、智不侮愚、贵不欺卑",归"天然本性、自然本色、浑然本源"

### 老子原典

知其雄,守其雌,为天下谿。为天下谿,常德不离,复归于婴儿。知其白,守其黑,为天下式。为天下式,常德不忒,复归于无极。知其荣,守其辱,为天下谷。为天下谷,常德乃足,复归于朴。朴散则为器。圣人用之,则为官长。故大制不割。

### 法融释典

刚健勇为之本领,能克敌制胜。但若肆意刚勇,贪于妄进,则必遭天下厌恶。因此,须持守柔弱不争、虚心谦下的品质,做到像低下的溪涧一样。只有这样,人身本来的自然常德才不会脱离,人的本性才能复归于初生婴儿一般。

通晓事物情理的锐敏智慧之人,不可炫露耀物,宜于内含自守,如把这作为天下事物的楷模和法式,则人的自然常德不会有过失。

事物得时得理,如草木逢春,必荣贵显达。事物因荣贵显达,高亢其上，必骄肆于天下。如果这样，必遭祸殃，荣贵不能长久。在得时得理荣贵显达之时，应作为天下的空谷，仍以卑下自谦虚心待物，只有这样，本来的自然常德才能充足不弊，复归到浑全未破的原始、真朴之地，具有无限生命力。

事物最原始的真朴，似一根圆木一样，它是各种形器的根本。它能大能小，能方能圆，能曲能直，能长能短。在破散成器之后，拘于具体的形器之内，它再不会有浑全之妙用。体自然之道的圣人，还淳返朴，复归于事物最原始的真朴之状，不恃雄强而欺凌雌柔，不以明白而欺侮黑暗，不称荣贵而欺辱卑贱，物我同观，公而无私，所以谓之"官"。能主宰万物，并为万物之首领，所以谓之"长"。顺物施化，不为而成，故为"大制"。不以小害大，不以末丧本，不执有为，不拘于形器之末，故为"不割"。

## 悟道鉴典

"知其雄，守其雌"，"复归于婴儿"；"知其白，守其黑"，"复归于无极"；"知其荣，守其辱"，"复归于朴"。老子通过雄雌、白黑、荣辱三组对比深刻阐述了"守雌、守黑、守辱"，复归"天然本性、自然本色、浑然本源"的思想，告诫世人，恃强不能凌弱、有智不能侮愚、荣贵不能欺卑，应该复归于婴儿、复归于无极、复归于朴，追求"大制不割"之境界。

"体自然之道的圣人"，"复归于事物最原始的真朴之状，不恃雄强而欺凌雌柔，不以明白而欺侮黑暗，不称荣贵而欺辱卑贱，物我同观，公而无私"，"能主宰万物，并为万物之首领"。法融道长通过进一步揭示圆木"能大能小，能方能圆，能曲能直，能长能短"的自然本质，劝导世人，应该还淳返朴，持守柔弱不争、内含自守的品质，坚持以谦卑之心待人接物，回归"天然本性，自然本色，浑然本源"。

人类发展的历史充分证明老子"守雌、守黑、守辱"的思想、回归"本性、本色、本源"的主张具有无穷生命力。世人不难发现，有德行之圣人，即使位处尊贵，照样守之卑微，虚心谦下，去雄刚之强，就雌柔之和，凭谦取信于民，赢得信任而归顺。真正通晓事物情理的敏锐智慧之人，普遍光而不耀，功名长久。历史上，东汉大将冯异，战功卓著，但始终谦下不伐，功成而不自居。当众人纷纷争夺功勋时，其总是独自一人躲在大树下，被后人尊称为"大树将军"，成为千古美谈。三国时期，刚平定西凉马超叛乱的曹操一帆风顺、志得意满，面对前来贡献西蜀地图的汉朝旧臣张松态度傲慢，张松转身将地图献给了刘备，曹操因高傲无礼、"轻贤慢士"，为日后刘备入蜀形成三足鼎立的局面埋下了祸种。

当今世界，守雄、守白、守贵者遍地皆是，以强凌弱、以智侮愚、以贵欺卑的现象屡见不鲜。面对国际上的纷争，作为东方文明大国，在走向世界的进程中，应从老子思想中不断汲取养分，在看清强权政治、霸道主义实质的同时，坚持走中国特色社会主义强国之路，以东方智慧、东方韬略、东方美德向世界展示完全不一样的大国形象。未来中国，在参与全球治理进程中，应积极、主动贡献中国智慧、中国方案、中国力量，通过复归"天然本性、自然本色、浑然本源"，积极推动缔造"强不凌弱、智不侮愚、贵不欺卑"的文明世界。

复归天然本性，强而不凌弱。天然本性意味纯净、淳朴、淳厚，像婴儿一样天真无邪、与人无害之本性。以强凌弱、以强压弱、以强欺弱有悖天然之道，终将自食其果、难以长久。未来中国，应该在引导世界和做好自身两个方面同时发力，坚决反对倚强凌弱行为。在国际舞台上，坚持正义、和平、文明原则，坚决抵制违道、霸道行径，以实际行动引导世界回归天然本性。在融入全球化大潮时，应该秉持守雌成强的战略智慧，处强而不凌弱，坚持走不扩张、不争霸的和平崛起之路，向世界展示大不欺小、强不凌弱、富不压贫的文明、谦和、可亲的大国形象。对个体而言，复归天然本性，涵养强不凌弱的智慧，应该牢牢把握强弱转化规律，做到强大时不恃强，明白逞强必遭祸，做到弱小时不畏强，坚信弱也能胜强。

复归自然本色，智而不侮愚。自然本色意味真实自然、自然而然，没有人为雕琢、粉饰、伪装之本色，如同无极大道，具有无穷生发之机。自恃聪慧、炫露耀物、以智侮愚，有悖天道自然，终将走不远、成不了、长不大。当今世界，枉顾天道自然的行径层出不穷，一些国家坚持"认为自己的人种和文明高人一等，执意改造甚至取代其他文明"，这些做法显然是灾难性的，是不可取的。未来中国，应该在引导世界和做好自身两个方面同时发力，坚决反对倚"智"侮"愚"的行为。在国际舞台上，坚持反对一切国家歧视、种族歧视、文明歧视的行为，对一切不平等之举敢于说"不"，敢于展示不论强国还是弱国、先进还是落后一律平等对待的主张，真正以实际行动引领世界平等相处、和睦相处、和平共处。在融入全球化大潮时，恪守文明交流的互鉴思想，坚守文明多样性、包容性、互促性原则，宣传推介本国文明但不以否定他国文明为前提，坚持国与国之间和谐共存、互相借鉴、包容发展的理念，始终以平等眼光、对等规则处理与世界各国的相互关系，以东方智慧赢得世界人民信任。对于个体而言，复归自然本色，涵养"智"不侮"愚"的智慧，应该深刻把握智与愚转化规律，充分认清没有永久的愚，也没有永恒的智；应该深刻把握真正大智者必定藏智守拙、不露锋芒、光而不耀；应该深刻把握真正大智者从来不小视愚、漠视愚、蔑视愚，更不欺愚，自觉摒弃小聪明，涵养大智慧，以藏智的智慧成就大事业。

复归浑然本源，贵而不欺卑。浑然本源是指一元之初，浑全未破的原质，是道之大全、混沌之始，具有无限生命力，这种原始力量作用于人类，就成为一种最平等、最正义、最善良的力量。自恃高贵、高高在上、以贵欺卑有悖于道的浑然本源，终将得势难长久、得成难长久、得人难长久。当今世界，如果一个国家常以高大自居，以居高临下、我贵他卑、高贵不凡的"贵气"对待他国，在世界各地高举高打、强买强卖，尽展霸道、霸凌、霸权之行径，将会丧失一个强大国家应有的公信力，也会激起世界各国人民的公愤。未来中国，应该在引导世界和做好自身两个方面同时发力，坚决反对倚"贵"欺"卑"的行为。在国际舞台上，坚定国家不论大小、贫富、强弱，在政治上、主权上、权利上一律平等的主张，坚定所有国家拥有属于自己的生存权、发展权、进步权和世界治理参与权的主张，坚决反对把国家和人民人为分成三六九等的错误做法，以实际行动引领世界树立"没有高贵的国家，只有高尚的国家"的先进文明理念。在融入全球化大潮时，坚持所有国家、地区、种族在国格、尊严、权利上完全平等，没有贵贱之分，对实力比自己强大的国家，始终抱着学习态度，但绝不趋炎附势、阿谀奉承；对实力比自己弱小的国家，始终施以援手、共同发展，但绝不盛气凌人、附加条件。应该坚定不移地致力于人类命运共同体理念的构建，有序推进"一带一路"建设，让世界共享中国天下情怀和高速发展红利。对于个体而言，涵养"贵"而不欺"卑"，应深刻把握"贵"和"卑"、"高"和"下"的转化规律；应深刻把握真正高贵之人必定是高而不贵、待人平和、一视同仁者，懂得行为显"贵"源于卑贱思想作祟的道理；应深刻把握要成就大业，必须涵养精神之"贵"，做到贵在内心、贵在本质、贵在风度。

# 第二十九章

## "为治而治、强势而治、背道而治"终败，"顺时而治、顺势而治、顺理而治"终成

### 老子原典

将欲取天下而为之，吾见其不得已。天下神器，不可为也，不可执也。为者败之，执者失之。故物，或行或随，或嘘或吹，或强或羸，或载或隳。是以圣人去甚、去奢、去泰。

### 法融释典

如果想要治理好天下，应当顺事物自然之理，不能肆意强作，悖理妄为。历史上所有成功取得天下者，并非侥幸恃强、强行强为所成，而是当时的统治者失道离德，使得民不聊生、民心崩塌，人民被逼迫起来推翻政权所致。那些能够取天下深得民心者，皆因"不得已"而为之。

天下生灵与万民，皆有情感和意识，而非死物固体。治理天下决不能有丝毫侥幸强为的举动。如有悖理徇私、强作妄为之举，就是违背了生灵自然之性，天下百姓即有感应感知。如果继续背离强为，不但不能治理，反而愈治愈乱。一切事物均是在大道中

运化，如天道运行，有春生、夏长、秋收、冬藏，若专执一方，固守一隅，把持愈紧，反而愈失。因此，治理天下不可强为妄为，不可固执把持，强为必然失败，失去人心继续固执把持终将垮台。道理简单，如同世间万物之理，不顺任自然，而强行妄为，欲强行于前，随之于后者必厌而弃之；欲嘘寒问暖者，寒凉者必厌而弃之；欲刚强于物者，羸弱者必厌而弃之；欲安载于物者，危殆者必厌而弃之。由此，说明强行强为前行、温暖、刚强、安载将扰物之性、乱人之德，不但不能固守，反而会变为后随、寒凉、羸弱、危殆。因为，万物皆有自性，各随其形，适其所用，遵其自然。例如，阳性物刚燥，善行于前，阴性物柔静，好随于后；狮、象居于热带而喜温暖，北极熊生于寒带而好凉冷，虎豹性烈好强而刚戾，羚羊性柔喜静而慈善，牛马体重喜安处于平地，猿猴体轻好玩在树梢。

体察事物情理、智慧高明之圣人，体悟强为、固持、极端的危害，深知甚、奢、泰三者均脱离大道自然纯粹的本体，失去自我的天真本性，必然会给自身造成不良后果。故不贪求分外声色，能抛弃不当获利，不贪求过分豪华，遵循自然，务实真诚，涤除其奢，恢复自我纯粹的天真本性与大道清静自然、真常平夷的状态，方可长治久安，故无败失之患。

## 悟道鉴典

"天下神器，不可为也，不可执也。为者败之，执者失之"；"是以圣人去甚、去奢、去泰"。老子以"不得已""不可为""不可执"三个否定词，揭示了夺取天下非强为而得、治理天下不能强作妄为、失去人心不能偏执把持的深刻道理，告诫世人天下百姓对国家政策感知灵敏度极高，决不能侥幸强为、侥幸把持，而要顺其自然、顺应天理、顺应人心，否则取天下必败、守天下必失。

"如果想要治理好天下，应当顺事物自然之理，不能肆意强作，悖理妄为"，"体察事物情理、智慧高明之圣人"，"深知甚、奢、泰三者均脱离大道自然纯粹的本体"，"必然会给自身造成不良后果"。法融道长从天下神器的本质揭示了夺取天下和治理天下不可肆意强作、悖理妄为的深刻道理，从世间万物阴阳相生的规律指出了专执一方、固守一隅必然导致把持愈紧，反而愈失的结果，劝导执政者，应该坚持"无为而治"原则，铭记"为治而治、强势而治、背道而治"终败，"顺时而治、顺势而治、顺理而治"终成的客观真理。

老子"不可为、不可执"的治国思想极其深刻，古今中外国家兴亡的案例无不证明，恃强妄为取不了天下，失去民心固执把持守不了天下。中国几千年的文明兴衰史向世人昭示，凡是开创盛世的时代，无不坚持顺自然之理、天道之理、人心之理，最终取得了政通人和、百业兴旺、国泰民安的大治成就。无论是汉文帝采取的黄老无为而治的方略和唐太宗采取的尊祖崇道的国策，还是康熙与民休息、道在不扰的政策，都为文景之治、贞观之治、康乾之治起到了不可估量的作用。纵观以上三个"盛世"形成，根本在于遵循了天道自然规律，遵循了得民心者得天下的社会规律，遵循了顺时而治、顺势而治、顺理而治的治国规律。

在世界进入百年未有之大变局的今天，在世界各国各种矛盾错综复杂、乱象丛生、危机四伏的大背景下，中国取得了前所未有的历史性成就，发生了历史性变革，综合国力和国际影响力与日俱增，中华民族比历史上任何时期都更接近伟大复兴的目标，正在迎来康乾盛世以来又一次更高级、更文明、更立体、更昌盛的太平盛世。为迎接这一伟大历史转折的到来，中国应该更加积极地、自觉地、坚定地借鉴老子"不可为、不可执"治国思想，以卓越的东方智慧赢得国家昌盛发达、世界和谐太平。坚决摒弃"为治而治、强势而治、背道而治"的强为执念，坚持"顺时而治、顺势而治、顺理而治"的自然之治。

摒弃"为治而治"的错误理念，践行"顺时而治"的正确理念。符合时代要求、符合时空变化、符合时机选择，把握历史阶段、把握历史机遇、把握历史使命是"顺时而治"的本质内涵，任何超越时代进程、时空形势、时机条件的治理活动都是"为治而治"。必须看到，"为治而治"有着深刻的思想根源，与错误的世界观、人生观、价值观、政绩观紧密联系。当今世界，由于政治制度、政治取向及自身核心能力的缺陷，一些领导者出于兑现承诺、快出政绩、彰显与众不同、获取选票连任等目的，无视时代要求、现实形势、客观条件，利用权力和平台大行"为治而治"，不仅给国家发展带来了混乱，而且给世界发展平添了障碍。在中国，"为治而治"现象在一定程度上也同样存在，突出的问题是一些地方政府在错误的政绩观影响下违背发展阶段性规律、不顾自然透支发展、不切实际贪大发展、不顾条件强行发展，给长期发展、可持续发展、永续发展留下了隐患。在迎接盛世到来的新形势下，必须旗帜鲜明地坚决摒弃"为治而治"错误理念，坚定不移坚持"顺时而治"的正确理念。一要正确认识治理本质，树立"当治则治"理念。治理是相对于问题、矛盾、症结而言的，无病呻吟、无事找事、小题大做与治理本质格格不入。必须坚决摒弃对"干部干部，干在前头""大干大为，小干小为""业绩出干部"理念的误解曲解，引导各级干部干在需要处、要害处、危急处，而不是为了简单追求数字好看、眼前政绩突出、炫耀个人能力，强作为、硬作为、蛮作为，给事业留下隐患。二要坚持效果导向，树立"治则有益"理念。有效性是治理的本质原则，无效治理不仅浪费资源而且损害政府形象，形成恶性循环。必须坚决摒弃凭空想象治理、不计后果治理、不求效果治理的错误理念，引导各级干部以效果为导向树立"治则有益"的正确理念，坚持一切治理实践既要解决眼前问题又要利于解决长远问题，既要起到立竿见影效应又要追求深层综合效果，既要有利于提高治理效率又要兼顾提高治理质量。三要准确把握机遇，树立"乘机而治"理念。把握治理时机是治理水平的最高体现，正所谓"机不可失，时不再来"，永远不能犯"丧失机遇"的错误。必须坚决纠正看不见机遇、抓不住机遇、抓不好机遇的能力缺失现状，引导各级干部把握历史机遇，树立"乘机而治"理念，自觉开拓识别机遇的视野、养成发现机遇的自觉、提高把握机遇的能力、增强抢抓机遇的魄力，在最佳时机、最佳时间以最合时宜的方法把机遇握在手中，让机遇彰显价值。

改变"强势而治"的错误策略，推行"顺势而治"的正确策略。顺应时代大势、把握现实形势、前瞻未来趋势，这是"顺势而治"的本质内涵，不顾时代潮流、客观形势、未来方向，高估权力作用、强制作用、刚性作用，强力而治、强硬而治、强势而治，这些都与顺势而治背道而驰。当前，由于过度强调执行文化，一定程度上制约了干部队伍站高一步想问题、透过现实看本质、放眼未来看趋势的能力提升，相当一部分干部视野不宽、穿透力不强、前瞻意识缺乏，习惯于就事论事，满足于眼前、手头的具体工作，既不善于观察时代大势，又不善于分析现实形势，还不善于放眼未来趋势，陷入了跟着感觉走、凭着经验干、照着前人仿的治理怪圈。在迎接盛世到来的新形势下，必须斩钉截铁果断纠正"强势而治"错误策略，坚定不移推行"顺势而治"正确理念。一要顺应宏观大势。宏观、中观、微观是不可分割的系统整体，微观要做实离不开宏观大势指引，离开宏观抓微观就会失去方向，就会出现逆势强为。要引导各级干部善于从宏观大势俯瞰中观局势、洞悉微观形势，对于不符合宏观大势的所作所为必须深刻反思、严肃检视、及时纠正，防止微观治理陷入盲目主义、盲从主义、盲动主义的境地，确保大方向不偏、不错、不失。二要结合现实形势。问题是时代的声音，问题是现实的反映。不断解决问题、化解矛盾，为未来开辟通途是顺势而治的根本要求。要引导各级干部在自觉关注宏观大势的前提下，深入关注现实、关注问题、关注矛盾，牢固树立问题导向，自觉从国家大政方针中找治理思路、破解之策，从治理规律中找治理之道、治理之法，从历史经验中找智慧力量、克难方案，决不能不顾问题成因、矛盾性质、症结难度和现实基础、现实条件、现实时机牵强作为、勉强作为、逞强作为。三要放眼未来趋势。现实是未来的基础，未来是现实的演进。顺应未来趋势是顺势而治必不可缺的重要内涵，不顾未来发展大方向、大趋势、大潮流而一味地埋头干，不仅解决不好现实问题，而且会犯致命性、颠覆性错误。当今世界是一个趋势为王的时代，谁预判了形势、把握了趋势、抓住了胜势，谁就占据了先机、拥有了未来。要引导各级干部善于洞察趋势、顺应趋势、引领趋势，既要看清、看准未来发展方向和路径，把未来趋势作为谋划和推动工作的分析依据、谋划依据、决策依据；又要坚决守住违背趋势的事不干、违背潮流的事不干、违背规律的事不干的底线，切实把顺应趋势作为推动工作的思想主线；还要敢于做新趋势的践行者、推动者、引领者，与墨守成规、因循守旧、刻舟求剑的保守思想划清界限，努力在引领趋势中把握先机、先拔头筹、引领未来。

纠正"背道而治"的错误方向，坚行"顺理而治"的正确方向。顺理而治是治国理政的最高准则、最强战略、最大规律，这个"理"就是天道真理、客观真理、普遍真理，如果违背真理规律、违背真理大道、违背真理原则就会走上背道而驰的绝路方向，必须坚决防止、坚决杜绝、坚决纠治。必须看到，在中国一些地方政府中，由于传统的"官本位"思想、"官为上、民为下"思想、"官是主、民是客"思想尚有残余，一些干部在人民群众中的位置摆得不正，对待人民群众的感情不深，违背天道规律、不顾真理规律搞治理的苗头和倾向大量存在，对于开创盛世隐患极大，必须下力整治杜绝。在迎接盛世到来的新形势下，必须严格防止"背道而治"的错误方向出现，坚行"顺理而治"正确方向。一要高举构建人类命运共同体大旗帜。人类命运共同体构想是中国人对世界的重大贡献，符合中华民族优秀文化基因、符合时代发展必然趋势、符合世界人民共同愿望，在任何时候必须高举这面旗帜，把执政党治理、国家治理、全球治理有机融为一体，为世界人民树立追求天下大同、世界和谐的榜样，以实际行动证实世界面临的困难，必须由世界携手克服，任何一个国家不能独善其身的真理规律。要引导教育国人特别是各级干部立足中国、放眼世界，面向世界、强盛中国，自觉置身于世界大变局中、大棋局中、大格局中。二要牵住"以人民为中心"的"牛鼻子"。国家发展好不好人民说了算，国家发展依靠人民来推动，国家发展根本目标是为了人民，这就决定了任何时候必须牵住"以人民为中心"的"牛鼻子"，坚持做到人民期盼什么国家就提供什么、人民拥护什么国家就支持什么、人民反对什么国家就打击什么，始终把人民的利益放在最高位置、最先位置、最重位置。要引导教育国人特别是各级干部，把人民当主人、把人民当老师、把人民当亲人，始终践行一切为了人民、一切服务人民、一切奉献人民。三要致力推动物质和精神"双文明"共同发展。盛世时代、盛世国家、盛世社会既不是"乌托邦"，也不是"贫穷社会主义"，更不是没有底蕴的"野蛮社会"，而是物质和精神同步协调、高度发展的"双文明"时代。任何时候必须坚持物质和精神文明"双引擎"驱动、"两条腿"走路、"两手抓，两手硬"的原则，以物质文明支撑精神文明发展，以精神文明引领物质文明进步，实现物质、精神交融发展、互促互进。要引导教育国人特别是各级干部，树立物质、精神全面发展、共同发展、协调发展理念，高度重视精神文明的引领作用、滋养作用、倍增作用，不断把物质文明与精神文明建设推向新高度。

# 第三十章

## "战必有据、战必有度、战必有道","胜则知止、胜则勿强、胜则取柔"

### 老子原典

以道佐人主者,不以兵强天下,其事好还。师之所处,荆棘生焉;大军之后,必有凶年。故善者,果而已,不敢以取强。果而勿矜,果而勿伐,果而勿骄,果而不得已,是果而勿强。物壮则老,是谓不道,不道早已。

### 法融释典

为臣者应顺天理、体民情,以自然之道,辅佐人君治国理民,不可专尚武力,滥用兵革。正所谓"威天下不以兵革之利。得道者多助,失道者寡助。寡助之至,亲戚畔之;多助之至,天下顺之"。为人君者,以道正心修德,国纲定会大振,上下定能同心同德,天下自然太平,万民自然康乐,生灵自然不遭杀戮。倘若专尚兵革,横暴强行而欲威震天下,必然无形中失去天地之和,扰乱生灵自然之性,必将人心背离,天下共怨,激起对方以兵力还报。试观天下每次大乱,干戈四起,你还我报,一来一往,互相残杀，往复无穷，仇隙难消，皆因不以道治国，而由恃兵逞强所致。

因兴兵革，必夺良民事农之力，服役于战祸之中。干戈骚扰，庶民不能安居乐业，农事必废，田园荒芜，荆棘丛生。在震撼山岳的杀声中，无数军卒伤亡，隐恶含嗔之气荡于太空，留下的父母妻子无赡无依，伤感悲痛之情，号啕人间，天人共怨，万姓同诛。战争过后，飞鸟不下，兽类亡群，国民饥馑，盗贼丛生，瘟疫流行，妖孽横生，怪象滋起，一片肃杀凶灾之景象。

守道者深知兴兵师、动干戈，遭天人共怨、万姓同诛的危害，在横暴愚顽之徒祸国殃民之时，邻国恃强侵扰国土之际，不得已而用兵；达到还击目的，便立即终止战争；取得胜利，不敢恃强滥杀；征战成功后，更不可以逞能、自夸、骄傲，而应该多从不得已的角度总结胜利。

道理简单，战胜者如同强壮之物，战败者如同弱小之物，物壮就会向事物反方向发展，开始趋向于枯老，肆意逞强属不道行为，如果追求壮上加壮、壮之又壮，那么会加速由盛变衰结果的来临。

## 悟道鉴典

"以道佐人主者，不以兵强天下"；"故善者，果而已，不敢以取强"；"物壮则老，是谓不道，不道早已"。老子从劝诫为臣者的角度阐释了以武力强天下属于下策之为和战争必然导致互相攻伐、积怨难消的深刻道理，揭示了战争必将带来严重的直接危害和广泛的次生祸害这一事实，告诫世人，遭遇侵略被迫还击，只要达到目的就应该止战，万不可恃强滥杀，更不可自矜、自伐、自傲，否则就会产生"物壮则老"的严重后果。

"倘若专尚兵革，横暴强行而欲威震天下"，"必将人心背离，天下共怨，激起对方以兵力还报"，"你还我报，一来一往，互相残杀，往复无穷，仇隙难消"。"干戈骚扰，庶民不能安居乐业，农事必废，田园荒芜，荆棘丛生"；战争过后，"国民饥馑，盗贼丛生，瘟疫流行"，"一片肃杀凶灾之景象"。"达到还击目的，便立即终止战争；取得胜利，不敢恃强滥杀；征战成功后，更不可以逞能、自夸、骄傲"。"肆意逞强属不道行为，如果追求壮上加壮、壮之又壮，那么会加速由盛变衰结果的来临。"法融道长分析了专尚武力、滥用兵戈属于失道离德行为的原因，阐明了战争对国家、社会、百姓、生态带来的深重灾难，劝导执政者，即使万不得已动用武力，也应做到"战必有据、战必有度、战必有道"，取得战争胜利，也不能自矜自夸、自骄恃强，而应做到"胜则知止、胜则勿强、胜则取柔"。

老子"战必有据、战必有度、战必有道"三大谋战指导原则、"胜则知止、胜则勿强、胜则取柔"三大胜战指导原则，深刻反映了谋战、作战、胜战的本质规律，具有强大的时空穿透力，无论是古代冷兵器战争、近代热兵器战争还是现代信息化条件下的高科技战争，最终都充分证明了老子的战争指导原则是颠扑不破的真理。历史上，凡是无故发动战争、任性延续战争、不讲人道滥开战端，或者取得胜利不知收手、恃强好杀、激化仇恨者，都普遍逃不出"物壮则老"的天道规律，有的立竿见影现报应，有的一时不显终遭报应。德国法西斯、日本军国主义的最终失败就是对老子思想的有力注脚，也给全世界留下了不可忘却的警示。近代中国，从鸦片战争以来开始饱受列强侵略欺辱，中华儿女浴血奋战付出了巨大牺牲，对战争磨难的记忆和感受比任何一个国家都要深刻，对战争的危害比任何一个国家都更有切肤之痛，国人心中深深埋下了反对战争、珍爱和平的友善种子。中华人民共和国成立后，中国人民被迫进行了几场自卫反击战争，始终恪守了老子"果而不得已，果而勿强"的战争指导原则，既教训了敌人、维护了主权，又保持了克制有度和理性知止，把战争危害降到了最低限度，为长期的和平发展奠定了基础。新时代中国，面临的国际环境和安全形势并不乐观，无论是破坏国际关系的霸权主义者还是破坏睦邻友好关系的觊觎者，随时随地都有可能对我国发起挑衅甚至发动战争。作为东方文明古国，无论国际形势和周边形势如何残酷、如何严峻，都必须继承老祖宗的思想智慧，在战争问题上坚守"战必有据、战必有度、战必有道"的指导原则，和"胜则知止、胜则勿强、胜则取柔"的策略方针。坚持以最小代价、最小伤亡、最小危害实现以战止战，为地区和平和世界和平做出贡献。

　　战必有据，胜则知止。国与国之间的战争永远不会有一边倒的胜利。如果师出无据，即使强者凭借力量悬殊，在战场上取得了胜利，在战场以外也会遭遇"滑铁卢"。从战争引发的资源的消耗、人员的伤亡、生态的破坏、民心的离散等情况综合来看，战争永远不是明智选择、最优选择、最先选择，而只能是不得已的被迫选择、无奈选择、最后选择。中国是一个爱好和平的文明大国，一贯秉持永不称霸的坚定承诺。即使在外部形势严峻复杂的环境下，在任何时候也必须坚持"战必有据、胜则知止"的指导原则，守住不开第一枪、取得胜利不嗜杀的底线。在战争抉择上，既要坚持"人不犯我，我不犯人""人先犯我，我再犯人"的前提原则，坚定"无端首开第一枪是违道行为，违道必败"信念，无论摩擦、冲突发展到何种程度，都要保持克制、保持定力，守住正义之师的道义制高点；又要坚持"人若犯我，我必犯人"的基本原则，不先开第一枪并不意味着接受被动挨打、消极防御，对待敌人要随时做好充分反击的准备，一旦被犯，随时能以最快的速度给对方迎头痛击。在战胜后的策略选择上，既要坚持审慎原则，把困难想得多一点，对困难准备多一点，坚决防止轻敌思想，防止战场形势反复；又要坚持"知止"原则，把握最佳时机，及时战略回撤、班师回防，保持胜利优势，减少国家、人民遭受的损失。

战必有度，胜则勿强。战争的巨大消耗性、残酷破坏性、长期伤害性决定了必须既算政治账，又算经济账，还要算长远账，不能毫无节制、毫无约束、毫无顾忌地恋战、好战、久战，而要坚持"战必有度，胜则勿强"的指导原则，坚决防止陷入无法自拔的战争泥潭。在战争抉择上，既要坚持快速出击、速战速决的高效原则，确保反击的强度、力度、效度给入侵者致命一击，展示威武之师形象；又要把握战场节奏、态势、变化，及时调整兵力、优化部署、控制进程，做到收放自如、进退有度，牢牢掌握战场的主导权、主动权，展示智慧之师形象。在战胜后策略的选择上，要防止胜而生骄、胜而滋狂的情况发生，甚至重蹈骄兵必败覆辙。坚持做到在战略上藐视敌人、在战术上重视敌人，始终保持高度警惕、高度警觉、高度警醒，避免被胜利冲昏头脑酿成不可挽回的后果。还要防止取得胜利后大张旗鼓、高调渲染、自我夸耀的逞强作风蔓延，始终做到不自矜、不自伐、不自骄，避免人为挑起社会好战情绪和极端民族情绪，损害泱泱文明大国致力追求和平的形象，再度刺激加剧战争仇恨，给国家未来发展埋下祸根。

战必有道，胜则取柔。正义的战争并不意味着可以以正义之名行非正义之事。战争是两国军队之间的博弈较量，不是两国人民之间的拼杀。最大限度减少无辜百姓伤亡、实施优待俘虏政策，是坚守战争道义的必然要求。作为东方文明大国、爱好和平的国度，被迫面对战争也要坚持"战必有道，胜则取柔"的指导原则，尊重生命、珍惜生命、厚待生命，保护人民、爱护人民、维护人民，留下回旋空间、调和空间。在战争抉择上，在坚持"战必有据、战必有度"的基础上，还要坚持"战必有道"的指导原则，既要避免人类文明古迹遭到重大损坏、生态环境遭到严重破坏、生存环境遭到恶意毁坏，犯下反人类罪行；又要避免无故伤害百姓、无故攻击民用设施、无故伤害战争俘虏，犯下践踏生命恶行。在战胜后策略选择上，既要适可而止，做到不滥杀无辜、不穷兵黩武，展示正义之师形象；又要在战争结束后，主动释放善意、缓解矛盾，积极创造条件，化干戈为玉帛，营造和平发展的良好环境。

# 第三十一章

## "尚武、尚兵、尚战"胜而不美,"习文、拥善、崇和"天下归心

### 老子原典

夫兵者,不祥之器,物或恶之,故有道者不处。君子居则贵左,用兵则贵右。兵者不祥之器,非君子之器。不得已而用之,恬淡为上。胜而不美,而美之者,是乐杀人。夫乐杀人者,则不可得志于天下矣。吉事尚左,凶事尚右。偏将军处左,上将军处右,言以丧礼处之。杀人之众,以悲哀莅之,战胜则以丧礼处之。

### 法融释典

锐利的兵革是用于战争的杀伤武器,人皆惧怕厌恶。仁人君子,以道辅国,以无为服众,从不主张靠佳兵利器强天下。以两臂言之,左臂柔弱不如右臂,通常以左臂形容谦让柔和为善,喻指君子以道处事尚文。右臂有力强于左臂,通常以右臂形容强硬刚烈为恶,喻指小人不道处事尚武。仁人君子,坐时看贵万物呈祥而有生气的左边,用兵看贵草木凋零而有杀气的右边。天下皆

知兵革不是吉祥之器，不得已而用之，万不能把用兵这件事看得太过重要，应淡化为上。

有道君子被迫用兵，虽战胜敌人，但深知杀戮甚惨，故不以战胜为美。若把打胜仗作为美事，就是以杀戮为乐、以残生为快。乐于杀人之人，不会深得民心，更不能让天下人自愿归服。

上古以来，无论在朝廷还是在民间，大凡吉祥善事的行礼仪式均以左边为上，丧礼凶事均以右边为上。打胜仗庆战绩，把上将军置于右，偏将军置于左，因为打仗必残杀生灵、扰害百姓、损兵折将；世人皆有好生之德，君子仁人更有惜卒爱民之心，战争流血伤亡，令人伤感悲痛，只能按丧礼凶事的仪式处理。

## 悟道鉴典

"兵者不祥之器，非君子之器。不得已而用之，恬淡为上。"老子通过分析君子贵左不贵右、吉事尚左不尚右、上将军处右不处左的礼仪规矩，揭示了战争属不祥之器、非君子之器的战争伦理观，阐明了发动战争是违道行为、战争应是最后被迫选项、战争是不得已而为之的战争思想，告诫执政者，应该摒弃以佳兵利器强天下的思想，不能把武力作用看得过重，而应淡然处之，即使被迫而战，打了胜仗也应"以丧礼处之"，"以悲哀莅之"。

仁人君子，"从不主张靠佳兵利器强天下"。"有道君子被迫用兵，虽战胜敌人，但深知杀戮甚惨，故不以战胜为美"；"乐于杀人之人，不会深得民心，更不能让天下人自愿归服"。法融道长通过左手臂因力弱不易施恶、右手臂因力壮容易施恶的对比分析，揭示了君子仁人贵左不贵右，打仗偏将军处左、上将军处右规矩存在的深层原因，进而阐明了战争"胜而不美"的深刻道理，劝导执政者，应该树立"崇文、崇善、崇和"理念，弱化"尚武、尚兵、尚战"思想，努力开创习文、拥善、崇和天下归心之局面。

老子既是"不尚武、不尚兵、不尚战"思想的创立者，更是身体力行的实践者。相传老子与儿子李宗失散几十年后在战场上意外相逢，当时李宗已是卫国大将军，在与曹国战争中取得消灭曹军一千多名士兵的大胜，李宗欢天喜地大摆宴席庆祝胜利。老子闻悉，当即教导李宗"战争悖逆大道，无端夺去生命，胜而不美，应以悲泣之心处之、以丧葬之礼对之"。李宗领悟父亲教导，便在卫国军帐中设立灵堂，悼念曹国死去将士。此举感化了发动战争的曹国，于是致信卫国永休战争。古代希腊哲学家赫拉克利特在论述战争时曾做过"战争是万物之父，也是万物之王，它使一些人成为神，使一些人成为人，使一些人成为奴隶，使一些人成为自由人"的经典论述，但与老子思想相比，只是对战争结果的表象描述，没有从道德伦理的深层分析，在这个意义上而言，老子的战争伦理思想更高一筹。战争是不祥之器，从生命价值的角度来衡量，无论胜败都是残忍的结果，必须慎武、慎兵、慎战。当今世界，崇尚武力、迷信武力的战争贩子依然存在，惯行霸道、霸权主义者已现抬头趋势，把世界搅得不得安宁，给人类和平发展带来严重威胁。中国作为世界文明古国，在人类发展的新十字路口，应以和平发展思想影响世界、感染世界、引领世界。

拥有武力不依赖武力，做到习武更习文。必要的军事实力是维护国家主权、领土完整的必备，是反战、防战、止战、胜战的必须。正如法国核科学家约里奥·居里先生所言："中国要保卫和平，要反对原子弹。你们反对原子弹，就必须拥有原子弹。"备战方能应战、能战方能止战、善战方能胜战。中国建设社会主义现代化强国、真正屹立于世界民族之林，必须建设一支强大的人民军队，但是依赖军事实力称霸世界，永远不是中国应该追求的优先战略选项，应把图强兴盛的指导思想坚定不移地放在依靠综合实力、文明实力、文化实力及国家核心竞争力上，切实走出一条文明发展、和平崛起的康庄大道。一要始终坚持强国必先强军思想。强大的军事实力既是国家发展的保护伞、压舱石，也是抵御侵略、保家卫国的"杀手锏""金盾牌"，任何时候都不能削弱和放弃军事力量建设。要始终坚持把军队力量建设置于国家发展全局中谋划推进，以强军建设支撑强国发展。二要坚持以满足积极防御战略需要为根本目标。始终坚持不追求军事霸权，坚持以为国家发展保驾护航为宗旨，坚持以满足积极防御战略需要为目标，做到突出重点、兼顾全面，有取有舍、优化发展，发挥优势、扬长补短，任何情况下不能不加约束控制地发展军力，更不能参与无限度的军备竞赛。三要坚定建设文明国家步伐。和平崛起、文明崛起是中华民族孜孜以求的理想追求，应该坚持把建设高度文明的现代化强国作为终极目标，无论国家发展到何种程度，始终坚信文明是实现发展的决定力量、可靠力量、底蕴力量，坚决摈弃野蛮思维、霸权思想、强盗逻辑。

重视军队不凸显军队，做到拥军更拥善。"国虽大，好战必亡；天下虽平，忘战必危。"人民军队作为维护国家主权安全之重器、国家发展之基石、上层建筑领域之一环，任何时候必须高度重视军队现代化建设，并将其摆到应有位置。决不能无限夸大军队的地位、作用、力量，不能过分凸显军队在国家政治格局中的特殊地位，不能放任滋长军队在社会生活中的特权影响，而要致力营造军民一致、官兵一致、习武又习文、拥军更拥善的健康氛围。一要坚定不移坚持党对军队的绝对领导。应该旗帜鲜明地反对"军队非党化""军队国家化"的错误思潮，坚决扼杀"枪指挥党"的苗头倾向，全面落实中央军委主席负责制，确保军队最高领导权和指挥权永远属于党中央，对此永远不能有一丝一毫的含糊。二要摆正军队在国家机器中的位置。军队的性质、功能、价值具有独特性、排他性、专指性，任何时候不能违背这一原则，不能刻意抬高军队地位和夸大军队的非军事功能，确保人民军队性质不变、功能不移、作用不偏。三要坚持威武之师、胜利之师、文明之师建设统筹推进。军队存在的根本目的是保卫国家发展成果、守护一切文明成果、为社会精神文明做表率。这就决定了在重视军队建设基础上，在全社会更加注重向善文化建设。在任何情况下，都要把建设威武之师、胜利之师和文明之师捆在一起抓，始终牢记毛泽东同志"没有文化的军队是愚蠢的军队，而愚蠢的军队是不能战胜敌人的"伟大思想，真正把人民军队建设成为以文明之师为深厚底蕴的威武之师和胜利之师。

　　备战胜战不主动生战，做到崇胜更崇和。备战打仗是人民军队的核心职能，宁可备而不战，不可无备而战。在任何情况下，必须立足备战打仗原则，不断提高军队战斗力、快反力、制胜力。但备战不是为了主动挑战、图谋侵占、无理生战，而是为了保持常备状态，确保召之即来、来之能战、战之能胜。任何时候，无论军事实力、战备水平达到何等高度，都必须坚决贯彻和平外交政策和积极防御战略，做到永远不挑战、不生战，始终占据道义、正义制高点。一要坚持战斗力标准。不断强化当兵打仗、带兵打仗、练兵打仗的意识，向精神懈怠宣战，向陋习积弊开刀，切实把军队战斗力，作为衡量军队建设的核心标准和实战水平的检验标准，确保军队真像军队、部队真像部队、军人真像军人，保持军队的本色和血性。二要坚持为和平而战的指导思想。备战为了守卫和平、应战为了保卫和平、胜战为了维护和平，保卫和平是强军建设的根本目标和终极目标。任何时候必须树立军队为和平而练、为和平而战的指导思想，深植和平追求、和谐追求、和睦追求，努力把人民军队打造成为和平之师、正义之师、文明之师。三要坚持崇胜更崇和战争伦理。世界若不太平，战争随时会降临，人民军队要时刻准备打赢一场保卫国家领土主权完整、维护世界和平的正义之战。应该时刻铭记毛泽东同志"人不犯我、我不犯人，人若犯我、我必犯人"的战争指导思想，深刻意识到战争会造成生灵涂炭的严重危害；应该牢固树立有道、守道、得道的战争观、胜利观，即使被迫还击打了胜仗，也要适可而止，不能好战嗜战、穷兵黩武，走向正义的反面。

# 第三十二章

## "强求、强制、强为"难长久,"宽容、包容、兼容"能永恒

### 老子原典

道常无名。朴虽小,天下莫能臣。侯王若能守之,万物将自宾。天地相合,以降甘露。民莫之令而自均。始制有名。名亦既有,夫亦将知止。知止可以不殆。譬道之在天下,犹川谷之于江海。

### 法融释典

太古之初,混元未破,恒常自然者,虽然微细又无具体名象可称,但其为宇宙万象主宰,谁都不敢把它当作随从和被动者任意支配。如同混元无极与大地、君王与大臣、丈夫与妻子的主辅关系。前者是主宰者,后者是被支配者。侯王倘若坚守此道,四海自然宾服,天下必然太平。

天地不相交、阴阳不相合,大旱大涝必作、暴风骤雨必至,天灾必来、万物必殃。天地交、阴阳合,必降甘露、滋润众生,五谷丰登、万民康乐。

天地间自然万物形成之后,开始按事物类别特征安名立字,

提举纲纪与科条彰示于外，建立区分尊卑、高下、先后、主次的次序和法度，然而这些纲纪、科条、法度、典章，都是事物形式之名而已。倘若只按形式之名申张教令，属于忘本逐末之举。不仅会扰乱事物之性及其真常之德，而且国家不可能实现大治。道理简单，如果事物失道离德、舍本逐末，必然产生法度愈严治理愈乱的结果。知道了利害关系，就应适可而止，不能强求、强制、强为，应从天道本源出发，恪守柔和自然之道，防止危殆发生。

天道与天地万物关系如同江海与川谷关系，大海处于最下位置，宽容一切、包容一切、兼容一切，无所不纳、无所不容、无所不包。有道圣人像大海一样，海纳百川、有容乃大，天下万民自然心甘情愿归服，必然带来人心向之、国泰民安、百业兴旺的局面。

## 悟道鉴典

"侯王若能守之，万物将自宾"，"知止可以不殆"，"譬道之在天下，犹川谷之于江海"。老子以"天下莫能臣"五个字深刻揭示了混元无极大道是世间万物的真正主宰，具有支配万事万物的功能，如果不从总根出发等于丢了根本的客观规律，告诫世人，治理万事万物应该从源头出发，自觉效法大海宽容、包容、兼容之品质，坚持遵守自然柔和之道，坚决防止舍本逐末带来危险。

"倘若只按形式之名申张教令，属于忘本逐末之举"；"如果事物失道离德、舍本逐末，必然产生法度愈严治理愈乱的结果"。故而，"不能强求、强制、强为，应从天道本源出发，恪守柔和自然之道，防止危殆发生"。法融道长通过阐释混元无极大道与天地万物、君王与大臣、丈夫与妻子的主辅关系，进一步揭示了天道的本源性、主宰性、根本性地位，深刻分析了忘本逐末的严重危害和危险，劝导世人，应该守道贵德、适可而止、知止防危；应该树立"强求、强制、强为"难长久，"宽容、包容、兼容"能永恒的思想理念，在自然而然中开创人心向往、和谐共生、兴旺发达的局面。

从源头和本源依靠始发力量、支配力量、根本力量寻找解决问题之道，事实证明是真正的治本之道。老子以天道总纲、总领、总源为指引的治理思想，经过数千年发展，至今仍充满活力，可谓千古不朽。新时代以来，中国大力采取的回归初心、本源发力、守正创新的治理思想，与老子这一思想高度统一、高度一致、高度契合。新时代治国理政实践成就向世人生动昭示，从源头出发就是抓住根本，就是把握了事物发展的支配力量和主导力量。离开了事物发展本源强求、强制、强为，属于舍本逐末之举，后果必然不堪设想。未来中国，应该认真总结新时代以来治国理政成功经验，把回归初心、本源发力、守正创新思路固化成为长效机制，以更加宽容、包容、兼容导向带领人民、治理国家、开创盛世。

宽容开明，尊重差异。中国约有 14 亿人口、960 万平方千米的广袤土地，有 34 个省级行政区、56 个民族，地区发展差异、资源条件差异、风俗习惯差异、城乡水平差异、国民素质差异同时存在，这是客观实际和基本国情。无疑，这种差异将会长期存在。在建设现代化强国进程中，首先要尊重这些差异，以宽容开明的态度，践行以人民为中心的发展思想，把人民永远凝聚在一起、团结在一起、携手在一起。一要树立"尊重差异就是尊重现实"理念。"实事求是""从实际出发""具体问题具体分析"是马克思主义活的灵魂。对中国而言，差异的广泛性、必然性、长期性特征就是客观存在的现实情况。只有尊重客观现实，才符合马克思主义基本观点。任何时候不能强求一夜之间把中国现存的各种差异缩小、趋同甚至消除，应该不断培养战略耐心和开明作风，以宽容态度容许差异较长时期地存在。特别是在国民素质差异问题上，更不能想当然、硬强求，寄希望于"一次教育""两次实践""三次活动"就把国民素质提高到同等高度。二要树立"尊重差异就是尊重规律"理念。没有差异的事物并不存在，允许差异存在，本身就是尊重客观规律。任何时候不能想当然、硬强求，不能以"一刀切""齐步走"的思路谋划发展、推动工作。既要坚持以差异为动力推动发展，提升整体发展水平，又要坚持差异化发展思维，走出特色化发展道路。三要树立"尊重差异就是尊重个性"理念。个性是秉性、气质、魅力，拥有14亿人口的大中国，人与人的家庭成长环境、接受教育程度、人生历练过程、理想追求目标各不相同，正是这些差异，构成了千姿百态、丰富多彩的中国社会。任何时候不能想当然、硬强求地以共同的生活姿态、生活状态、工作标准、工作要求，思想境界、智慧高度要求全体中国人民参与到社会实践之中，应该树立宽容开明、尊重个性的治理理念，给人民群众更充分的选择权、自主权、决定权，最大限度尊重人的个性、尊重人性、尊重人权。

包容大度，鼓励创造。创造力是一个国家兴旺发达的动力源泉，也是衡量其是否具有生命力的核心标准。创造意味着要探索、试错和冒险，必定会有探索风险、试错危险，但科学进步、人类社会发展离开了创新创造，就会停滞不前，甚至倒退。新时代以来，治国理政在顶层设计、制度构建、实践推动上取得了史无前例的突破和发展，业已形成了符合治理规律、符合现实国情、符合时代趋势的政略、方略、战略。但必须看到，有利于创新创造的环境氛围远没有形成，具有创新创造能力的骨干人才还严重缺乏，"依葫芦画瓢""照猫画虎"式推动工作者更是比比皆是，必须深刻正视这一现实而紧迫的问题，集中精力全面整治，尽快实现根本突破。一要在宏观上增强政策弹性。政策过松，容易失去控制；政策过紧，容易捆住手脚。应该充分发挥制度的指引性、指导性、指南性功能，坚决防止任意放大制度的约束力、强制力、刚性力的行为出现。在制度设计中应该主动站在执行者角度思考问题，给执行留有弹性、余地和空间。二要在中观上落实容错机制。中国已经建立了鼓励创新的容错机制，问题在于落实还不够有力，应该在深化落实上下真功、用真功。既要强化各级组织和领导干部的容错意识，又要大力提高问题辨别、穿透能力；既要强化各级组织和领导干部的担当意识，又要建立完善为担当者担当的保障机制；既要强化各级组织和领导干部的风险意识，又要大力营造全社会勇于创造的浓厚氛围。三要在微观上重用创新人才。善于思考、独立思考、超常思考，有思想、有主见、有魄力是创新人才的内核禀赋，无论在古今中外都是稀缺资源、稀有资源、稀少资源。营造有利于创新的环境，除了宏观政策引导、中观机制保障，还要在微观上敢于重用那些追求真理的"少数派"、敢于"冒险"的"探路人"、不拘一格的"另类者"，通过用人导向竖起鼓励创造的旗帜，引导社会树立创造性思维、提高创造性能力、收获创造性成果。

兼容并蓄，交融文化。文化是无价的软实力。软实力具有支撑、带动、引领硬实力发展的独特功能。文化软实力是国家和民族屹立不倒的底蕴根基。文化的生命力在于兼容并蓄、交融互鉴、开放互促。中国是具有五千年文化积淀的文明大国，优秀文化让中华民族生生不息、绵延不绝，未来中国永远不能断了这条血脉，而要努力使中华优秀文化更加兼容并蓄、更有智慧张力、更具时代生命力。一要不断打开胸襟，汲取世界一切优秀文明成果。坚持尊重差异和"文明是多彩的""文明是平等的"的主张，不独尊或贬损某种文明，不自以为是、傲慢自大、闭目塞听；坚持包容分歧，对不同理念、不同文化、不同价值观，求同存异，放下分歧；坚持虚心借鉴，始终以平等谦逊、虚怀若谷的心态对待各种文明，坚决与"排斥主义""简单拿来主义""关门主义"决裂。二要坚持文化自信，以发展本国特色文明为根本基础。既要坚持立足中国、面向世界，努力推动社会主义文化发展繁荣、建设社会主义文化强国，永远不搞文化虚无主义；又要坚定文化自信，切实把文化自信上升到与道路自信、理论自信、制度自信同样高度，强调中华优秀文化是中华民族独特的精神标识，永远都不能数典忘祖；还要坚守原则底线，保持定力，培养耐力，坚定走中国特色文化发展道路。三要持续凝练提升，把握中华优秀传统文化精髓。中华传统文化是一个巨大宝藏，但各种文化都有自身的局限和缺陷，简单地继承传统文化容易造成不同文化间理念冲突和思想冲突，影响文化传承效果。应尽快组织力量凝练提升中华优秀传统文化核心要义、打通中华优秀传统文化内在逻辑、固化中华优秀传统文化基本内核，形成既去除文化糟粕，又保留卓越精髓的中华优秀传统文化融合体，形成中华优秀文化的时代合力。

# 第三十三章

## "认清自己、强大自己、战胜自己"才能"心智不乱、意志不衰、精神不灭"

### 老子原典

知人者智，自知者明。胜人者有力，自胜者强。知足者富。强行者有志。不失其所者久。死而不亡者寿。

### 法融释典

知人之德才、察物之体性、辩正邪是非者，只能算机智聪明之人，只有了解自己德才分量、体察自身缺陷过失者，才是真正通明高明之人。胜过别人之人，只能算强壮有力，而能主宰和控制自身之人，才是真正强大之人。体道返朴、淡泊自安、寡欲自守、知足知止者，才是真正富有之人。在正确的道路上，坚持不懈、始终如一，逢千磨仍自强不息，遇百难仍顽强拼搏，这样的人才是真正有志之人。坚守虚无之妙道、天地之正气、人伦之大德之根本者，才是真正亨通长久不败之人。应天理为常德、以顺民情为心志，心性念念存诚不妄、言行动止合义不狂，为国效忠、有益生灵之人，才是真正"死而不亡"的永生之人。

## 悟道鉴典

"自胜者强","强行者有志","不失其所者久","死而不亡者寿"。老子通过对比描述,鲜明地亮出了对真强者之内涵的观点和态度,短短几行字,高度勾勒了"聪明者""高明者""得胜者""强大者""富有者""有志者""长久者""永生者"之群像,告诫世人,要成为精神不灭的永生者,应该不断厚积智慧,在战胜自我中做到知足知止、坚持不懈、恪守道本。

"主宰和控制自身之人,才是真正强大之人";"知足知止者,才是真正富有之人";"坚持不懈、始终如一","这样的人才是真正有志之人";"坚守虚无之妙道"者,"才是真正亨通长久不败之人";"应天理为常德、以顺民情为心志","为国效忠、有益生灵之人,才是真正'死而不亡'的永生之人"。法融道长从道的独特品质进一步阐明了强大者、富有者、有志者、不败者、永生者的本质特征,深刻揭示了"真强者"具有的心存智慧、内心强大、心怀道德、精神永生的四重境界,劝导世人,应该树立成为真强者的追求,在"认清自己、强大自己、战胜自己"中实现"心智不乱、意志不衰、精神不灭"。

老子对"真强者"的经典定义、对成为"真强者"的演进路径和无限价值的描述,虽历经几千年仍鲜活如初、价值无穷。古今中外,圣贤名人、历史伟人的成长史、发迹史、成功史,充分证明"真强者"具有战胜自我的卓越能力、知止满足的淡泊心态、百折不挠的坚定意志、恪守大道的强大定力;"真强者"具有超越历史、跨越时空,让精神永存、思想不灭、灵魂不死的无穷力量。

中华民族的伟大领袖毛泽东就是老子笔下"真强者"的杰出代表。毛泽东以其"为劳苦大众翻身得解放"的坚定信念在革命进程中历经坎坷、历经挫折、历经磨难，却始终矢志不渝、忍辱负重、自强不息、追求真理、心怀天下，最终成为党、国家和人民军队的掌舵人；他留给中华民族的宝贵财富"毛泽东思想"至今依然闪烁着真理光芒，成为中国人民不断从胜利走向胜利的思想旗帜；他的伟大精神和人格魅力依然感染、激励、引领着一代代中国人民，不断写下思想不朽、精神不朽、灵魂不朽的光辉诗篇。新时代中国，"表面强大却经不起磨难考验""能够战胜别人却不能战胜自己""心怀理想却不能为理想奋斗终生""敬仰天道规律却不能慎终如始""干出一些成绩却永远达不到被后人追随的效果"等现象广泛存在。未来中国的伟大事业，需要千千万万"真强者"为中国梦添砖加瓦，这就要求必须把培养造就一茬接一茬"真强者"作为推进伟大事业的组织保证和人才支撑。

培养认清自己的能力。认清自己是强大自己、最终战胜自己的基础和前提。人最容易犯的错误就是高估自己、低估别人，看强优势、淡化劣势，看重成绩、看轻问题，正所谓"不识庐山真面目，只缘身在此山中"。未来中国，在加强干部队伍建设中，应该致力于加强认清自己能力的培养，提高自知之明的能力。一要强化客观公正意识。认清自己以客观认识别人为前提，不能客观评估别人，就会低看别人、高看自己，产生认知偏差。应该不断引导教育干部，按照业绩、事实、民意，客观公正看待别人、虚心谦下看待自己，努力做到公心为上、事实为本、理性为要。二要全面评估优势劣势。任何事物都有优劣两面、正反两面、好坏两面，这种两面如同孪生兄弟，永远相伴而生。只看到优势看不到劣势，容易盲目乐观；只看到劣势看不到优势，容易悲观消极。应该不断引导教育干部，全面客观地分析自身优劣势，多查找劣势、多预判困难、多准备预案，决不能夜郎自大、盲目自大、狂妄自大。三要正确对待成绩过失。只要坚持做事就会有成绩，当然，也会有不足、问题和过错，这是事物发展的必然规律，幻想事物发展永远没有矛盾、没有缺陷、没有失误是一厢情愿、异想天开。应该不断引导教育干部，树立"成绩不讲跑不了，问题不找不得了"的忧患意识，自觉养成淡化成绩、看重问题的习惯，不断增强正视自身、正视不足、正视缺失的成熟度和自信感。

坚持强大自身的自觉。自身强大才是可靠的强大、真正的强大、根本的强大。培养"真强者"，应该牢牢把握强大自身这个关键。一要立足自我。干部强大自身需要组织培养和塑造，但核心还是个体应该增强自觉，树立强大自我的雄心壮志，养成从我做起的习惯自觉，开辟立足自我的发展路径。应该不断引导教育干部，强化自我塑造意识，激发自我培养动力，走出一条自我提升道路；应该大力引导干部做好个体职业生涯设计，明确奋斗方向、努力目标，在循序渐进、不断提升中强大自我。二要立足实践。空喊口号、纸上谈兵、坐而论道，将永远与强大自我无缘。应该大力强化实践导向、实践思维、实践标准，大力倡导勇于实践、善于实践、持续实践的理念。应该不断引导教育干部，自觉投身基层一线，磨炼意志、积累经验、增长才干；同时有计划、有目的、有针对性地安排干部到艰苦地方、困难地区、矛盾突出的环境摔打、磨砺、淬炼，从而通过上下联动的锻炼实践，形成真知灼见、真才实学、真枪实弹的真本事。三要立足心性。强大自我的核心标志是内心强大。内心强大方能战胜困难、经受磨难、应对灾难，抵达常人难以企及的事业高度。应该不断引导教育干部从思想深处、心灵深处、灵魂深处，自觉修炼党性、心性、品性，练就战胜困难的勇气、厚积攻坚克难的智慧、提高突破顽障的能力。

追求战胜自己的境界。自己不倒，方能屹立不倒。能够战胜自己，一切苦难、矛盾、挫折通通不在话下。真强者的最高境界，就是在任何情况下都能够战胜自己的欲望、欲念、欲求，坚持真理、坚持正义，百折不挠、勇往直前。应该不断引导教育干部，既努力提高认清自己的能力，培养强大自我的自觉，更要追求战胜自己的境界。一要深刻认识"只有自己才会打倒自己"的真理性。人生失败从根本上而言，都是自身问题所导致。应该不断引导教育干部，政治上不触"红线"，增强政治鉴别力；工作上不划"虚线"，求真务实创业绩；生活上不越"底线"，讲操守、重品行、控私欲、守大节。二要深刻认识"战胜脆弱才能战胜自己"的关键性。人都有脆弱一面，被不公、不正、不义打压、算计、诬陷，不可能毫无反应、无动于衷，都会出现情绪波动、思想波动、信念波动的情况，甚至产生一蹶不振、垂头丧气、放弃追求的念头。应该不断引导教育干部，自觉克服脆弱心理，不断强大内心，与命运抗争，提升走出至暗时刻的反弹力，防止因半途而废、功亏一篑而抱憾终生。三要深刻认识"战胜自己才能不断走向成功"的逻辑性。战胜自己是一场意志较量、毅力较量、定力较量，根本上而言，是与人性弱点、情感软肋、欲望本性进行深度博弈的过程。如果理智战胜了情感、操守战胜了欲念、理想超越了小我,就可以进入战胜自己的超然境界,进而不断走向成功。应该不断引导教育干部,胸怀远大理想、矢志追求梦想、激发成功渴望,自觉与脆弱心理、消极情绪、悲观心态做斗争,做到在坚持不懈、百折不挠、负重前行中克服困难、排除干扰、劈波斩浪,不断走向成功彼岸。

# 第三十四章

## 不自高方能高大、不自傲方能博大、不自大方能伟大

### 老子原典

大道泛兮，其可左右。万物恃之以生而不辞，功成不名有，衣养万物而不为主。常无欲，可名于小，万物归焉而不为主，可名于大。是以圣人终不为大，故能成其大。

### 法融释典

大道无边无际，无所不至、无所不达、无所不及，可左可右、可上可下，在方为方、在圆为圆，向无定向、形无定形，任其物性、顺其自然。创造世界义不容辞，做出成就功成不居，滋养万物不加宰制。不求名利、无私无欲，表面看平凡渺小，但因万物归附而不以为主，实际上高尚伟大。圣人君子正是从来不自大，所以终能成就伟大。

### 悟道鉴典

"常无欲，可名于小，万物归焉而不为主，可名于大。是以圣

人终不为大，故能成其大。"老子通过对无极大道无穷能力、无限价值、无上品质的深入阐释，揭示了天道具有不自高、不自傲、不自大的本质特征，告诫世人，圣人君子之所以成为伟大之人，在于效法天道不自大。

"大道无边无际"，"创造世界义不容辞，做出成就功成不居，滋养万物不加宰制"。"表面看平凡渺小"，"实际上高尚伟大"。法融道长通过进一步对天道品性的系统分析，深刻揭示了天道看似平凡、实则伟大的根本原因，劝导世人，应该效法大道品性，以不自高成就高大、以不自傲成就博大、以不自大成就伟大。

"自高自大、骄傲自大、狂妄自大终将被自高吞噬、被自傲埋葬、被自大毁灭"这一规律已经成为人类社会普遍共识。在当时的历史条件下，老子就能提出"不自大才能成就伟大"的思想，充分说明其思想的超前性、深邃性、前瞻性。自高、自傲、自大是一个不断升级的演进过程，高估自己向前一步就会骄傲自满，骄傲自满再向前一步就会自负狂妄，自负狂妄再向前一步就会走向败亡。纵观新时代以来，中国反腐败斗争中已经惩治的数以百计的高官将领，无不印证了这一变化轨迹。这些腐败分子中，有相当多的人年纪轻轻就走上了高级领导岗位，随着地位提高、权力扩大、平台加宽、人脉增多，开始放松约束，放松自律，先从高估自己起步，再向目中无人的自傲演变，最终肆无忌惮、狂妄自负，一步步走向了犯罪深渊，自己砸碎了成就一番大事业的政治梦想。与此相反，毛泽东、周恩来等老一辈革命家，少小离家闹革命，几十年如一日，不争高低、不计名利，谦虚谨慎、自省自律，革命成功后依然保持低调、谦下、平凡等优秀品质，最终成为中国人民乃至世界人民敬仰的一代伟人。老一辈革命家们这种不自高成其高大、不自傲成其博大、不自大成其伟大的光辉写照,永远值得中国人民学习、效法、敬仰。新时代中国,针对干部队伍中存在的浮躁、自负、自大等突出问题,应该积极借鉴老子思想,引导各级干部"以永不自大成就伟大",夺取事业发展和人生圆满双胜利。

摒弃自高,成其高大。看高自己目的是为了抬高、拔高自己,而事实上是不高明之举,不仅会招致别人反感厌恶,而且也会使自己变得渺小,俗话说"高估了自己却降低了你在别人心中的分量"。相反,低看自己、高看别人,却能使人格得到升华。只有自觉摒弃自高做派,才能以不自高成其高。一要强化"自高是走向灭亡起点"意识。思想滑坡、私欲膨胀、底线失控是一个从量变到质变的过程,一切败亡无不都从自我欣赏、自高自大、自以为是、自我标榜开始发展的。应该引导教育各级干部,深刻认识自高自大的危害性,强化自高是走向灭亡起点的强烈意识,任何时候宁可把自身水平看低一点、自身作用看小一点、自身贡献看少一点,也不能自我看高、自我抬高、自我拔高。二要养成"低调谦逊、高看别人"的习惯。低调永远胜过高调、谦逊永远胜过高傲、高看别人永远胜过高看自己。应该引导教育各级干部,树立低调谦下的理念,摆正自身位置,自觉放低身段、放下身架、放平身份,学会以仰视眼光看他人长处、优势、强项,决不能看低别人、轻视别人、蔑视别人,最终把自己变成"孤家寡人"。三要坚定"不自高方能成就高大"的信念。高大从来自吹不出来、自诩不出来、自封不出来,而是在看高别人、修身养性、低调实干中逐步形成的，自高者永远成不了高大者。应该引导教育各级干部坚守"因不自高以求高大"的信念，保持低调内敛作风，锤炼谦下品质，不能自吹自擂、自卖自夸，更不能自我推销所谓高大形象。

摒弃自傲，成其博大。自傲，就是自以为比别人高明而骄傲自满的状态，是一种过度自我欣赏和自尊心过分膨胀的倾向。其主要表现为傲气十足、孤芳自赏、不自量力，以自我意识为基础、以自我认知为中心、以自我吹嘘为特征。自傲是自高的发展、自大的前奏，一旦养成了自傲的心态和毛病，就会思想膨胀、欲念膨胀、目标膨胀，进而滑向自大自灭深渊。一个真正内涵博大之人，必定是谦虚谨慎、戒骄戒躁、富有涵养的谦谦君子。谦谦君子结好人缘、造好氛围、得好结果。应该引导教育各级干部，摒弃自傲的心理和行为，树立"只有坚持不自傲才能成其博大"的思想。一是"傲气不能有、谦虚不可无"。心有正气前途光明，身有邪气前途暗淡。傲气是邪气、负能量；谦虚是正气、正能量。应该教育引导各级干部深刻认识"傲气有害、谦虚有益"的道理，无论能力多强、地位多高、贡献多大，不能滋长傲骄之气，而要保持谦虚作风，决不能有点能力就心高气傲、有点成绩就趾高气扬、有点贡献就目空一切。二是"傲慢不能有、谦卑不可无"。傲慢是一种俗气，更是一种缺乏德行的表现，既是对自己不尊重，更是对别人不尊重；谦卑是一种和气，更是一种富有内涵的修养，既是尊重别人，也是尊重自己。应该教育引导各级干部坚决杜绝傲慢之风、自觉涵养谦卑之品，任何时候不能咄咄逼人、居高临下、盛气凌人，而要平等视人、宽厚待人、谦卑为人。三是"傲世不能有、谦惧不可无"。傲世是狂气，更是一种无知狂妄的表现，不仅愚蠢，而且危险；谦惧是"慎"气，更是一种具有智慧的表现，不仅理性，而且无虞。应该教育引导各级干部保持对世事万物敬畏之心，深刻认识个体在世事万物面前、在未知世界面前非常渺小的道理，始终保持对世间万物心怀敬重、持以畏惧、行有所止，决不能无所畏惧、无所顾虑、无所禁忌，更不能轻视一切、目空一切、藐视一切。

摒弃自大，成其伟大。自高和自傲交织必然导致人的认知从自高自大滑向狂妄自大，对人生走向而言，必将不可救药地滑向深渊，与伟大更加无缘。汉代夜郎国不知天高地厚，竟以"汉朝和夜郎国哪个大"发问于汉朝使者，后夜郎末代国王被西汉郡守斩杀，夜郎国从此消失于历史的故事，就是最为经典的案例。天狂必下雨，人狂必有祸。应该教育引导各级干部，梦想成就一番大事业，应该永远保持谦虚、低调、内敛的作风，一步一个脚印，一天接着一天锤炼自己，慎终如始、一以贯之。一是谨慎评估自己。只有正确认识自己、客观分析自己、谨慎评估自己，才能控制自高自大之意气、遏制骄傲自大之习气，这是防止狂妄自大的前提基础。应该教育引导各级干部，宁可对自己低估一分也不可高估半分、宁可对自己看低一分也不可看高半分、宁可对自己看小一分也不可看大半分，凡事留有余地、留有分寸、留有空间，决不能妄自尊大、妄自夸大、妄自高大。二是公正评价他人。只有公正认识别人、看待别人、对待别人，才能遏制自满之气、骄娇之气、傲慢之气。应该教育引导各级干部，对他人多一分尊重、多一分敬重、多一分看重，多用自己短处比别人长处，多用自己劣势比别人优势，多用自己弱项比别人强项，在比较中培养高看别人、赞美别人、欣赏别人的美德，决不能用放大镜看别人的缺点，更不能以片面性思维"看扁"人、"看偏"人、"看绝"人。三是始终谦下行事。谦下一时容易，谦下长久不易；谦下一时无益，谦下长久大益。应该教育引导各级干部，不断加强人格修养、格局提升、境界升华，使谦下作风真正成为自觉意识、行为习惯、终生追求，决不能一时谦下、应景谦下、"作秀"谦下，而要一贯谦下、真心谦下、真正谦下，最终以谦下之风塑造伟大人格、伟大人品、伟大人生。

# 第三十五章

"执守真理、坚守真理、信守真理",方能"平安康泰、事业长久、人生圆满"

### 老子原典

执大象,天下往。往而不害,安平泰。乐与饵,过客止。道之出口,淡乎其无味,视之不足见,听之不足闻,用之不足既。

### 法融释典

执守修持无与伦比的自然之道,天下品物万类,"不言而善应,不召而自来",无不宾服与归往。不仅互不相害、和平相处,而且可以安居乐业、康泰平安。

利欲之美色、动听之声音、爽口之厚味、香鼻之肴馔,虽一时引人驻足向往,但与执道之归往完全不同,如同匆匆过客难以久留。大象无形,纯粹、素朴、清静、无为的自然之道,其味淡然,想见看不见、想听听不到、想用用不尽,其功能作用任何事物无与伦比、无法达到。

### 悟道鉴典

"执大象,天下往","淡乎其无味","用之不足既"。老子通过对向往大道和向往乐饵后果的对比分析，深刻揭示了执守大道、天下归心、平安康泰、作用持久、妙用无穷的客观规律，告诫世人，美色、美音、美味、美肴只能一时快利感官，但作用有限且难以持久。

"执守修持无与伦比的自然之道"，"无不宾服与归往"。"利欲之美色、动听之声音、爽口之厚味、香鼻之肴馔"，"如同匆匆过客难以久留"；"纯粹、素朴、清静、无为的自然之道"，"其功能作用任何事物无与伦比、无法达到"。法融道长进一步揭示了纯粹、素朴、清静、无为的自然之道，其功能无与伦比、其妙用无穷无尽、其能力无所不及的客观事实，劝导世人，应该学习天道品质，在执守真理、坚守真理、信守真理中，赢得平安康泰、事业长久、人生圆满的结局。

老子阐述的天下大道用现代语言表述就是真理规律。古往今来，向往真理、追求真理、坚持真理的只是少数人，大多数人向往享乐、追求享受、追求快意人生，且历经千年绵延不绝，无论是古代社会还是现代社会，这一现象基本没有改变，甚至还有于今为烈之势。然而，自古以来，一些圣人君子坚持向往真理、向往圣贤，赢得了天下人纷纷投奔、归顺、追随的佳篇也俯拾皆是，封建王朝开创盛世的明君圣主皆是例证。相反，更有一代又一代、一批又一批、一茬又一茬追求感官享受、私利欲念的昏君庸人，最后事业中断、身败名裂、抱憾终身，封建王朝没落衰败的帝王皆属此类。古今中外，正反案例警示世人，涵养纯粹、素朴、清静、无为的自然之道、上德之德，坚持追求真理、践行规律，才能确保平安康泰、事业长久、兴旺发达。新时代中国，物质条件越来越好、选择空间越来越大、享受诱惑越来越多，这给建设社会主义现代化强国、建设高素质干部队伍带来了严峻挑战。新的历史条件下，针对干部队伍中长期存在的物质化、享受化、奢侈化倾向，应该积极借鉴老子"执大象，天下往"的思想，教育引导各级干部自觉执守真理、坚守真理、信守真理，确保平安康泰、事业长久、人生圆满。

执守真理，保平安康泰。真理是人类社会最高指导原则，是符合宇宙规律、自然规律、社会规律的天道法则。真理客观公正、无所不在、无所不至、永生不灭，具有普遍性、平等性、必然性、永恒性的特征。人类社会发展规律表明，错误终将敌不过道理，亦敌不过天理。天理就是真理、天道、因果法则，所谓"种瓜得瓜，种豆得豆""善有善报，恶有恶报"，只要坚持执守真理，必然平安康泰。一要心中怀有真理。只有相信真理才能遵循真理、践行真理、坚持真理。应该引导教育各级干部，强化真理意识，认清真理作用、真理价值、真理力量；认清无视真理、违背真理、践踏真理的严重危害。任何时候，都要敬畏真理、相信真理、崇尚真理，在思想认识上筑牢确保人生平安康泰的坚实根基。二要手中握有真理。真理规律不是虚无缥缈而是客观存在。发挥真理力量和真理价值，必须手握真理、把握真理、紧握真理。应该引导教育各级干部，掌握真理规律，提高执守真理能力。既要善于发现真理，通过观察、学习、思考把握大真理框架下的具体规律，增强实践性；又要不断提高发现真理的洞察力、辨别力、升华力，增强指引性。三要在真理下行动。真理一经实践就会产生无穷无尽的力量。发现真理、掌握真理只是基本方法，运用真理、发挥真理作用才是根本目的。应该引导教育各级干部，养成在真理下行动的自觉习惯，从因果规律出发，谋划推动工作；从基本规律出发，把客观规律作为解决一切问题的落脚点、归宿点；从具体规律出发，把合法、合规、合理、合情统筹起来，切实把握时效度。

坚守真理，得事业长久。执守真理，主体是人。人皆有私心、欲望、欲求，希望少付出多回报、少奋斗多享受、少约束多自由，这是基本人性、本性、天性。正是这些人性的薄弱性、劣根性、缺陷性决定了执守真理会遭遇困难、遭遇挑战、遭遇挫折，应该以自我约束精神，与私心杂念、过度欲念、贪婪妄念做斗争，以强大耐力、毅力、定力守住执守真理之心，确保事业长久。一要追求真理大道而不是"乐饵"享受。应该引导教育各级干部，充分认清诱人美色、动听声音、爽口厚味、香鼻肴馔，虽能令人驻足向往，但只能获得一时感官刺激，无法长久，甚至还有可能成为精神腐蚀剂，如不加约束、任其膨胀必生大患的深刻道理。牢固树立只有追求纯粹、素朴、清净的自然之道，才能心情平静、心态平和、心境平顺，实现事业亨通长久。任何时候应该自觉以恬淡、平淡、素淡之心面对私心挑战、欲望干扰、妄念腐蚀，永远走在人间正道上。二要追求精神富有而不是物质富有。物质财富有价、精神财富无价。人生真正的成功不是地位高度、财富厚度，而是回望之时的心安理得和问心无愧。应该引导教育各级干部，树立正确的财富观，牢记"君子爱财取之有道""当官发财两条路""鱼和熊掌不可兼得"的警示，懂得"财富不是越多越好而是适度最好"的道理，不断激发追求精神财富的动力，树立高尚的精神追求和人生理想。三要追求长久幸福而不是一时快乐。"一失足成千古恨",追求一时快乐享受,往往是人生转向、迷失、堕落的开始,甚至是毁灭幸福人生的导火索。应该引导教育各级干部,保持健康的生活方式、生活情趣、生活品味,增强自身"免疫力",练就经得起"政治风浪考验、人生风雨历练、变革风险挑战、钱色风情诱惑"的金刚不坏之身,实现人生幸福、长久幸福、永远幸福。

信守真理,赢人生圆满。执守真理、坚守真理,为真理而战、为真理而生,这是与私念作祟、与财富诱惑、与功名追求反复较量、长期博弈的过程。事实证明,只练就了朴素、恬淡、无为之心远远不够,还应该树立追求真理、追逐真理、追随真理的强大信仰,以任何力量都不能改变追求真理的信心决心排除万难,把追求真理进行到底。否则,事业和人生容易出现半途中止、停顿甚至夭折的危险。一要坚持以"大道"管"小道"。用"大道"管住"小道"、用"大道理"统领"小道理"才是治本之道。应该引导教育各级干部,自觉提高站位、提升格局、增强底蕴,把真理、规律、法则作为评价真假、美丑、善恶的根本标准,把以真理、规律、法则处理矛盾问题、是非曲直、大事小情作为基本原则。坚决摒弃违背真理、规律、法则的小道,切实防止小道影响大道、干扰大道、左右大道、否定大道,要不断压缩小道的生存空间、作乱空间、祸害空间。二要坚持行"大道"避"小道"。前进道路上,总会出现与大道并行交叉的小道、歪道甚至邪道,必须不断克服走小道的诱惑、迷惑、蛊惑,坚定地行走在真理大道上。应该引导教育各级干部,摒弃抄近道、走捷径、省力气的错误理念,牢固树立"走大道才是真捷径""走小道是小聪明，走大道才是大智慧"的正确理念，自觉打消投机、侥幸、冒险的念头，切实避开小道、躲开小道、绕开小道。三要坚持求"大道"弃"小道"。树立敬畏大道、遵循大道、坚走大道的信仰信念，才能永远排除小道干扰、小道诱惑、小道风险。应该引导教育各级干部，不断提升思想高度、思想深度、思想厚度，提升行事格次、行事格调、行事格局，提升目标基准、目标标准、目标水准，培养大视野、大格局、大情怀、大追求，最终让小道无计可施、无缝可钻、无能为力。

# 第三十六章

"盛衰有道、成败有数、治乱有势",把握"欲抑先扬、欲擒故纵、欲取姑予"微明智慧

### 老子原典

将欲歙之,必固张之。将欲弱之,必固强之。将欲废之,必固兴之。将欲夺之,必固与之。是谓微明。柔弱胜刚强。鱼不可脱于渊,国之利器不可以示人。

### 法融释典

如果准备收缩合拢,必须先坚定地张开放大;如果准备消减削弱它,必须先坚定地旺盛壮大它;如果准备废置抛弃它,必须先坚定地使它繁茂发达;如果准备夺取占有它,必须先坚定地赋予、给与它。天地气运在大道运化中有升沉变迁、消息盈虚之数。万物兴亡、成毁起伏、离合盛衰,自然而然。自然界阴阳运度,相互更替,周而复始地朝着反向发展。盛极必衰、衰极必盛,合久必分、分久必合。盛衰有道、成败有数、治乱有势、去就有理,这是自然之道的微妙玄机。一切事物向反方向发展、在冥冥之中运动,虽然令人不知不觉,但最终结果清晰明晰。

柔弱中隐含着潜在刚强。谦让柔和的君子胜过横暴刚强的小

人。这种反向谋划事物发展的智慧，实为处身治国之"利器"。这种智慧不可炫耀、彰示于人，否则就会带来恶果甚至灭顶之灾，犹如鱼离开水而显形于外必死一样。

国之利器炫示众人后患无穷。横暴愚顽的小人得之，必徇私舞弊、相诈逞狂、贬正败贤、祸国殃民、祸害天下。国之利器炫示天下将致倾覆败丧。非但国民不能生息，而且会如脱渊之鱼般自然枯死，国家也会遭受致命灾难。

## 悟道鉴典

"将欲歙之，必固张之。将欲弱之，必固强之。将欲废之，必固兴之。将欲夺之，必固与之。是谓微明。"老子通过对收缩与张开、削弱与壮大、废弃与发达、夺取与给予辩证关系的分析，提出了反向思维命题，进一步深化了"柔弱胜刚强"的思想，深刻揭示了事物向反向发展的微妙玄机，告诫世人，推动事物反向发展的微明智慧不可炫耀彰示于人，不然就会产生如鱼儿离开水般的致命风险。

"自然界阴阳运度、相互更替，周而复始地朝着反向发展"，"这是自然之道的微妙玄机"，"虽然令人不知不觉，但最终结果清晰明晰"，"这种反向谋划事物发展的智慧，实为处身治国之'利器'"。法融道长通过揭示天下事物成毁起伏、离合盛衰，盛极必衰、衰极必盛，合久必分、分久必合相互转化之道，深化演绎了柔弱胜刚强的自然法则，启发世人应该掌握辩证思维这把"金钥匙"，深刻阐明了反向思维智慧虽令人不知不觉，但最终结果清晰明晰的根本原因，劝导世人，应该深刻领悟"盛衰有道、成败有数、治乱有势"的天道真谛，努力把握"欲抑先扬、欲擒故纵、欲取姑予"的微明智慧。

　　老子反向思维的智慧符合宇宙万物阴阳律、极反律、因果律三大规律，这是在遵循"极反律"前提下，以长周期、大视野、全纵深为思考背景，得出的一种反常规、反常态、反常理的战略智慧。古今中外国家发展、事业发展、人生发展的生动事实充分证明，这种智慧微妙至极，常人难以理解、难以把握、不敢运用。绝大部分人主张采取"为收而收、为弱而弱、为废而废、为取而取"的直接策略、简单策略、惯性策略。把握这种反向智慧者，则无往而不胜。战国时期，秦将白起为了挫败赵括之攻势，首先以诈败诱赵兵入围，然后迂回抄袭、断其后路，最终使数十万赵军成为俘虏，使得赵国从此元气大伤、一蹶不振。美苏争霸时期，美国为了削弱苏联实力，故意与苏联针锋相对，制定了"星球大战"计划。苏联深受刺激，落入了美国设下的战略陷阱，疯狂开启了与美国之间的军备竞赛，结果背上了沉重的经济包袱。楚汉相争时期，汉朝大将韩信在攻下齐国后，马上要求刘邦封其为王，刘邦对韩信的"狮子大开口"深为不满，埋下了废除韩信的种子，但考虑到楚汉争霸正处于胶着状态，刘邦从大局出发不动声色满足了韩信的要求，封其为齐王。韩信志得意满，继续为刘邦征战。刘邦打下天下后，最终以谋反罪名授意吕后杀韩信于长乐宫。解放战争时期，毛泽东在胡宗南大兵压境的情况下，果断做出撤离延安的战略决策，不计一城一地之得失，以不足三万人的兵力，成功拖住了胡宗南这支战略预备队，有效策应了其他战场，为西北战场和整个解放战争胜利奠定了基础，实现了"用一个延安换取全中国"的战略意图。新时代中国,面对错综复杂的国际变局,应该积极借鉴老子反向思维智慧,立足全局、立足长远、立足整体,处理大国关系和国际争端,坚信"盛衰有道、成败有数、治乱有势"的天道规律,灵活运用"欲抑先扬、欲擒故纵、欲取姑予"的微明之智,以大智慧、大策略、大布局不断巩固自身实力、提升自身实力,走向世界舞台中央。

自信地借鉴欲抑先扬大智慧。欲抑先扬是集示弱智慧、麻痹智慧、择机智慧于一体的斗争智慧。在斗争形势不明朗、处于胶着期、双方实力旗鼓相当的情况下,实施欲抑先扬的斗争策略能够收到奇效,既能确保大局不失,又能降低战略成本、把握最佳时机、收到最好效果。当今世界,中美竞争已经公开化、明朗化、白热化,美国对中国的牵制、打压、遏制势头越来越猛,力度越来越大,手段越来越凶,中国人民反对美国的战略压制将是一项长期任务。根据中美竞争力量对比和中国自身潜在优势劣势,应该更加自信地借鉴欲抑先扬的大智慧,避免过早短兵相接,造成两败俱伤。一要立足战略目标。实现中华民族伟大复兴是新时代中国最崇高、最根本、最重要的目标,应该立足自身战略目标,算清、算精、算好大账,不去计较一城一地得失和眼前短暂利益,暂时损失一些经济利益既是正常的也是必须的,决不能精算小账、锱铢必较,不能影响战略全局。二要保持战略定力。中美战略竞争是一场持久战、拉锯战、马拉松长跑。中美双方的竞争特点决定了中国既不可能"速败",也不可能"速胜",必定是持久战,最终比拼的是中美双方的韧劲、耐力和智慧,决不能自乱阵脚、贸然行动、冒险出击、损害全局。三要讲究策略。中美竞争不是中美关系的全部,合作才是中美关系的主线和根本目标,对于一些只关系到局部利益的枝节问题,应该灵活施策、该让则让,万万不能"小不忍则乱大谋"。坚持有理、有利、有节的方针,追求竞争效益,切实掌握火候、掌握分寸、掌握尺度。

自如地借鉴欲擒故纵大智慧。欲擒故纵是一种反常规思维、反方向思维、反主动思维,具有隐秘性、伪装性、麻痹性功能。《孙子兵法》第十六计云:"逼则反兵,走则减势。紧随勿迫,累其气力,消其斗志,散而后擒,兵不血刃。需,有孚,光。"意思是"逼得敌人无路可走,敌人就会反扑;让敌人逃跑就可减弱敌人气势。追击敌人时不要过于逼迫,意在消耗敌人体力、瓦解敌人斗志,等待敌人士气沮丧、溃不成军之时再发力阻击,以最大程度避免自身伤亡"。国与国之间的竞争,在某种程度上符合战争规律,应借鉴中华优秀传统文化之精华,运用逆向思维,采取反常规、反方向、反主动的智慧策略,努力创造意想不到的效果。一要保持国家重大策略"神秘感"。既然是竞争就要讲竞争智慧、竞争策略、竞争方法。"彼不知我,我知彼"是竞争的最高境界,也是克敌制胜的优势策略。在坚守道义、正义、大义的前提下,在国际竞争中要保持重大策略的神秘感,让对手摸不着头脑、找不到方向,是为上策。战略竞争应该有实有虚、有真有假、有主有客、有紧有松,做到策随时变、策为势变、策因机变,牢牢掌握竞争主动权。二要避免穷追猛打的"速胜策略"。实力相等特别是在他强我弱的条件下,应该坚决避免正面冲突、强势发力、强行应对,不被短暂胜利、局部得失、眼前利益干扰影响,而要正确估量自己,客观评估胜利价值,讲究策略。在中国走向世界的进程中，要避免"树大招风""木秀于林，风必摧之"的效应发生，以化解消弭业已存在的误会、误解、误读，甚至敌视。三要善打攻心为上的"太极策略"。高举高打、猛打猛冲、强攻强为从来不符合中国竞争智慧，攻心为上的"太极策略"才是中国人民的智慧优势。在国际竞争尤其在与美国等大国的竞争中，更应采取反方向思维，少打"直拳"多打"勾拳"、少打"暴击拳"多打"太极拳"、少打"单一拳"多打"迷踪拳"，采取追而不逼、围而不打、攻而不破的策略，让对手自乱阵脚、自我溃散，把竞争成本降到最低限度。

自若地借鉴欲取姑予大智慧。欲取姑予充满了取舍、得失、盈亏的智慧，是一种先舍后取、以舍小取大，先失后得、以失小得大，先亏后盈、以亏小盈大的超然智慧。人类社会发展实践反复证明，小舍小得、大舍大得、不舍不得，舍、失、亏的智慧比取、得、盈的智慧更高明、更精明、更圣明。事业有大成者必定普遍都是深谙取舍、得失、盈亏智慧的大家名家。国与国之间的竞争，不是一时比拼而是长期比拼，不是局部竞争而是全面竞争，不是平面竞争而是立体竞争，这就需要增强竞争的格局、底蕴、韬略，运用好超传统的竞争理念、模式、策略。一要大胆运用"予"策略。中国已经成为世界第二大经济体，其综合国力已挤进世界第一方阵，无论国际地位还是综合实力，已经具备了先"予"的条件。在国际交往中，应该善于算"综合账"，在谋求经济利益的同时谋求政治利益、长远利益，需要时可以让出一些经济利益以获得全局利益；对其他发展中国家，应多承担一些国际义务、力所能及地履行国际责任，扩大国际朋友圈和世界影响力。二要彰显敢舍肯失的大国风范。敢舍肯失是一种姿态、格局、风范，无论从什么角度衡量，都是令人尊重、令人崇敬、令人赞赏的行动。随着中国的崛起，世界评价中国的标准日益提高，作为发展中大国、新兴大国，应该展现大的格局、大的气度、大的情怀，以令人信服的大国风范让世界心悦诚服。三要立足谋大取、谋大得、谋大盈。"予"不是不取、不得、不盈，而是以一种与众不同的反向智慧实现先舍后取、先失后得、先亏后盈的效果，进而大取、大得、大盈，这是一种立足长远、立足整体、立足全局的取舍策略和智慧。在实施欲取姑予策略中，应做好顶层设计、长远谋划、过程管控，为全人类实现取的最大化、得的最大化、盈的最大化。未来中国，在任何情况下，都要永远秉持"人类命运共同体"理念，有节奏、分阶段、按步骤推动"一带一路"建设，切实把为中国人民谋幸福、为中华民族谋复兴的初心使命，贯穿于建设社会主义现代化强国和推动世界发展全过程，最终收获全面回报、长远回报、根本回报。

# 第三十七章

以"无为之理、无名之朴、无欲之静"自然之道，实现"万民自化、无欲自静、天下自定"大治境界

### 老子原典

道常无为，而无不为。侯王若能守，万物将自化。化而欲作，吾将镇之以无名之朴。无名之朴，亦将不欲。不欲以静，天下将自定。

### 法融释典

真常大道不劳心力，顺应自然，从不造作妄为，天下事物皆有条有理，各有其所、各有所用、各有所适。

如果侯王心地纯一、克欲无妄、清静自然地持守真常之道，恪守无为而治，天下万物必能按自身规律正常发展，天下万民必能自我感化。如果出现不正之欲、逞狂作怪者，不必采取强硬手段镇之，应以清静、无为、真诚、自然、浑全未破的无名之朴化之。

无名之朴是自然之道先天体性和人类情欲凿丧未破之先天本性，没有任何思欲情妄，至为清静纯粹。因为淳朴自然，所以能

镇毒邪、能治纷乱。持守这一先天体性和先天本性，必然其身自修、天下太平。

## 悟道鉴典

"侯王若能守，万物将自化。""无名之朴，亦将不欲"，"不欲以静，天下将自定"。本章是《道德经》"道"篇的压轴篇。老子通过阐述无为而治理念、无名之朴品质、无欲之静境界的深层逻辑，揭示了实施无为而治，必然带来万物自长、万民自化、天下太平结果的客观规律，告诫世人，只要坚守无为而治思想，排除妄为乱为欲念，按照天道体性和自然本性修身治国，就能实现其身自修、天下太平的局面。

"恪守无为而治，天下万物必能按自身规律正常发展，天下万民必能自我感化。""如果出现不正之欲、逞狂作怪者，不必采取强硬手段镇之"，"因为淳朴自然，所以能镇毒邪、能治纷乱"。法融道长进一步揭示了清静无为的无名之朴，之所以能够治毒邪、纷乱的深层原因，劝导世人，只要坚持"无为之理、无名之朴、无欲之静"的自然之道，就能实现"万民自化、无欲自静、天下自定"的大治境界。

无为而治是老子思想的精华。无为而治并不是无所作为、消极不为，而是效法天道品性，按照自然规律循理而为、顺势而为、应时而为，不硬为、不乱为、不妄为，以无为之道理念、无名之朴品性、无欲之静境界治国理民。古今中外无数以无为而治开创天下大治的经典案例充分证明，无为而治思想具有独特的认识价值、强大的底蕴力量、邃密的逻辑支撑。中国封建王朝许多朝代正是因为过于强为、胡乱作为、肆意妄为，早早结束了王朝生命，这样的案例数不胜数。无为而治思想千百年来一直争论不休、褒贬不一，造成这种现象的原因，很大程度在于对老子无为而治思想有误解和曲解，加之人类有欲望欲念、好追求名利、喜炫耀权力，不愿意无为而治、不愿意自然而然、不愿意克制欲望，从而滋长了"有为而治"思想的盛行，但实际上这违背了天道规律。一个时期以来，中国大地上硬作为、乱作为、妄作为现象禁而不绝，问题主要集中在两个方面。一方面是在处理党和政府与人民群众的"鱼水关系"和血肉联系上问题成堆。一些干部对待群众以"执政者"自居，态度冷漠、蛮横、粗暴，方法简单、强硬、野蛮，激化了干群矛盾，严重损害了党的威望和威信。另一方面在处理经济发展与生态发展关系上问题成堆。一些地方为了追求眼前发展利益，不惜牺牲自然环境，对生态系统造成严重破坏，出现了水土流失、河流污染、雾霾加剧等环境问题，给国家长远发展和子孙后代繁衍生息埋下了祸根。新时代以来，中国坚持"以人民为中心"的指导思想，坚持"绿水青山就是金山银山"的发展理念，党和人民群众的"鱼水关系"得以修复，违背自然发展的行为得以遏制，但离"无为而治"思想要求还有漫长的路要走。未来中国，应该积极借鉴"无为而治"思想，在治国理政进程中，遵循无为之理、效法无名之朴、追求无欲之静，努力开创"万民自化、无欲自静、天下自定"的大治境界。

遵循无为之理。老子倡导的"无为"就是不生为、不硬为、不强为、不乱为，就是按照天道规律自然而为、顺势而为、循理而为。对人类发展而言，循理而为，就是要遵循宇宙大规律、自然大规律、社会大规律办事,确保生存永久、发展永续、文明永生。对中国发展而言,就是要在遵循以上三大规律前提下,按照执政规律、社会主义建设规律、人类社会发展规律办事。一要始终遵循执政规律。始终坚持党政军民学、东西南北中,党的领导覆盖一切;始终坚持推进改革事业发展,必须以加强党的领导为前提;始终坚持不断提高党的执政能力和执政水平,提升人民群众对党执政的信任度和支持度;始终坚持加强党的自身建设,保持党的先进性、纯洁性,不断增强自身的凝聚力、战斗力、号召力。二要始终遵循社会主义建设规律。坚信社会主义制度比资本主义制度更优越,社会主义能救中国,同样能发展中国,更能强大中国、成就中国;任何时候必须坚持道路自信、理论自信、制度自信、文化自信,这是历史选择、人民选择、实践明证;坚信党有能力最大限度发挥社会主义制度优越性,坚持开放、包容、吸收、借鉴一切文明成果,扬长避短、取长补短,完善自己、强大自己;坚信中国特色必须服从、服务于社会主义本质,理念可以创新,本质不能改变,决不能只走老路而要勇闯新路,坚决不走邪路。三要始终遵循人类社会发展规律。坚持把本国、本民族发展这条"河流"融入全球发展的历史长河中,既遵循人类社会发展大规律又大胆探索,向世界提供"中国智慧""中国经验""中国方案";坚持把发展生产力和理顺生产关系同步协调,通过深化改革解放生产力,通过制度创新优化生产关系,最大限度化解二者之间不相适应的矛盾;坚持以创新理念为发展"指挥棒",实施创新发展、开放发展、包容发展、和谐发展、竞合发展、共赢发展,持续挖掘人类社会发展内驱动力;坚持以人为本推动普惠发展，确保国家经济发展成果惠及全体人民，让人民共同承担发展责任、拥有发展机会、分享发展红利，增强发展的持续性和内生性，全面体现以人为本思想，维护社会公平正义，促进人与社会、人与自然和谐发展。

效法无名之朴。对国家治理而言，老子倡导的无名之朴，实际上指明了执政者应如何处理与老百姓的关系问题。在老子眼里治国理民是一个有机整体，治国的本质在于安民、化民、富民。引导百姓最可靠的办法，就是执政者要以无名之朴的品性影响、渗透、感化百姓，而不是以居高临下的态度对待百姓、以强制粗暴的手段对付百姓、以机智狡诈的方法对弈于百姓，切实以真诚态度、真实姿态、真切情感、真心服务赢得百姓支持、拥护、爱戴，夯实国家长治久安发展根基。一要永远坚持"人民是大山"理念。中国是拥有14亿人民的世界第一人口大国。人民力量是最磅礴的力量、最雄浑的力量、最深厚的力量，如同绵延不绝的巍巍高山矗立在世界东方。任何时候，必须坚定人民是历史见证者、历史记录者、历史创造者的本质定位，坚信人民具有改天换地的磅礴伟力、洪荒巨力、擎天神力，依靠人民不断书写中华人民共和国的辉煌传奇。二要永远坚持"人民是靠山"理念。中国革命、建设、改革、发展伟大实践有力证明，人民是党和国家最坚定的靠山、最坚强的靠山、最坚实的靠山。任何时候，都要坚信人民的小推车能够推出淮海战役胜利、人民的小木船能够帮助人民解放军占领南京、人民的小铁锹能够挖出大油田、人民的小作坊能够打开一条改革开放通途，这样就能继续不断创造人间奇迹。任何时候，都要坚信只要背靠人民这座大山，必将无往而不胜、直抵中华民族伟大复兴理想彼岸。三要永远坚持"人民是泰山"理念。泰山稳固，历来都是社稷稳定、政权稳固、国家昌盛、民族团结的象征。14亿中国人民是国家的宝贵财富、最大财富、无穷财富，也是国家960万平方千米的广袤大地上的压舱石、磁力石、泰山石。任何时候，都要坚信有14亿人民的支持，国家必定稳如泰山、坚如磐石、繁荣昌盛。

追求无欲之静。遵循无为之理、效法无名之朴，关键在于中国共产党的"关键少数"。只有那些处于领导地位的掌权者、握权者、行权者，恪守按规律办事的理念，真心对待人民，自觉恬淡寡欲，才能确保国家发展、社会安定、人民安康。追求无欲之静，必然要求执政党不断强化自我革命、提升干部队伍素质、加强国民道德修养，确保党的先进性、干部的纯洁性、国民的质朴性。一要誓将自我革命进行到底。中国共产党是中国特色社会主义事业的领导核心，这决定了必须将自我革命进行到底，确保党能够通过自我净化、自我完善、自我革新、自我提高，不断修正错误、应对挑战、推动发展。作为致力于永续执政的伟大政党，必须始终保持自我革命的意识、心态和激情，决不能自我止步、自我满足、自我陶醉，确保党始终能够成为中国特色社会主义事业的砥柱力量、先进力量、核心力量。二要不断砥砺干部队伍情怀。情怀是永不熄灭的理想明灯、永不衰竭的精神涌流、坚不可摧的顶梁支柱。当前，国际环境的不确定程度、深化改革的复杂程度、持续开放的艰难程度、高质量发展的曲折程度，远远超出想象和预期，如果只满足于已有的素质与能力、格局与胸襟、理想与情怀，就难以担当起新时代党和国家赋予的重任。应该引导教育各级干部自觉砥砺家国情怀，夯实为官做人之根基，守住建功立业出发点；自觉砥砺革命情怀，积蓄创造价值能量，守住建功立业立足点；自觉砥砺人民情怀，坚定为民造福追求，守住建功立业基本点；自觉砥砺天下情怀，升华成就事业格局，守住建功立业突破点。三要大力涵养国民人格修为。人民有信仰，民族有希望，国家有力量。人民信仰从来都建立在对国家的热爱、正义的崇尚、善良的追求、尊严的捍卫、欲望的约束上。一个真正强大的国度，必定拥有道德品质、人格修养胜人一筹的文明群体。建设社会主义现代化强国，一刻不能放松国民素质修养提升，这是保证国家真正兴旺发达、永远立于不败之地的底蕴支撑。在大力砥砺各级干部理想情怀同时，应该进一步夯实国民素质基础，充分发挥各级领导干部的示范带动作用，在提升全社会公民道德修养实践中，"挑大梁""当主角""扛责任"。切实通过上下联动、互相促进，推动国民素质不断迈上新台阶，真正适应强国建设、民族复兴的现实需要。

# 下篇

## 德经新鉴

# 第三十八章

攀登"品德山峰、仁德高峰、上德顶峰",坚持"循道贵德、守道厚德、行道彰德"

## 老子原典

上德不德,是以有德。下德不失德,是以无德。上德无为,而无以为,下德为之,而有以为。上仁为之,而无以为;上义为之,而有以为;上礼为之而莫之应,则攘臂而扔之。故,失道而后德,失德而后仁,失仁而后义,失义而后礼。夫礼者,忠信之薄,而乱之首。前识者,道之华,而愚之始。是以大丈夫处其厚,不处其薄,居其实,不居其华。故去彼取此。

## 法融释典

"德"源于"道",通于"道",体性特征也同于"道"。"道"无形无象、藏而不露、虚而无迹,但无所不有、无所不在、无所不为、无所不成。生育天地,运行日月,长养万物,不自恃、不自彰。此种特性应之于人,就是"上德"。"上德"和"常道"一样,是内在的、本质的、无形的、自然的,而不是外在的、表面的、形式上的东西。无形之"道"是大"道",无形的内在之

"德"是"上德"。这种内在之"德"看似无"德",其实是真正的"大德""上德"。纯粹素朴、虚无自然、至诚不妄、无心作为者,是"上德"的表现特征。有意作为、故意彰示其德,这种外在的、形式的、表面的"德",是"下德"的表现特征。"下德"处处显示有"德",却离上"德"甚远。自然无为是"常道"体性。体现"常道"体性的"上德"也是自然无为的。这种"无为"不是有意而为,而是自然而为。"下德"的有为是故意而为、有心而为、非自然而为。

出于自然,非刻意为"仁",属于"上仁","上仁"无意而为,而不是有意而为;有分别、有果决、惩奸除暴、济困扶危,顺天应人、不徇私情,属于"上义","上义"有意而为,而不是无意而为;长幼有序、男女有别、父慈子孝、恭敬谦让,属于"上礼"。"上礼"以科条礼教约束人,无人应声和履行,这时就不得不伸出胳臂用力拉拽,强迫人们去遵守。由此可以知道,失去了道后才有德,失去德后才有仁,失去仁后才有义,失去义后才有礼。礼是忠信和道、德、仁、义变得淡薄时的产物,是社会动乱的开端。在道、德、仁、义、礼五者之间,道德是根本,仁、义、礼是枝末;"道"是主体,"德"是作用,"仁""义""礼"是主体的作用的表现形式。如果失去了"道"而再去讲"德",就像失去了车马而论载重路远;如果失去了主体的作用而去讲主体的作用的表现形式,犹如树木根杆已毁再求枝叶丰茂;如果失去了道德仁义再讲"礼",基础已无、忠信已薄,祸乱必然由此开始。

"道"之本体贵在敛华就实、守朴还淳。如果持华去实,就是愚昧的开始。顶天立地的大丈夫,善于掌握本末之机、实华之要;

善于还淳以复其厚，而不恪守浇薄；善于反朴以顾其实，而不炫识以求其华。可见，真正讲道修德之人必然选择去其薄华、取其厚实。

## 悟道鉴典

"上德无为，而无以为"；"上仁为之，而无以为"。"是以大丈夫处其厚，不处其薄，居其实，不居其华。"本章是《道德经》"德"经开篇，老子提出了"常道"人格化的"上德"概念，阐明了上德与下德的表现形式和根本区别，揭示了道、德、仁、义、礼五者之间的等级关系及道、德是本，仁、义、礼是末的深刻思想，同时既肯定了"上仁"近乎上德品质，又批判了"上礼"的浅薄和虚华，告诫世人，"大丈夫"应处厚去薄、居实弃华。

"无形之'道'是大'道'，无形的内在之'德'是'上德'"，"'上仁'无意而为，而不是有意而为"；"真正讲道修德之人必然选择去其薄华、取其厚实"。法融道长深刻分析了道、德、仁、义、礼的主次关系及上义、上礼在道、德、仁基础薄弱时的严重危害，劝导世人，应该自觉沿着"品德山峰、仁德高峰、上德顶峰"渐进攀升，在"循道贵德、守道厚德、行道彰德"中不断提升道德高度。

在老子的道德等级体系中，上德就是圣人标准，仁德就是贤人标准，品德就是君子标准。用现代话语表述，上德属于"顶级配置"，仁德属于"豪华配置"，品德属于"标准配置"。自古以来，具备"上上之德"者寥若晨星，具备"仁厚之德"者寥寥可数，具备"优秀品德"者相对要多。呼唤"上上之德"、倡导"仁厚之德"、培养"优秀品德",是历朝历代圣君明主追求的道德培养实践主线。在公民道德教育实践中,这条主线依然具有真理性、示范性、借鉴性。新时代以来,中国国民道德素质实现了整体跃升,但符合圣人标准的上德之人还是不多,具有贤人标准的仁德之人尚未形成群体效应,具有好人标准的品德之人还有培养空间,这与建设社会主义现代化强国目标仍有较大距离。未来中国,在公民道德教育实践和精神文明建设的进程中,应该更加积极借鉴优秀传统文化的思想智慧,积极引导国人特别是各级干部,沿着"品德—仁德—上德"的提升路径,从培养优秀品德基点出发,向仁德高峰行进,再向上德顶峰攀升,全面提升国民整体道德素质。

攀登品德山峰循道贵德。成为圣贤,应以培养君子之品为基,离开了品德谈圣贤,如同"在流沙上盖房子",必将徒劳无功。自古以来,君子与小人是衡量品德高尚与否的两面镜子,奸佞之流、忠正之士在社会上广泛存在,由于人性弱点、利己品性作祟,有相当多的人为了获取自身利益和保全自己,放弃道德标准,摒弃忠正而选择奸佞。尤其在当今物欲横流的时代,坚持做一个正人君子非常不易,犹如攀登高峰一样,需要信仰、信念、信心的坚强支撑。攀登品德山峰,一要崇尚君子之品。成为君子首先要尊重君子、崇尚君子、效法君子。应该引导教育国人特别是各级干部,树立高尚的人生追求和正确的价值观念,把涵养君子之品作为修身养性、人生成长的必修课、常修课、恒修课,自觉见贤思齐,对照道德楷模标准,从小做起、从我做起,不断养成、不断积累、不断升华。二要秉持以德为先。人生发展、事业成败,归根结底取决于两大支柱:德和能。德和能本身相互影响、相互支撑，是一个有机整体。德对能的发展具有支撑作用、支配作用、引领作用。从这个意义而言，德高于能、优于能、先于能。应该引导教育国人特别是各级干部，树立品德高于能力的理念，充分发挥品德对能力发展的指引作用、牵引功能，切实把品德塑造置于根基位置、中心位置、优先位置，防止有才无德危害社会、危害事业、危害国家。三要忠诚于攀登信仰。"君子坦荡荡，小人长戚戚"，从长远看，君子人生无忧，小人终得报应。由于社会的复杂性、人心的易变性，涵养君子之风并非易事，无数信仰不坚定者，面对纷繁的变化和利益的诱惑，最终选择背离道德，滑向奸佞之流，甚至与罪恶同流合污。应该引导教育国人特别是各级干部，树立攀登精神，把培养君子之品作为攀登人生高峰的目标追求，常思"奸佞小人终得报应"的危害。自觉克服私心欲念和阴暗心理的干扰影响，不断修炼心性、人性、品性，练就对潜规则和不良风气的免疫力、抵抗力，永远不做随波逐流、是非不分、真假不辨、善恶不明的人格"瘸子"。

攀登仁德高峰守道厚德。仁德是优秀品德向前发展的必然结果，是一种超越追求富贵、厌恶贫贱、自私本性的大德，其主要内涵是为人仁厚、做人仁义、待人仁爱，核心是无私公正。培养仁德比攀登君子之峰更难，难就难在挑战人性、挑战本性、挑战心性，需要极高的道德品质做底蕴、极高的人格修养做支撑、极高的理想追求做牵引。攀登仁德高峰，一要涵养仁厚品质。仁厚有"后"是天道规律，厚道之人终不吃亏。"厚"是厚重、底蕴、敦实。应该引导教育国人特别是各级干部，自觉厚积智慧、不积狡诈，厚积谦逊、不积骄横，厚积仁慈、不积冷漠，做到待人宽厚、为人忠厚、做人敦厚，不断累积仁厚品质和深厚底蕴。二要培养仁义担当。仁义的核心是正义，是心怀正念、胸有正气，支持善行、反对恶行，力挺正义、鞭挞邪恶，弘扬公正、抵制偏私。应该引导教育国人特别是各级干部，任何时候意识要正、理念要正、思路要正，不能搞歪门邪道、走"羊肠小道"；自觉涵养正气、彰显正义，坚走正道，决不能让邪气上升、邪念膨胀、邪欲失控，坚持以正念滋养正心、以正心滋养正气、以正气滋养正直、以正直滋养正义。三要滋养仁爱情怀。心有大爱必有仁。仁爱就是友爱、慈爱、博爱，能够关爱天下众生。应该引导教育国人特别是各级干部，牢固树立"只要人人都献出爱，世界将成为美好人间"的大爱理念。人与人之间应自觉友爱相处，对弱者怜悯慈爱，对社会奉献真爱，不能以自我为中心，以个人利益为半径，奉行"各扫门前雪"的理念，而要以爱换爱、以爱传爱、以爱得爱，通过不断奉献爱、播撒爱、分享爱，让自己沐浴在爱的海洋中。

攀登上德顶峰行道彰德。仁德再向前发展一步就是上德。上德之人就是知行完备、至善的圣人，圣人与天道合一、天地同行，无私无我，如同北宋思想家张载所言，圣人"为天地立心，为生民立命，为往圣继绝学，为万世开太平"。圣人无法自封，更不能有意粉饰，而是社会实践的自然产物、经过历史检验的公认评判。自古以来，能够攀登上德顶峰、排除万难行道彰德者屈指可数，也非常人可为，但向圣之心是一种伟大力量，能够指引人们追求大理想、拥有大抱负、创造大事业、成就大辉煌。攀登上德顶峰，一要崇敬圣贤。圣贤是道德的至高楷模，如同人生灯塔，能够照亮前行的路；如同人生明镜，能够照出是非曲直。应该引导教育国人特别是各级干部，崇敬圣贤、敬畏圣贤、信仰圣贤，无论身处低位或高位、逆境或顺境，都要心怀向圣之心，胸怀理想、克己克欲、奋斗不止、追求不息，永远走在健康向上的大道上。二要效法圣贤。圣贤是成功的代名词。圣贤的品质、修为、境界、情怀具有无穷无尽、永不过时的时代价值。应该引导教育国人特别是各级干部，自觉强化向圣意识、学圣意识、效圣意识，做到"身虽不能至但心向往之"，一点一滴学习借鉴，时时刻刻对照借鉴，随时随地仿效借鉴。三要追随圣贤。圣贤的精神追求是感召指引人们回归大道的思想光辉；圣贤的精神力量是激励人们面对挫折不沉沦、不屈服，与艰难困苦抗争斗争的思想宝藏；圣贤的精神价值是跨越时空、历久弥新的思想瑰宝；圣贤的言行准则是用灵魂打造的修身、修心、修为、修炼的人生指南。追随圣贤，能够最大限度激发干事创业的激情、培养攻坚克难的勇气、汲取持久奋进的力量。应该引导教育国人特别是各级干部，追寻圣贤足迹，培养坚定信仰、务实作风、坚韧意志、高尚情怀；追仰圣贤精神，感悟圣贤精神内核，体悟圣贤知行实践，探究为官做人真谛；追悟圣贤思想，自觉学悟圣贤思想的科学性、真理性、伟大性，用圣贤思想充实灵魂、推动工作、提升水平。

# 第三十九章

遵循"中平、均衡、和合"的统一观,避免"分化、极化、恶化"的坏局面

### 老子原典

昔之得一者:天得一以清。地得一以宁。神得一以灵,谷得一以盈,万物得一以生,侯王得一以为天下正。其致之一也,天无以清将恐裂,地无以宁将恐发,神无以灵将恐歇,谷无以盈将恐竭,万物无以生将恐灭,侯王无以贵高将恐蹶。故贵以贱为本,高以下为基。是以侯王自谓孤、寡、不穀。此其以贱为本邪?非乎!故致数舆无舆。不欲琭琭如玉,珞珞如石。

### 法融释典

未有天地万物之前的混沌之初,是为先天的混元一炁,无上无下、无左无右、无大无小、无贵无贱,是谓浑然一体。

天地万物皆依次混然一炁而生,由一至万,"降本流末而生万物"。在阴阳始判、清浊肇分之际,轻清者上浮为天,重浊者下凝为地。因此天得"一",故有日月星辰之运转、春夏秋冬之交替、风云雨雷之兴作。天道运行,万类自化,始终处于和谐有序状态,

一派清明之景，毫无混乱之象。

　　先天混元一炁的基本特征，是阴阳平衡、和谐统一。由重浊之气下降凝聚而成的地球，内有核、幔、壳三层，外分热、温、寒五带，布局合理、井然有序、自然运转、平稳安宁。若阴阳不平，失去统一，必然火山爆发、地震、山崩，灾祸四起。只有得此"一"，方能不失常序、平稳安宁。阴阳二气交感，达到平衡与统一是谓混元一炁。故"一"即道。"道"虽无形无象，却生物生人、奇妙无穷。其生化之门至妙至灵。若阴阳不平、二气不交、和谐破坏，则不能生物生人，妙灵之性必然丧失。水止于平，道止于中。天道背高就下、损余补缺、自达平衡。川谷低凹之处，水自然流来、自然充盈。川谷所以自然盈满，全由"道"之平衡原理所致。万物由阴阳二气合和而成，阴阳不合，不能统一，万物也无由以生。孤阴不生、独阳不长，只有二气交感，合而为一，方能生出万物。侯王为天下至尊至贵者，可谓至上。而侯王常以"孤""寡""不穀"自称，以放低姿态至下，以求至上与至下折中平衡、达至中平。至高无上的侯王若能出之于言、践之于行、自然无为、柔弱谦下、不贪财货、不施暴政，以百姓心为心，以爱民为至上，万民必然拥护，百业必然兴旺，风气必然纯正，四海必然宾服，天下必然太平。

　　"清""宁""灵""盈""生""正"，皆由混元一炁的平衡统一原理所致。相反，若天不能保持"清"，则必然会纷乱破裂；地不能保持"宁"，则必然爆发火山地震；神不能保持"灵"，必然丧失灵妙之能；谷不能保持"盈"，必然自行枯竭；万物不能生长繁衍，必然衰亡绝灭；侯王不能保持权力和地位，必然自行垮台。

天清、地宁、神灵、谷盈、万物以生、侯王天下贞，无不在"一"的状态下生息。天道运动如背离"一"的状态，运度失衡、阴阳不和，就会出现四时不节、旱涝不均、骤风暴雨时作，进而坠毁天空清明。大地如失去"一"，就会产生河海震荡、山摇地动等异常变异，同时就会丧失大地宁静。如"神"背弃了"一"的状态，就会将生化天地万物的灵气自行休止。万物如离去太和中的这"一"点虚灵不昧，就会立即招致灭绝。治国利民的侯王如失去这"一"的状态，必然江山不稳、国政不宁、万民不安，侯王之贵爵就会易主，江山随之颠覆。

"道"的体性是中平。因此，贵应以贱为根本，高应以下为基础。只有这样，才能合"道"。侯王自称为"孤""寡""不谷"，这正是"贵以贱为本"的道理。难道不是吗？侯王这样做的目的就是为了达到平衡，以合于"道"。

这和造车的道理一样。车未造成时，各种大小、长短不同的零件各自分立，独立存在。未组合在一起时，有大小、长短、曲直之分，而车造成后，各种零件同合于一车之中，共同起着运载功能，其零件的长短、大小、高低、贵贱等差别全部消失于整车之中。

美玉本来是珍贵的，石头本来是粗贱的。为了使两者达到平衡与统一，使其贵贱相合于一体之中，不要看重珍贵华美的琭琭之玉，也不厌弃粗糙鄙陋的珞珞之石，应对它们平等看待、不分贵贱。

## 悟道鉴典

"其致之一也，天无以清将恐裂，地无以宁将恐发，神无以灵将恐歇，谷无以盈将恐竭，万物无以生将恐灭，侯王无以贵高将恐蹶。"老子从天地造化、万物生发的源头，阐明了混元一炁的"一"之本源性、根本性、归宿性地位，揭示了只有阴阳平衡、和谐统一，才能实现天清、地宁、神灵、谷盈、物生、君正，才能江山稳固、国政安宁、万民康泰的深刻道理，告诫世人，应该坚守和谐统一观，在中平、均衡、和合状态中推动事物发展。

"先天混元一炁的基本特征，是阴阳平衡、和谐统一"，"'清''宁''灵''盈''生''正'，皆由混元一炁的平衡统一原理所致"。至高无上的侯王若能"以百姓心为心，以爱民为至上，万民必然拥护，百业必然兴旺，风气必然纯正，四海必然宾服，天下必然太平"。法融道长进一步阐明了"万事万物皆分为对立两面，若双方实现平衡、和合与统一，就能得到好与吉的结果；若彼此分立、阴阳不交，不能均衡、和合与统一，就会得到坏与凶的结果"的深刻道理，劝导世人，应该自觉遵循对立统一观，把握平、衡、合的精髓，防止"分化、极化、恶化"不良局面出现。

老子主张的中平、均衡、和合思想是中国古代较早的对立统一思想。这与德国哲学家黑格尔提出的"矛盾是推动整个世界的原则"思想高度一致。马克思通过批判地改造和吸取黑格尔等人的合理思想，提出了著名的"对立统一规律"。从马克思揭示的对立统一规律内涵看，这种对矛盾关系的认识在老子的思想中已初见雏形。对立统一规律是唯物辩证法的根本规律，是认识世界和改造世界的根本方法。推动国家发展的本质，就是一个遵循对立统一规律，不断发现矛盾、平衡矛盾、解决矛盾的中平、均衡、和合的过程。综合分析中华人民共和国成立以来七十多年的发展历程，不难得出这样的结论，什么时候坚持对立统一规律、正视矛盾变化演进规律，最大限度缓解、化解、和解矛盾的对立性、对抗性、对垒性，事业发展就会顺利；什么时候违背对立统一规律，无视矛盾变化演进规律，任由矛盾双方相互对立、相互对抗、相互对垒，事业就会遭受挫折。当今世界形势复杂多变，各种矛盾相互缠绕、此起彼伏、深度交织，缓解、化解、和解矛盾，比以往任何时候显得更加重要和迫切。能否及时化解矛盾，保持国家中平状态、均衡状态、和合状态，直接关系到社会主义现代化强国建设的成败，关系到中华民族伟大复兴的中国梦能否如期实现。未来中国，在谋划推动国家发展进程中，应当积极借鉴优秀传统文化倡导的"中平、均衡、和合"思想，防止矛盾分化、矛盾激化、矛盾恶化的坏局面形成。

借鉴中平思想防分化。中平就是"中正平和"，从道思想阐释，就是"天人合一"。用现代理念解读，就是追求最佳、最好、最合适的状态。对于国家发展而言，中平思想就是追求时、效、度的统一，这是防止矛盾分化的根本方法。应该引导教育各级干部，在推进事业发展中，积极借鉴中平思想，防止矛盾分化。一要树立"中平不是折中"理念。中平思想是站在宏观、整体、系统角度阐发的，不是简单的折中概念，而是一种最恰当、最适合、最优化的平衡状态。应该深刻理解中平思想的本质内涵，坚决摒弃"折中主义"，防止"一分为二""一掰两半""一折两段"的简单思维，而应致力于追求事物发展的适宜性、适合性、适度性。二要防止"中平就是居中"倾向。为了中平而"中"不是本质的"中"，而是表面的"中"、形式主义的"中"，这种居中不仅机械，而且僵化，甚至愚昧。应该引导教育各级干部，坚决防止以教条主义、机械主义、形式主义思维营造中平状态的行为，更不能为了中平违背规律、弄虚作假，做表面文章，给事业埋下隐患和祸根。三要批判"把中平搞成庸中"的错误。庸中与折中、居中性质不同，后两者属于方法理念问题，而庸中是思想理念问题，是一种将就折中、调和折中、无原则折中，与中平思想完全背道而驰。应该引导教育各级干部，自觉防止把中庸之道庸俗化，避免因不敢正视矛盾、面对问题、伸张正义而做"泥瓦匠"，甚至混淆视听、是非不分、善恶不明、美丑不辨，把中平之经念歪、念错、念反。

借鉴均衡思想防极化。均衡通常用以表达与位置相关的力量均等的含义，它与平衡、平均、平分概念有相似，但更有不同，它是一种更高层次的平均、平等，主要指在大局上、系统上、整体上各方面相对守衡的稳定状态。均衡理念对于治国理政具有重大的指引、提醒、警示意义。但如果理解错位，就会陷入表面化、简单化、机械化泥潭，给事业带来严重危害。应该引导教育各级干部，在推进事业发展中，坚持践行均衡思想，既要防止改革、发展、稳定等动态关系严重失衡，又要防止均衡思想庸俗化、平均化、同一化，导致活力降低、发展停滞、动力枯竭。一要防止等距平衡关系。必要地平衡各方关系是领导智慧，处处平衡关系则是领导的失败。刻意谋求平衡从根本上而言，是无原则的"和稀泥"，不仅难以调动广泛、整体、全面的积极性，而且容易产生"劣币驱逐良币"现象，甚至产生腐败。应该引导教育各级干部，坚决防止任用干部上搞平衡、评奖选优上搞平衡、方方面面都搞平衡的错误做法，严格按照德才标准、业绩导向、实事求是的原则，客观、公正、公平处理问题。二要防止等量平均分配。分配方式直接关系公平正义、财富创造、社会稳定。应该引导教育各级干部，防止在分配上搞平均主义、甚至绝对平均主义，认清平均主义不仅严重挫伤劳动者积极性，而且会造成涣散队伍、腐蚀思想、制造矛盾等诸多危害，不利于社会生产力发展。任何时候，应该注重分配的"实质公平"，不能无视按劳分配原则搞"表面公平"，坚持以能力业绩、奉献贡献为导向，追求真正意义上的公平。三要防止等同平分资源。资源是有限的、稀缺的、不均衡的，这就决定了资源的占有、配置、分配必须实行差异化，这样才能最大限度提高资源利用效率。平分资源的本质，从根本上而言就是简单化思维、齐步走做法、"撒胡椒面"模式，不仅低效无效，而且违背规律。应该引导教育各级干部，充分认识资源的稀缺属性，强化珍惜资源意识，提高资源利用效率；坚持差异化思维、精准施策、突出重点，把好钢用在刀刃上，决不能等量、等额、等份调配资源，吃资源配置的"大锅饭"。

借鉴和合思想防恶化。和合是对立统一观的最高境界，从本质上而言，超越了中平和均衡，是"天人合一"思想的具体化。和合文化是中华优秀传统文化的核心内涵，集天人合一的宇宙观、协和万邦的天下观、和而不同的国家观、琴瑟和谐的家庭观、人心和善的道德观于一体，属于最高层次的治理智慧。和合就是要追求和平、和睦、和谐的境界，但与调和、凑合、附和完全不同。应该引导教育各级干部，在积极借鉴和合思想防止局面恶化的过程中，坚决防止违背和合本质，放弃立场搞调和、放弃标准搞凑和、放弃原则搞附和的行为出现，给事业带来损害。一要防止放弃立场搞调和。立场问题是本质问题、根本问题、是非问题，没有妥协余地，在事关核心利益、战略方向、原则底线等问题上，搞调和就会从根本上失去"和"。应该引导教育各级干部，坚定政治立场、坚守政治原则、恪守政治底线，决不能不加分析判断地随意放弃立场、调和解决纷争。二要防止放弃标准搞凑合。凑合是一种将就思维、"懒汉"思维，是低标准甚至没标准的思维。低标准的"和"不加管控，必会朝着和合的反方向发展。应该引导教育各级干部，树立标准的客观性、权威性、稳定性原则，任何时候，必须坚守以标准解决问题、化解矛盾、推动工作，不能无视标准、放低标准搞迁就、行妥协、做让步。三要防止放弃原则搞附和。原则是高压线，不能触碰；原则是防线，必须坚守；原则是基线，不能动摇。在原则问题上搞无原则附和，对和合局面只会有致命危险。应该引导教育各级干部独立思考、独立判断、独立决断，养成跟着真理走、顺着规律走、沿着趋势走的习惯，以正确主张、客观主张、科学主张自信地对待问题和矛盾，决不能随大流、瞎跟风、任意为，进而在原则问题上失重、失误、失守。

# 第四十章

遵循"反向运动、物极必反、无限循环"规律,坚信"小能变大、低能变高、弱能变强"必然

### 老子原典

反者,道之动。弱者,道之用。天下之物生于有,有生于无。

### 法融释典

宇宙万物繁盛的反面——虚静之处,含藏着无穷生发动力,道既有顺生万物之功能,又有逆反无极之动能。如同十二月卦象运变规律朝着反方向运动。十月,为至阴至静之时,属于纯阴之体,纯阴之体不能久留,必移于十一月;十一月,虽为至寒,但一阳已生于下,所谓"冬至一阳生",渐趋于十二月;十二月,是临即天地生气到来之时,渐移于正月;正月,是天地生气通畅之时,万物草木皆应此而生,此时春暖花开,万物复苏,天道运行,必移于二月;二月,是草木由幼弱至壮之时,渐移于三月;三月,是阳势强大逼决一阴之时,渐移于四月;四月,是万物迅猛生长达至极盛之时,物极必反,阳至而阴,在阳达至极之时,必然生

阴，必移于一阴的五月；五月，是事物发展总趋势开始逆转之时，向阴回复，渐移至六月；六月，是阴渐长而阳渐退藏之时，渐移至七月；七月，是阴阳平衡之时，但生气已闭塞，与正月相反，渐移至八月；八月，是阴气显著而大为可观之时，渐移至九月；九月，是万物凋零衰落之时，渐移至十月；十月，又复归纯阴，万物枯亡，生机已尽。但阴极必反阳，冬至一阳生，又会阳长阴消，进入下一周期，天地万物的生机均含藏于其中。由此可见，万物在阴阳消长中往来伸屈，周而复始地变化运化，而繁盛反面即虚静之处，蕴藏着无限生发动力。

事物运化都是向反面趋移，阴至而阳、阳至而阴、物极必反。冬必走向夏，夏必走向冬；昼必走向夜，夜必走向昼；盛必走向衰，衰必走向盛。同样道理，立足于刚，必走向柔；立足于柔，必走向刚；立足于强，必走向弱；立足于弱，必走向强。一切强大之物皆源自弱小，"合抱之木生于毫末"。只有处事柔弱、不争、谦下，方可成就大事业，达到成功之目的。

天下芸芸众生的亿万生灵产生于天地阴阳，天地阴阳来自混元一气的无形大"道"。天下万物有生无、无生有，有再生无，循环往复，直至无穷。

## 悟道鉴典

"反者，道之动。弱者，道之用。天下之物生于有，有生于无。"老子用寥寥数语深刻揭示了天道运行的三大规律——反向运动规律、物极必反规律、无限循环规律，郑重告诫世人：没有永远单向发展的事物，正中有反、反中有正，盛中有衰、衰中有盛，反中蕴力、衰中藏能；任何事物走向极端，必然转向相反方向发展，盛极必衰、衰极能盛；世界万物阴阳转换、有无相生，强弱转化、循环往复，永无完结。

"宇宙万物繁盛的反面——虚静之处，含藏着无穷生发动力，道既有顺生万物之功能，又有逆反无极之动能"，"事物运化都是向反面趋移，阴至而阳、阳至而阴、物极必反"；"只有处事柔弱、不争、谦下，方可成就大事业，达到成功之目的"；"天下万物有生无、无生有，有再生无，循环往复，直至无穷"。法融道长以《周易》十二个月份卦象演变为例，揭示了阴能生阳、阳能生阴，阳极转阴、阴极转阳，循环反复，以至无穷的运化规律，劝导世人，应该遵循"反向运动、物极必反、无限循环"的天道规律，坚信"小能变大、低能变高、弱能变强"的必然规律。

老子揭示的反向运动规律、物极必反规律、无限循环规律，蕴藏着事物发展演变的大思想、大逻辑、大智慧。古今中外真正能领悟老子天道规律的智者寥寥无几，世人普遍缺乏在历史长河大视野中审视事物发展、人生发展、国家发展的能力，习惯聚焦于事物本身、眼前现实、主观愿望去评判事物发展进程、演变趋势和最终结果。在盛时期盼更盛，盛极时不知危险即将降临；在衰时则丧失信心，衰极时不知转机正在生发。从而出现了"大好河山"瞬间丧失，转机将至却遗憾错过的悲剧。无数事实证明，世人往往容易忽视事物反面、负面、未来面，而过于关注繁华、鼎盛、现实面，不善于从反面看问题、从负面想问题、从长计议解问题，而习惯于就事论事、注重现实、立足当下想事谋事，对小能变大、低能变高、弱能变强，缺乏信心、信念、信仰，最终导致发展停滞、事业挫败、人生挫折。新时代中国，应积极借鉴阴阳转化规律的合理思想，引导教育国人把握"反向运动、物极必反、无限循环"的规律，树立反向思维、忧患思维、循环思维，坚定小能变大、低能变高、弱能变强的信念，持续向着既定目标不断努力、不懈努力、不竭努力。

遵循反向运动规律，激发潜藏动能。自然运行规律、社会演变规律、人生成长规律，无一例外地遵循了反向运动这一天道规律。生老病死、四季更替、寒暑转换、盛衰交替，皆守此道。遵循反向运动规律，必须树立反向思维，从事物反面激发发展变化的潜能和动能。应该引导教育国人，不能只从事物表面、单面、正面认识问题，而要善于从正反两面辩证分析问题。在阳盛之时激发阴柔潜能，在阴盛之时滋养阳盛动力。一要摒弃片面单向思维。任何事物都有正反两面，没有绝对的正，也没有绝对的负，往往是正中有负、负中有正、正负交融。应该通过素质教育和实践，引导教育国人树立全面、整体的双向思维和辩证思维，在事物昌盛时要看到向衰弱转化的可能性和必然性，在事物衰弱时要看到向昌盛转化的可期性和必然性，最大限度激发不利态势向有利态势转化的内在潜能，防止出现盛中生危、危中失机。二要把握反向变化趋势。任何事物不会永远"箭头向上"，也不会永远"箭头向下"，会遵循上极而下、下极而上、上下交替变化的演进轨迹。应该通过素质教育和实践，引导教育国人认清事物反向、双向变化的趋势，在正向发展时延缓向负向转变的趋势，在负向深化时加快向正向发展的转变，防止危机降临无准备、机遇来临没抓住的悲剧和遗憾发生。三要勇于立足负向发力。负向发力时通常面临条件受限、机会有限、资源局限，容易望而却步，需要勇气、胆气、锐气、志气合力支撑。应该通过素质教育和实践，引导教育国人坚信事物转化规律，敢于从小处、低处、弱处着眼发力，努力开创由小变大、由低走高、由弱转强的有利局面。

遵循物极必反规律，超前谋划准备。事物发展到极端状态就是调头转折的始点。繁荣昌盛发展到顶峰，必然出现拐点；贫困潦倒恶化到低谷，必然乍现曙光。正所谓"阳极生阴""盛极转衰""物极必反"。应该引导教育国人，任何时候不能一厢情愿想问题、一蹶不振想问题、一成不变想问题，而要做到未雨绸缪、超前谋划、提前准备，既防止"好"突然向"坏"转折，又防止"坏"向恶化局面加速。一要敬畏物极必反规律。珠穆朗玛峰再高不会比天高，马里亚纳海沟再深穿不过地心，凡是登上顶峰就可能转向，凡是跌入深谷就可能反弹。应该通过素质教育和实践，引导教育国人自觉培养对物极必反规律的敬畏感，既不能在高歌猛进时洋洋得意，看不到危机将近；又不能在跌入低谷时悲观放弃，看不到转机将现。二要树立未雨绸缪意识。期待好了更好、越来越好、无限向好，属于理想化思维，盛与衰、强与弱、优与劣，从来都是孪生兄弟，如影随形、不可分割。应该通过素质教育和实践，引导教育国人自觉树立忧患意识，顺利时想到不利，强盛时想到衰落，得意时想到挫折，从坏处准备、低处着眼、弱处发力。三要激发奋发向上动力。"人欺天不欺"是天道规律，任何时候要相信所有的努力都不会白费。身处低位、处于弱势、陷于低谷都是暂时现象，坚信只要保持向上奋发动力，形势、态势、运势必将改变。应该通过素质教育和实践，引导教育国人自觉强化奋斗向上意识，培养不屈不挠意志，提升逆境反弹能力，把努力坚持到最后一刻，以毅力、定力、耐力走出至暗时刻，迎来光明人生。

遵循无限循环规律，竭力放眼长远。万事万物无不遵循盛衰交替、循环往复、螺旋上升的演变规律。从历史视野、整体视野、未来视野看，没有永远的前进，也没有永远的倒退；没有永远的兴盛，也没有永远的衰败；没有永远的顺利，也没有永远的坎坷。成败得失在历史长河中总是不断转换，只要不懈努力、坚持到底、奋斗不止，最终都会取得超预期的效果。应该引导教育国人，遵循事物无限循环规律，坚信"十年风水轮流转""三十年河东，三十年河西"，做到"风物长宜放眼量"，从全程、大势、长远把握进退得失，不鼠目寸光、不功利至上、不浅尝辄止。一要放眼未来算长远账。事业追求是长期过程，人生成长是漫长历程，如果确立了事业方向和人生目标，就应该放眼未来从长计议。只要事业发展没中断，人生目标存希望，就不能放弃追求、停止奋斗，成功或许就在最后一刻的坚持中。应该通过素质教育和实践，引导教育国人放眼未来算长远账，面对奋斗过程中的坎坷和挫折，坚持往前看不往后看、积极看不消极看、放长看不短视看，树立"希望不灭，奋斗不止"的信念，无论遇到何种困难，都不能选择放弃、抛弃、舍弃，而要坚持再坚持、忍耐再忍耐、拼搏再拼搏，等待希望之花在最后一刻绽放。二要立足全局算整体账。事业发展、人生成长是整体概念，政治收获、经济收获、能力收获、修养收获都是事业发展、人生追求的重要组成部分。只有立足整体看待得失成败，才能始终保持乐观向上的心态和不懈追求的动力。

对局部得失、单方面得失看得过重、过于计较，容易影响全局、损害全局，甚至终致丧失全局。应该通过素质教育和实践，引导教育国人树立立足全局算整体账的理念，不计较一城一地得失，而要以"东方不亮西方亮"的境界智慧，通过多维度、全方位的努力，使人生变得更加丰富、饱满、充实。三要坚定信念走向胜利。影响事业和人生成功的因素固然很多，但从根本而言，在于信仰、信念和信心，信心比黄金还重要。应该通过素质教育和实践，引导教育国人打通信仰、信念、信心之间的逻辑，构建以坚定信仰引领坚强信念、以坚强信念引领坚决信心、以坚决信心支撑坚强信念、以坚强信念支撑坚定信仰的双向互促机制，练就在危险时刻、危急时刻、危难时刻不失奋斗之志、奋斗之心、奋斗之魂，努力把坎坷和挫折的事业，推向胜利坦途。

# 第四十一章

遵循"大智若愚、大方无棱、大器晚成"规律,追求"自然修德、潜心修德、不懈修德"境界

## 老子原典

上士闻道,勤而行之;中士闻道,若存若亡;下士闻道,大笑之。不笑,不足以为道。故建言有之:明道若昧,进道若退,夷道若纇。上德若谷,大白若辱,广德若不足,建德若偷,质真若渝。大方无隅,大器晚成,大音希声,大象无形,道隐无名。夫唯道,善贷且成。

## 法融释典

清静无为的真常之道,视之不见,听之不闻,搏之不得,空洞虚无,至为微妙,完全不同于凡人所见的万事万物。天性纯全,未被后天机智情欲凿丧的上等之士闻之,必能领悟其奥妙,躬身以行。天性半备的中等之士闻之,虽能略知其中奥妙但较肤浅,半信半疑,因而若行若止,顾虑重重。下等之士,其天性全被七情六欲、机智巧诈而蒙蔽,不知进道修德,只想贪享世味,追逐

名利，其心其行，背道而驰，闻知恬淡无为的大道，根本不屑一顾，甚至嗤之以鼻，哈哈大笑。如果不被这般人嗤笑，就不足以显示道的重大意义了。

关于上士闻"道"的勤行、下士闻"道"的大笑，于此立言明示：明了大"道"之人，不露锋芒，含藏内敛，不尚机智，庸庸愚愚，似无所知；行大"道"之人自然无为，潜默自修，黯然自养，事事不敢为天下先，处处以为己不足；讲大"道"之人，言行举止，平常自然，于众生同处，而丝毫不出风头，无异常人。

"无为"之德，谓之"上德"，"上德不德，是以有德"，因而广大之德，亦如空谷一样，不见其德。大白妙道之人，修内而忘外，不择贵贱，不介是非，忘其尊卑，居下而自安。有大德之人，谦虚自慎，常感到吾身德有不足。建德之人，虽积德已厚，却自以薄处。天真纯素，真诚不妄之人，内心虽朴实敦厚，外貌如素体，可随方就圆，顺五色而变。

端方正直之人，虽坦然大公，堂堂正正，却似一大中至正之圆，无棱无角，不伤害他人。成大器的人，无不经受长期磨炼、不懈奋斗，方大展宏图、功勋卓著。大"道""听之不闻"，犹"视之不见"，因而，最大的声音是无声，谓之"希声"。"道"无形象，"视之不足见"，因而，最大的物象是无形之象。虚无自然的真常之道，隐含于天地万物之中，无名象可睹可闻。此谓"道隐无名"。大"道"虽无形象，下士闻之而大笑，但只有"道"善于辅助，万物才得之以成。

## 悟道鉴典

"明道若昧","大方无隅,大器晚成","夫唯道,善贷且成"。老子通过分析上士、中士、下士对大道的不同认知和上士与下士间的鲜明对比,既深刻揭示了天性纯全的"上士",对道恭敬推崇、勤奋笃行,而孤陋浅薄的"下士",对道嗤之以鼻、不屑一顾的事实,又深刻阐明了求道、悟道、得道过程从来都是艰巨、长期、永恒过程的客观规律,告诫世人,有大智者看似愚笨,端方正直者不显棱角,成大事者必经千锤百炼。

"明了大'道'之人,不露锋芒","不尚机智,庸庸愚愚,似无所知";"端方正直之人,虽坦然大公,堂堂正正,却似一大中至正之圆,无棱无角,不伤害他人";"成大器之人,无不经受长期磨炼,不懈奋斗,方大展宏图、功勋卓著"。法融道长通过对虚无自然的真常之道无名象可闻可睹的特征分析,进一步揭示了只有坚持自然无为、默默自修、涵养自然,才能真正领悟大道奥妙和深义,劝导世人,求道、悟道、得道的过程,永远不会平坦,应该遵循大智若愚、大方无棱、大器晚成的规律,坚持自然修德、潜心修德、不懈修德,方能成为天性纯全、未被后天机智情欲凿丧的"上等之士"。

大道是智慧、修养,更是格局、境界;修德是一种磨砺磨炼,更是一种坚持坚守,不可能轻而易举、唾手可得、手到擒来,需要静心体悟、砥砺修为、淬炼成钢。纵观古今中外,任何圣贤之人、大道之才无不历经磨难而百折不挠,面对诱惑而清心淡泊,深陷困顿却锲而不舍,最终才走向成功、走向辉煌、走向巅峰。

在探索中国革命道路过程中，开国领袖毛泽东曾遭遇无数打击和挫折，但始终做到遭遇险情不慌张、碰到挫折不消沉，坚持在磨难中沉思、在逆境中奋起，始终保持必胜信念，终于带领中国人民找到了一条"站起来"的成功道路。改革开放总设计师邓小平，一生历经磨难，三起三落，在等待中准备，在准备中奋起，几度沉浮，始终沉着、坚韧、坚守，第三次复出后，敏锐地把握住时代发展的脉搏和契机，果断拉开了中国改革开放的宏大序幕，带领中国人民实现了从站起来到富起来的伟大飞跃，兑现了他是"中国人民的儿子"的郑重诺言。历史上这样的例子更是数不胜数。这些人普遍具有拥有智慧却不炫耀智慧、公道正派却不伤及他人、饱受挫折却永不妥协的共同特征，最终依靠潜默修德赢得中国人民乃至世界人民的尊敬、爱戴、崇拜。相反，当今世界有一些从政者，人生道路平坦，仕途一路顺畅，从未经历过艰难曲折，这些人在人生修养、修炼、修为上欠了笔大账，最终把霸道当有道，把任性当个性，搅得世界不得安宁，为世界发展、人类进步埋下了祸根，其思想品德、政治道德、全球公德亟待提升。

  万事万物成长各有其规律性，人才成长同样如此，从大智若愚到大方无棱再到大器晚成，这是一条普遍成才规律。一个大器晚成的人才，必须具备和夯实积累智慧、涵养品德这两大根基，只有真正具备了"有山不显山、有水不露水"的大智慧、具备了拥有一招致胜的能力而不加害他人的高品质，才能真正闯大场面、干大事业、成大气候。由此可见，永远修养品德、锤炼品德、升华品德是建设高度文明国家应该恪守的理念导向，也是每个有识之士、有志之士应该坚守的人生准则。当前，提高中华民族道德素质、道德修养、道德修为依然任重道远。社会上一切向钱看、向权看、向利看的现象还普遍存在；喜欢耍小聪明、小把戏、小技巧，试图走捷径、求速成、吃"快餐"的现象屡见不鲜；不重德、不守德、不养德的现象随处可见。毋庸置疑，这与建设文明大国的要求还有很大差距。应该全面加强道德建设，引导全体国民在自然修德、潜心修德、不懈修德中成为有用之才、堪用之才、栋梁之材。

　　自觉自然修德。"学参天地，德合自然。"真德要立起来，必须发自本心、源自真心、出自诚心，真正把尚德、尚贤、尚圣作为自然修德的目标，自觉摒弃功利性修德的行为。在加强道德教育实践中，应该大力引导自觉自然修德。一要树立淡泊名利价值导向。自觉在心中筑起不贪功名、不图私利、不纵权欲的精神堤坝，练就不为物欲所扰、不被虚名所困、不为权势所累的坚强定力。二要坚持顺势而为修身取向。修性养德，贵在坚守一个"势"字。水无棱角却无坚不摧、劈山开道、穿石涌流；水不相争却无所不至、孕育生机、泽被万物。在加强道德教育实践中，应该顺势而为而非强势而作，做到不超越现实、不好高骛远，不贪大舍小、不舍本逐末。三要秉持顺天应人发展方向。修德最高目标在于提高整个社会道德素质，涵养广泛的家国情怀。在加强道德教育实践中，应该遵循事物发展客观规律，坚持以人民为中心，顺应时代发展方向和趋势，顺应人民群众呼声。要强化与时代潮流同方向、与历史脉动同步伐的强烈意识，自觉把图一己之私利、求一时之虚荣、贪一瞬之快乐的念头扼杀在萌芽状态。作为新时代公民特别是社会中坚力量，更应从老子思想中引以为鉴，既要不断强化自然修德意识，把修德当作人生习惯，当作人生追求，当作人生目标；又要掌握自然修德要领，以朴素之心、平淡之心、淳厚之心对待修德，自觉与为修德而造作的错误行为划清界限，使自然修德取得经得起时间、实践、历史检验的自然之果。

坚持潜心修德。"默而成之，不言而信，存乎德行"，修德过程是一种潜移默化的过程，修的是内在生命状态之自在、淡定、愉悦，修的是内在精神境界之淡泊、宁静、高远，修的是感知大千世界之心性、悟性、灵性。这就要求修德过程，必须持续强化内驱动力、厚植内在底蕴，使"德"在灵魂深处扎根、在精神世界绽放、在思想血液里流淌。在当今喧喧嚣嚣、熙熙攘攘、纷纷扰扰的社会中，应该鼓励全体国民坚持潜心修德，避免迷乱心智、迷失方向。一要强化修德主体意识。修身养性，外力作用微乎其微，内力作用至为关键。在加强道德教育实践中，应该增强潜心修德的主体意识，积极探索自我修炼、自我提升的有效路径。二要树立修德不会一蹴而就的理念。不断讲清修德的规律性、反复性、曲折性，不断认清修身养性、收获德行非一日之功，更不会一蹴而就的事实，必须做到坚持、再坚持、始终坚持。三是坚定贵在安静内心修炼方向。修德就是修心，心浮气躁、心神不宁、心怀鬼胎的修德是空修、白修、枉修。在加强道德教育实践中，应该把修德和修心统一起来，力戒"表皮"修德、形式修德、"作秀"修德的情况发生，切实把修养品德和涵养心性融为一体。作为新时代公民特别是社会中坚力量，更应从老子思想中引以为鉴。在修身养性的过程中，做到不求外在形式，而求内在品质；修德无须轰轰烈烈造势，无须举拳捶胸宣誓，无须信誓旦旦喊号，而要实实在在自省、自检、自纠。要做到不求外在功名，但求内在提升；修德不是给别人看，更不是谋取某种功名、获得耀眼光环，关键在实际效果，看的是深层作用。

始终不懈修德。"不积跬步无以至千里，不积小流无以成江海"，修德不是一朝一夕之事，而是日积月累之功，必须持之以恒、坚持不懈，不能停顿，不能止步。要成为大智若愚慧根深、大方无棱正气足、大器晚成修正果的贤能之才，更要把不懈修德作为终身追求的目标。修德如同登高攀峰，只有锲而不舍、步步为营，才能立于山之顶、峰之巅。当下中国，虽然修德之为已经成为普遍共识，但修德之路依然坎坷重重；尽管希望修德之人众多，但不懈修德之人寡少。在加强道德教育实践中，应该树立修身养性贵在坚持、成在不懈的导向。一要养成不懈修德之"诚心"。"精诚所至，金石为开"，只有正心诚意、尊崇敬德，才能获得恒久修德的源头活水。二要坚定不懈修德之"信心"。面对困难、面对阻碍、面对瓶颈，不能打退堂鼓，更不能偃旗息鼓，要始终向着目标努力坚持，相信只要信心足，信念就能实现。三要培养不懈修德之"痴心"。拥有不懈修德的痴心是修身养性的最高境界，如果能把升华德行当作如痴如醉的追求，必能跨越修德路上一个又一个高峰。痴迷代表专一、专注、专情，一旦具备了这种境界，就能开创人生、开悟新天地。作为新时代公民特别是社会中坚力量，更应从老子思想中引以为鉴，把修德养性的课程作为终生课题、永恒课题、永无止境的课题，推动德的境界随着追求提升而不断提升。既要树立"一生到老，修德到老"信念，自觉把修德养性引向深入、延至终身；又要自觉克服"事业终止，修德停止"错误思想，把修德目标定格在完美人格、完善人生这一本质目标上。

# 第四十二章

## 以"中和、平和、调和"智慧，结"共利、共进、共荣"硕果

### 老子原典

道生一，一生二，二生三，三生万物。万物负阴而抱阳，冲气以为和。人之所恶，唯孤寡不榖，而王公以为称。故物或损之而益，或益之而损。人之所教，我亦教之。强梁者不得其死。吾将以为教父。

### 法融释典

无极太空生出一气，一气分出阴阳二气，二气和合生出中合之气，阴、阳和三气生出自然万物。这是宇宙之起源，三气由虚空生出，万物由三气生出。自然界存在有天地、日月、昼夜、晦明、阴晴、寒热、炎凉等方面。自然界之间，虽有大千世界、森罗万象、芸芸众生，其中均含着尊卑、美丑、善恶、贫富、贵贱、吉凶、成败、兴衰、利害、是非等两重性。古人将这两重性命名为"阴""阳"，作为对自然界一切事物的最高概括。既然宇宙之间一切事物都含有"阴""阳"两重性，所以事物中无论大小、多少，无不"利""弊"并存、"福""祸"相倚、"是""非"互施。

利弊、福祸、是非在事物变化中相辅相成，事物中心两重性保持"和"的位置为最佳。自然万物虽千差万别，形态各异，但它们都由阴阳二气和合而成，都包含着阴阳两种物质因子，包含着内在的矛盾。这两种矛盾的物质因子是互相补充、彼此和谐、对立统一的。阴阳二气的最佳妙用在于和。

常人最厌恶"孤"、"寡"和"不穀"，而至为尊贵的帝王却自称为"孤家""寡人"。这是虚心谦下、上下取和之意。事物常以谦下损己而得益，以尊贵益己而招损。为人谦下，则受益不浅；高傲自大，必有损于己。

古人常以此道此理教化人们，教人戒骄戒躁，谦让居下，忍辱仁柔，我也以此而教之。横暴强梁之人，仗权势，施淫威，伤天害理，必将自种恶果，成为众矢之的，最终不得好死。我将以此为鉴镜，作为教育别人的根本。

## 悟道鉴典

"万物负阴而抱阳，冲气以为和。"老子从探寻宇宙起源、追溯天地本源、深思万物根源入手，揭示了万事万物只有阴阳调和、互重互持、顺道而为，才能因势而兴、内在和谐、生生不息的普遍规律，告诫世人，应该时刻谨记和谐才能共生、共存、共荣，努力做到以和为贵、以和促进、以和促成。

"利弊、福祸、是非在事物变化中相辅相成，事物中心两重性保持'和'的位置为最佳"；"横暴强梁之人，仗权势，施淫威，伤天害理，必将自种恶果，成为众矢之的"。法融道长将自然原理引申至人类社会，认为事物均具有矛盾的物质因子，它们互相补充、彼此和谐、对立统一，其最佳妙用在于"和"，劝导世人，应该充分认清事物变化利弊并存、福祸相倚、是非互施的内在规律，自觉以思辨视角、镜鉴眼光看待和治理问题，积极发挥"和"的价值、力量和妙用。

阴阳平衡、万物和谐，是中华民族的文化基因、精神图谱、灵魂血脉。中国人历来主张人与自然"天人合一"、人与人"和睦相处"、人与社会"合群济众"、文明与文明"善解能容""和而不同"。近代以来，尽管中华民族深受西方列强欺辱，战争给中国人民带来了深重苦难，留下了刻骨铭心的惨痛记忆，但长期以来，中国追求的"和"的价值观始终没有变，把以和为贵、天下大同、四海一家作为永恒的理想追求始终没有变。习近平同志指出，"和平、和睦、和谐的追求深深植根于中华民族的精神世界之中，深深溶化在中国人民的血脉之中"。事实证明，中华民族具有祈求世界安定、盼求世界友好、谋求世界大同的天然基因、天然禀赋、天然追求，具有信仰"和"、追求"和"、营造"和"的民族品格、民族灵魂与民族传承。毫无疑问，"和"文化已经成为中华文明历经数千年长盛不衰的底蕴密码。

当今世界，文明与野蛮正在经历激烈的较量和厮杀，霸道欺凌、恃强凌弱、"强盗行为"明显抬头，不平等、不均衡、不协调等不和谐现象随处可见，中国和平崛起道路上增加了新的不确定因素，作为中国人，必须保持清醒头脑，决不能受其干扰和影响，更不能对"三和"文化时代价值有任何怀疑和动摇，始终坚信中国想成为长盛不衰、底蕴厚重的世界大国，必须充分发挥"和平、和睦、和谐"基因力量；想成为引领世界进步、推动世界发展的世界强国，必须广泛弘扬"和"文化理念，厚植"和"文化智慧，彰显"和"文化力量，真正做到"不管风吹浪打，胜似闲庭信步"，既不受霸权主义思想蛊惑，又不受恶意挑衅牵绊，坚持以"中和、平和、调和"智慧，收获"共利、共进、共荣"硕果。

以中和之道结共利硕果。中也者，天下之大本；和也者，天下之大道。致中和，天地位焉，万物育焉。这深刻揭示了自然发展和社会发展中，中和是处理万事万物的根本之道，离开了中和就会导致阴阳失调、矛盾失衡、对抗失控，甚至走向毁灭，正所谓"合则两利，斗则俱伤"。中华民族实现和平崛起，必须持之以恒坚守中和之道。在国际关系处理上，坚定不移反对霸权、欺凌行为，始终坚持合作比摩擦好、对话比对抗好，以合作消除对立，以对话促进和谐；坚定不移坚守公平公正立场，始终秉持正义道义原则，与真理、规律、人心为伍，坚定展示中正、致和的形象，推动世界各国携手共育发展硕果。在推动社会发展上，坚决防止"两极分化"现象发生，一以贯之铲除滋长特权的土壤，有力遏制巨富阶层扩大，大力培育中产阶层，不断缩小低收入阶层，加快"橄榄型"社会建设，提速共同富裕步伐。在市场竞争战略上，牢固树立竞合理念，坚持在竞争中合作，在合作中竞争，坚决反对无序竞争、无原则竞争、残酷性竞争，防止竞争极端化、极限化、极度化，推动形成双赢、多赢、共赢格局。

以平和姿态结共进硕果。天地以和顺为命，万物以和顺为性。这深刻揭示了自然界万物萌生、人类社会进步发展，当以中和、平和、和谐为根本基础，坚持事物发展的本源属性。当今世界，在惊叹于中国取得举世瞩目发展奇迹和伟大成就的同时，也在一定范围内产生了"中国威胁"论调，加之经济大发展、物质大丰富，民众思想更多元，民主意识更强化，参与国家治理愿望更强烈。这些都要求新时代中国在大步走向世界、融入世界和推动国家发展、社会进步的过程中，必须更加坚守以平和姿态求共进的发展理念。在处理国际关系上，一如既往保持平和心态、平和姿态、平和风格，面对核心利益、重大原则问题据理力争但保持风度，即使真理在手也不咄咄逼人，即使未来成为世界强国也不以势压人，在保持中华民族雍和气度和大国风范中，更加广泛地凝聚和感召世界一切正向能量，共同携手推动人类社会进步发展。在社会治理上，积极适应互联网时代和开放社会新特点，做到以平和心态善意看待思想多元、诉求多元、利益多元的客观现实，持续增强社会包容度、宽容度。积极鼓励民众表达诉求和主见，参与社会治理，致力营造开放、透明、包容、宽松的社会环境，最大限度凝聚团结一切进步和积极力量。在国民心态培养上，应抓紧引导国民树立向上、务实、平和的健康心态，持续去除浮躁心理、攀比心态、暴戾倾向；应引导教育国民树立正确的事业发展观、财富积累观、人生成长观，涵养以平常心对待名利、以平和心对待进退、以平凡心对待成败的心态，实现国民素质和修养整体提升，夯实社会进步人文底蕴。

以调和方法结共荣硕果。治日月之律，治阴阳之气，节四时之度，正律历之数。这深刻揭示了自然界的调和内在规律。调和对于推动人类社会发展同样十分重要、作用巨大。世界之大，矛盾无处不在、冲突无时不有，而不断解决矛盾和纷争才是推动世界发展的根本方法。当今中国，发展中面临矛盾的复杂程度、尖锐程度、广泛程度远超以往，如何正确、有效、妥善处理国内外矛盾，已成为亟待解决的现实命题。历史的经验告诉中国，应该更加坚持从老祖宗的处世智慧中汲取力量、寻求破解难题之道，坚持以调和方法求共兴共荣的首选之策。在处理国际争端上，牢固树立防止事态扩大、矛盾加深、纷争加剧的调和理念，坚定践行以和促合、以和化怨、以和近人的方法原则，始终坚守斗而有度、斗而有法、斗而不破的基本底线，坚决杜绝无序之争、无理之争、无节之争，最大限度地通过调和方法化解矛盾、解决纠纷，致力在一片祥和中确保各方获得应有利益，实现共同繁荣。在处理国内社会矛盾上，要以调和方法处理人民内部矛盾，着力提高化解社会矛盾的能力，全面丰富人民调解功能，尽量避免诉诸法律手段。对简单粗暴、不做调和努力而导致矛盾扩大化的行为应该从重追责，最大限度地营造融洽、融合、融通，相互包容、相互理解、相互友爱的社会环境，共同推动事业兴旺发达。在处理人与人矛盾上，应引导国民树立要团结不要对立、要合作不要对抗、要包容不要对峙的理念，打牢合作共赢思想基础。相互之间出现矛盾应该及时化解，不能麻木不仁、视而不见、任其发展，确保把矛盾控制在萌芽状态。尖锐矛盾要防止失控，避免极端后果出现，最大限度地确保在团结友好的环境中实现人生成长发展。

# 第四十三章

"无形天道、无声天道、无痕天道"看似无为，实则"无所不至、无所不能、无所不成"

### 老子原典

天下之至柔，驰骋天下之至坚。无有入于无间。吾是以知无为之有益。不言之教，无为之益，天下希及之。

### 法融释典

遍满太空的真空妙气，虽至虚至柔，却可驰骋天下，能渗入任何致密而坚硬的物体，能自由出入、穿来穿去。由此类推，"无为"和这种无形之气一样，无所不至、无所不能、无所不成。"道"不言而教、不令而从，无为无造、无形无象，但其功能天下任何事物不能企及。

### 悟道鉴典

"天下之至柔，驰骋天下之至坚"；"不言之教，无为之益，天下希及之"。老子运用类比手法既阐述了"至柔"的神奇功效，又引申阐明了"道"威力无穷的性质，告诫世人，天道虽然无形、无声、无痕，但力量无边、价值无穷、作用无限。

"真空妙气"，"无所不至、无所不能、无所不成"；"'道'不言而教、不令而从，无为无造、无形无象，但其功能天下任何事物不能企及"。法融道长进一步阐明了无为之道虽无形、无象、无痕，但无所不至、无所不能、无所不成，具有天下任何事物不能达到的强大功能，劝导世人，"道"看似无为，实则有为、能为、大为，任何时候都要笃信"无为"的内在力量、作用和价值，以"无为"思想，求有为之功、能为之志、大为之成。

"无为而用，同自然之功；物类其形，得造化之理。皆不知其然也"，古人这段评论深刻揭示了数千年来始终存在的奇怪现象，虽然"无为之用"具有"自然之功"，但鲜有人能够深谙其理。老子"无为"思想，虽历经千年传承，但一直受到普通民众误解和曲解，相当多的人认为"无为"就是无作为、无能为、无须为，是思想消极、行动消极、目标消极的同义词。然而，"无为"思想的真实含义在于不硬为、不强为、不乱为，以自然、柔润的渗透力量，产生润物无声、滴水穿石、水到渠成的自然结果。令人可喜的是，自古以来中华民族的杰出精英、领袖人物普遍深谙"无为"思想精髓，主张靠防御、防卫、防护保家卫国。也正是在这种"无为"思想指引下，中华民族五千年文明得以绵延不绝、代代相传、生生不息。中华人民共和国成立七十多年来，综合国力取得前所未有的提升，正在进入世界强国前夜，未来中国之路怎么走，如何融入世界、推动世界、引领世界已经成为必须正视的现实问题。面对百年未有之大变局，中国特别需要返朴归真，从老子"无为"思想中汲取智慧营养，借鉴"无为"思想推动国家发展、借鉴"无为"思想引导全球治理、借鉴"无为"思想实现民族复兴。

借鉴"无为"思想推动国家发展。老子在几千年前就描述了各司其职、各守其责、各尽其责"无为而治"的国家治理模式，告诫统治者应该节制欲望、恪守本分、遵循自然，决不能强制干预、越位干预、随意干预，肆意打破国家和社会正常运转秩序、工作秩序、生活秩序，催生战乱四起、民怨沸腾、劳民伤财等一系列严重问题。中国经过长期的革命建设、改革发展实践，已经建立了成熟完整的治理制度，新时代以来发生的历史性巨变、取得的历史性成就充分证明，这套治国理政思路行之有效、符合国情、深受拥戴。未来中国，在推动国家发展进程中，应该坚定地反对为治而治、标新立异、频繁折腾的错误做法，防止乱干预、瞎指挥、强作为带来适得其反的严重后果。一要进一步简政放权、减少行政干预。既要从源头上大力精简机构和行政人员，防止因人员冗余而出现强作为、乱作为的现象；又要加大司政监督力度，严肃处理、惩治强作为、乱作为的行为；还要提升施政能力水平和艺术，防止"能力不足权力凑"导致强作为、乱作为的后果。二要进一步强化市场机制，充分发挥市场无形之力。既要大力推动市场基础性、决定性作用刚性落地，让市场这只"看不见之手"自主自然自如运作；又要显化市场规则，让市场机制渗透到全社会、深入国人心；还要加大法治保障，以制度力量保障市场机制作用发挥。三要进一步加强德治建设，弥补法治缺陷。在坚持依法治国的前提下更加重视以德治国，在加强严格治理的前提下更加倡导柔性施策，在坚持刚性处罚的原则下融入更多思想感化。

借鉴"无为"思想引导全球治理。当今世界，全球治理面临前所未有的巨大挑战，一些强权国家肆无忌惮，一些弱小国家备受欺凌、屡遭排挤，世界已经濒临人类文明发展转折点。尽快改变当今全球治理混乱格局，找到一条举世公认的治理新路，这是全世界共同的责任，更是中国这一发展中大国不可推卸的历史责任。新时代以来，中国积极参与全球治理、贡献东方智慧、发挥中国力量，已经受到越来越多爱好和平、维护正义者的广泛支持和拥护。未来中国，应该坚定不移按照这一思路在全球治理中发挥更加重要的作用，要积极推介"无为"思想，坚决与强权政治、霸权行径、强盗逻辑做斗争；要深入践行"人类命运共同体"理念，坚决与"本国优先"的狭隘治理观做斗争；要坚定扛起经济全球化大旗，坚决与逆全球化思潮和行为做斗争。要理直气壮推介和平发展思想、建设和谐世界思想、构建"人类命运共同体"思想。

借鉴"无为"思想实现民族复兴。中华民族伟大复兴的中国梦是综合的梦、整体的梦、立体的梦，是物质和精神同步的、高度文明的伟大梦想，与历史上的"美国梦""法国梦""欧洲梦"既相同又不同，最大的不同就在于中国梦更加追求精神文明、文化复兴。文化复兴相对于经济、科技、军事等硬实力复兴而言，标准更高、作用更大、实现更难。事实证明，文化和精神力量是润物无声、沁人心脾、直抵人心的持久力量、根本力量、智慧力量。未来中国，实现民族复兴，应该更加积极借鉴"无为"思想，既要把文化复兴作为民族复兴重中之重真正加以突出，在思想理念上改变重"硬实力"轻"软实力"的错误倾向；又要树立紧迫感，补齐历史"欠账"，加大精神文明和文化建设资源投入和政策倾斜，增强物质发展和文化发展协同度；还要加快构建精神文明和物质文明"两手抓""两手硬"的同步发展、相得益彰的互促机制，尽快形成以精神文明和文化力量支撑经济发展和物质丰富、以经济发展和物质丰富促进精神文明发展和文化繁荣的良性循环。

# 第四十四章

## "知重、知足、知止"方能"安身、安全、安宁"

### 老子原典

名与身孰亲？身与货孰多？得与亡孰病？是故甚爱必大费，多藏必厚亡。知足不辱，知止不殆，可以长久。

### 法融释典

虚荣和身体相比，哪个最亲？身体和钱财相较，哪个最多？得到名利却命丧黄泉，哪个是病？贪图名利之心愈甚，劳人身心、耗人精气愈多。不义之财积藏越多，招祸身亡危险越大。名誉、钱财皆为身外之物，不可没有，但取之有道、得之有理、享之有量，不可贪之过甚。只有知道满足，才不会遭辱身之祸；只有适可而止，才不会遭亡身之灾。终保平安无事，免遭祸殃，寿尽天年。

### 悟道鉴典

"知足不辱，知止不殆，可以长久。"老子运用三个设问，深刻揭示了追名逐利是一种严重心理病症，必将招致无穷祸患的深刻道理，告诫世人，只有知足才不会遭到侮辱，只有知止才不会招致祸殃。

"贪图名利之心愈甚，劳人身心、耗人精气愈多"；"不义之财积藏越多，招祸身亡危险越大"。"只有知道满足，才不会遭辱身之祸；只有适可而止，才不会遭亡身之灾。"法融道长进一步分析了贪图名利之心、积不义之财之举，由于"劳人身心、耗人精气"，终将不能保全、安宁的深刻原因，劝导世人，人生要确保安生、安全、安宁，必须做到知重、知足、知止。

人类社会已经进入了物质相对丰富、条件相对优越、财富渠道多元、人生追求更高的工业文明时代，但物欲横流的腐化环境、金钱至上的腐朽观念也助长了人类贪欲膨胀、贪心滋长、贪念失控，这不仅给个人发展带来不安灾祸，又给社会进步造成严重危害。老子早在几千年前的小农经济时期、在物质极不发达的农耕时代，就率先提出了"知足"和"知止"思想，再一次证明其思想的真理性、不朽性、伟大性。中国经过四十多年改革开放，积累了充足的物质财富，创造了优渥的物质条件，夯实了雄厚的物质基础，但同时也使一些国人产生了沉溺奢靡、贪求财富、迷恋物质的危险欲望，使其陷入了不知本末、不知满足、不知收敛的危险境地。一些人以追求金钱、名利、地位为荣，甚至为此徇私枉法、铤而走险。这些不知足、不知止的社会问题与东方古国文明地位、与加强公民道德建设要求、与建设现代化强国目标不相适应，甚至背道而驰，必须尽快扭转。未来中国，应该结合公民道德建设实践和精神文明教育，进一步强化国民知重意识，树立知重则不乱，可得安生的理念；进一步培养国民知足心态，树立知足则不贪，可得安定的理念；进一步提高国民知止能力，树立知止则不殆，可得安宁的理念。

强化知重意识。善于区分轻重、区分利害、区分本末是形成正确心态、树立健康理念、做出理性选择的基本前提。贪欲膨胀、贪得无厌、贪婪无度最终不能自拔的大量反面案例，无不证明了这样的结论：是价值判断、价值导向、价值选择上出现了隐患、埋下了祸根、引发了问题。这些人由于分不清物质富有与精神富足孰轻孰重，分不清功名利禄与情怀操守孰轻孰重，分不清知足之乐与贪婪之害孰轻孰重，直接导致了在名利与财富面前是非不明、利害不分、取舍不当。未来中国，应该进一步引导教育国人树立知足满足理念、提高自制知止能力，正本清源、固本培元，在源头上强化知重意识。一要以正确的世界观、人生观、价值观为统领。引导教育国人明辨真善美、识明假恶丑，以追求健康向上的生活为目标，以实现达观乐观的人生为宗旨。二要以正确的价值判断为基本导向、前行取向、奋斗方向。引导教育国人既要追求看得见的成绩，更要注重看不见的收获，自觉校准行为罗盘，不断摆正前进坐标，始终走在正确轨道上。三要以回归本真、本质、本源为追求目标、重要标尺、关键指南。引导教育国人注重精神、看淡物质，注重内涵、看淡外在，注重长远、看淡短利，把握奋斗真谛，坚定人生追求，提升人生质量。

培养知足心态。"祸莫大于不知足，咎莫大于欲得"，不知足，心态就会变化、扭曲、失控，就会攀比、埋怨、逾矩。古今中外，无数走向犯罪深渊的"反面人""两面人"之所以追求名利不择手段、追求物质肆无忌惮、追求享乐变本加厉，根本原因在于不知足心态作祟，把一切所得所获统统当作心安理得、理所当然、命该如此，导致索取欲望不断放大、求名之心不断放大、享受之念不断放大。反面教训如同一面镜子，必须常照常鉴。未来中国，应该进一步引导教育国人自觉涵养知足心态，深刻汲取教训，引以为戒、举一反三、反躬自省，确保人生安定、安全、安宁。一要树立"知足才是大智慧"理念。引导教育国人知足是一种清醒、理性、平和的健康心态，任何时候不能抱有非分之想、非分之求、非分之念，不该要的坚决不能要，不该求的坚决不能求，不该得的坚决不能得，严格把握付出与回报界限，清楚明辨可得与逾矩尺度。二要涵养"知足能常乐"心态。引导教育国人认清"知足就会满足，满足就会平和，平和就会快乐，快乐才能常乐"的真谛；认清"不满足、不知足就会引发欲壑难填、望眼欲穿，人生痛苦不安、难以自拔"的危害。三要秉持"知足方能平安"信条。引导教育国人深刻认识"不知足就会举棋不定、犹豫不决、寝食难安，是隐患、忧患、祸患根源"的道理，深刻认识"只有知足才能调整心态、看淡得失、进退自如、人生平安"的道理，铭记"乐天知命，何虑何忧；安时处顺，何怨何尤！"的古训。

　　提升知止能力。《周易》中专门有一"艮"卦，阐述的就是"止"之意。《礼记·大学》有言："知止而后有定，定而后能静，静而后能安，安而后能虑，虑而后能得。"古代先知们深刻指出了"知止"的极端重要性和处世本源性地位。行止各有其时，当行则行，当止则止；当止不止，物极必反。真理再向前一小步就可能走向谬误，山顶再向前一小步就可能坠入万丈深渊，故知止常止，终身不耻。知止、能止、善止是一种高层次、高水平、高境界的能力，需要自制力、约束力、决绝力做支撑。古今中外的贪官污吏，无一不是经过了从不知足到不知止的演变历程，从初始的心态失衡退变成心智失控，进而一步步滑向人生深渊，被钉在历史的耻辱柱上。提高自制能力是抵御贪婪心理、膨胀心态、享乐心思最后一道防线、一道闸门、一道堤坝，地位极其关键。未来中国，应该把提高国人知止能力作为增强公民道德素质的重中之重来抓。一要认清"止"的重要。引导国人树立"人生追求无止境，物质追求有限度"的理念，对物质名利追求不能贪心滋长、贪念横生、贪欲泛滥。二要掌握"止"的方法。引导国人自觉做到圣贤镜子应常照、贪欲利害应常思、享乐危害应常记，自觉克服侥幸心理、麻痹心理、放纵心理。三要增强"止"的毅力。引导国人学会以坚强决心、强大意志、坚韧毅力克服物质诱惑、享乐诱惑、名利诱惑，面对金钱、财富、权力诱惑时，意志要坚、定力要强、决心要大，做到当断则断、当停则停、当止则止。

# 第四十五章

求"虚静、恬静、清静"之静境,行"守正、中正、至正"之正道

### 老子原典

大成若缺,其用不弊。大盈若冲,其用不穷。大直若屈,大巧若拙,大辩若讷。躁胜寒,静胜热。清静为天下正。

### 法融释典

生万物、成万物者,是气化的自然之道,然则无形无象,犹若缺然不足。充满宇宙的自然元气,好似真空一样,但能生物生人,妙用无穷无尽。真空妙气,生育成就万物而不存私,最为正直。然而它却因理顺物,不与物争,好似受委屈一样。天地间飞禽走兽,品物万类,千姿百态,精巧无比,它们无不由"道"雕琢而成。然而"道"无为无造,好似笨拙者一样。天道运行,四时成序,寒暑往来,昼夜交替,极有规律,一清二楚,然而它却一言不发。

寒与热即阴与阳,它们是两种相反的能量,阳动阴静,作用功能截然相反。然而,人急走或奔跑可以战胜寒冷,安静下来则

可以克服暑热。由此可知，阴阳二端，各有所偏，相胜相负，皆非大中至正的自然真一妙道。只有清静无为的虚无大道，体性圆满，中正不偏，是谓天下之正道。

## 悟道鉴典

"清静为天下正。"老子用五个"大"描述了"道"具有"大成、大盈、大直、大巧、大辩"的品质和"若缺、若冲、若屈、若拙、若讷"的表象，以相反相成的形象阐述，深刻揭示了"道"之本质与事物表象的辩证关系，告诫世人，道以清静为体、以中正为用，"清静"是人类必须恪守的天下正道。

"阴阳二端，各有所偏，相胜相负，皆非大中至正的自然真一妙道。只有清静无为的虚无大道，体性圆满，中正不偏，是谓天下之正道。"法融道长通过对躁与静、寒与热、阴与阳对比分析得出深刻结论：正反两面各有所偏，只有清静无为的虚无大道，才是天下至中至正的真一妙道。法融道长欲借此劝导世人，应当追求"虚静、恬静、清静"的静境，坚走"守正、中正、至正"的正道。

"清静为天下正"这一思想随着人类社会发展，不断从自然科学、社会科学等角度得到印证。生理学证明了清静是躁动之天敌，生命学佐证了清静是长寿之奥秘，社会学验证了清静是成功之基石。酷暑通过心静能够降温这是天下常识，女性比男性长寿这是生命规律，以静制动是成功重要秘诀。然而，在现实生活中，坚持以"虚静、恬静、清静"状态坦然面对社会、面对事业、面对人生的智者依然是凤毛麟角，内心浮躁、行为急躁、遇事狂躁的愚人却比比皆是。毫无疑问，这种"浮躁、急躁、狂躁"表现不仅对个人成长无益，而且对社会发展有害，俨然已经成为亟待解决的深层社会问题。一个喧嚣躁动的社会不可能有理性的思考、沉淀的思想、安定的思绪。中国要高水平营造安定团结政治局面，实现长治久安远大目标，特别需要借鉴老子"清静为天下正"思想，切实采取得力措施，让整个社会更好地"沉静"下来，让社会大众更好地"安静"下来，解决社会普遍浮躁、习惯争抢、私欲膨胀、行事冒进等危险问题。未来中国，应该结合公民道德教育和实践，大力引导教育国人以虚静心态强化守正理念、以恬静姿态践行中正之道、以清静状态追求至正境界。

　　以虚静心态强化守正理念。心态虚静是行为守正的前提，只有在思想意识上坚信虚静的妙用和价值，才能在行为行动上守正行正。所谓"虚静"，是一种淡化欲求、淡视得失、淡泊功利的至为平静的精神状态。如果离开了这种状态，心态就会失衡，欲望就会膨胀，患得患失、追名逐利，最终偏离正道、迷失方向、走向歧途。新时代中国，在大力引导教育国人恪守正念时，应该把涵养虚静心态作为基本前提。一要认清虚静心态根本价值。虚静不仅是天道的优秀品质，也是恪守天道的自然状态，坚信道的力量首先应该信奉虚静价值，从根本上打牢以虚静行守正的理念。二要认清虚静心态本质特征。虚静不是安静、宁静、心静的代名词，具有更高层次、更加独特的思想内涵，既包括控制欲望，又包括看轻得失，还包括不求功利。涵养虚静心态应该紧紧围绕控欲、淡定、淡泊三大本质，偏失了任何一方，就会脱离涵养本质轨道。三要认清虚静心态生成难度。虚静心态生成与人生理想、信仰追求、情怀境界、价值观念高度关联，常人、凡人、无志之人很难推崇，一日之功、一时之举、一阵之风很难养成，需要不懈修炼、长期修炼、永续修炼才能奏效，任何三心二意、半心半意、随意任意都是虚静心态涵养之大敌。

以恬静姿态践行中正之道。拥有恬静姿态是践行中正之道的保证。恬静是"大道"的优秀品质，是一种由内而外散发出的姿态和气质。所谓"恬静"，就是恬淡又安静，是一种恬静寡欲、与物无忤、名利淡泊的至中至正之道。如果缺失了恬静姿态，在行为行动上不可能践行中正之道。新时代中国，在大力引导教育国人践行中正之道时，应该把养成恬静姿态作为重要前提。一要加强恬静气质培养。恬静气质是一种稳定心理特征，是融入骨子里自然流露的从容宁静、淡泊超然、悠然洒脱的独特姿态，需要经过长期熏陶和培养方能形成，必须自觉克服和排除物欲、私念、名利诱惑和干扰，不断培养镇定自若、处之泰然、山崩如常的定力。二要加强恬静气场提升。气质发展到一定高度就会形成气场，气场是一种强大的影响力、辐射力、感染力，应该大力推动个人气质向个人气场演进，通过练就独特人格魅力吸引、凝聚、带动身边人、周围人、更多人。三要加强恬静气节培养。恬静气节是恬静姿态中最具内涵的独特品质，它是一种大义凛然、正义凛然、正气浩然的志气和节操，具有坚持正义、维护大义、坚守道义而不屈不挠、百折不挠、视死如归的无畏精神。恬静气节培养难度很大、标准很高、容易反复，需要耐心、诚心、定心，任何功利心理、功利色彩、功利主义，都与恬静气节培养背道而驰，也终将一无所获。

以清静状态追求至正境界。心态决定姿态，姿态决定状态，状态决定势态。培养虚静心态、养成恬静姿态不是根本目的，形成清静状态、开拓至正境界才是根本。至正是守正、中正的最高境界，是根本的大中大正之道。新时代中国，要大力引导教育国人把至正境界作为最高追求和终极目标。一要保持心灵纯洁。只有心灵纯洁才能心地无私、行为无瑕。纯洁心灵是净化思想之源头、匡正行动之根本，只有保持心灵美、追求真善美，才能打牢进入至正境界的基础。二要确保初心纯正。初心不正，方向必偏、行为必乱、结果必反。自觉把纯正初心作为端正思想行为的源头，做到在"不忘初心"中保持本色，在"铭记初心"中不辱使命。三要做到目的纯粹。目的不纯，输得干净。只有端正、纯正做人做事目的性，才能确保方向不偏、行为不偏、结果不偏。自觉把纯粹地做人做事的指导思想作为开创至正境界的出发点、归宿点，任何时候做到公平正直、公心为上、公道正派，做人做事切忌目的性过强、随意夹带个人私货，以至全然不顾大局利益。

# 第四十六章

"恬淡方知足、知足方满足、满足方常足"，"自觉克贪念、主动治贪欲、积极防贪祸"

### 老子原典

天下有道，却走马以粪；天下无道，戎马生于郊。罪莫大于可欲，祸莫大于不知足，咎莫大于欲得。故，知足之足，常足矣。

### 法融释典

恬淡无为的自然之道行于天下，各国必安守本分，无争无战，和平相处，马亦守其本分，事农耕田，引重致远，正常效力。天下失去无为之道，人失其常，物弃其份，各国必争城掠地、互相攻伐、互相残杀、战火不息，马亦弃分，长年作战于郊外。

兴兵动战、伤残百姓的罪恶，皆由私欲过甚、贪得无厌引起。灾祸没有大于不知足的，罪过没有大于贪得无厌的。只有拥有知足之心的人，才会经常感到满足，而不去侵夺别人，避免咎祸和罪过。

### 悟道鉴典

"知足之足，常足矣。"老子借用马匹正常与非正常出力效力的状态，得出了不守天道导致国与国之间互相攻伐、战火不息的深刻缘由，深刻揭示了导致社会出现"人失其常、物弃其份、马亦弃分"的反常情况，根源在于人的贪念、贪欲、贪心作祟，告诫世人，应该止欲生悔、防微杜渐、清静心身，通过培养知足、满足、常足心态，切实从源头上避免咎祸和罪过发生。

"灾祸没有大于不知足的，罪过没有大于贪得无厌的。只有拥有知足之心的人，才会经常感到满足，而不去侵夺别人，避免咎祸和罪过。"法融道长通过深刻揭示"可欲是罪恶根源、不知足是最大祸患、欲得是最大错误"这一"罪、祸、咎"的形成原因，劝导世人，应该坚守无为之道、坚持立足本源、坚定立足自身，自觉培养"知足、满足、常足"心态，不断增强"克贪念、治贪欲、防贪祸"的定力。

老子深刻揭示了当时诸侯各国扩张领土、争夺霸权、征战杀伐导致生灵涂炭、民不聊生的总根源，在于统治者不知足、不满足，贪欲膨胀、私欲过甚。纵观古今中外战争史，充分证明老子这一思想的穿透性和真理性。世界上大大小小、形形色色、林林总总的侵略战争，归根结底源于统治者和统治集团贪欲泛滥。这一思想不仅揭示了战争根源，同样演绎了人生灾祸根源，具有穿越时空、普遍适用的真理价值。古今中外凡终有大成者普遍皆是懂得知足满足、慎欲克欲的光辉典范，凡事业中途"夭折"，遭遇祸殃的失败者普遍皆是不知足又不满足、不慎欲又不克欲的反面典型。由于人类具有贪婪的弱点和占有的天性，不加克制就会滋长占有欲、征服欲、享受欲，从而产生"财富越多越好、权力越大越好、享受越优越好"等扭曲观念、腐朽思想、奢靡风气。在发展市场经济条件下，贪念不止、贪心不足、贪得无厌的不知足者不在少数，这对于维持社会稳定、建设和谐社会是一股强大负能量和绊脚石。未来中国，应该结合公民道德实践，进一步加强对全体国民知足心态的培养、贪欲心态的化消、贪欲行为的治理，引导国人遵循"知足—满足—常足"逻辑、修炼"心平—心安—心定"心态、打通"克贪念—治贪欲—防贪祸"路径。

坚信"知足—满足—常足"演化逻辑。所谓"知足"，是指满足于已经得到的，不做过分企求的健康心态。事实证明，知足是一种成熟心绪、理智心理，只有知足才会给人带来真正的、长久的精神满足和精神快乐。所谓"满足"，是一种主观感受和满意状态；是由内而外带来的心灵愉悦，是不可或缺的心理满足。所谓"常足"，是一种总感满足和持久满足的行为状态，既是知足的最高形态，又是知足向满足、满足继续向前发展的必然结果。毫无疑问，只有常足者才能达到"知足者贫贱亦乐"的境界；知足只有不断沿着满足再到常足的演进脉络升华，才能发挥真正价值。新时代中国，应该通过公民道德教育和实践载体，引导教育国人坚信"知足—满足—常足"的演化逻辑，不仅要培养知足感，还要培养满足感，更要培养常足感。一要强化知足意识。欲望无限能力有限，受欲望所累人生必然受限、局限。要自觉强化适可而止、适度而为的知足心理，不能心高气傲，把目标定得过高。二要树立满足理念。好高骛远、索求无度、欲壑难填终将"失足"，丢掉已有的，失去潜在的，丧失未来的，因而要做到在精神追求上无止境，在物质追求上有限度。三要养成常足心态。要不断强化知足意识，涵养满足心理，以平和的心态把知足意识、满足心理保持住、内在化、常态化，成为成熟稳定的处事心态、行动遵循、做事规矩、做人原则，不断厚积知足又满足、满足且常足的人生智慧。

修炼"心平—心安—心定"健康心态。常足人生智慧的形成依赖于健康人生心态，缺失健康人生心态支撑，常足状态必定难以保持、难以持久甚至不堪一击。因此，应该把修炼健康人生心态作为保持常足状态根本途径。新时代中国，应该通过公民道德教育和实践载体，引导教育国人不断修炼"心平—心安—心定"健康心态，实现以心平促心安、以心安促心定、以心定生慧心。一要心平。心态平和方能心安理得，心不平则念不正，念不正则行不端。引导教育国人，时刻牢记心平不仅是克欲之基，而且是智慧之基，更是成事之基。二要心安。心安了才能不生躁攀比、急躁失态、狂躁变形。引导教育国人，无论何时何地都要安稳心理、定住心神、平衡心志，万万不能想法太多、要求太多、欲望太多。三要心定。心定是一种不受外界影响和干扰的心境状态，也是生发智慧的必要条件。心不定的人不可能生智慧。引导教育国人，要把修炼心定心境作为追求目标，不断增强面对物质刺激、攀比刺激、享乐刺激的"免疫力"，练就心静如水、心若止水、心素如简的定力。

打通"克贪念—治贪欲—防贪祸"方法路径。人不是生活在真空中，即使形成了健康常足心态，也不可能一成不变、固若金汤，其意识会发生弱化、心理会发生变化、心态会发生转化，甚至贪欲会战胜理智、贪念会挣脱约束、贪恋会冲垮堤坝，使自己成为俘虏、套上枷锁。新时代中国，应该通过公民道德教育和实践载体，引导教育国人积极打通"克贪念、治贪欲、避贪祸"的方法路径，防止心态失控、欲念泛滥、走向反面。一要自觉克贪念。主动构建自我反省、自我审视、自我克制的内省机制，通过"三省吾身""照镜子""正衣冠"等方法，把贪念扼杀在萌芽中、摇篮里，不断培养欲心不起、德志常满、心身常泰的常足境界。二要及时治贪欲。自觉构建自我发现、自我评估、自我纠正的自纠机制，通过"洗洗澡""治治病"等方法去除贪念行为，摒弃侥幸心理和拖延作风，在第一时间收住已经迈出的贪欲脚步，有效地把贪欲危害加以控制。三要理性防贪祸。防贪祸需要内因和外因共同作用、组织和个体上下联动，通过将加大组织监督力度、采取必要强制措施和加强自我约束与自我管控相结合，形成内外、上下共同治理贪欲的合力，有效防止贪祸发生、演变、恶化。

# 第四十七章

"立足自我、立足内在、立足根本"认识基础，升华"由己知人、由内知外、由一知多"认识境界

### 老子原典

不出户，知天下；不窥牖，见天道。其出弥远，其知弥少。是以圣人，不行而知，不见而明，不为而成。

### 法融释典

有"道"之人，视天下人之身，亦我之身；视天下人之心，亦我之心；我之所恶，天下人亦必恶之；我之所好，天下人亦必好之。不出远门，亦可反观己之身心，尽知天下人之身心。

横暴强梁，人之所厌而弃之；柔弱谦下，人之所爱而好之。强梁横暴者不得善终，柔弱谦下者必获吉庆，此乃自然之理。知此道理，虽不窥窗外，亦可知天道。

大千世界，复杂万端，变幻无穷。若舍己而外索，追逐事物外在之末、舍己求外、忘本逐末，走得越远，懂得越少。立足自身，抱其根本，是为至要。人是小宇宙，天地是大宇宙。不知小宇宙，焉知大宇宙？不知自我，焉知外物？圣人不必走得很远就

可知道物我之情，不必事事经历就可明晓物我之理，不必强作妄为就可达到成功。

## 悟道鉴典

"是以圣人，不行而知，不见而明，不为而成。"老子通过"不出户，知天下""不窥牖，见天道"精辟描绘了常人无法企及的认识世界的境界，深刻揭示了"道有大常，理有大致"的奥妙，告诫世人，只要闭门静思、反观内心、推己及人，闭牖静悟、正大光明、柔弱谦下，必能认识天道、领悟天道、把握天道，进入"不行而知，不见而明，不为而成"的无为境界。

"有'道'之人"，"不出远门，亦可反观己之身心，尽知天下人之身心"；"若舍己而外索，追逐事物外在之末、舍己求外、忘本逐末，走得越远，懂得越少"。"立足自身，抱其根本，是为至要"，"不知自我，焉知外物"。法融道长进一步揭示了立足自我、反观内照能够明晓外物的深刻道理，分析了舍己外索、追逐外在之末的严重危害，劝导世人，应该效法圣人之道，立足自我、立足内在、立足根本认识事物，不断升华由己知人、由内知外、由一知多的认识境界。

立足自我、立足内在、立足根本是认识事物的科学方法和哲学智慧。立足自我是认识世界的基本方法，立足内在是认识世界的逻辑起点，立足根本是认识世界的本质内涵。老子"不出户，知天下；不窥牖，见天道"是一种认识世界的至高境界。自古以来，明君圣贤皆普遍深谙此道，无须长途跋涉、走遍天下便知天下万事万物，无须窥探隐秘隐情，便知天下大势所向。历史上的诸葛亮、刘伯温、张良等高谋圣贤之士，基本达到了这种认知高度，具备了以己观人、以内及外、以本察末的卓越能力。然而，在现实生活中，真正能够做到由己及人、由内及外、由本驭末的智者寥寥，绝大部分人习惯于从旁观者角度观察世界、从表面现象观察世界、从细枝末节观察世界，虽然兴师动众、千里跋涉、费心费力，甚至不择手段、大动干戈，依然是盲人摸象、一知半解、游离于事物本质之外，最终一事无成。改变世界、创造世界，必须以认识世界为前提和基础。新时代中国，在建设现代化强国进程中，应该借鉴老子倡导的"不出户，知天下"的认识方法论，着力提高国人特别是各级干部的认知能力、观察智慧和分析水平，不断以合道的认识论开创实践的新境界。

提升"立足自我、由己知人"基本能力。"故知之始己，自知而后知人也。"把握事物首先要了解自己，把握了自己才能把握别人。立足自我是认识世界、通晓万物、掌握规律的基本点、出发点和立足点。立足自我、由己及人是认识世界的基本能力，离开这种认知能力，提高"立足内在、由内知外"的逻辑能力就无法实现，提高"立足根本、由一知多"的核心能力更是无从谈起。未来中国，应该注重引导国人特别是各级干部，努力提高"立足自我、由己知人"基本认知能力，打牢认识问题、分析问题、判断问题基本功。一要养成静思习惯。"静而后能安，安而后能定，定而后能慧，慧而后能悟，悟而后能得"，静是产生智慧、彻悟、见地的土壤，只有静心思考才能冷静观察事物、客观看待事物、全面辨识事物。应该坚决去除浮躁之心、漂浮之心、狂热之心，真正把心静下来、定下来、沉下来，自觉养成乐于思考、勤于思考、善于思考的习惯。二要自觉内照反观。观察别人、认识世界，最简单、最便捷、最有效的方法，莫过于由己出发、以自我为参照，通过对照自己、检视自己、剖析自己，实现认识自己、看清自己、超越自己的跃进升华，进而不断提高把事物性质分析准、特点把握准、方向辨别准的能力，为找准自身和别人的共通点打下坚实基础。三要寻找内在共性。认识自己是为了认识他人、认识世界。只有发现自身与他人、与众人、与世人的共同点和共通点，才能真正把握更为广泛的价值取向、更普遍的价值追求、更准确的价值判断，才能真正把握事物发展的本质点、关键点、方向点。

提升"立足内在、由内知外"逻辑能力。事物发展的决定性因素是内因，不是外因，更不是表象。只有立足内在、领悟内在、把握内在，才能以内通外、以内晓外、以内知外。从内出发是科学认识事物的逻辑起点。未来中国，在提升"立足自我、由己知人"认知基本能力的基础上，还要引导国人特别是各级干部，不断提升"立足内在，由内知外"的认知逻辑能力。一要坚持眼光向里。事物外在表现形式千变万化，但内质状态却相对稳定，认识、分析事物不能注重表面，而应注重内里，必须透过现象看本质。永远不能被表象所影响、所干扰、所迷惑，始终坚持眼光向里，从内质、内在、内核发现事物外在状态演变运行根源。二要坚持由内向外。由内向外是立足内在认识世界的重要遵循和基本路径。了解他人，从来以把握自身为出发点；了解他物，从来以把握本物为出发点；了解他国，从来以把握本国为出发点。决不能通过片面的表象观察去认识事物，不能离开本物去把握事物，不能离开本国去空谈世界。三要坚持把握内因。影响事物发展的因素错综复杂、多种多样，甚至主次难辨、真假难分，但其中必然有主要因素、主体因素、主导因素，任何时候都要牢牢把握事物内因，认清事物本质。坚持条分缕析、去粗取精、去伪存真的方法论，及时发现主因、排除次因，精准掌握主干、剔除枝末，科学把握关键、兼顾次要，切实把主导事物发展的本质因素找出来、找准确、找实在。

提升"立足根本、由一知多"核心能力。常人一般只能通晓普通常规问题，高人则能通晓复杂疑难问题，圣人则能通晓世间一切问题。"立足根本、由一知多"是认知能力的最高境界，作为核心能力，它具有一点就通、触类旁通、一通百通的鲜明特质，也是一种"秀才不出门，便知天下事""足不出户照样知天下"的至高认知境界。在引导国人特别是各级干部努力提升由己知人、由内知外认知能力的同时，还要持续向着"由一知多"核心能力迈进。一要把握真理规律。真理规律是支配事物发展演进的内在逻辑和根本遵循，只有把握了真理之道，才能掌握认识事物的总钥匙。要努力养成坚信真理、崇尚真理、敬畏真理的习惯，坚定寻求真理、探索真理、追求真理的信念，掌握把握真理、运用真理、践行真理的方法，坚持以真理为"钥"，打开未知世界之门。二要提高穿透能力。穿透能力就是透本质、把关键、抓要害能力，只有具备了超越常人的穿透能力，才能从根本上发现症结、揭示规律、判断趋势。要不断加强发散思维、放射思维、联想思维培养，科学掌握联想、引申、变通、嫁接等基本方法，持续打开认知视野，练就辨识慧眼，拓展认识深度。三要厚植哲学素养。提高"由一知多"核心能力，以哲学底蕴、哲学修养、哲学能力为支撑。不断提升哲学素养重要性认知，加强哲学思维自我培养、哲学素养自我塑造、哲学方法积极运用，持续丰富发展哲学智慧，确保认识事物不仅遵道循道，而且合道行道。

# 第四十八章

## 以"加法治学、减法修炼、加减得法",行"以学促修、以修养德、以德开道"

### 老子原典

为学日益,为道日损。损之又损,以至于无为。无为而无不为。取天下常以无事。及其有事,不足以取天下。

### 法融释典

做学问旨在日积月累,日复一日增加知识,方至博学多才。修道养德旨在剔除杂念、减少思虑,日复一日减损欲念,方能达到性体圆明、自然无为之境界。只有心若明镜,亦若皓月,才能对天地万物微妙玄理洞观普照。

治理之道应以"无为"为本,少私寡欲、不施苛政、不动兵戈、持以无事。如果贪欲过甚、妄施机诈、乱施淫威、压迫人民,必遭人民反抗,必致天下纷乱,使得国家难治。

### 悟道鉴典

"为学日益,为道日损","取天下常以无事"。老子通过"为学"和"为道"方法正反对比,深刻揭示了治学之道在于日积月累增加知识,修身之道在于日积月累减损欲望的深刻道理,告诫世人,治学与治国方法完全不同,治学讲究"有为",治国与修身一样讲究"无为",如果将治学之道用于治国,必定适得其反,使民难治、国难平。

"做学问旨在日积月累,日复一日增加知识";"修道养德旨在剔除杂念、减少思虑,日复一日减损欲念"。"治理之道应以'无为'为本"。法融道长深刻揭示了"无为治国得善治",在于治理者能够"心若明镜,亦若皓月",在于对天地万物"微妙玄理洞观普照",进一步阐明了"有为"治理必遭人民反抗、必致天下纷乱、必使国家难治的深刻道理,劝导世人,应该切实把握治学和为道的本质差异,遵循以加法治学、以减法修身的客观规律,不断开辟以学促修、以修养德、以德开道新境界。

对国家而言,归根结底只有两大主题:一是教育培养人才,二是治国理政为民。对个人而言,同样也有两大主题:一是学习积累知识,二是运用知识改变命运,成就一番事业。"为学日益""为道日损""取天下常以无事"的思想,再一次证明了老子高超的洞察力、惊人的穿透力、精准的概括力。古今中外,效法治学之道治理国家、社会、企业,追求多多益善、越多越好、越大越好,最终步入"过度"作为、"过分"作为、"过火"作为治理泥潭的案例数不胜数;相反,将修身养德之道用于治学实践,鼓吹"知识越多越反动""女子无才便是德"等知识无用论,最终导致不学无术、不思上进、人才匮乏危险局面的案例同样不胜枚举。毋庸讳言,在当前中国,能够坚持日积月累学习、坚持日复一日修身、坚持一以贯之按真理规律办事的风气还远未形成。一方面，做学问不遵循"为学日益"规律，不重视学习、不重视积累，更没有养成"活到老，学到老"的终身学习理念，致使许多人走向无知、沦为平庸、一事无成；另一方面，修身养德不遵循"为道日损"规律，不注意约束欲望、克服欲念、抑制欲求，更有甚者自我放松、放任、放纵，步入了失道、失德的危险境地。毫无疑问，这些现象存在，对于建设学习型国家、提升公民道德素质、建设社会主义现代化强国有百害而无一利。未来中国，应该积极借鉴"为学日益""为道日损"等思想智慧，引导教育国人遵循治学、修身、治理的规律，按照"加法治学、减法修身、加减得法"的路径，实现"以学促修、以修养德、以德开道"。

　　加法治学，以学促修。对人生发展而言，知识积累和修身养性相辅相成、不可分割。学习能够引领修身，修身能够促进学习，没有学养难有修养，没有修养难成学养。应该引导教育国人特别是各级干部，把握以"加法"治学本质，养成日积月累习惯，坚持以学习为引领，实现以知识积累促进修养提升。一要把学习当作重要任务。干部要上进，党要上进，国家要上进，民族要上进，就必须大兴学习之风，坚持学习、学习、再学习，坚持实践、实践、再实践。毋庸置疑，上进就是发展，上进就是跨越，上进就是突破，实现发展、实现跨越、实现突破就是治国理政的前进方向，而学习则是发展、跨越、突破的前提基础。可见，学习处在治国理政的首要位置、前提位置、基础位置。应该引导教育国人特别是各级干部，充分认识学习的极端重要性，努力向书本学习、向他人学习、向实践学习，不断增强学习自觉性，激发学习动力，以学习提升能力素质，以能力素质推动事业发展、人生成长。二要把学习当作终身任务。时代在发展、社会在进步、形势在变化、要求在提高，这就决定了必须坚持学习、持续学习、终身学习，做到"活到老，学到老"，适应事业发展和人生成长现实需要。应该引导教育国人特别是各级干部，把学习当作毕生的事业，决不能把学习功利化、投机化、间歇化，把学习当作"一锤子买卖"、阶段性任务、"作秀"式文章，而要真正把学习当作终身乐趣、终身责任、终身追求。三要把修身当作学习任务。学习为了修身，修身也是学习内容，只有把学习和修身融为一体、交融互促，才能实现学习和修身价值最大化、双向互促化、进程协同化。应该引导教育国人特别是各级干部，不能把学习与修身人为割裂，搞"两张皮"，出现学归学、修归修、既学不好又修不成的不利局面。要充分认识学习与修身的统一关系、互促关系、协同关系，以深厚的学养引领支撑人格修养，以学习成效促进修身养德，进而形成你中有我、我中有你、交相辉映的以学促修格局。

　　减法修身，以修养德。学习和修身尽管须臾不可分离、不可偏废、不可放弃，但二者实践途径却大相径庭。修身本质在于不断减损欲念、欲望、欲求，其目标是把一切非道行为减至近零的状态，这是一个反向日积月累过程。修身过程不是做"加法"，而是做"减法"。应该引导教育国人特别是各级干部，不断领悟人生"减法"智慧，约束欲望、管控欲念、消除妄念，以自觉的修身养性，涵养高尚的品德。一要常思欲念膨胀危害。"没有追求，难以拥有""不想当将军的士兵不是好士兵"，但追求过高、好高骛远、欲念过度、欲望膨胀，就会适得其反。应该引导教育国人特别是各级干部，把握欲念、欲望、欲求的合理边界，常思欲念、欲望、欲求膨胀的严重危害，防止成为"欲"的俘虏，走入人生发展"死胡同"，甚至跌入万丈深渊。二要常戒自我放任心理。欲念、欲望、欲求与生俱来，具有内生动力，从某种意义而言具有合理性。在克制欲念过程中，随时会受到自我安慰、自我妥协、自我放任的自欺心理影响和干扰。应该引导教育国人特别是各级干部，自觉与侥幸心理、麻痹心理、速胜心理做坚决斗争，做到每日三省吾身，养成与错误想法"拔河"的习惯，努力把各种欲念、欲望、欲求遏制在萌芽阶段、初始状态、最小范围。三要常为遵道守德善行。修身的目的是为了厚植修养和涵养品德，为了彰显道德和施行道德，应该常有善行、常行善举，不能彰德施德的修身，只是纸上谈兵，毫无益处。应该引导教育国人特别是各级干部，树立修身为德、修身养德、修身厚德理念，不断厚植政治品德、社会公德、做人道德，不仅要做遵道守德的先进者，而且还要争做遵道守德的引领者，自觉为形成社会道德新风尚添砖加瓦。

　　加减得法，以德开道。善于做好人生"加减法"，事业必定得以成功，人生必定有所成就。应该引导教育国人特别是各级干部，坚持在"以加法治学、以学促修""以减法修身、以修养德"的基础上，运用"加减得法"的智慧走出更加美好的人生之路。一要"加"得自觉。做好自学加法贵在自觉、要在自觉、成在自觉，离开了自觉，"加"不长、"加"不久、"加"不成。应该引导教育国人特别是各级干部，不断强化自发意识、自行意识、自觉意识，做到挤点时间学、见缝插针学、克服困难学，自觉把学习融于生活、融于工作、融于人生，真正步入"我要学"的自发、自觉、自然之境界。二要"减"得坚决。做好修身减法贵在坚持、贵在坚定、贵在坚决,离开了决心做支撑,私念、欲念、妄念必定原地踏步、有增无减,甚至泛滥成灾。应该引导教育国人特别是各级干部,必须克制欲望、欲念、欲求,树立自我革命、刀刃向内的果断勇气和坚定决心,敢于与私欲杂念斗争,坚决防止得过且过、听天由命、降格以求的消极心态滋生蔓延,养成在修身上对自己狠一点、反应快一点、要求严一点的积极态度,不断克制欲念、改正缺点、纠正错误。三要加减协力。"加"得有动力、"减"得有定力,才能开创成功事业,走出成功人生。只重为学"加法"、不重修身"减法",只重修身"减法"、不重为学"加法",都是人生不得法。在学习和修身问题上,如果一头重一头轻、一头高一头低、一头好一头差,必定难以成事、难成大事。应该引导教育国人特别是各级干部,同时做好人生"加减法",写好"长本事""修德性"两篇大文章,真正实现"加减得法,以德开道",以德才兼备的核心能力谱写靓丽人生,开创辉煌事业。

# 第四十九章

效法"以善化恶、以信化诈、以心唤心"圣人之德,建设"淳朴善良、诚实守信、同心同德"文明社会

### 老子原典

圣人无常心,以百姓心为心。善者,吾善之;不善者,吾亦善之,德善。信者,吾信之;不信者,吾亦信之,德信。圣人在天下歙歙,为天下浑其心。百姓皆注其耳目,圣人皆孩之。

### 法融释典

有"道"之圣人,无私无偏,不固执个人之见;大公无私、不贪名利,以百姓之心为己之心;以万民利益至上,热爱百姓,想着百姓,先天下之忧而忧,后天下之乐而乐。对善良百姓施以善心,对不善良的百姓同样施以善心,目的让不善者转变为善者,使更多人同归于善。对诚信百姓施以信赖,对不诚信的百姓同样施以信任,目的让不诚信者转变为诚信者,使更多人同归于忠诚信实。

圣人坐天下时应谦虚谨慎、含藏内敛、不露锋芒,对百姓有

敬畏之心；为天下时应和光同尘，不论尊卑、不分贵贱、一视同仁，与万民之心浑然一体。百姓普遍专注耳目见闻、局限个人利益，圣人应以初生婴儿之心，洁白纯素、无私无欲、无执无偏，一以贯之以善诚相待。

## 悟道鉴典

"不善者，吾亦善之，德善"；"不信者，吾亦信之，德信"。"圣人在天下歙歙，为天下浑其心。"老子通过阐述圣人对善者与不善者、信者与不信者的一贯态度和行为，深刻揭示了国家治理应以"心"为根本，最大限度地唤醒百姓的良心、善心和诚心，不断营造治理者与老百姓浑然一心的和谐局面，告诫世人，治理国家应以百姓心为心，坚持以德化恶、以信化诈、以心唤心，致力营造积极向上、健康和谐的社会氛围。

"有'道'之圣人"，"大公无私、不贪名利，以百姓之心为己之心"。"对不善良的百姓同样施以善心，目的让不善者转变为善者，使更多人同归于善"；"对诚信百姓施以信赖，对不诚信的百姓同样施以信任"，"使更多人同归于忠诚信实"。"为天下时应和光同尘"，"与万民之心浑然一体"。法融道长深刻揭示了治国理民必须最大程度释放善意、激发诚意、传递心意，让不善、不诚、不良者改过自省而归善，以圣人之心对待百姓、引导百姓、感化百姓的客观规律，劝导执政者，应该积极借鉴"以善化恶、以信化诈、以心唤心"圣人智慧，推动淳朴善良、诚实守信、同心同德的文明社会建设。

老子对待善者与不善者、信者与不信者的态度主张立足于天道规律，为建设善良、诚信、同心的文明社会开出了一剂良方。这是建设善良、诚信、同心社会的思想雏形，对人类社会发展实践具有强大的现实意义和指导意义。毋庸置疑，刁顽不化之徒在社会上只是极少数，若"一棍子打死"，容易造成人本资源浪费、社会生态破坏、治理难度增加。环顾古今中外治国理民实践，以善化恶、以信化诈、以心唤心的做法不仅可行而且有效。历史上唐太宗与390名死囚"死亡约定"的故事，就是最经典的案例。据史书记载，贞观六年（632），唐朝要在来年处死390名死囚。唐太宗在春节临近时做了一个惊人决定：囚犯可以不受任何约束，回家与亲人团圆，与家人度过人生最后一段时光，但必须遵守来年九月初四准时自行返狱服刑的约定。决定做出以前，有大臣提醒唐太宗"这些都是杀人越货、罪大恶极之人，没有信用可言，须三思而后行"，而唐太宗坚定地回答"以诚心才能换忠心，相信他们不会辜负这份信任"。正如唐太宗所料，来年九月初四390名死囚按时返回监狱等待伏法，唐太宗被这些囚犯的守信善行所感动，决定对他们全部赦免，对这些囚犯的诚信行为给予最高奖赏。在他的感化下，这些囚犯纷纷立誓要效忠朝廷。正是唐太宗这种治国理民的大智慧，成就了大唐盛世的贞观之治。新时代中国，建设善良社会、诚信社会、同心社会，不仅要倡导崇尚善良、诚信、同心，还要立足感化、转化、教化那些不善者、不信者、二心者，开创以善心、诚心、真心唤忠心、赢人心的"大和"局面。可以积极借鉴老子思想，在社会治理中，既以善报善又以善化恶，既以信得信又以信化诈，既将心比心又以心唤心，以辩证思维推进文明社会建设。

既以善报善又以善化恶，营造淳朴善良风气。淳朴善良风气是文明社会的基础。建设淳朴善良社会，不仅需要以善念、善心、善行对待善者，而且需要以同样的态度方法对待不善者。中国传统文化向来倡导"善者，吾善之；不善者，吾亦善之"的思想智慧，推动人与人之间良性互动，实现和谐有序。"人之善恶非性也"，没有一个人生来就是恶人。当人的恶念萌发时，如果及时拉一把，以"善"渡人，就可能使其回归良善本性。中国民众在"与人为善"的传统文化熏陶下，历来具有向善、守信的基因。在推进国家发展进程中，人与人、人与集体、人与社会、人与国家之间的矛盾，绝大多数属于人民内部矛盾，不是敌我矛盾，这就决定了在坚持依法治国的同时，必须坚持以德治国。既要扬善弘善，又要以善化恶，最大限度润化人民、教化人民、感化人民，推动淳朴善良社会风气的形成。在治国理民上，首先要防恶扬善。树立"人民可爱""人民可贵""人民可敬"理念，大力弘扬遵善、扬善、行善的"善文化"，大力赞美善行善举，积极营造向善风气。其次要化恶扬善。要客观区分恶的性质、程度、成因，应具体问题具体分析，对于那些"小恶""微恶""初恶"，应该从善念、善意、善心出发，立足帮助、挽救、感化，最大限度给予他们改过自新的机会和空间，不能一概而论、一笔抹杀，犯简单化、绝对化错误。再次要惩恶扬善。防恶扬善、化恶扬善，并不意味着放弃惩恶，而要坚持"两手抓、两手硬"，对于那些十恶不赦、恶贯满盈、践踏法律的大恶之人，必须严惩不贷、绝不留情、毫不手软，以强制手段加以震慑和压制，创造更加有利的防恶扬善和化恶扬善大环境。在个人处世上，既要厚植善心、善念、善意，做到以善想人、以善待人、以善为人；又要避免以恶制恶、以怨报怨，做到以善化恶、以善化怨，努力成为一个善良之人、宽容之人、豁达之人、智慧之人。

　　既以信得信又以信化诈，营造诚实守信氛围。诚实守信对国家而言是一种软实力，对企业而言是一种竞争力，对个人而言是一种人格魅力。事实证明，国家缺失诚信，就会失去国家信用，在世界上被怀疑、被排斥、被攻击；企业缺失诚信，就会失去信誉，丢客户、丢市场、丢未来；个人缺失诚信，就会失去名声，遭提防、遭蔑视、遭唾弃。诚信是立国之基、立企之根、立人之本。在治国理民上，首先要立足营造诚信文化。诚信氛围形成最终依赖于诚信文化建设，没有诚信文化，诚信氛围难以持久。作为倡导建设诚信社会的文明国家，应该站在更高起点上，坚持立足根本，从文化高度推动诚信社会建设，让诚信思想真正深入人心、家喻户晓、融入社会。其次要厚植培育诚信的智慧。以诚换诚是基本路径，以诚化诈是深厚智慧。在世界上，诚与不诚永远共生共存，不会因为弘扬诚信，不诚信行为就销声匿迹。这就决定了在营造诚信氛围时，既不能理想化地期望以诚得诚，又不能绝对化地对不诚者排斥否定，而应该运用以诚化诈的感化智慧，让不诚者自惭形秽、改过自新，使更多国家、企业、公民自愿加入诚信社会建设，乃至进入诚信世界行列。再次要完善守信互信机制。诚信社会建设，既需要文化支撑、理念引领、榜样示范，更需要制度约束、机制保障、体系支撑。因此，既要建立正面诚信激励机制，又要推进负面失信惩治机制，让诚信者得尊重、得推崇、得实惠，让失信者遭鄙视、遭唾弃、遭损失。让讲诚信、有诚信之人畅行无阻，让常失信、搞欺诈之人无可遁形。在个人处世上，应该牢固树立"讲诚信光荣、不讲诚信可耻""讲诚信有益、不讲诚信有害"的理念，坚持以诚为本、以信取人、以诚信服人，任何时候不要耍技巧、耍聪明、耍诡计，更不要欺瞒、欺骗、欺诈，努力争做一个守诺、有人格魅力之人。

既将心比心又以心唤心，营造同心同德社会。上下同欲、同舟共济、同心同德，既是良治社会衡量标准，又是国家发展进步力量源泉。"人民，只有人民，才是创造世界历史的动力""民心是最大的政治"，只有把人民群众的爱国之心、报国之心、奉国之心调动起来、激发出来，画出最大同心圆，才能不断向着理想的同心同德社会靠拢和接近。必须坚持以善良之心、诚信之心对待人民，以将心比心的换位思考和以心换心的真诚态度，把最广大的人民群众凝聚在一起，汇成同心同德的磅礴力量。在治国理民上，首先要以天下百姓心为心。国家政略、策略、方略、战略，应始终站在人民群众角度思考问题、站在全心全意为人民服务标度谋划问题、站在不断满足人民群众对美好生活向往高度解决问题，确保大政方针、战略策略、制度政策最大限度符合人民群众所思所盼、现实需求和长远需要。其次要以赤子之心唤民心。国民接受教育程度不同、物质基础不同、出身背景不同，决定了国民素质必有差异，这是必须尊重的客观现实。面对林林总总、参差不齐、复杂多样的民众心态和诉求，任何时候都要恪守赤子之心，真诚对待人民、真切关爱人民、真心服务人民，对人民有慈爱心、包容心、宽仁心，多看主流少看支流，多看基本面少看横断面，多看本质少看表面，多看优点少看缺点，时刻彰显赤子风范、赤子境界、赤子情怀。再次要以无我之心得人心。百姓之心是杆秤，灵敏度极高，只有心地无私、心系天下、忘我无我，才能真正赢得人民支持、信赖和拥戴。任何时候要确保党的利益、国家利益、民族利益、人民利益高度一致，把国家利益、民族利益、人民利益置于同等重要位置，践行"大公无私、公私分明、先公后私、公而忘私"的公私观。在个人处世修为上，应该养成换位思考的习惯，多站在对方角度想问题，遇到不理解、不一致、不和谐的问题，多从善意出发，多做思想沟通、心灵融通的努力，切忌相互猜忌、相互排斥、相互怨恨，给事业发展、人生进步带来不必要的麻烦和障碍。

# 第五十章

"席丰履厚、丰功厚利、高官厚禄"终无度厚亡,"恬淡寡欲、戒奢尚俭、安心坦荡"方厚享终身

## 老子原典

出生入死。生之徒十有三,死之徒十有三,人之生,动之死地,亦十有三。夫何故?以其生生之厚。盖闻善摄生者,陆行不遇兕虎,入军不被甲兵。兕无所投其角,虎无所措其爪,兵无所容其刃。夫何故?以其无死地。

## 法融释典

人生为出,人死为入。生来死去、新陈代谢乃自然规律。人之生死大致有三种类别:一是顺自然而生息、无病无灾、享尽天年而亡者,此类约占十分之三;二是先天不足、体弱多病、伤残夭亡者,此类约占十分之三;三是生活奢侈、享受过甚、恣情纵欲、追名逐利、贪生过厚者,作死而亡,此类亦占十分之三。这类人死因为何故呢?是生活条件太优厚、生活方式太奢侈、生活规律太无度的缘故。

闻知精于修道之人，长期恬淡无为、少私寡欲、心地善良、体性圆明、物我一体、无所不容、大慈大悲、毫无恶念，由于德行极高，其善良的精神信息能感应于外，或因修炼具备某种特异功能，达到了能够控制身外生命意念及行为的境界。这些得道之人，陆行不与兕虎遭遇，入军不被甲兵所伤，兕牛之角、猛虎之爪、甲兵之刃派不上用场。这又是什么原因呢？因为得道高人不怀敌意，没有丝毫伤害之念，只有慈悲大爱之心，能够散发慈悲仁爱磁场，所以不会遭遇致死危险。

据《楼观先师碑石》载：魏废帝时，有张法乐隐居耿谷，乐道忘怀，尝有猛虎造室，恬然不顾，亦不加害，养奇禽千计，呼皆就掌取食，了无惊猜。魏文帝时，真人陈宝炽，密行于楼观，抱负弘阔，人莫能窥，出入山间，时见白虎驯逐，文帝得知，招访治理之道，问其驯虎之术，对曰："抚我则厚，虎犹民也；虐我则怨，民犹虎也，何术之有？"原始时代，人心淳朴，性体清静，无念无欲，人与兽同居而互属相助，人无猎兽害命之心，兽亦无反伤人类之举。自从人类情欲动、贪心起，欲猎兽以满口福后，禽兽与人结下不解之怨，就开始有人害兽而兽伤人类的往还之报。

## 悟道鉴典

"出生入死。""人之生，动之死地，亦十有三。夫何故？以其生生之厚。""兕无所投其角，虎无所措其爪，兵无所容其刃。夫何故？以其无死地。"老子用三个十分之三的形象表述，深刻揭示了生老病死规律——自然而然而亡、先天不足而亡、贪生作死而亡各占十分之三，深刻指出了作死而亡的根源在于享受过甚、恣情纵欲、追名逐利，告诫世人，应该恬淡无为、少私寡欲、物我一体，自觉营造慈悲、仁爱磁场，防止意外和致死风险发生。

"生活奢侈、享受过甚、恣情纵欲、追名逐利、贪生过厚者，作死而亡，此类亦占十分之三。这类人死因为何故呢？是生活条件太优厚、生活方式太奢侈、生活规律太无度的缘故。"法融道长深入总结了作死而亡者，主要是优厚的生活条件、奢侈的生活方式、无度的生活规律所致，劝导世人，应该遵道守德、清静无为、恬淡自然，不能过度追求席丰履厚、丰功厚利、高官厚禄，而要恬淡寡欲、戒奢尚俭、安心坦荡，只有这样，才能真正厚享终身。

老子揭示的"三分法"的生死规律，虽然没有具体统计数据可以证明，但人类生死现状却没有逃出这一规律，特别是"十分之三"因"作"而死的规律具有超越时空的意义。中国古代的封建皇帝，虽然自命"天子"，被称"万岁"，但自古长寿者不多，短命者却不少。据统计，命不过五旬者一半以上，个中一条重要原因，就是条件过于优厚、生活过于奢侈、享乐过于无度，不加节制、不加约束、不加控制。在现实生活中，那些腐败分子，普遍过度追求物质财富，肆意放纵欲望，狂热追逐功名，以致走上了一条积攒财货不顾一切、图求功名处心积虑、恣意享受厚颜无耻的不归之路，最终坠入万劫不复的罪恶深渊。理智对待财富、欲望、功名，自古以来就是人生的大命题、大考题、大难题。尽管中国优秀传统文化和党纪国法，一直倡导要求国人特别是领导干部，应该节俭朴素、宁静致远、恬淡向上，追求合理的生活条件、人生欲望、功名利禄。但遗憾的是，为了财富、私欲和功名，孤注一掷、前赴后继，以致锒铛入狱者依然存在，这些"作死者"，不仅严重损害了党的形象和政府公信力，而且严重影响了事业发展全局，同时也葬送了个人美好前程。未来中国，应该把减少"作"死之徒，作为精神文明建设和反腐倡廉建设的重要目标，有效遏制"无度厚亡"现象蔓延，引导和教育国人特别是各级干部，自觉涵养"恬淡寡欲、戒奢尚俭、安心坦荡"心境，适度追求"席丰履厚、丰功厚利、高官厚禄"。

  培养恬淡寡欲心态，淡求席丰履厚。追求优越生活条件，穿得漂亮些、吃得美味些、住得宽敞些、行得舒适些，这是普通人正常的人生愿望，但是过度追求家产丰厚、生活优裕、饮食丰盛、消费阔绰，就会陷入物质主义、拜金主义、享乐主义泥潭而难以自拔。事实证明，过分优越的生活条件会消磨人的斗志、蚀化人的精神、扭曲人的心灵，久而久之，必给人生发展埋下隐患。正如《二十年目睹之怪现状》第十四回描述的那样："你看他们带上几年兵船，就都一个个的席丰履厚起来，那里还肯去打仗！"未来中国，在公民道德实践和干部队伍建设中，应该致力加强恬淡寡欲心态培养，引导国民和各级干部，多追求精神少追求物质，做精神的主人不做物质的奴隶。一要正确认识物质财富价值。不讲物质是虚无主义，只讲物质是物质主义。"没有金钱万万不能，而金钱不是无所不能"，追求物质财富，必须知足满足、知止自止。应该引导教育国人特别是各级干部，从哲学高度深刻认识"物质第一性"的真正内涵，不能无限夸大物质价值，防止把物质绝对化、唯一化、至上化，做到追求物质条件适度、适宜、适可，享受物质生活简单、简朴、简约，积累人生财富合法、合理、合情。二要自觉追求恬淡至上生活。开创辉煌人生的功成名就者，除了具有信仰坚定、意志顽强、本领高强、智慧卓越等共同特征外，普遍追求恬淡至上生活原则，其虽有优厚的物质条件，但不贪图享受物质条件。应该引导教育国人特别是各级干部，既要多追求平淡生活，信奉"平平淡淡才是真""平平淡淡最平安"；又要多追求素淡生活，培养健康生活方式，信奉"粗茶淡饭最健康""粗茶淡饭能长寿"；还要多追求雅淡生活，培养高雅生活情调、提高生活品位，信奉"雅致才能活出真滋味""雅致才能活出真精彩"。三要主动克制物质欲望膨胀。物欲既有自发性又有传染性，一般人难以产生永久性抗体和终身免疫力。应该引导教育国人特别是各级干部，自我强化克制物质欲望膨胀的意识，自觉克服攀比心理、虚荣心理、浮躁心理影响，自觉抵制物质诱惑、外在干扰，把物质欲望约束在合理范围，把欲望膨胀苗头控制在萌芽状态。

培养戒奢尚俭作风，淡求丰功厚利。渴望功成名就属于人之常情，大多数人都希望自己出人头地、成就事业，希望生活富足、快意人生，希望受人瞩目、扬名流芳。功名成就是激发人形成上进心、事业心、能动性的强动力，但凡事都有度，一旦过分追求丰功厚利，就会陷入功利主义深渊，导致本位主义思想、功利主义思想、无原则主义思想滋长蔓延，最终走上崇尚铺张奢靡、个人至上、追名逐利的利己主义不归路。应该引导教育国人特别是各级干部，自觉培养戒奢尚俭作风，淡泊功绩、淡泊名利、淡泊欲望。一要树立正确功名观。对功名合理追求、适度追求、适止追求。切忌为了功名不计后果、不择手段、不加限制，最终倒在、败在、死在功名脚下。应该引导教育国人特别是各级干部，要追求功名但不能妄求功名，不要为外在功名所累、所困、所扰，努力做到对名利看淡一些、豁达一些、超脱一些。二要树立正确幸福观。当今社会中，存在资源占有幸福观和感官欲望幸福观两种较为流行的观念，前者认为占有社会资源越多越幸福，后者认为感官欲望越得到满足、获得享受越多越幸福。毫无疑问，这两种幸福观都是肤浅的、片面的，甚至是错误的，正确的幸福观是一种建立在满足基本物质追求后，更高层次、更为持久的精神富足感。应该引导教育国人特别是各级干部，树立正确的幸福观，追求平淡生活、内心宁静，追求坦然自若、问心无愧，追求事业有成、精神快乐，追求人生有品、不枉此生，坚决与追求物质越优越幸福、享受越好越幸福、名利越多越幸福的错误观念决裂。三要树立正确奋斗观。正确奋斗观的本质核心，在于自我奋斗、艰苦奋斗、不懈奋斗。奋斗的目的，不是为了做大官、发大财、出大名，而是为社会做贡献，实现人生价值。应该引导教育国人特别是各级干部，树立奋斗为本理念，发扬艰苦奋斗作风，激发持续奋斗动力，坚决摒弃"官做得越大地位越高、功名越多人生越成功"的错误思想，不要把心思用在立志做大官上，而要用在做实事、做好事、成大事上。

培养安心坦荡修为，淡求高官厚禄。通过自身努力和奋斗得到相应职位、地位、俸禄本身无可厚非，但这些所得必须自然而然、合情合理、合纪合法，决不能不顾一切、挖空心思、铤而走险违规取得。显而易见，高官厚禄具有强大吸引力，要保持合情、合理、合法追求，实属不易，关键要保持安心坦荡之态，以内心的安静淡泊，看淡地位、看淡荣辱、看淡得失，唯有这样，才能活得坦荡安心、拿得心安理得，人生无忧无虞。应该引导教育国人特别是各级干部，自觉培养安心坦荡修为，淡求高官厚禄。一要静心面对官禄。做大官与住大房、拿高薪、享厚遇并无必然联系，这是不以人的意志为转移的客观事实。应该引导教育国人特别是各级干部，端正为官动机、明辨为官价值、认清为官现实，以平静之心，正确看待职位升迁和待遇回报，决不能异想天开、一厢情愿、"动作变形"，最终落得为了一官半职丢了尊严、丢了人格，甚至丢了饭碗的下场；正确认清自身能力素质水平，避免德才不配位必遭其殃的严重后果。二要安心专注于工作。事业是干出来的、职位是拼出来的、待遇是付出得来的，只有安心专注于工作，才能得到安稳、可靠、自然的回报。应该引导教育国人特别是各级干部，自觉抛却私心杂念、排除潜规则干扰、绝缘"跑要"哲学，始终坚持工作第一、实干第一、业绩第一原则，凭真努力、真本事、真业绩赢得晋升机会、应有回报。三要定心不懈追求。追求事业和成功人生，永远不会一帆风顺，会出现各种干扰、波折甚至恶意排挤打压，这是正常现象和人生成长内涵，关键要保持安定心境，建设强大内心，坚信正义永远不会缺席。应该引导教育国人特别是各级干部，无论遇到多少困难、多少挑战、多少坎坷，都不能放弃、不能消沉、不能消极，而要永远相信组织、相信正义、相信自己，坚持努力工作、不懈奋斗，争取"笑"到最后。

# 第五十一章

## 尊道贵德"成长、成材、成就"，失道离德"夭折、夭殇、夭灭"

### 老子原典

道生之，德畜之，物形之，器成之。是以万物莫不尊道而贵德。道之尊，德之贵，夫莫之命，而常自然。故道生之、德畜之、长之、育之、成之、熟之、养之、覆之。生而不有，为而不恃，长而不宰，是谓玄德。

### 法融释典

天地万物无不由浑沦一气的无极大"道"所生。物得于"道"，便是"德"。含蕴滋润，辅翼陶成者，皆是"德"之所蓄。万物由"道"生"德"（蓄）而后有其形体。有形体后必由小至大，发育成熟，生殖繁衍。万物生、长、成、藏皆由"道"和"德"造成，因而它们没有不尊"道"而贵"德"的。"道"之所以尊，"德"之所以贵，是因为它生养成藏万物并非有意作为，而是自然而然的变化过程。

化机滋阳谓之生，阴阳内含谓之蓄，昼夜变化谓之长，五气润和谓之育，体性完全谓之成，神全气正谓之熟，保根固性谓之养，护其所伤谓之覆。万物从无到有，由始至终，无不是"道""德"之所为。只有尊道贵德才能自然成长、顺利成材、自如成就，如果失道离德必然中途夭折、遭遇夭殃、走向夭灭。

"道"生万物，"德"蓄万物，而不自以为有功；生化成藏皆是"道"之所为，而它却不自恃其能，长养了万物而不加宰制，这就是广大深远的至极之德。

## 悟道鉴典

"道生之，德畜之"，"是以万物莫不尊道而贵德"；"道之尊，德之贵，夫莫之命，而常自然"。老子从"道"的本源地位和"德"的蓄养性质，揭示了万事万物必须尊道贵德才能自然而然、成长发展的客观规律，告诫世人，应该尊道贵德，致力培养"生而不有、为而不恃、长而不宰"的玄德品质，防止失道离德导致事业挫败。

"万物生、长、成、藏皆由'道'和'德'造成，因而它们没有不尊'道'而贵'德'的。""只有尊道贵德才能自然成长、顺利成材、自如成就，如果失道离德必然中途夭折、遭遇夭殃、走向夭灭。"法融道长进一步阐明了万事万物都有道生德蓄的内在规律，深刻揭示了万物生、养、成、藏并非有意作为，而是自然而然的变化过程，劝导世人，只有尊道贵德，才能确保成长、成材、成就，否则就会受到"道"和"德"惩罚。

尊道贵德才能"成长、成材、成就"，失道离德必遭"夭折、夭殃、夭灭"的规律，已经得到古今中外无数事实印证：隋朝结束了自西晋末年以来近三百年的分裂局面，重新开启了大一统时代,且开创了开皇之治的繁荣局面,但隋炀帝继任后,不顾天道规律,无视道德法则,大兴土木、劳民伤财、三征高句丽,严重影响了正常农业生产和社会生活,一举动摇了维持封建统治的经济基础和民众基础,最终导致隋朝三世而亡;二战时期,"轴心"国集团发动非正义侵略战争,突破道义底线、不顾国力局限、枉顾国际形势,尽管初期取得了一定优势,但终未逃脱战败命运;中华人民共和国成立后,在社会主义建设过程中,同样出现过违背规律、搞"大跃进"、大炼钢铁等违道做法,给国家工业生产造成了破坏性影响,进而导致国家发展出现严重波折。古今中外国家发展史证明,尊道贵德,不仅关乎国运昌盛、长治久安,而且关乎个人成长发展、事业成功。

当下,中国已经进入新时代,站在了"两个一百年"奋斗目标交汇期、迈上了全面建设社会主义现代化国家新征程、处在了从大国走向强国的关键处,应该说比历史上任何时期更接近、更有信心和能力实现中华民族伟大复兴的目标。然而,国家发展、民族振兴,必须坚持在历史前进规律中前进、在时代发展潮流中发展,永远保持尊道贵德之心,坚持走自然成长、自然发展光明之道,如果违道践德、违背自然,必将走上危险之路。尊道贵德的本质,用现代语言就是要遵循真理大道、规律大道,遵守道德规律、道德法则。尊道贵德是定国安邦必须正视的重大政治命题、战略命题、致命问题。面对世界百年未有之大变局,未来中国,应该坚持自然而然成长、顺势而为成材、由始而终成就,坚决防止各种危险变故和不测变局发生。坚持自然而然是基本起点,坚持顺势而为是关键要害,坚持由始而终是根本保障。如果不遵循自然而然的基本规律，顺势而为就失去了依托；如果不把握顺势而为的关键本质，自然而然就失去了抓手；如果不守住由始而终的保障主线，自然而然、顺势而为就失去了动力保证。

以自然而然引领成长。自然而然，就是遵循事物发展客观规律、逻辑规律、历史规律、演进规律等基本规律，顺应事物发展客观趋势、未来趋势、必然趋势，不强加任何个人意志和人为干预。自然而然，是事业成长发展必须坚守的基本规律，若违背这一基本规律，必将受到规律惩罚，难逃曲折、波折、夭折的厄运。新时代中国，已经取得了历史性成就，发生了历史性变革，未来之路更加光明可期。面对令世人期待的未来趋势，更应把握自然而然基本规律，防止不顾现实条件、现实基础、现实环境，空提不切实际的目标、虚定不符规律的政策、强推不合民意的举措，给事业发展带来隐患、给未来事业埋下祸根。即使在国内外环境发生剧烈变化、事业发展遭遇短期困难的情况下，都要坚定信念、保持定力，决不能强行、强为、强进，可以结合实际做出适当调整，但决不能伤筋动骨、违背规律。例如，全面深化改革开放、推进国家治理体系和治理能力现代化，这是一项艰巨又长期的工程，目标之大史无前例，困难之多史无前例，要求之高史无前例，创造性、开拓性、突破性之强更是史无前例，应该保持战略定力和战略耐心，从点到面、由浅入深、步步为营，积极稳妥推进，不能犯"想当然、理想化、强作为"等违背基本规律的毛病，给事业带来本不该有的损失。对个人成长而言，应该始终遵循成长、成材、成功逻辑演进规律，效法天道自然，坚守顺其自然，追求自然而然。始终坚信自然而然成长最靠谱、自然而然发展最踏实、自然而然成就最持久，做到违背自然、违背规律的事坚决不做，始终脚踏实地、扎扎实实，一步一个脚印推进事业、发展事业、成就事业。

以顺势而为促进成事。势，既包括现实形势，又包括未来走势，还包括天下大势，这是一种影响事物成长成熟发展的无形力量。顺势而行，具有助力、助推、加速作用，逆势而行，具有阻碍、阻止、减速作用。正所谓"顺水行舟一人易，逆水划船十人难"。干事创业必须将把握大势作为想事、干事、成事的指南针，做到科学断势、因势利导、顺势而为，实现事半功倍，避免因逆势而行、背势而上而取得事倍功半的结果。任何时候，都要重视势能、运用势能、挖掘势能，决不能自我封闭而无视形势变化、鼠目寸光而无视未来走势、坐井观天而漠视天下大势。当下，世界正处于大发展大变革大调整时期，世界格局正在发生深刻变化，全球化发展正遭遇严峻挑战。新时代中国，顺势而为，就是要充分认清国际形势变化新特点、新特征、新趋势，强化世界格局正由长期单级化向未来多极化转变，大国关系已由战略合作转入战略竞争、全面竞争阶段的意识，抛弃幻想，为迎战立体竞争做充分准备。同时要充分认清战略竞争不是战略斗争，任何时候都要围绕长期战略竞争这个大势判断、谋断、决断，贯彻竞争中有合作、合作中有竞争思想，不到万不得已不能激化矛盾、把竞争对手推向对立面，而要在坚持攻守结合、竞合发展中，把自己的事情办好，坚定不移推进中国梦实现进程，为世界共同繁荣做出更大贡献。对于个人成长而言，应该养成分析现实形势、发展趋势、天下大势的习惯，强化新时代是无比伟大、催人奋进、大有可为的时代认知，坚定新时代人人可以尽展其才、人人可以共享幸福、人人可以共享成功的信念，努力在时代大势潮流中找准自身定位、找准理想目标、找准发力时机、找准前进方向，实现精彩人生。

以由始而终走向成功。"锲而舍之，朽木不折；锲而不舍，金石可镂"，由始至终，方能成果。尊道贵德、自然而然、顺势而为要在坚持、贵在坚持、成在坚持，没有持续、连续、接续发力，必将前功尽弃，甚至适得其反，出现夭折、夭殃、夭灭危险。任何伟大事业都意味着艰巨、严峻、复杂，前进道路上一定会出现各种意想不到的复杂局面、意想不到的尖锐矛盾、意想不到的强烈干扰，必须不忘初心、一以贯之、慎终如始，把自然而然、顺势而为、尊道贵德贯穿到底。进入新时代，中国取得了举世公认的辉煌成就。实践证明，习近平新时代中国特色社会主义思想符合规律，顺时顺势，深得人心，具有重大而深远的意义。在建设中国特色社会主义大方向、大战略、大策略已然明确且已证明未来之路前景广阔的情况下，不能有"停一停""歇一歇""等一等"的懈怠想法，而要一鼓作气、有始有终沿着这条道路坚定不移走下去，排除一切干扰走下去，义无反顾走下去。要进一步全面总结新时代以来具有开创性、科学性、真理性的理论创新和实践创新成果，客观理性地把经过实践检验行之有效、应该持续发扬的成功经验提炼出来、固化下来、传承开来，确保一年一年接下去、一代一代干下去。对个人成长而言，应该始终牢记成就事业，没有一以贯之、坚持到底、由始而终的执着精神，必将半途而废。任何时候，必须把初心使命、理想追求、信念信心变成实实在在的具体行动，不断诠释"自己为什么出发、自己要到哪里去、要成为怎样的人"的人生命题。

# 第五十二章

## "尊始、察微、归本"，"无险、无灾、无殃"

### 老子原典

天下有始，以为天下母。既得其母，以知其子。既知其子，复守其母，没身不殆。塞其兑，闭其门，终身不勤。开其兑，济其事，终身不救。见小曰明，守柔曰强。用其光，复归其明，无遗身殃，是谓袭常。

### 法融释典

宇宙间万事万物有一个统一的、共同的起始，这个起始就是产生万事万物的本根。如果认识并掌握了这个本根，就可以理解由此而生的万事万物。遵循这个本根原则，则终生不会有危险。

兑为口，门为眼。虚无大道，无色无声，无臭无味。色、声、味、臭之有形有象者，皆非"道"之体性。若贪求色声美味，追逐名利地位，逐末忘本，必背道失道，终生不可救药；若清心寡欲，闭目塞口，不追逐身外之物而恬淡自养，积精累气，固根抱本，则可延年益寿，终生不会有病灾。

任何事物都是由小至大、由微而著发展而成。只有谨察事物至微之原始，而不是忘本逐末，才是真明智。柔弱谦下是"道"

之妙用，它可制服任何刚强之事物。只有持守柔弱的人，才算是最刚强者。柔能克刚，阴能胜阳，柔弱胜刚强。发挥内含着的光和热，遇事有先见之明，就不会带来危险和祸殃。这就是守本固根的"常道"。

## 悟道鉴典

"天下有始，以为天下母"，"复守其母，没身不殆"；"见小曰明，守柔曰强"，"复归其明，无遗身殃"。老子通过分析"道"的原始本质、初始本根、起始本源，揭示了遵循本根原则认识事物、固本抱根蓄养事物、回归其根驾驭事物就能终身不殆的深刻思想，告诫世人，只有坚持遵循天道本根原则，事业才能万无一失，人生才能终生无虞。

"宇宙间万事万物有一个统一的、共同的起始。这个起始就是产生万事万物的本根"，"遵循这个本根原则，则终生不会有危险"。"不追逐身外之物而恬淡自养"，"固根抱本"，"终生不会有病灾"。"谨察事物至微之原始，而不是忘本逐末，才是真明智"，"遇事有先见之明，就不会带来危险和祸殃"。法融道长进一步阐明了只有做到遵循起始本根、谨察事物原始、善于见微知著，才能终生无险、无灾、无殃的深刻道理，劝导世人，行事做人应该坚守遵循本根、固本抱根、寻根归本的逻辑，坚持从起始、细微、本源角度把握终身不殆的真谛。

老子"尊始、察微、归本"的思想旨在告诫世人，必须把握"尊初"原则，尊重天地母本之始、万物本身细微之始、万物本根蓄养之始，认清初始、初起、初发的根本性、支配性、决定性地位，通过循初心、察细微、归其根，从源头解决根本之道，在根本上避免危险和祸殃。自古以来，无论是国家还是个人，不善于从起始、原始、本始角度把握事物发展规律，寻求问题解决的根本之道，忽视初始、忽视微变、忽视本根最终招致危险祸患的案例比比皆是。以毛泽东为代表的新中国缔造者们带领中国人民与以蒋介石为代表的国民党反动派的斗争史、较量史、博弈史充分印证了老子思想的伟大真理性。以蒋介石为首的国民党独裁统治最终以失败告终，尽管原因众多，但根本在于蒋介石为首的国民党政府，逐渐丢掉了孙中山先生高举的"民族、民权、民生"本始大旗，无视民族根本利益、忽视广大人民权利、漠视人民群众疾苦，在政治上大搞腐败，在经济上大搞垄断，在外交上大搞附庸，在军事上大搞内战，完全背离了孙中山先生的初心使命，自导自演了一幕"得道多助，失道寡助"的历史悲剧。相反，中国老一辈革命家的创业史、发展史、成功史向世人昭示了"不忘初心、牢记使命"才是一条不断走向成功、创造辉煌的根本大道，向世人证明，只要坚守本源、保持本色、回归本质、立足本根，就一定能不断消除隐患、破除忧患、根除祸患，这既是一条成功经验，又是一种至高智慧。新时代中国已经开启了新的七十年再创辉煌漫漫征程，要如期达成预期目标，最根本的就是要守住共产党人的初心使命，永远把为中国人民谋幸福、为中华民族谋复兴镌刻在旗帜上，落实在行动上，浸润在人民心坎上。未来中国，应该紧紧围绕"初"字做文章，通过坚守初心、激发动力，把握初始、避免祸殃、回归初本、破解顽障，持续凝聚力量、开拓进取、战胜万难，不断把伟大事业推向新的高度。

坚守初心，激发动力。初心力量是起始力量、本源力量、根本力量，只有始终做到守初心、践初心、为初心，才能永远保持初始、初起、初期的奋斗理想、奋斗目标、奋斗激情、奋斗动力，才能知难而进、攻坚克难、排除万难。未来中国，保持持续不断、永不衰竭的奋斗动力，应该紧紧聚焦初心使命发力，不断推动事业向前发展。一要坚守初心。引导教育国人，无论走得多远、站得多高、行得多久，都不能忘记最初出发的动机、理想、愿景，都不能忘记过往奋斗的艰辛、艰难、艰巨，都不能忘记曾经奉献流淌过的汗水、泪水、血水，都不能忘记当初上路时淳朴、淳厚、纯真的本心，始终做到初心不忘、初心不变、初心不移。二要践行初心。引导教育国人，无论在任何时候、任何时刻、任何时期，都要把践行初心使命作为天职，用真作为、真担当、真业绩检验坚守初心的真假、践行初心的优劣、回归初心的诚伪，始终做到坚持一贯、坚持不懈、坚持如初。三要为了初心。引导教育国人，自觉提高站位、提高格局、提高境界，跳出"自我、小我、为我"狭隘思维，努力站在为人民、为民族、为世界的角度和高度想事、干事、成事、创业、创新、创造，努力做到视人民利益高于一切、视民族利益高于一切、视国家利益高于一切，胸怀全局、胸怀事业、胸怀天下。

把握初始，避免祸殃。任何事物演变无不遵循由小到大、由微至著的发展规律。初始，既是防止事物向反方向演变的最佳时期，又是解决问题的最好时机。把握初始，把问题解决在最初阶段、萌芽阶段、苗头阶段，更是避免祸殃治本之道。只有善于以小见大、见微知著、明察秋毫、防微杜渐，才能避免祸殃、终身无虞。未来中国，避免灾祸发生，防止隐患演变成忧患、忧患演变成祸患，从本质上防止危险性、颠覆性、致命性风险发生，必须紧紧聚焦初始发力，不断推动事业向前发展。一要培养明察秋毫眼力。通过学习培训，培养国人明察秋毫眼力，不断强化观察意识、辨别意识、判断意识，提高善看事、看清事、不误事的能力，努力做到细微生变有感觉、细微苗头有察觉、细微倾向有警觉，努力练就洞若观火的慧眼。二要提高防微杜渐能力。通过学习培训，培养国人防微杜渐能力，养成从细微处着眼、着手、着力的习惯，增强防止小事拖成大事、小问题演变成大问题、小矛盾发展成大矛盾的意识，努力练就未雨绸缪本领。三要增强防患未然实力。通过学习培训，增强国人防患未然的实力，不断强化风险意识、忧患意识、危机意识，筑牢思想上、制度上、机制上的"防火墙"，确保不犯低级性错误、重复性错误、致命性错误，努力守住战略风险底线。

回归初本，破解顽障。国家治理能力增强、管理领导水平提升，从根本上而言，主要体现在能够解决别人无法解决的疑难杂症、复杂问题、顽障痼疾上，能够不择条件地尽展真正的英雄本色。纵观古今中外管理治理实践，之所以"老大难"问题成堆、积重难返问题频出、久治不愈问题凸显，原因在于没有自觉回归事物发展本根、本源、本始寻找问题成因、问题演变规律、问题解决之道，而是停留在表象、表面、表层的治标层次。未来中国，破解顽障痼疾、深层难题、战略命题，应该进一步从中华文明传统智慧中汲取营养，从天道规律、大道规律、王道规律中开辟蹊径，以治本之道求破障之力。一要回归道本，审视方向对错。面对久攻不破的顽障痼疾，自觉回归事物本始、本源、本根等道本层面，审视现有破解思路是否符合大道规律、时代趋势、民心所向，积极从根本上寻找原因、寻找动力、寻找对策。二要回归道理，审视路线对错。面对影响长远深层难题，自觉回归事物演进发展规律、原理、法理等道理层面，审视推进路线、发展路径、解题路子是否符合真理标准、规律逻辑、原理方法、法理要求，从道理上找寻缺点、找寻缺失、找寻缺陷。三要回归道义，审视立场对错。面对事关全局战略命题，自觉回归正义、大义、情义等道义层面，审视战略站位、战略基点、战略前提是否符合正义主张、大义情怀、天道人心，从道义上端正动机、纯正思想、校正行动。

# 第五十三章

"守道道坦、偏道道离、背道道黑"，"坚走大路、坚走正路、坚走明路"

### 老子原典

使我介然有知，行于大道，唯施是畏。大道甚夷，民甚好径。朝甚除，田甚芜，仓甚虚。服文采，带利剑，厌饮食，财货有余。是谓盗夸，非道也哉。

### 法融释典

我深刻地领悟到了清静无为之道的玄理妙用，并以此去实行。然而我最担心的是在实行中走邪路。其实，清静无为的自然之道犹如平坦大路，至简至易，以道治国必然国泰民安。然而，常人因私欲太重，贪求享乐，每每妄为而背离了大道，好走繁难、艰险、崎岖之小道——邪路。

朝廷的宫殿修得高大宏伟，精致华丽；国民的精力、资力皆耗于此。农民由于不能尽力耕作，延误农时，田园因此荒芜，年岁无收，以致民无积蓄、国无库存。然而，君王、贵族、豪门身着华美锦衣，以风流耀显于民，饱餐高档饮食，耗用民脂民膏，依仗权位私积财货，导致国民经济危困。对此从不自省幡悟，反认为自己是万民之主、治国理民者，而高高在上。其实不然，民视之如寇仇，称之为天下最大的强盗。此举是对"道"的背叛，绝非以"道"治国。长此以往必然遭到天道惩罚、人伦谴责，以致天人共怨、万姓同诛，自然走向灭亡。

## 悟道鉴典

"大道甚夷，民甚好径。""朝甚除，田甚芜，仓甚虚"，"服文采，带利剑，厌饮食，财货有余。是谓盗夸，非道也哉"。老子用五个"甚"字，一针见血指出了大道虽然平坦，但常人却好走"小路"捷径及上层社会普遍追求奢华奢侈、搜刮民膏的违道事实，深刻揭示了大兴土木、劳民伤财、私积财货，必然导致田园荒芜、国库空虚，最终必然走向灭亡的客观规律，告诫世人，"抄近道"的捷径非大路、正路、明路，容易走上偏路、弯路、错路，应该坚走清静无为的自然大道。

"自然之道犹如平坦大路，至简至易"；"常人因私欲太重，贪求享乐，好走繁难、艰险、崎岖之小道"，"此举是对'道'的背叛"，"必然遭到天道惩罚、人伦谴责，以致天人共怨、万姓同诛，自然走向灭亡"。法融道长深刻揭示了清静无为的自然之道是最平坦、最直接、最无险的大路、正路、明路的道理，劝导世人，守道必道坦、偏道必道曲、背道必道黑，应该坚走遵循大道规律的宽广之路、正直之路、光明之路，避免走上弯路、走上错路，甚至走上死路。

老子"清静无为、淳朴自然"是"大道"，"贪图享乐、奢靡之风"是"小道"，"大道"安全、"小道"危险的思想，可谓经久不衰，古今中外无数惨痛教训不断演绎着"得道而存，失道则亡"这一千古真理。由于人类具有私欲和贪图享乐的天性，这决定了常人走大道难以坚持，一不留神就会走上小道，逐渐坠入贪图享乐、奢靡无度的生活，如不加控制，终将身败名裂，走上不归之路。由于统治者不走大道而走小道，最终走向身死国灭的教训同样屡见不鲜，留下了千古悲歌。夏朝国君桀"筑倾宫、饰瑶台、作琼室、立玉门"，政治上暴虐、生活上荒淫，直接导致民怨沸腾，最终被商汤所灭；商纣王时期，同样建酒池肉林、行炮烙之刑，沉湎酒色、穷兵黩武、重刑厚敛、拒谏饰非，最终被周武王所伐，落得身死国灭的下场；周幽王时期，贪婪腐败、不问政事，宠幸褒姒、烽火戏诸侯，最终被犬戎攻打，因孤立无援导致了西周灭亡；晋武帝时期，司马炎荒淫奢纵、后宫近万、羊车望幸、君臣赛富，最终引发了"八王之乱""五胡乱华"；隋炀帝时期，杨广骄奢淫逸、大兴土木、穷兵黩武、滥用民力，最终民怨沸腾、农民起义，使得隋朝覆灭；明神宗时期，朱翊钧晏处深宫、不常视朝，声色犬马、荒废政事，导致民不聊生、起义频繁，最终背负了"明之亡，实亡于神宗"的千古骂名。这些活生生的惨痛教训反复证明，坚走大道不易、极易反复，走上小道容易、难以自拔，一旦走上小道等于走上了一条曲折道路、错误道路、危险道路。

当今时代，国际国内形势正在发生深刻复杂变化，风险、挑战、机遇并存。在世界百年未有之大变局背景下，确保开创中国特色社会主义伟业、建设社会主义现代化强国、实现中华民族伟大复兴中国梦，按照既定方略稳步向前推进，特别需要从老子治世思想中汲取智慧和力量，需要全面认识天道自然规律的不可抗拒性，增强与欲望、欲念、欲求不懈斗争的自觉性，培养走大路、走正路、走明路的坚定性，不断开创以道治国安民、国泰民安的新局面。

坚守"守道道坦"，永走"大路"。老子认为清静无为的自然之道乃是天底下最平坦的"大道"，没有欲望干扰、欲念困扰、欲求骚扰，是一条真正的平坦之道、安全之道、成功之道，只要守住了这条"大道"就能确保前进路上平坦、顺坦、安坦。未来中国，弘扬优秀传统文化，汲取老子思想智慧，应该始终坚守"守道道坦"理念，坚定永走"大路"信心。一要摒弃"走捷径"思想。抄小道、走捷径看似容易成功，实则更加费力、更加危险。对国家发展而言，应该坚决摒弃"走捷径"思想，坚持按照国家发展规律、社会发展规律、事物发展规律治国理政。对个体发展而言，应该深刻认清"抄小路""走捷径"的严重危害，不断克服功利、速成思想的不良影响，坚定树立自然、顺势、渐进成长理念，致力走出一条依靠自身奋斗取得成功的宽广大道。二要摒弃"好面子"思想。"好面子"如果失度就会被面子所害。对国家发展而言，任何时候都必须坚决摒弃"好面子"思想，树立"要有门面不装门面""追求面子不如追求里子""崇尚实际不尚虚华"的理念，坚定不移反对一切形式主义和表面文章，坚决防止"打肿脸充胖子"现象滋长蔓延。对个体发展而言，应该深刻认清"死要面子活受罪"的道理，牢固树立思想求实、作风扎实、生活朴实的理念，努力走出一条依靠自身奋斗赢得"面子"、厚实"里子"、成为"骄子"的宽广大道。三要摒弃"贪享乐"思想。贪图享乐和追求美好生活具有根本区别，是两种迥然不同的价值观念。贪图享乐是欲念、欲望、欲求膨胀蔓延的必然结果，危险巨大。对国家发展而言，必须始终摒弃"贪享乐"思想，始终抵制追求浮华、奢华、荣华的社会风气，引导全社会树立节俭、朴俭、勤俭的优良风尚。对个体发展而言，应该深刻认清"贪享乐"不是小毛病而是大问题，不仅危害事业而且危害人生，决不能把贪图享乐当作人生追求，而要保持平淡生活、朴素生活、自然生活的健康情调。

明乎"偏道道离"，永走"正路"。走偏道就是偏离了自然之道、阳光大道，本质上走的是旁门左道、歪门邪道，是人为把正路走偏、直路走弯、大路走窄的背道行为。自然规律和社会规律无不证明，行道偏得越多，危险越大，越偏越险。未来中国，弘扬优秀传统文化，汲取老子思想智慧，应该始终坚守"偏道道离"理念，坚定永走"正路"信心。一要坚定"正路"信念。"正路"不仅是正直之路、正确之路，而且是正道之路、正规之路。行大道、走正路才能带来希望、赢得成功、取得胜利。对国家发展而言，必须树立永走正路求成功的信念，无论遇到多大困难、面临多大曲折、受到多大干扰，坚走大道正路信念不能变、不能改、不能丢，永远恪守正道、正义、正确的前进方向。对个体发展而言，应该牢固树立正大光明走正路、坚走正路求成长的理念，自觉排除"小路"干扰、"捷路"引诱、"岔路"迷惑，确保人生向健康方向发展。二要抵制"岔路"诱惑。成功道路有千条，大道正道只一条。前进道路，总会遭遇各种岔路诱惑、迷惑、困惑，这是不可抗拒的客观现实。对国家发展而言，应该随时擦亮眼睛、坚强定力，提高识别大道和小道、正道和偏道的能力，增强抵制岔道诱惑的实力，确保永远前进在正道上。对个体发展而言，应该深刻认清走岔道的功利性、危害性、危险性，牢固树立"旁门左道走不得、歪门邪道行不通"的理念，自觉排除心理干扰、思想干扰、外界干扰，恪守沿着正道前进的原则。三要防止"偏路"走远。国家发展面对的形势错综复杂，人生成长面对的环境变化无常，走向偏路、走点偏路、走上偏路在所难免，关键是要防止在偏路上越走越远的情况发生。对国家发展而言，应该牢固树立及时纠偏、即时纠偏、自信纠偏的理念，进一步完善战略策略纠偏机制，确保走上偏路的苗头早发现、走上偏路的行为早纠正，最大限度把走偏路的时间缩短、空间缩小、危险降低。对个体发展而言，应该自觉建立自我纠正机制，养成定期反思、理性回顾、整体评估、客观分析的习惯，一旦发现偏道错误，坚决摒弃犹犹豫豫、瞻前顾后、前思后虑的拖拉作风，而要义无反顾、杀伐决断、毅然决然返回人生正道。

深戒"背道道黑"，永走"明路"。"背道"是失道行为的极端形态、最坏形态、最终形态，是失道行为变本加厉、错上加错的最后结果，标志着走上了"黑道""末道""绝道"，从此与光明无缘、与成功无缘、与未来无缘。未来中国，弘扬优秀传统文化，汲取老子思想智慧，应该始终坚守"背道道黑"理念，坚定永走"明路"信心。一要守住防止走上"背道"的底线。走上"黑道"从背道开始，只有守住不"背道"底线，才能防止走"黑道"发生。对国家发展而言，应该全面加强守住"背道"风险的顶层设计，从方针、政策、制度，战略、方略、政略，宏观、中观、微观全层面、全系统、全纵深筑牢防止背道治国"防火墙",确保国家发展始终统一在大道、正道、明道的旗帜下。对个体发展而言,必须始终端正人生发展、事业进步出发点,牢固树立正确业绩观、荣辱观、得失观,确保人生发展永远前进在光明大道上。二要鲜明反对"背道"态度。对国家发展而言,对一切背道理念、背道思想、背道行为应该采取零容忍态度,做到露头就打、冒尖就压、有兆就制,毫不留情、毫不迟疑、毫不手软,鲜明树立与背道格格不入的立场态度,从思想导向、政策导向、战略导向防止背道行为滋长蔓延,形成气候。对个体发展而言,应该深刻认清背道行为的危险性,自觉与背道行为划清界限,切实防止因模棱两可、含含糊糊、稀里糊涂而误入歧途。三要强大永走"明路"自信。"明路"才是真正的希望之路、成功之路。对国家发展而言,必须坚持算全局账、整体账、未来账,坚持算荣辱账、名誉账、历史账,无论发展到什么阶段,遇到什么困难,都不能有走小道、走偏道、走岔道之心,坚持走在正义、善良、阳光、包容的光明大道上。有损国格、有损国威、有损国誉的一切行为想都不能想,也永远不能做。对个体发展而言,应该树立健康向上的理想追求,自觉涵养正义品质、善良品德、阳光心态、包容胸怀,无论遇到什么困难、碰到什么挫折、遭到什么不公待遇,必须恪守有损人格、有损尊严、有损形象的失道行为坚决不做的原则。

# 第五十四章

## 道观世事知成败、道观天下知兴衰、道观未来知更替

### 老子原典

善建者不拔,善抱者不脱,子孙祭祀不辍。修之身,其德乃真;修之家,其德乃余;修之乡,其德乃长;修之国,其德乃丰;修之天下,其德乃普。故,以身观身,以家观家,以乡观乡,以国观国,以天下观天下。吾何以知天下之然哉?以此。

### 法融释典

自然万物,生灭兴衰,无不处在时时变易之中,唯有大中至正虚无之道"独立而不改"。以"道"原则举事立业、治国安邦,其基必固、不可动摇。抱守此"道",可根深蒂固、长治久安,无有失脱亡国之患,受到子孙万代敬仰、怀念、颂扬和祭祀。

用"道"原则修身,其德可以朴实纯真;以此原则治家,其德可以绰绰有余;以此原则治乡,其德可以作为楷模;以此原则治国,其德可使民心真朴,风气纯正;以此原则治天下,则可使纯正之德普遍广大,如皓月当空,无处不照,终使得天下安定,

万国九州和睦相处、相安无事。

我因修此"道",能心正意诚、神旺气足、身康体健,以此观他人亦必同理;我家因修此道,六亲和睦、父慈子孝、家业兴旺,以此观他家亦然;我乡因修此道,相亲相爱、和睦相处、无争无斗,以此观他乡同样;我国因修此道,君正臣忠、民心淳朴、百业兴旺、国泰民安,以此观他国无异;今道行天下,德遍九州、普天同庆、万民安乐,以此观未来也是如此。

之所以能够简单自如处理天下盘根错节之事物,就是运用了以己身推他身这一原理和"由近及远、由此及彼"等类推方法。

## 悟道鉴典

"善建者不拔,善抱者不脱,子孙祭祀不辍。""故,以身观身,以家观家,以乡观乡,以国观国,以天下观天下。"老子开宗明义运用"不拔、不脱、不辍"三个否定词,深刻揭示了以道治国安邦,不仅能够根基牢固、长治久安,而且没有亡国之患,还能受到子孙万代敬仰、怀念、颂扬和祭祀的道理,告诫世人,以道的原则观察事物、天下、未来,这是最公正、最客观、最永恒的标准,因此应该以"道"原则和类推方法,努力掌握观察事物、观察天下、观察未来的规律。

"以'道'原则举事立业、治国安邦,其基必固、不可动摇","之所以能够简单自如处理天下盘根错节之事物,就是运用了以己身推他身这一原理和'由近及远、由此及彼'等类推方法"。法融道长通过深入阐释以道修身、修家、修乡、修国、修天下产生的正面效果,得出了己身可观他身、本家可观他家、本乡可观他乡、本国可观他国、此天下可观彼天下的深刻道理，劝导世人，应该自觉遵循和运用"道"原则"由己及人"观世事、"由小及大"观天下、"由近及远"观未来。

老子倡导的由己及人、由小及大、由近及远的以类推、辐射、前瞻思维观察事物的方法论，符合事物发展、演变、更替的内在规律，深刻证明了从微观看中观、从中观看宏观逻辑方法的有效性、科学性、正确性。事实证明，个人坚持以道修身、以德养心，必将事兴无虞；家庭坚持以德教化、规范品行，必将和睦兴旺；国家坚持以道治国、恪守道义，必将繁荣昌盛。由此可见，观察国家的现状、趋势和未来，完全可以从国民行事规范、家德伦常、社会风气这些窗口贯通延展，进而实现。历史规律告诉人们，观察、认识问题的方法论正确与否，直接关系能否正确判断、能否科学决断、能否取得预期效果。正所谓"得法事半功倍，失法事倍功半"。未来中国，在建设社会主义现代化强国进程中，在引导各级干部掌握马克思主义方法论的同时，还应借鉴老子以道观天下的思想方法，提高以类推思维由己及人观察世界、以辐射思维由小及大观察全局、以前瞻思维由近及远预见未来的能力，做到科学认识事物、放眼整个世界、前瞻决胜未来。

致力以"道德"明镜由己及人观世事。老子提倡的"道德"，集公正、公平、公道，无私、无欲、"无为"于一体，如同一面明镜能够客观地照清一切。借鉴老子"以道观天下"思想方法，首先要学会由己及人观世事的类推方法，通过观察自身、检验自身、剖析自身，做到客观认识别人、理性认识周边、全面认识整体。一要以自身为"蓝本"发现基本规律。应该引导各级干部，善于观察剖析自身实践得失成败，以道的原则发现行事规律、成事规律、人生规律，从而发现世事变化迹象、演变趋势和必然结果。二要以自身为参照发现共性问题。应该引导各级干部，善于反思查找自身存在问题的原因，客观理性地寻找症结根源，坚持以道的标准，反观苗头性、倾向性、萌芽性问题，从而找到社会共性问题产生的背景、诱因和性质，把握问题本质和变化规律。三要以自身为载体发现破题对策。应该引导各级干部，善于以我为主、躬身实践，主动寻找解决自身问题的对策，以解决自身问题的经验、方法和智慧，发现解决社会问题的对策，厘清发力方向、突破重点、整体行进，进而构建由己及人思维方法的完整闭环。

致力以"道德"明镜由小及大观天下。"家是最小国，国是千万家"，这句名言告诫世人，观察整体从细微入手，就可取得由点及面、以小及大的观察效果。效仿借鉴老子"以道观天下"思想方法，应该在掌握由己及人类推方法同时，把握由小及大辐射方法，以延展思维打通从微观到中观、从中观到宏观的认识通道，实现从点部到局部、从局部到全部的认识飞跃。一要吃准微观和点部。微观和点部相对于中观和宏观、局部和全部而言是"小"，但这是由小及大认识问题的原点、起点、基点，只有吃准"小"的现状、本质、规律，才能确保观察中观局部，乃至宏观全部方向不偏、目标不偏、结果不偏。应该引导各级干部，切实把微观和点部情况搞清、搞明、搞实，做到精确瞄准、精确定位、精确把握。二要吃透中观和局部。中观和局部是连接微观点部与宏观全部的桥梁中枢，在从微观点部观察中观局部的过程中，必须进行去伪存真、去粗取精、由表及里地深入解析剖析。应该引导各级干部，既要客观检验微观认识的准确度，又要有效检验微观认知拓展到中观层面的吻合度，以确保对中观和局部认知的精准和透彻。三要吃通宏观和全部。吃准微观点部、吃透中观局部不是根本目的，还必须彻底打通由小到大的逻辑通道，形成符合微观、中观实际的整体认知。应该引导各级干部，自觉按照基本规律反向验证认识通道各环节有无本质偏差，确保对宏观和全部的认知判断符合实际、符合规律、符合趋势。

致力以"道德"明镜由近及远观未来。未来意味着未知，具有不确定性、不可测性、不可见性，但万事万物的发展趋势并非无规律可循。把握现在就能把握未来，把握未来才能把握命运。效仿借鉴老子"以道观天下"的思想方法，不能仅止于由己及人、由小及大的思维层次，还要在此基础上，以由近及远的思维方法前瞻未来。一要从现实看演变形势。现实是历史的再现，现实是未来的影子。应该引导各级干部，善于从客观现实观察形势变化，及时发现变化拐点，准确把握事物演进方向。二要从眼前看长远走势。立足当下放眼长远，是既保眼前又谋长远的两全方法。应该引导各级干部，防止鼠目寸光、一叶障目的短视思维，把解决眼前问题和长远问题统一起来，把准事物长远发展的基本走势，避免眼前与长远脱节，导致前功尽弃，甚至留下隐患。三要从有知推想未来趋势。从有知世界推想未来趋势是高难度、高水准、高层次的认知活动，需要想象力、发散力、预见力做支撑。应该引导各级干部，不断厚积经验、智慧、胆略，夯实预想、预测、预见基本功，练就透过有知世界放眼未知世界的真功夫和硬功夫。

# 第五十五章

"至柔、至静、至和"，方能"至盛、至兴、至远"

### 老子原典

含德之厚，比于赤子。毒虫不螫，猛兽不据，攫鸟不搏，骨弱筋柔而握固，未知牝牡之合而朘作，精之至；终日号而不嗄，和之至。知和曰常，知常曰明。益生曰祥，心使气曰强。物壮则老，是谓不道，不道早已。

### 法融释典

得道之真人，气足神旺，身体健康，冬天不觉冷，夏天不觉热，入水不溺、入火不焚，体性纯全、调控自我，邪魔不入、百病不生，体格柔和、动静自如，元气醇和、无思无虑，如初生之婴儿。毒虫见之不刺，猛兽见之不扑，恶鸟见之不抓。虽然骨嫩筋柔，握持却很牢固。虽不知性为何物，元精、元气、元神却极为充沛。终日哭叫而声不哑，缘于先天元气醇和之故。

知道阴阳平衡，元气醇和，叫"常"；知道"常"叫"明"。为了长命而厚其生，人为地追求长生，愈达不到目的。只有自然无为，不贪生、不厚生，不刻意追求长生，才能自然延长寿命。静极生动。心静才能去除杂念，禅寂才能自通元气。如果强用意志支配精气，必然破坏气流正常秩序，扰乱正常运行。

气血强硬必致肌肤强壮，然而物壮就要衰老。失去冲和之性"常"，就是背离"道"。背离"道"，不仅不能长生，反而会过早夭亡。处世之道，宜谦下柔和。心静则神清，其气自然柔和深长。心不静则意不定，意不定则神不凝，神不凝则必强硬粗暴。待人处事，骄傲逞强背离"和"属性，不会兴盛长久。

## 悟道鉴典

"含德之厚，比于赤子"，"物壮则老，是谓不道，不道早已"。老子以婴儿为例，阐述了厚德之人由于体性纯全、调控自如，因而邪魔不入、百病不生的深刻道理，揭示了阴阳平衡、元气醇和、自然无为的冲和之道，是确保万事万物气足神旺、昌盛兴旺、绵延久远的根本原因，告诫世人，行事做人应该谦下柔和，避免过壮则老、过强则折、过盛则衰的不良后果发生。

"静极生动。心静才能去除杂念，禅寂才能自通元气"，"处世之道，宜谦下柔和"；"待人处事，骄傲逞强背离'和'属性，不会兴盛长久"。法融道长通过分析修身养性规律，进一步阐释了"强生不得长生""静极生动""气柔神凝"的深刻道理，劝导世人，为人处世须坚守冲和之性，追求至柔、至静、至和境界，这样才能实现至盛、至兴、至远理想目标。

柔、静、和均属自然之法、合道之行、文明之举，本身蕴含着旺盛的生命力、强大的保护力、神奇的制胜力。古今中外，以柔克刚、以静制动、以和制胜的众多案例，无不反复验证老子冲和思想的不朽性。世界上真正强大的力量，不是暴力而是非暴力，不是强制力而是渗透力，不是野蛮力而是和平力。自然战胜造作、文明战胜野蛮、和平战胜暴力，永远是不可抗拒的自然规律、社会规律、历史规律。印度国父圣雄甘地坚持非暴力立国思想，领导印度人民开展非暴力不合作运动，与英国殖民政府做坚决斗争，由于占据了道义制高点，凝聚了强大反英力量，最终以柔和、和平手段实现了印度独立。开国领袖毛泽东面对大革命失败，党内出现的悲观论调、"左"倾盲动主义及人心不定的惶惶局面，始终以"众人皆醉我独醒"的静气，思考中国革命的前途命运，做出了"星星之火，可以燎原"的自信论断，最终带领中国人民谱写了一曲以静制动的胜利赞歌。中国古代封建王朝为了维护边境稳定、边疆安全，防止外夷入侵，确保国家安定而一贯采取的和亲政策，更是抒写了一段又一段以和制胜的历史佳话。

第二次世界大战结束后，世界进入了一个相对和平的发展时期，但霸权主义、强权政治、武装侵略、武力压迫、强盗逻辑依然大有市场，传统世界强国依然迷信武力，经常以武力手段、强制做法，解决国家纷争、地区冲突和世界矛盾，近年更是呈现出不断抬头、愈演愈烈的猖獗泛滥之势。新时代中国，在建设社会主义现代化强国和致力走向世界、引领世界进程中，应该坚决摒弃传统强国崛起的道路，坚决反对霸权主义和强权政治，坚持冲和之道，以至柔的气质、至静的定力、至和的主张，赢得一切支持正义的力量，坚定竖起文明崛起的大旗，不断开创昌盛兴旺、基业长青的历史伟业，以文明智慧的姿态不断迈向世界舞台中央。

续写以柔克刚新篇。"天下莫柔弱于水,而攻坚强者莫之能胜。"古往今来,柔能克刚已成为一条颠扑不破的实践真理,强硬哲学、铁腕政治、强势策略,终将败在柔润、柔和、柔韧策略之下。作为东方文明古国,必须坚决反对拳头政治、反对武力胁迫、反对霸权主义,坚持以柔克刚、以柔化敌、以柔交友的智慧策略,以既有柔性,又有韧性,还有弹性的姿态和品质,走向世界、拥抱世界、融入世界。在处理国际关系上,应该坚持以柔为上、以柔为本、以柔为基原则,面对问题镇定自若、面对争端据理力争、面对霸凌平和应对,即使斗争也要保持有礼有节风度,充分展示泱泱大国文明姿态,以"柔"的策略,使"中国威胁论""中国霸权论"谣言不攻自破。大国外交更应讲究策略、方法、艺术,面对有悖事实的恶语攻击,应该尽可能保持"天塌不下来"的战略定力,不能以过激、偏激、刺激的言论打嘴仗,给人落下话柄,给自己留下隐患,甚至损害礼仪之邦大国形象。在国家内政处理上,应该奉行"柔"原则、"柔"思路、"柔"策略,避免高压政策、强制手段、强硬做法。对人民内部矛盾更应守"柔"、行"柔"、怀"柔",在平等、平和、平润中消除误解、排除隔阂、解除纷争,努力走出一条柔安百姓、德润人心、道治天下的中国治理之道。在人与人相处上,应该努力汲取"柔"智慧、涵养"柔"修为、追求"柔"境界,做到处事柔和、待人谦和、为人亲和,凡事讲道理、讲方法、讲效果,不能态度蛮横、作风强横、行事顽横,导致矛盾激化、分歧扩大,甚至难以收场的后果。

续写以静制动奇迹。至静是一种"敌军围困万千重,我自岿然不动"的临危不乱,"宜将剩勇追穷寇,不可沽名学霸王"的胜而不骄，"致虚极，守静笃。万物并作，吾以观其复"的超然境界。"重为轻根，静为躁君"，人类社会发展规律昭示世人：至静既是克服躁气、抑制冲动、厘清乱局的制胜之道，又是防止急躁冒进、焦急彷徨、惊慌失措的治本之道。只有至静才能处事沉稳、思想沉淀、应对沉着，才能真正做到谋定后动、谋远虑长、谋深顾全，不犯盲目、盲从、盲动的错误。在大国关系处理上，应该坚持冷静观察、沉静分析、镇静应对，不被表面现象所迷惑、不被眼前利益所干扰、不被一城一地得失所羁绊，坚持心平气和地算整体账、长远账和未来账，在动态中、发展中、博弈中，积极寻找以静制动的有利时机，埋头发展自身实力，积累发展后劲，厚积竞争优势。在大国竞争博弈进程中，在确保自身核心利益前提下，应该坚决避免"两败俱伤"甚至"玉石俱焚"恶果发生，努力争取不战而屈人之兵的上上结局。在国家内政处理上，面对新时代取得的历史性成就、发生的历史性变革，应该始终保持头脑清醒冷静，清醒认知未来之路的复杂性、艰巨性和曲折性，永远不能被暂时的、阶段性的胜利冲昏头脑，更不能妄自尊大、急躁冒进，始终以平静的心态看待成绩、以平和的心态处理矛盾、以平常的心态应对挑战，确保事业稳定发展、健康发展、持续发展。在处理事物上，应该坚持冷静、沉静、镇静原则，以冷静求智慧、以冷静树信心、以冷静生力量。面对困境和险境，保持静气和定力，无论困难有多巨大，危险有多严重，都不能自乱阵脚、自我添乱，甚至自毁长城。

续写以和制胜辉煌。"和"既是至柔至静的最高境界，也是至柔至静的演变结果。"和"文化是中华优秀传统文化的根本内核，和平、和睦、和谐是植根中华民族精神世界和中国人民血脉之中的独特基因。在走向世界、融入世界进程中，未来中国，应该坚持至柔、至静原则，在坚持以柔克刚、以静制动策略的基础上，继续坚定不移高举和平旗帜，旗帜鲜明展示和平形象，不遗余力做出和平努力，坚如磐石走实和平道路。既要坚定执行和平外交政策，广交天下朋友凝聚一切力量，营造有利国际环境；又要坚定走和平发展道路，与霸权主义、强权政治、冷战思维划清界限，占据正义、道义、仁义制高点，以"和"的底蕴、"和"的智慧、"和"的气度，不断开创中华民族新辉煌；还要坚定不移建设和谐世界，身体力行践行"人类命运共同体"理念，自觉扛起"为世界谋大同"使命，以胸怀天下的博大情怀贡献中国智慧，彰显中国力量，展现中国魅力，最大限度赢得一切爱好和平、坚持正义的国家和人民的支持和拥护。在人与人关系的处理上，既要追求与人和睦相处，与人为善想事、将心比心做事、齐心协力成事，多结缘少树敌；又要致力和光同尘，宁可低看自己、不要高高在上，宁可求同存异、不要标新立异，宁可含而不露、不要锋芒毕露；还要坚持和而不同，推崇君子之交、涵养君子风范、铸就君子气节，既做到坚持和为贵理念，又做到不迁就、不盲从、不迎合，保持独立思想、独立判断、独立人格。

# 第五十六章

只有"静养天真、慎守天真、和涵天真",才能"德与道同、德与道合、德与道和"

### 老子原典

知者不言,言者不知。塞其兑,闭其门。挫其锐,解其纷。和其光,同其尘。是谓玄同。故不可得而亲,亦不可得而疏;不可得而利,亦不可得而害;不可得而贵,亦不可得而贱。故为天下贵。

### 法融释典

太上混元无极大道,是天地之始,万物之本,其妙用无穷,只可意会,言语无法表达。书不尽言,言不尽意,言语只能表达粗浅、有形的事物之末,表达不了微妙玄通的"天地之始"。既知"微妙玄通"是物之妙,言语无法表达,就应"塞兑静养"。天地之始,万物之母,造化之机,口不能言,目不能视,耳不能闻,鼻不能嗅。人因贪名逐利,自知、自见、自伐、自矜、自是,机智炫露,似同刀剑之锋刃。舆接为构,日以心斗,互为交争,致使灵堂不能清静。修身者,必以不自知、不自见、不自伐、不自矜、不自是为首要功夫,韬光养晦,慎守天真。人因情欲过度,致使"忧苦身心……流浪生死，长沉苦海，永失真道"。日昏夜茫，无有头绪，犹如藩篱纵横交错，纷扰束缚，元神不能自主。欲求解脱，何时解脱？只要在正念中永除染着，就能除荡众苦罪源。修身者素日不可炫露己德，以己为是，应取圣人无常心，以百姓心为心，方而不割，廉而不刿，直而不肆，光而不耀，于众物各自发挥，如同火照火，水入水，融为一体。不能树己身而异于人，不能认己之高洁而弃丑陋。无人我之分、贤愚之介，打起尘劳，如土和土，融为一体。如此这般，就和深远不测的无极大道同为体用了。

深远不测的无极大道是混成一气。本无内外之分，岂有亲疏之别；本无左右之异，哪有利害之论；本无高下之等，怎有贵贱之殊。因此，无内无外，无左无右，无上无下，无有亲疏、利害、贵贱的混元无极大道，才是最为珍贵的。

## 悟道鉴典

"知者不言，言者不知"，"故为天下贵"。老子用知者和言者两个否定句，深刻阐明了太上混元无极大道只可意会不可言传的奥秘，深刻揭示了太上无极大道，由于没有亲疏、利害、贵贱之分才显得珍贵的道理，告诫世人，只有通过塞兑闭门、挫锐解纷、和光同尘，才能实现道与德融为一体。

"修身者，必以不自知、不自见、不自伐、不自矜、不自是为首要功夫，韬光养晦，慎守天真"；"修身者素日不可炫露己德，以己为是，应取圣人无常心，以百姓心为心"，"光而不耀"。法融道长进一步解析了贪名逐利、放纵情欲、炫露己德的现实危害，劝导世人，应该努力克制欲望欲念，万万不能自以为是，坚持静养天真、慎守天真、和涵天真，实现自己的德行与大道融为一体。

　　老子的经典名句"塞其兑，闭其门。挫其锐，解其纷。和其光，同其尘"经过数千年流传，已经演变为人们耳熟能详的格言警句，如"塞兑闭门、挫锐解纷、和光同尘"，仁人志士纷纷以此作为自己的座右铭，提醒和警示自己保持静思、内敛、低调，不能虚华浮躁、追名逐利、锋芒毕露。这从另一个侧面证明了老子"玄同"思想的强大生命力、无限感召力和持久影响力。当今社会，前所未有的信息爆炸，一方面极大便利了工作生活，另一方面也扰乱了人们内心的安宁；日益提高的物质生活水平，一方面极大造福了人民大众，另一方面也蚕食着人们心灵的宁静。当今时代，是一个物质空前丰富、信息高度发达、万物高度互联的时代，人类面对诱惑、面对干扰、面对刺激，普遍内心浮躁、无法宁静，这已经成为一个广泛的社会问题。在如此现实背景下，更加需要借鉴老子倡导的"塞兑闭门、挫锐解纷、和光同尘"的修身思想引导人类社会，通过"静养天真、慎守天真、和涵天真"的方法，不断过滤纷扰、澄净嘈杂、屏蔽喧嚣，以内心的纯净、清净、恬静，推动和谐、安宁、有序的社会秩序更好形成，为国家健康发展奠定稳定社会基础。值得指出的是，老子所言的"天真"，既不是无知，也不是幼稚，更不是愚蠢，而是没有内外之分、亲疏之别、利害之殊的赤子之心，倡导的静养、慎养、和养理念，是回归自然、回归淳朴、回归本源的向真、求真、归真之道。

　　自觉静养天真。"非淡泊无以明志，非宁静无以致远。"静是修为、智慧、定力，更是一种容量、能量、力量，正所谓"静能生定，定能生慧"。静养天真，是安定心神、远离喧嚣、排除干扰、形成正念的过程，是养德的基础和前提。借鉴老子以天真之心养德，应该首先把好静养这一源头环节。一要培养平心静气心态。心不平则气不静，气不静则意难定。应该引导教育国人，自觉平心静气对待工作、对待事业、对待人生，克服浮躁心理，培养冷静、平静、理性对待得失、荣辱、成败的成熟心态。二要养成静心思考习惯。只有静心思考方得成熟智慧，躁动不安难有真知灼见。应该引导教育国人，养成"挤些时间读点书、静下心来想点事、不懒笔头用点功"的良好习惯，既争做行动的强者，又争做思想的强者，不做漂在水面的浮萍，更不做思想的懒汉。三要提高排除干扰能力。静相对于躁而存在，只有真正具备绝躁能力，才能做到静心、静思。应该引导教育国人，远离喧闹喧嚣，自觉静心静气，主动排除干扰，不断提高抵御杂事、闲事、无益事干扰的能力，增强集中精力静心、静思、静谋定力。

自觉慎守天真。慎守天真是静养天真的延展和深化，需要与内心的杂念、欲念、私念较量，与贪名逐利、放纵欲望"拔河"博弈，需要练就不自见、不自伐、不自矜、不自是的内在功夫。相对于静养天真而言，其难度更大、挑战更多、坚持更难。借鉴老子以天真之心养德，应该紧紧抓住慎守这一关键。一要强化慎守意识。应该引导教育国人，自觉慎言慎行、慎独慎微、慎始慎终，树立谨慎、审慎、常慎理念，克服侥幸心理、冒险心理、无惧心理，养成小心谨慎、慎之又慎、慎始如终的良好习惯。二要强化自律意识。克制欲望、欲念、欲壑，最有效、最可靠、最便捷的方法就是自律、自控、自制。应该引导教育国人，持续强化自律意识、养成自律习惯、提升自律境界，坚持依靠自身的定力、耐力、毅力，有效地把妄想、妄念、贪欲控制在萌芽之中。三要强化自纠意识。纠正违道行为、失德行为、错误行为，既需要依靠外力，更需要依靠内功。应该引导教育国人，强化自纠意识，努力依靠自身力量阻止终止欲念滋长、欲望膨胀，不断培养有错必纠、有错即纠、有错善纠的习惯和能力。

自觉和涵天真。如果说静养天真属于外在修炼，慎守天真属于内在修炼，那么和涵天真是集静养天真和慎守天真于一体，并超越静养与慎养的修炼活动，要求在练就平心静气外在气质、慎欲慎行内在修为的基础上，提升人格、人品、人德。和涵天真就是追求"和光同尘"境界，倡导内敛低调、平视左右、深藏厚德，切不能张扬跋扈、高高在上、唯我独尊、目空一切。借鉴老子以天真之心养德，应该紧紧抓住和养这一难点。一要摒弃亲疏之别。应该引导教育国人，借鉴天道无内外之分的思想，做到一视同仁、无亲无疏，摒弃厚此薄彼、有亲有疏的亲疏观，自觉与众人打成一片。二要摒弃利害之分。应该引导教育国人，借鉴天道无左右之异的思想，公平视人、平等待人，摒弃因利而往、因害而避的势利观，自觉培养纯真心态。三要摒弃贵贱之殊。应该引导教育国人，借鉴天道本无高下之等的思想，抛弃差别心。认清人的地位有高低，但人格无贵贱的本质，摒弃尊贵贬"贱"、亲贵远"贱"的附势观，自觉涵养正直品质。

# 第五十七章

遵循"善政防奇、德政禁奇、久政绝奇"规律,追求"无为自化、无事自富、无欲自朴"境界

## 老子原典

以正治国,以奇用兵,以无事取天下。吾何以知天下其然哉?以此:天下多忌讳,而民弥贫;人多利器,国家滋昏;人多伎巧,奇物滋起;法令滋彰,盗贼多有。故圣人云:我无为而民自化,我无事而民自富,我好静而民自正,我无欲而民自朴。

## 法融释典

统治者应遵循天道自然规律,顺从人间伦理常情,端方正直治理国家。用兵则相反,应以奇制胜。天下要太平,必须知足安分,不可妄生事端,扰乱庶民。

我怎么知道无事能取天下太平之道理呢?原因如下:君王施政,令繁则奸出,禁多则民困。禁令繁多,必妨民事,使民不能尽其生发。民不能尽其生发,如束手足,必然贫困,无法自拔。"利器"是指圣人以自我德行、智能遵循天道之自然,顺人伦之常

情，总国家之纲纪，持权柄治国理民的秘籍。圣人的德行和智能，只可内含自修，而不可昭昭炫露，这样才能使民潜移默化。如彰示于人，不仁者必窃之，这样就会使上下颠倒、是非混淆、横施天下，甚至导致国家昏乱。国民最适宜同处在浑厚朴实淳风之中。器械是民众生息之所必需。从古到今，器械历来按民之所需而造。如出于机智技巧而造，非正常并且没有实用价值的古怪奇物必将随之滋生，民众也必将弃常而专技巧，造成资力滥用。教民内修道德，外行仁义，知天理之当然，晓人伦之常规，举止皆符于天理人情。民如慎修之德于内，谨行仁义于外，根本就不会违法乱纪。相反，如内心失去道德，外无仁义之行，就不怕犯法。法令愈严，盗贼愈多。

体现自然之道的圣人，取法天地生长万物自然无为之德，从不悖理徇私，事事顺乎天理，顺应人心，不作不为以感天下之众，天下之众皆安居乐业而自化；人君戒除贪欲之心，不好事、不妄为，不求荣贵、不劳民力、不妨民事，民就能尽力耕而食、织而衣、乐其俗、安其居、美其服、甘其食，丰衣足食；能取法自然无为之道的清静体性、虚心恬淡、自然而然，事事物物必顺其条理，各得其所、各有所用、各有所适。鸟不教而自在空中飞，兽不驯而自在山上跑，鱼不学而自在水中游，人自然父慈子孝，君正臣忠。

## 悟道鉴典

"以正治国，以奇用兵，以无事取天下。"老子以自然大道思想论述治国之道，强调用"正"道治国，用"奇"道用兵，用

"无欲""无事""无为"治天下的主张，以一个"正"字和一个"奇"字对比表述，深刻揭示了治国和用兵的本质差别，深刻阐明了治国必须端方正直、自然而然和"以无事取天下"的本质道理，告诫执政者，治国理政决不能像用兵打仗一样以奇制胜、以奇理民、以奇治天下。

"统治者应遵循天道自然规律，顺从人间伦理常情，端方正直治理国家。用兵则相反，应以奇制胜。""能取法自然无为之道的清静体性、虚心恬淡、自然而然，事事物物必顺其条理，各得其所、各有所用、各有所适"，"人自然父慈子孝，君正臣忠"。法融道长进一步阐明了治国忌奇的内在原因，深刻揭示了实现天下太平必须安分守己，不可妄生事端的道理，劝导执政者，治国安民应恪守不好事、不妄为、不劳民的基本原则，追求"无为自化、无事自富、无欲自朴"至高境界。

"以正治国、以奇用兵"充分体现了老子思想的智慧性和不朽性。"正""奇"二字高度浓缩、极其深刻、精准到位。古往今来，无数治国安民的历史事实，无不生动诉说着以正治国之利、以奇治国之害。秦始皇统一六国后，权欲膨胀、任性妄为、肆意折腾：一方面大兴土木，修长城、修驰道、修直道、修阿房宫、修宫殿、修陵墓；另一方面穷兵黩武、劳民伤财，北伐匈奴、南征百越，战事不断。所为之事把老百姓折腾得死去活来，也使得自己陷入水深火热之中，最终被风起云涌的农民起义推翻了政权。与此相反，西汉之初，针对秦王朝时期连年战争和苛政暴政，社会生产遭到严重破坏，经济萧条、民生凋敝、社会动荡的严峻现实，深刻总结秦朝灭亡教训，适时崇尚黄老之学，推行"无为而治"治国理念，通过实行崇尚节俭、不兴土木、轻徭薄赋、与民休息、约法省刑、刑德并用、避免战争、和亲保境等一系列无为、无事、无欲的治国之策，一举扭转了混乱动荡局面，恢复了经济社会发展，进而开创了万民自化、万民自富、万民自正、万民自朴的"文景之治"，彰显了"以正治国""无为而治"的无穷威力和神奇效力。

治国以"奇"，从表面看是有创意、有创新、有创造，实际上是一种对百姓耍心计、耍技巧、耍手段的治国歪道。从本质上讲，以奇对民就是站到人民对立面，把人民当对手、把人民当敌人，是本末倒置的致命错误。新时代以来，中国较之以往更加高举"以人民为中心"的思想旗帜，深刻践行"天大、地大、人民最大"执政理念，全面开创了治国新境界、社会新局面、人民新时代，以深得人心的治国之道、赢得民心的治国成效、民心所向的治国前景，谱写了当代"以正治国"的宏伟篇章。未来中国，应该认真总结新时代治国经验、治国之道，在"以正治国"上不断向纵深推进，牢固树立执政忌奇理念、始终坚守施政拒奇原则、努力开创善政弃奇境界。

牢固树立执政忌奇理念。治理国家与指挥打仗有着本质区别，不仅施策对象不同，而且施策目标不同。治国为了安民、富民、乐民，打仗为了战胜对手、消灭敌人、保卫自身，这就要求必须牢固树立"以正防奇、以正拒奇、以正禁奇"治国理念，防止采用打仗理念和思路治理国家，否则就会陷入执政者与民众互用奇法、互出奇招、互使奇计，相互算计、相互消耗、相互伤害的恶性循环，给国家治理埋下隐患、祸患、后患。一要坚定不移守正心。正心就是以人民为中心之心、以百姓心为心、全心全意为人民服务之心，真正把一切为了人民、一心造福人民、一流服务为人民的指导思想，贯穿于顶层设计、制度安排、政策制定、实践推动的全过程。二要毫不动摇行正道。正道就是坚持走中国特色社会主义道路之道、坚持解放和发展社会生产力之道、坚持共同富裕目标之道、坚持发挥社会主义制度优越性之道、坚持人的自由全面发展之道，做到无论任何时候不懈怠、不等待、不偏离。三要旗帜鲜明彰正义。正义就是高举公平、公正、公道大旗，高举反对消极腐败、奢侈堕落、滥用权力大旗，高举反对特权思想、特权政策、特权行为大旗。大力弘扬明规则，消除潜规则，体现人人平等、人人有份、人人有责，努力在彰显正义中，全力建设公平正义社会。

始终坚守施政拒奇原则。贯彻执政理念和纲领不会一帆风顺，必然会出现盘根错节的矛盾、错综复杂的问题、千头万绪的情况。在施政过程中，应该坚决防止把以正治国的真经念歪念错，紧紧围绕"以正治国"理念用力发力，坚决防止以奇巧、奇招、奇策等"奇"法和所谓的以邪制邪、以毒攻毒、以恶治恶的"刁"法化解矛盾、解决问题、推动工作。一要建立"奇"法负面清单机制，划出红线禁区。积极借鉴投资领域负面清单管理模式，建立施政"奇"法负面清单制度，把施政过程中出现的奇法及时列举、公开发布、对照检查，接受全社会监督。二要建立"奇"法发现曝光机制，形成监督格局。充分发挥监督部门、新闻媒体、社会力量、人民群众监督作用，建立"奇"法举报、曝光平台，织密多渠道、多层面、多角度的立体监督网，构建高效协同监督格局。三要建立

"奇"法纠正惩治机制，校正施政方向。根据奇法的危害程度和产生的不良后果，分层、分类、分级实行纠正和惩治措施：对情节较轻、发现较早、后果轻微的奇法始作俑者、主要责任人采取批评教育、限期改正等措施；对情节较重、已经产生后果的始作俑者、主要责任人，如纯属能力问题则给予出路、助其改正，如果是指导思想不正诱发，必须采取果断措施，坚决惩戒，严肃处理。

努力开创善政弃奇境界。推行清明政治、拥有高超治国能力、致力长期执政、实现长治久安，是善政的应有之义。要实现善政并非易事，难度极大。中国共产党是具有远大抱负的执政党，实现善政之治，是其矢志不移的奋斗目标，这就更加决定了以正治国，必须忌奇、拒奇、弃奇，真正做到奇法的念头不能有、奇法的行动不能有、奇法的政策不能有。一要坚定走"阳光大道"、不走"羊肠小道"的定力。大国应有大国的气魄、气概、气度，应该坚决摒弃一切上不了台面、经不起推敲、守不住检验的雕虫小技、歪门邪道、阴谋诡计，始终把遵大道、守大道、行大道作为治国理政的基本准则。二要保持精算整体大账、粗算局部小账格局。大国应有大国的格调、格次、格局，眼光要长远、站位要高远、谋划要深远。对国家发展长远大账必须精算细算，而对局部小账可以粗算略算，始终把大局、全局、势局掌控在手。三要坚定长远理想目标、不拘短期利益战略。大国应有大国的理想、抱负、追求，马克思主义的信仰要坚守、建设中国特色社会主义的信念要坚定、实现中华民族伟大复兴中国梦的信心要坚决，防止局部策略干扰全局战略、短期策略影响长期战略、辅助策略牵制主体战略的情况发生，确保治国理政永远走在科学健康的轨道上。

# 第五十八章

把握"福祸相倚、正反相随、机危相伴"之规律，警惕"过满招损、过正生反、过盛转衰"之风险

## 老子原典

其政闷闷，其民淳淳；其政察察，其民缺缺。祸兮，福所倚；福兮，祸所伏。孰知其极？其无正邪？正复为奇，善复为妖。民之迷，其日固久。是以圣人方而不割，廉而不刿，直而不肆，光而不耀。

## 法融释典

治国者若以自然、宽宏，没有高下、贵贱、贤愚、荣辱分别之心，体天地无不覆载的自然好生之德，国民自然能够得到妥善治理，民不知不觉各得其宜，各有所适，上下彼此不争不竞，生活在淳朴厚实浑化之中。失去好生之德，政令烦苛，事事明察，物物检点，荣辱不共，贵贱有殊，但人民会觉彼此有别、上下相隔、缺缺不足。宇宙间的品物万类，虽然复杂万端，但造化之机及运化规律，莫不过对立统一而已。"祸"属于难、凶害、灾殃之类，"福"属于吉、荣贵、昌达之类。无论哪类事物，其变化规律

都是向相反方向转移。阴极生阳，阳极生阴，夏至后必移于冬，冬至后必向于夏，周而复始，无休不止。人生发展亦遵此理：在贫穷时，与人相处态度谦恭，在事业上努力奋发，此刻人必辅助，事业向上发达——贫穷虽属祸，但无形中相携着福；在富贵时，为人处事容易横蛮骄傲，在事业上容易轻率为之，久而久之，人必厌恶，事业必然衰败——富贵虽是福，但无形中隐含着祸。社会变迁同样遵循这一规律：犹如水向东流，一浪赶一浪，兴了又向衰转化，衰中隐藏着兴的因素。每个朝代在兴盛初期，必内修道德，外施仁政，处处以国事民生为重，必然政通人和，事事得宜，待至日久，必得民富国强。执政者一旦贪求享乐，以荣贵执权，骄肆于民，必然引起人民反抗，酿成天下大乱。

天地间一切事物就这样成败交替、阴阳相易、祸福相倚。这种转化或正或奇、或善或妖，没有定向。正可以转化为奇，善可以转化为妖，然而常人对这种转化原因久已迷惑。宇宙之间的总体功能在阴阳造化中运动，但二者运动不能过极。天地虽大，过极就会产生不良结果，如旱涝不均、恶风暴雨、海啸地震、寒热不时等。天地之间都是如此，何况区区事物？阴阳过极、运动失衡产生不良现象，于人类更为普遍。人类对正气、正义与慈祥、善良这些有益于众生的事物普遍器重、拥戴、崇敬，但走向极端就会带来不良结果。因此，在为人处世过程中，无论哪种情况哪种环境，均不宜执着、沉溺、偏激、超常、越分，走向极端，处于自然和谐环境方可免去灾祸、一生无虞。

明了事物转化规律之圣人，明知品德端方、心性清廉、处事正直、智能聪明，属于善、好、福，却从不以端方、清廉、正直、聪明炫示于外，更不强加于人。圣人品德虽然端方，却从不以端方妨害于人；虽然心地清廉，却从不以清廉刿伤于人；处事正直，却从不以正直撞击于人；智能聪明，却从不以聪明炫耀于人。

## 悟道鉴典

"祸兮，福所倚；福兮，祸所伏。"老子运用耳熟能详的福祸概念，深刻指出了福祸相倚、相互转化的客观规律，告诫世人，任何事物均具有两面性，在一定条件下，坏的东西可引出好的结果，好的东西也可引出坏的结果，而且物极必反，福能变祸、祸能生福。

"宇宙间的品物万类，虽然复杂万端，但造化之机及运化规律，莫不过对立统一而已"，"正可以转化为奇，善可以转化为妖"，"无论哪类事物，其变化规律都是向相反方向转移"。法融道长通过正反论证、横向分析，进一步揭示了福祸相倚、正复为奇、善复为妖的客观规律，劝导世人，应该牢牢把握"福祸相倚、正反相随、机危相伴"的变化规律，高度警惕"过满招损、过正生反、过盛转衰"的转化风险，切实防止恶果和灾祸发生。

"塞翁失马，焉知非福"这一流传千古的历史典故，生动诠释了老子"福祸相倚、互相转化"的深刻道理。福祸相倚和转化思想，有可能是对对立统一规律最早的揭示阐述。然而人类对这一规律还时常迷惑、将信将疑、似懂非懂，往往遇到灾祸时悲观消极，置身顺境时洋洋得意，全然不知"冬天来了，春天还远吗"的真正意蕴。历史证明，过满招损、过正生反、过盛转衰，这是一条不可抗拒的客观规律。无论是国家发展，还是经济发展，甚至人生成长，无不证明这一规律的正确性。罗马帝国曾经盛极一时，繁盛时期疆域覆盖了中东幼发拉底河周边地区，连地中海都变成其内海，然而繁荣中隐藏着危机、强盛中酝酿着风险，巨大的疆域给行政管理、资源调度、军事控制带来了巨大挑战，最终导致罗马帝国陷入力竭困境，直至衰落解体。经济学著名的"资源诅咒""荷兰病"学说，也从另一个侧面证明了这一规律的科学性。丰富的自然资源，能够在一定时期内为国家带来丰厚经济收入，但也会导致创新动力萎缩、资源配置低效、人力资本积累不足等深层问题，最终给经济长远发展带来隐患。苏联伟大作家奥斯特洛夫斯基因战争失去了健康，成为残疾人，但他身残志不残，写出了《钢铁是怎样炼成的》这本世界名著，造福后世，流芳千古。人生无常也有常，在这个世界上没有永远的"顺风顺水"，也没有永远的"逆水行船"，盛极必衰、物极必反、否极泰来。关键是在顺境时能延缓转折点的到来，逆境时能加速转折点的到来，把握人生大智慧、大学问、大规律。新时代中国，全面厚植国家文化底蕴、提高国民素质、提升民族精神，应该结合公民道德教育实践，大力培养国民成熟心态、处事智慧、忧患意识。把握福祸相倚规律，化解过满生损转折风险；把握正反相随规律，警惕过正生反转折风险；把握机危相生规律，防止过盛生衰转折风险。

把握福祸相倚规律，化解过满生损转折风险。希望人生幸福、没有灾祸，是每个人的追求和向往，也是人之常情，无可厚非。但人生成长与季节更替一样，有春天也会有冬天，不可能四季常青、四季如春。智慧的人生必须深刻领悟福祸相倚规律，幸福来临之时要想到灾祸已在身边悄悄埋伏，灾祸来临后就要想到转机总会发生。在公民道德教育和实践中，应该引导全体国民，正确认识福祸相倚规律特别是过满生损转折规律，提前防范和化解风险。一要树立"没有永久的福，也没有永远的祸"的辩证理念。把福永远留住是美好愿望，把祸抛到九霄云外同样也是一厢情愿。应该引导教育国人，平静、客观、理性面对祸福，福至不用过度惊喜，祸来不用过度悲观，领悟福祸皆是人生常态。二要培养在顺境中保持清醒的忧患意识。一帆风顺的人生固然美好，但不可能一好百好、永远都好。应该引导教育国人，强化世界是公平的、一切都会相互转化的理念，做到在顺境中、在幸福中增强忧患意识和风险意识，延缓福祸转化时间，降低祸患到来风险。三要涵养在逆境中积极向上的健康心态。没有人会主动寻求失意、寻求磨难、寻求挫折，但必须清醒意识到逆境是人生的一部分，没人可以避免，关键在于如何面对。应该引导教育国人，身处逆境不要慌张要冷静，不要悲观要积极，不要自弃要坚韧，切实把熬过"冬天"，必会迎来"春天"的信念立起筑牢。

把握正反相随规律，警惕过正生反转折风险。正向力量和反向力量、积极力量和消极力量、光明力量和黑暗力量，总是在此消彼长的矛盾运动中发展转化。世界上任何事物没有绝对的"正"，也没有绝对的"反"，都是相对存在。只有本质和表面之分、主流与支流之别、优势与劣势之异，随着矛盾运动的深化和发展，正反双方不会一成不变，而会互相转化。在公民道德教育和实践中，应该引导全体国民，正确认识正反转化规律，防止过正生反转折风险。一要看待事物不能理想化。世界上纯而又纯、中而又中、正而又正的理想状态并不存在，要求事物达到完美无缺、十全十美、白玉无瑕更是理想化思维。应该引导教育国人，心中要有理想，但不能理想化，要有理想化追求，但不能有理想化思维。二要认识正面作用不能定势化。正面事物是积极力量、正向力量、优势力量，但随着形势变化、时间推移，再正的能量也会削弱、消损、消融。应该引导教育国人，摒弃定势化思维和僵化模式，始终以变化的眼光看待正的价值、含量、作用，并在事物发展中不断修正、校正、更正。三要发挥正向功能不能极端化。正面走向极端必然转向反面，一旦走向反面就会产生过正之祸。应该引导教育国人，自觉摒弃极端认知、极端思维、极端想法，防止好心办坏事、优势变劣势、主动变被动情况发生，更不能极端作为、极限推动、极度放大，犯物极必反的致命错误。

把握机危相生规律，防止过盛生衰转折风险。生机和危机是一对孪生兄弟，危中有机、机中存危，关键是能否做到保持生机、转危为机。在公民道德教育实践中，应该引导全体国民，正确认识机危相生规律，防止过盛生衰转折风险。一要正确看待生机和危机。世事变化无常，如同月有阴晴圆缺一样，有阳光灿烂，也有狂风暴雨，这才是人生常态。应该引导教育国人，生机和危机都是人生组成部分，人人都会遭遇，生机来临不必过度欣喜，危机到来不必过度恐慌，坚信生机中潜藏危机，危机中孕育生机。二要培养临危不乱镇定心态。危机通常突如其来、难以预测，只有保持镇定自若的心态，才能把危机的风险降到最低限度。应该引导教育国人，面对危机要淡定、镇静、清醒，客观分析现实形势，理性做出判断决断，及时高效快速应对，不能因心慌意乱、惊慌失措而自乱阵脚，甚至自己把自己打倒。三要防止盛极转衰潜在风险。生机勃勃之时往往也是危机四伏之时。应该引导教育国人，事业昌盛、兴旺、发达之时，应该保持清醒头脑、审慎态度、严谨作风，不能自我膨胀、无所顾忌、忘乎所以。要始终保持慎重、审慎、谨慎心态和姿态，切实把盛极转衰的风险控制在最小范围。

# 第五十九章

厚植"俭约、简约、谨约"珍啬之德,开辟"长胜、长久、长盛"固蒂之道

### 老子原典

治人事天,莫若啬。夫唯啬,是谓早服。早服谓之重积德。重积德,则无不克。无不克,则莫知其极;莫知其极,可以有国;有国之母,可以长久。是谓深根固蒂,长生久视之道。

### 法融释典

所谓"治人",就是教天下之民,遵循人伦自然常情,六亲和睦、长幼有序、上下慈孝、朋友有信、夫唱妇随、勤躬耕织、以求衣食。使民各遂其生、互不交争、安然相处。所谓"事天",就是虔诚谨俨、遵循天理、存心养性,不敢有丝毫伤天害理之心。常人以为治民和奉天各有不同,其实不然,无论治民或事天均须以"啬"。"啬",就是收敛神气,俭约情欲,不敢见景忘真、肆意妄为。治人事天莫过于此。须臾不离谓之"服"。常人行事,临渴掘井,遇寒制衣,所以事事被动。"治人事天",虽须遵循天理、纯全本性、收敛神气、虔心真诚,但应事先诚服天道,向往须臾

不离且行持不辍，只有这样才会治人必灵、事天必应。事先诚服天道，且久而行之，自然全其天地之大德。深积厚养天地之大德，不但能"治人事天"，而且能无所不克。

积德深厚，不仅可以做到无所不克，而且莫知其限量；重积德之妙用，不知其限量，天下国家无有不在道德浑化之中。由此可见，治国之本就是深积无有限量的浑厚之德。具备无有限量的浑厚之德，必可长治久安、根深蒂固，任何力量都拔不掉、解不脱。

## 悟道鉴典

"治人事天，莫若啬"，"是谓深根固蒂，长生久视之道"。老子运用一个"啬"字，高度概括了治人事天应该遵循的天道法则——必须心悦诚服地恪守收敛、积蓄、慎用理念，又用顶针手法，严密论证了"啬"具有莫知限量的巨大价值、战胜一切的强大能力，告诫世人，治人事天应该遵循天理、纯全本性、收敛神气、虔心真诚、信服天道法则，确保事业和人生顺利、长久、昌盛。

"'啬'，就是收敛神气，俭约情欲，不敢见景忘真、肆意妄为。""事先诚服天道，且久而行之，自然全其天地之大德。深积厚养天地之大德，不但能'治人事天'，而且能无所不克。""具备无有限量的浑厚之德，必可长治久安、根深蒂固，任何力量都拔不掉、解不脱。"法融道长从行为学角度，进一步揭示了只有事先诚服天道力量，才能实现与天道相合、坚持不辍，才能收获治人必灵、事天必应的效果。劝导世人，应该厚积"俭约、简约、谨约"珍啬之德，以开辟"长胜、长久、长盛"固蒂之道，进而创造民无不顺、事无不理、国无不治、稳固长久的大好局面。

老子倡导的"啬"内涵丰富、意蕴深厚、思想深邃，直接击中了治理之道的靶心。古今中外的历史证明，恪守"啬"原则，力量无穷无尽、万事无所不克、事业无所不成、国家无所不治；发挥"啬"价值，人生前景光明、家庭和睦兴旺、事业一帆风顺、国运兴隆昌盛。历史上汉文帝刘恒，就是践行老子"啬"思想的杰出代表。其一生节俭，"即位二十三年宫室苑囿狗马服御无所增益"，连对自己的后事安排都明确要求"皆以瓦器，不得以金银铜锡为饰，不治坟、欲为省、毋烦民"；在治国上守啬遵道，奉行无为而治，轻徭薄赋、宽俭待民、休养生息，为"文景之治"奠定了坚实基础。类似这样的事例，无论在圣贤和庶民中，都比比皆是、随处可见。然而，当今社会追求奢侈享乐、爱慕虚荣奢华、迷恋繁文缛节、任性滥用权力、放纵私欲贪念等现象屡见不鲜，不仅教训深刻，而且令人深思。在建设社会主义强国进程中，应该进一步把握老子"啬"思想的时代内涵，引导教育国人厚植俭约之德、简约之德、谨约之德，努力走出一条长胜、长久、长盛之道。

厚俭约之德。俭约是老子"啬"思想的基本含义，齐家治国、干事创业，遵循"啬"原则，首先要做到节俭、俭约，不能铺张浪费、奢靡奢侈，正所谓"历览前贤国与家，成由勤俭破由奢"。厚俭约之德，一要认清"啬"的本质。"啬"不是吝啬、小气、抠门，而是一种优秀品质、合道之德、智慧之举。应该引导教育国人，在思想深处牢固树立节俭光荣、节俭有品、节俭有益文明理念，由衷相信节俭的力量价值。二要坚决反对拜金主义。拜金主义与勤俭节约背道而驰，前者消耗的是物质资源，侵蚀的是精神世界。应该引导教育国人，深刻认识拜金主义不仅会败坏社会风气，而且会贻害事业发展，在思想深处筑牢防止拜金主义思想侵蚀的堤坝。三要树立勤俭节约作风。无论物质条件丰富到何种程度，俭约之风不可丢、不能灭，丢了就会滋长铺张浪费、奢侈生活的不良作风。应该引导教育国人，把节俭理念内化于心、外化于行，坚持不懈，始终保持节俭本色，与大手大脚、追求享乐等不良风气自觉决裂。

厚简约之德。简约是老子"啬"思想的重要内核。倡导齐家治国、干事创业，遵循"啬"原则，必须做到简约、简朴，不搞繁琐哲学，坚持收敛目标、聚焦思路、收缩战线，切实采取有用、管用、实用的策略。一要坚持简约、反对烦琐。烦琐的本质是资源浪费，简约的本质是节约资源。应该引导教育国人，在工作生活中，始终坚持简约为上、简约为本、简约为先原则，决不能人为地增加程序、增加环节、增加麻烦，努力做到删繁就简、去芜求简、化繁为简。二要坚持集约、反对粗放。粗放的本质是滥用资源，集约的本质是优化资源。应该引导教育国人，在工作生活中坚决贯彻集约理念，做到去粗取精、去伪存真、去末留本。三要坚持务实、反对虚华。务实的本质是讲究实用管用，虚华的本质是追求表面光鲜。应该引导教育国人，在工作生活中收敛矫揉造作，积蓄精神培养简易质朴风格，做到"处其厚""处其实"。坚持求实、务实、扎实原则，不做表面文章、不搞形式主义、不求虚华业绩，致力追求人生价值和大道智慧。

厚谨约之德。谨约是老子"啬"思想的境界所在。倡导齐家治国、干事创业，遵循"啬"原则，必须做到谨约、检约，反对任性妄为、不加约束、肆无忌惮，坚持谨慎谋事、谨慎断事、谨慎行事。一要涵养谨约之德。谨约是对人劣根性的挑战、人性欲望的约束、放纵惰性的克制，属于高层次的精神管理活动，需要意志、毅力、定力做保证。应该引导教育国人，努力做到常养谨约之德，循序渐进、日积月累、积土成山，最终形成自觉。二要认清放纵之害。放纵是魔鬼，是杀手，是走向深渊的开始。应该引导教育国人，坚决摒弃"放纵是小事、放纵无大碍"错误思想，理性划清欲望边界，收敛过度欲望。适度的欲求要满足，但切勿放纵，努力做到原则不放松、底线不触碰、行为有节制。三要提高谨约之能。控制欲望欲念、制止乱为妄为是本事和能力，离开了自省意识、反思自觉、自纠自信，做到谨约就是一句空话。应该引导教育国人，不断升华思想境界，培养意志毅力，提高防微杜渐、自我控制、自我纠正能力，筑牢防止欲念欲望决堤的最后一道防线。

# 第六十章

循烹小鲜"不翻腾、不闹腾、不折腾"之要，成治大国"良民竭力、刁民收敛、道同德合"之效

## 老子原典

治大国若烹小鲜。以道莅天下，其鬼不神；非其鬼不神，其神不伤民。非其神不伤民，圣人亦不伤民。夫两不相伤，故德交归焉。

## 法融释典

大国民众，风俗有殊，三教九流，其旨各异。若一一检点，必难办到。名厨大师（欲烹小鲜），不论大小均投之于釜，不轻举妄动，而是一心一意文烹武炼，以保火候不过不及。由于先后缓急得宜，则鱼熟但其形大小依然自然齐全，未被搅烂。治国者，若不知烹小鲜之道，恣情纵欲、妄用机智，其政察察、法令滋彰，犹如在釜烹鱼，不慎火候、胡乱搅动，鱼肉未熟就溃散，愈搅愈碎、愈搅愈混、愈治愈乱。

天地间一切事物皆由道生、德蓄，故万物无不尊道而贵德。圣君以清静、虚无妙道、天地好生之德治国理民，不仅贤仁君子

尽展其力、辅国安民，而且愚顽刁民也不会兴妖作怪、玩弄神通。不是因为那些刁顽者没有神通可耍，而是这些神通反用于为国为民效力。因为以道莅天下，视百姓如手足，爱万民若骨肉，对生灵不怀伤害之心，刁顽者被圣德感化，不再胡作非为、扰国乱民，圣君体天地好生之德，也不伤害国民。两者均不伤民，则必道同德合，同归于大顺。

## 悟道鉴典

"治大国若烹小鲜"，"以道莅天下"，"夫两不相伤，故德交归焉"。老子以烹小鲜比喻治大国，揭示了治大国犹如烹制小鱼，不能频繁翻腾等要诀，告诫执政者，治理大国应该遵道贵德，切忌轻举妄动、胡乱折腾、恣意妄为，只有这样才能创造良民竭力、刁民收敛、道同德合、归于大治的局面。

"治国者，若不知烹小鲜之道"，"不慎火候、胡乱搅动"，必将"愈搅愈碎、愈搅愈混、愈治愈乱"。法融道长通过深入分析以道治国，能够使刁民自我收敛、改邪归正的内在原因，深刻揭示了以道莅天下，能够使仁者和不仁者、智者和愚顽者、正者和邪恶者，其德互为交归、互不相伤、共同效力的道理，劝导执政者，治大国应该借鉴烹小鲜的要领，做到不翻腾、不闹腾、不折腾，开创良治、善治、大治格局。

"治大国若烹小鲜"思想，以小比大、以小见大、以小寓大，充分彰显了老子思想的生动性、延展性和深邃性。国家治理实践表明，大国治理虽然主题宏大、内涵博大、难度巨大，但治理之道与烹小鲜之术有异曲同工之妙，并非深不可测、遥不可及。核心是调动、激发人民的积极性、能动性、创造性,关键是顺乎民心、顺乎民意、顺乎民治,要害是切忌大政方针翻来覆去、治理方略左右打转、治理过程混乱无序,干扰民生、劳累人民、伤害百姓。然而,古今中外神化国家治理难度、把简单问题复杂化、变着法子乱折腾等违背规律的治理实践比比皆是,给国家发展带来了严重后果。中国的国家治理只要紧紧遵循治国规律、牢牢坚持一切为了人民、坚定不移依靠人民,必将化难为易,破解一个又一个难题。中华人民共和国七十多年的伟大历程启示人们,未来中国应该继续积极借鉴老子"治大国如烹小鲜"思想,更好地把人民作为国家治理主体、治理中心、治理根本,更好地把人民的身心痛痒、所思所想、所盼所求放在优先位置,坚决杜绝站在治理者、主导者、优势者的位置,折腾国家、折腾人民,要最大限度地把人民群众参与、推动国家治理的热情和激情调动起来、动员开来,不断开创道同德合的治理局面。

适应治国特点忌翻腾。中国人口大国、疆域大国、多民族大国、经济大国、社会主义大国的定位,决定了治理国家必须坚持稳定为先、安定为要、谨慎为上原则,像烹小鲜一样切忌翻来覆去,导致"鱼未熟形已碎"的后果。如果烹小鲜碎的是鱼肉,那么治大国则散的是人心。一要坚持"不翻腾"指导思想。民众相对于治理者而言,永远处在弱势地位,像小鱼一样经不起、受不起、容不得来回翻腾。安民首先必须稳民,任何时候都要树立和坚持"不翻腾"指导思想,让民众安居乐业、安心生产、安稳生活,防止治国思想的出发点错误,导致人心不安、社会不稳。二要体现换位思考治理理念。人民共和国的定位,决定了人民是国家主人、宝贵财富、最大资源,只有站在人民立场思考问题,治国政策才能顺人心、聚人心、赢人心。必须坚持和光大换位思考的思维,真正设身处地为人民着想、为人民造福、为人民解难,真正像烹小鲜一样,适应"小鲜"特点,顺应"烹小鲜"规律,摒弃翻腾大忌,让民众在感受主人翁地位中,有序地生活、规律地工作、稳定地发展。三要保持稳定连贯方略策略。烹小鲜程序固定、方法稳定、时间确定,无须标新立异、别出心裁、随意改变。治大国也是一样,应该保持政略、方略、战略的稳定性、连贯性、长期性,切不能朝令夕改、大进大出、变化无常。应该努力保持基本政策稳定,出台新政要慎之又慎,变动政策更要反复权衡,让民众在稳定的政策预期下,有序生活、规划人生、实现理想、为国效力。

　　把握治度火候忌闹腾。烹小鲜的要领,除了不能随意翻腾外,还应把握火候,做到文烹武炼、缓急得宜,以防火力过旺发生鱼碎情况。治大国也是一样,除了坚持"稳"字为先原则,还要把握"治"度,保持适宜的治理强度、力度,既不能反复翻腾又不能急火猛煮,落得"鱼毁菜亡"的结局。一要把握稳与进统一。应该坚持"稳"字当先、稳为基础、稳为前提的原则,在稳的基础上追求进、推动进、实现进,坚决防止急进、冒进、妄进行为,破坏稳的基础、干扰稳的局面、阻滞稳的趋势。二要把握好与快统一。应该坚持以"好"为导向目标、以"好"为评判标准、以"好"为终极追求,坚决反对只讲速度不讲质量、只讲进度不讲过程、只讲效率不讲效果的虚快,应致力追求以好求快、快中求好、又好又快的治理境界。三要把握本与末统一。应该坚持以本为纲、舍末取本、舍末为本原则,树立整体思维、系统思维、长远思维,既算好整体账又兼顾阶段账,既算好系统账又兼顾局部账,既算好长远账又兼顾眼前账,坚决防止本末不分、重末轻本、本末倒置的错误行为,致力追求全局利益、根本利益、长远利益。

管控治者权欲忌折腾。烹小鲜关键在人,在人的行为和主观动念。烹饪者不顾小鱼易碎的弱点和特点,任意翻动、来回折腾、急火猛煮,结果必然让小鱼愈搅愈碎、愈搅愈混、愈搅愈乱。治国也是一样,如果治理者不把人民当回事,胡乱搅动、随意扰动、轻举妄动,不看时机、不控火候、不讲节奏,必然导致民心散乱、社会混乱、愈治愈乱。应该牢牢把握治国关键所在,坚决防止治理者瞎折腾、乱折腾、胡折腾。一要植根"权为民所赋、权为民所用"思想。应该引导执政队伍,牢固树立"没有人民就没有国家、没有人民就无所谓权力"的理念,始终把"权为民所赋、权为民所用"高度统一起来。要通过认清权力本质,筑牢"谨慎用权、用权为民"的思想基础,在思想源头上防止治理者随心所欲、折腾乱为的行为发生。二要刚性规范权力的运行和使用。权力既有正向作用,也有负向能量,应该高度重视权力的侵犯性、膨胀性、破坏性特征,从制度设计上刚性规范权力的运行和使用,最大限度减少自由裁量空间。坚持把权力关进制度的"笼子",既要列出权力正面清单,又要列出权力负面清单;既要划出行权底线,又要设置行权"高线";既要重视权力运行结果,又要关注权力运行过程，切实从制度层面既保证权力正常运行、合理使用，又能约束为所欲为、折腾乱为。三要立体构建权力监督机制。权力腐败是最大的腐败，权力任性必然滑向腐败。应该致力构建立体化、全方位、多层次的权力监督格局，通过科学监督，及时发现和处理权力滥用、折腾乱为的行为。特别应该加大对权力监督机制创新的力度，全面强化党中央对纪检执法机构工作人员全面监督，实现对所有监督人员的全面覆盖，构建权力监督完整闭环。

# 第六十一章

"处大守小、处强守弱、处贵守卑","以谦为上、以谦取小、以谦得胜"

### 老子原典

大国者下流,天下之交。天下之交牝,牝常以静胜牡。以静为下,故大国以下小国,则取小国。小国以下大国,则取大国。故或下以取,或下而取。大国不过欲兼畜人,小国不过欲入事人。两者各得其所欲,故大者宜为下。

### 法融释典

治天下大乱,每因大国恃其强盛,欲吞并四海,独霸一统,扩张国土,有本钱凌辱小国,以致兴兵动战,万民遭殃。欲得天下太平,首先大国、强国要主动安守本分,取法水性,去高就下,虚心谦让。能以此理交于天下,天下的国家必来投归而相处。阴阳相交,阴性主静,阳性主动,牝必能制胜于牡。这是天地阴阳相交的自然之理。

既知阴以静取胜,大国就应效其阴静处下之道。大国以谦让居下而交于小国,犹如牝以静定胜于牡动,是以不劳而获,不战而自胜,天下小国近悦而远谊,必四海宾服,如水东流而自归于江海。小国本没有威胁大国的力量,亦应安分守己,谦虚谨慎,安其小而从其大。本着真诚之心,以静处下,这样才能取得大国抚爱和庇佑。

因此,大国因效牝静虚心自下,取得小国投归拥戴;小国以安分居下而取大国容纳庇佑。这是因为各有各的愿望:大国之目的不过是希望小国归顺宾服;小国之目的不过是希望不受大国、强国侮辱欺凌,以保国土完整、百姓安宁、政局稳定。

如果大小国家均效法牝静,虚心谦下,定能达到各自愿望。但最重要的还是大国应首先虚心谦下,对小国抚之恩德,视天下如一家,大小同等。天下安危这件大事,主要受大国影响。

## 悟道鉴典

"大国者下流,天下之交。""以静为下,故大国以下小国,则取小国。小国以下大国,则取大国。""两者各得其所欲,故大者宜为下。"老子运用牝牡作比喻,深刻揭示了国家之间相互关系之道:无论大国小国,皆应秉持"以静为上、以下为上"的原则,实现"以静制动、以下取上"的目的。老子欲借此告诫世人,大国强国若能主动遵循去高就下原则交于天下,天下国家必来投归和向往。

"欲得天下太平,首先大国、强国要主动安守本分,去高就下","大国因效牝静虚心自下,取得小国投归拥戴;小国以安分居下而取大国容纳庇佑":"天下安危这件大事,主要受大国影响"。法融道长进一步阐明了国家关系的处理原则:小国首先应安分守己,"安其小而从其大";大国应虚心谦下,"近悦而远谊"。他借此劝导世人,"天下安危这件大事,主要受大国影响",大国应在国际关系中发挥关键性、决定性的作用。

毫无疑问,老子倡导的处理国家间关系之道,与当今国际社会普遍认同的"大国关系是维护世界和平稳定压舱石"的理念,具有异曲同工之妙。追溯历史,无论是"九天阊阖开宫殿,万国衣冠拜冕旒"的大唐盛世,还是"善事中国,保境安民"的吴越小国,之所以能够开创盛世,开辟万国来朝、八方来贺辉煌景象,在五代十国乱世中获得桃花源般存在的美誉,倚仗的绝非是武力暴行,而是深悟先哲的治世哲学,从而实现了以谦取小、取弱、取低,以静为上、以下为上、以下及上的双赢局面。反观今日世界却是另一番景象,大国和小国互不相让、唇枪舌剑、刀光剑影、相互斗法,陷入了相互对立、难以自拔的境地。以美国为首发动的阿富汗战争已经持续十余年之久,造成了数万阿富汗平民死于战火,数千名美军阵亡、数万人受伤,据统计,直接耗资达万亿美元之巨。千百年来,古今中外无数经典史实不断阐明一个道理:处理国家关系时大国动不动诉诸武力、以势压人的做法行不通、不长久,终将得不偿失;小国自不量力、惹是生非的做法也很危险、不可取,终将自食其果;大小国家唯有以"谦下、谦和、谦恭"姿态处理国家间关系,才能创造双赢局面,开辟共赢境界。

当今世界,国际形势深刻变化,世界格局加速调整,全球治理体系呈现新特征,地缘政治竞争呈现新特点,大国战略博弈呈现新态势。中国和美国作为两个世界最大经济体,一个是世界强国,一个是新兴大国,随着中美综合力量差距不断缩小,传统中美关系格局正在加速重构。面对一些新形势、新情况，未来中国，如何在世界格局的变化中占据先机、占据主动、占据优势，既顺利实现自身既定目标，又展示大国担当，维护世界发展大局，已经成为我们必须正视和解决的重大和紧要命题，"天下安危，主要受大国影响"。中国正在接近世界舞台中央，未来必将成为推动世界发展的主角，此乃大势所趋，这不仅是中国走向世界的不懈追求，也是世界人民的共同期待。面对现实，着眼未来，应该从老子"以下取上"的思想中汲取营养和智慧，既要避免中美两国拳头正面冲撞的情况发生，又要避免自身强大后漠视小国现象发生。要始终继承中华优秀传统文化，坚持处理国家关系基本原则，把握"以谦为上、以谦取小、以谦取弱、以谦取低"智慧，开创与世界各国"共悦、共存、共生"的"天下大同"局面。

坚持"以谦为上"，致力大国共悦。中美两国是当今世界举足轻重的大国，中美关系是当今世界最重要、最复杂、最难驾驭的双边关系。事实证明，中美关系稳定发展，既有利于双方根本利益，更有利于世界和平发展，正所谓"合则两利，斗则俱伤"。长期以来特别是改革开放以来，中国始终抱着向美国学习的态度，吸收借鉴了美国许多优秀文明成果，确实推动了中国经济发展进程，这是必须正视的事实。面对中美角力新形势，中国无论从战略考量还是策略运用，均应坚持"以谦为上"基本原则，既尊重自身客观实际，又彰显东方文明古国智慧底蕴和宽厚胸怀。在两国关系处理上，应该充分运用老子智慧，事关国家核心利益和重大原则问题，必须做到针锋相对、寸土不让，但在其他非核心和原则问题上，不必锱铢必较、斤斤计较，尤其在形式上、舆论上不必执着于唇枪舌战、以牙还牙甚至互相攻击。应该坚持算大账、算长账、算总账，努力防止中美两国滑向美苏冷战僵局，要保持战略克制，给自己留有余地、给美国留有面子、给调和留有空间，坚决避免双方孤注一掷、走向全面对抗，努力做到在全力维护国家利益同时，理智照顾美国关切和诉求，找到中美双方互惠互利最大公约数，积极开创大国之间各自相对满意、相对如意、相对称意的竞争格局。

坚持"以谦取小"，致力大小共生。"虚心谦让"，"交于天下，天下的国家必来投归而相处"。未来中国，要实现从融入世界到引领世界转变，应该尽快涵养大国胸襟、格局和担当，丰富大国智慧、境界和情怀，尽最大可能展现"虽大处小、虽强处弱、虽贵处卑"的智慧，赢得世界信任、赢得各方支持、赢得他国尊重。应该坚守中国的强国之路，永远不走老牌强国崛起的老路，尽最大可能携手世界各国特别是弱小国家，共同发展壮大。即使在不久的将来，中国真正成为了世界强国，仍应坚持一体化发展、经济全球化思维，坚守"地球村"语境下"没有哪一个国家可以独善其身，协调合作是我们的必然选择"的真理；仍应坚持"世界好，中国才能好；中国好，世界才更好"的理念；仍应坚守"虽强处弱、以强扶弱、以强促弱"的原则，协力开创"强能自知、弱能自强、强弱共生"的繁荣景象。应永葆民族谦下本色，永不夜郎自大，反对目空一切，杜绝倒行逆施。永远都不能忘记那些所有支持帮助中国发展强大的国家，特别是弱小国家，永远不能以大欺小、恃强凌弱，搞大国霸权主义、霸凌主义、霸道主义。

坚持"以谦得胜"，致力世界共荣。对中国而言，正确处理大国关系和小国关系，既能最大限度创造和平、和睦、和谐的世界发展环境，又能最大限度赢得世界各国信任、信赖、信服。古今中外国家发展历史证明，"以谦为上、以谦取小"乃是亘古不变之大智慧、大韬略、大底蕴。谦者，永远是真正智者；强而谦者，才是最终王者。未来中国，在阔步走向世界的进程中，应该永远保持谦下智慧、谦逊品格、谦虚姿态，以谦和之心谋求合作、谋求发展、谋求共赢。要追求实现中国梦，永远不做霸权梦、独裁梦，始终把构建人类命运共同体、维护世界和平稳定、推动人类进步发展作为和平崛起的方向目标，以实际行动推动"五色交辉，相得益彰；八音合奏，终和且平"的天下大同梦想早日实现。

新时代的中国人，身上流淌着五千年文明血脉，"东方式谦虚"是中国人引以为豪的文化传承。未来，一个全新盛世的伟大时代，正在大步走来，作为全新盛世时代的经历者、见证者、推动者，每个中国人应该尽快提升素质、涵养智慧、锤炼品质，以适应时代发展新要求、新期待、新目标。应该自觉涵养敬谦智慧，锤炼自谦品质，培养谦下情怀，在自谦中完善自我、发展自我、升华自我，以谦下形象展示文明素养，以谦下智慧彰显底蕴实力，以谦下品质赢得事兴人和。

# 第六十二章

循"尊道、行道、得道"轨迹,赢"保全、成全、万全"结局

### 老子原典

道者万物之奥。善人之宝,不善人之所保。美言可以市尊,美行可以加人。人之不善,何弃之有?故立天子,置三公,虽有拱璧以先驷马,不如坐进此道。古之所以贵此道者何?不曰:求以得?有罪以免邪?故为天下贵。

### 法融释典

清静虚无的自然之道生出了天地万物。天地万物又深藏于此道之中。大在六合之外,小在粒米之间,可谓造化万物之本始,生成万物之根蒂,其妙用无穷无尽。能深究大道之奥理,行大道之妙用,体用悉备者,可谓善人;天资愚蠢、行事蛮横,背天理、逆人伦者,可谓不善人。凡善人,体道修之于身,行之于万事,无一时不本道以为用。所以能为善人者,是以道为宝。不善人因不体道之妙用,时行不善而遭罪咎,临罪咎而生悔悟,能戒除背道之行、离德之为,方可免去祸咎,保全生命。

善人以道为宝，其言行必法于道。"道之尊，德之贵，夫莫之命，而常自然。"美者，人人以有道德之言悦服、为善。有道德的善言，不只图善于己，当能公之于众。市者，聚众公平交易之场所。有道德的善言最为公平，人人悦服。善人之宝在道，善人必遵道而行。有道之行，人人必尊。善人之所以为善人者，是因清静虚无之妙道充实于内心，自然好生之德发行于外身，其言行必善美而尊贵。如人人皆如此，善人由何而说起呢？就因有不善者，才显出善人。既如此，人之不善，何可弃之？

"贵为天子，富有四海"，然而天子所贵者，须贵之以道。若离道，贵不可长保。太师、太傅、太保"三公"都是朝廷最大的卿臣，仍须以道佐人主，修振朝纲，治国理民，这样"三公"之爵才可久立。若失道离德，祸国殃民，扰害生灵，必削其职、加其刑。拱璧是以双手捧起的玉璧，可谓珍贵之宝。人与亲人在生死关头，可以弃千金之璧，负赤子而趋。因此，千金之璧，不如大道所贵，拱璧不足以为贵，而贵者唯有道。驷马是为天子所乘，甚是威严，然而不体之以"道"，不行之以"德"，百姓必感厌恶，不悦而弃之。可见，天子之贵，三公之尊，拱璧驷马以先，都不如修道建德重要。

试考其上古之圣君，无不以此清静无为的自然之道治天下、统万民。既知如此，为什么不日修此道呢？只要坚持求道，即使身有罪咎，都可以不求免而自然免掉。罪由何来？皆因失道离德，妄贪、妄为而自招。如日修此道，涤除妄念，摒除妄为，以恬淡素朴处之，罪咎自然会消除。说到底，最珍贵的还是道。

## 悟道鉴典

"道者万物之奥","善人之宝,不善人之所保","故立天子,置三公,虽有拱璧以先驷马,不如坐进此道"。老子通过分析善人与不善人对大道的不同态度和产生的不同结果,深刻揭示了大道无穷无尽的妙用;通过对天子、三公、六卿等尊贵人物和拱璧、驷马等珍贵宝物深入分析,深刻揭示了千珍贵万珍贵,不如道珍贵的道理。老子欲借此告诫世人,应该坚持日修道德,涤除妄念,摒除妄为,否则就不能保全成全自身。

"为善人者,是以道为宝";不善人"临罪咎而生悔悟","戒除背道之行",方可保全生命。"天子之贵,三公之尊,拱璧驷马以先,都不如修道建德重要。"法融道长通过深入分析善人与不善人的正反表现和不同结局,进一步阐释了合道者为善人,不合道者为不善人的深刻道理,劝导世人,只有坚持遵循"尊道、行道、得道"逻辑,才能保全自我、成全自我、万全自我。

自古以来,老子"修道建德最珍贵,日修道德万全策"的思想,无论在官场还是民间流传甚广,效法老子主张的圣贤不在少数,广大官吏和百姓也深知尊道、行道乃是保全、成全自身的万全之策。然而人类社会不合道的逆道者始终大有人在,甚至还有增多趋势,其根本原因在于人有私心、私念、私欲,克制私念、私欲需要不断挑战自我、约束自我,而持续守道、修德、养性不易坚持。但凡是尊道修德之人,无不是善终之人,事业和人生都取得美好结局,这是一条永恒不变的历史规律。古代的范蠡、张良,近代的曾国藩都是因尊道、守道实现人生圆满的杰出典范。

其共同的特点，在于遵循道体性，成为得道人；在于功成名就后不贪功、不恋权、不恋位，得以保全自身，流芳千古。

当今世界，随着市场经济深入推进，物质财富快速积聚，正向激发了人类创造财富的积极性和驱动力，但也反向滋长了崇拜物质、崇拜名利违道之风的兴盛，进而导致不尊道、不信道、不行道现象层出不穷，追求私利、名利、功利行为层出叠见，不少人在物质丛林中迷失了自我、遗忘了自我、丧失了自我。在中国，在高压反腐的大背景下，仍然有人不收敛、不收手、不自止，试图以身试纪、以身试法，企图浑水摸鱼、蒙混过关，说明我国公民道德建设依然任重道远。中国特色社会主义事业是前无古人的伟大事业，不仅要建成高度发达的物质文明，还要建成高度发达的精神文明，如果不对当今社会广泛存在的不尊道、不行道行为加以教育、管制，不仅会影响到国家和民族长远事业顺利向纵深发展，而且会影响到人生发展结局。未来中国，应该在引导国人追求物质财富等外在成就同时，更加注重追求精神财富内在价值，加快在全社会立起精神比物质珍贵、智慧比金钱珍贵、品德比权力珍贵思想理念，下大力气引导教育国人在尊道、行道中实现成功、成就，在尊道、行道中保全、成全自身，最终达到万全自我境界。

欲保全自我必须尊道。尊道、行道、得道是由浅入深演进的逻辑通道，尊道是前提，行道是根本，得道是结果；行道者必是尊道者，不尊道者必违道，违道者必难保。未来中国，无论是国家发展还是人生发展，应该牢固树立只有坚持尊道才能保全免受祸殃的理念。对国家发展而言，治理国家、强盛国家、融入世界、推动世界，必须牢固树立尊道治国、尊道参与全球治理的思想理念，坚持在真理下、规律下、规则下、正义下、道义下谋事、断事、行事。世界已经进入百年未有之大变局，国际形势风云诡谲，遏制中国崛起的违道之风也在兴起，特别是西方国家个别政党为了保全自身利益，不惜牺牲国家信誉，千方百计不择手段地阻止中国发展进程，延缓中国阔步走向世界的步伐，无视人类命运共同体的构建。对这一背景和现实应该高度清醒、高度警觉，切实认清无端打压中国的失道本质和必败结局。要坚决防止自乱阵脚、以牙还牙、以毒攻毒、以错纠错的下策之为，应该自信地踩着不变节奏，任凭风云变幻，坚持以道应之、以道处之、以道化之，高举大道旗帜，占据大道制高点，以必胜信念保全社会主义建设中的已有成果和来之不易的国际地位。对个体发展而言，一方面，国家应当大力引导教育国人特别是各级干部，使其认识到无论权力多么重要、地位多么显赫、平台多么宽阔，都不能成为违道的资本，要不断养成尊道行事、尊道创业、尊道成功的习惯，在全社会营造人人尊道、事事尊道、广泛尊道的良好氛围。另一方面，每个个体都应该自觉强化尊道意识、重视尊道价值、认清违道后果，认清筑牢保全自己最有效的方法、最简单的方法、最可靠的方法就是坚持尊道不动摇的信念，切实把尊道行为贯穿于事业发展、工作进步、人生成长全过程。

欲成全自我必须行道。相对于"保全"自身而言，"成全"处于更高层次，"保全"具有被动和底线思维性质，"成全"则具有主动和进取追求内质，代表了达成目标和成效的圆满境界。事实证明，"成全"既是理念，更要实践，必须通过用心用力、奋斗奋进、开创开拓，实现成全自身梦想和愿望。未来中国，无论是国家发展还是个人成长，都应在尊道基础上坚持行道以成全自身的理念，不断把循道从意识引向实践。对国家发展而言，治理国家、强盛国家，融入世界、推动世界，应始终坚持按照大道规律定策略、定方略、定战略，按照大道规律治理国家、推动世界、影响世界，按照大道规律处理改革发展稳定中的疑难问题、焦点问题、交织问题，确保治理国家和参与全球治理沿着"大道"谋断、推动、发展。当今世界乱象环生，确保国家安全业已成为广泛性的世界难题。面对个别西方国家为了自身安全不惜牺牲别国安全为代价、建立局部地区利益至上的军事同盟、人为制造区域冲突的违道行为，中国在坚定维护国家安全利益过程中，应该坚守行道原则，无论遭遇多大挑战和多大压力，面对休戚与共的"地球村"，坚定站在全人类整体利益高度解决国家安全保障问题。应该通过坚持普遍安全、共同安全大道观，以确保国家真正安全。对个体发展而言，一方面，国家应大力引导教育国人特别是各级干部，牢牢抓住行道这个根本。干事创业、推动工作、创造业绩要始终坚持尊道、守道、行道，决不能违背规律、违背科学、违背道义，在全社会营造行道经常化、一贯化、持久化氛围。另一方面，每个个体应该深刻认清行道的极端重要性，牢固树立"成全自己必须坚持行道"理念，不仅要自身坚持按规律办事，依靠行道实现个人成长、事业发展、人生进步，还要对社会上违道行为敏于发现、敢于发声、善于发难，积极为营造守道行道大环境贡献力量。

欲万全自我必须得道。"尊道、行道、得道"是层层递进、互为影响、由因致果的自然演进过程，如果只停留在尊道层面不行道，或者只停留在行道层面不悟道，终将难以得道。而只有得道，才能进入尊道、行道最高境界，才能取得尊道、行道演进的理想结果。古今中外、世界万物发展演进规律证明，真正得道者必能保人生发展万全，必能经得住时间、实践、历史检验和考验。未来中国，无论是国家发展还是个人成长，应该牢固树立在尊道、行道基础上努力得道的理想追求。对国家发展而言，治理国家、强盛国家，融入世界、推动世界，应该大力提升治理能力、治理智慧、治理境界，持续不断书写"得道多助、失道寡助"时代篇章。众所周知，中国特色社会主义现代化强国目标内涵，远远超出了传统意义上的强国标准，不仅要具有强大经济、科技、军事等硬实力，还要具有强大政治、文化、生态等软实力，这就决定了未来之路应该更加注重得道建设，致力成为遵大道规律、行大道规律的世界楷模，致力把执政党锻造成为真正"得道"政党，把政府锻造成为真正"得道"政府，把干部队伍锻造成为真正"得道"队伍，把全体国民锻造成为真正"得道"人民，以无可挑剔、令人信服的正义力量、道义力量、情义力量，赢得世界尊重、信赖、钦佩。对个体发展而言，一方面，国家应该大力引导教育国人特别是各级干部，树立远大目标追求，在尊道、行道、悟道中努力"得道"，不断把握天道规律、汲取大道智慧、拓宽自身容量、积聚自身能量、提高自身力量。另一方面，每个个体应该深刻认识"得道"的艰难性、艰巨性和关键性，在岗位上、家庭中、社会中开启个人尊道、行道、悟道而得道的修行模式，积极投身建设有道国家、有道社会的行为实践，努力把自己培养成为"得道"贤人。

# 第六十三章

以"易处着手、细处着力、难处着眼"之法，达"无为之为、无事之事、无难之难"之境

### 老子原典

为无为；事无事；味无味；大小多少，报怨以德。图难于其易，为大于其细。天下难事，必作于易。天下大事，必作于细。是以圣人终不为大，故能成其大。夫轻诺必寡信，多易必多难。是以圣人犹难之，故终无难。

### 法融释典

圣人体虚无之妙道，法天地自然之德，不悖理徇私，无为而自然成就。以无为而为，人不能知，不能见，如天道无为而无不覆，地德自然而无不载。天地无为相合，万物自然化生。圣人顺天理、合人情，没有造作、不敢妄为，故国治而天下太平。常人贪名逐利、饮酒作乐，以此情欲为味。小人专尚情欲之味，非长久之乐味。圣人以道为味，是无味之味。虽是无味之味，其味长久至极。不论大小多少，有怨于我者，均以德报。"善者，吾善之，不善者吾亦善之。"常人不然，不分大小多少，以怨报怨，人

以怨加于我，我必以怨还于他。你还我报，来来往往，没有止期。如怨以德报，人必以德感，其怨顿消，彼此相化为无事。

欲图难事，先从易处着眼；欲为大事，先于细处谋划。解天下难事，须从易处着手；成天下大事，须从细处起步。这是不可逆转的必然规律。遵循这个规律的圣人，欲振国纲，治理天下，应先从细微的心地上存其善良，建立好生之德，谦让处下，久而久之必德馨天下、声震四海。欲平天下，不刻意追求才能自然成功。喜欢夸海口，妄自轻诺，以言语轻易许之于人，言行不能兑现，终将无着落；行事不计周全、量事不掂轻重、审事不知可否，心浮气躁，不知事难，结果必然被动、困难重重。圣人知易守难，把易当难，终无困难。

## 悟道鉴典

"天下难事，必作于易。天下大事，必作于细。""多易必多难。"老子通过阐述圣人"为无为、事无事、味无味"的做事境界，阐明了欲成大事必须道德相合、以德报怨的道理，提出了解难事、成大事必须坚守"作于易、作于细"的思想方法。劝诫世人，应该少夸海口，不轻易许诺，而要知易守难、把易当难，实现终无困难局面。

"行事不计周全、量事不掂轻重、审事不知可否"，"结果必然被动、困难重重"；"圣人知易守难，把易当难，终无困难"。法融道长进一步分析了欲成大事、欲解难事，应从易处着手、从细处起步、从难处着眼的深刻原因，劝导世人，行事应计周全、量事应掂轻重、审事应知可否，坚持以"易处着手、细处着力、难处着眼"做事方法，追求"无为之为、无事之事、无难之难"境界。

"天下难事，必作于易。天下大事，必作于细"，深刻揭示了事物由小到大、由弱到强、由简到繁的演进轨迹和发展规律。古今中外，解天下难事、成天下大事的生动事实反复证明，以小求大、以小博大、以小成大，符合量变质变规律、符合天道规则，不切实际图大贪大、好高骛远、取繁去简，终将铸成大错、一事无成。毛泽东同志领导新民主主义革命，最终夺取全国胜利，就是最典型的从易处着手、从细处着力、从难处着眼，以无为成为、以无事成事、以无难避难的绝佳范例。新民主主义革命初期，部分共产党领导人一度不顾革命力量的微弱和薄弱，一味贪大求大，力求从难处突破，试图在国民党势力强大的中心城市，通过武装斗争实现革命成功，结果屡战屡败，给中国革命带来了严重损失。南昌起义和秋收起义失败后，毛泽东同志等中国共产党人，审时度势，做出了坚持从国民党力量最薄弱的环节入手，走出一条"以农村包围城市、武装夺取政权"的正确道路的抉择，同时坚持步步为营、不断发展壮大的方针战略，确保了中国革命不断攻坚克难、披荆斩棘，取得最终胜利。如果当年毛泽东、朱德、周恩来等老一辈无产阶级革命家，没有从易处、细处着手，开展革命斗争，中国革命很难取得如此巨大的成功。然而，在现实生活中，不习惯从细小处起步、从简单处着手，喜欢好高骛远、急功近利，甚至投机取巧者比比皆是。相当多的人认为，从小处起步、从低处发展、从易处着眼，付出太多、回报太少、成功太慢，相当多的人渴望一夜成名、一夜暴富、一举成功，这已成为一种普遍存在的社会浮躁心态。这种严重违背事物量变质变发展规律、做事成事内在逻辑的思想，对国家、社会、个人发展都极其有害。新时代中国，推进社会主义现代化强国建设伟业，依然需要借鉴和运用老子"天下难事，必作于易；天下大事，必作于细"的思想方法，引导教育国人，在任何情况下，都要坚持从易处着手、从细处着力、从难处着眼的思想方法，确保有所作为、有所成就、有所突破。

从易处着手，积小胜为大胜。易处从表面看是简单处、薄弱处，从深层看却是易成处、易破处。善于从简单地方下手、从薄弱地方突破，既是一种基本打法、稳健打法，又是一种智慧打法、高效打法，更是一种成功打法、制胜打法。应该引导教育国人，树立从易处着手、从小处着眼的理念，坚持循序渐进、稳步突破的思想方法，实现积小胜为大胜的目标。一要从易处着手逐渐积累经验、增强信心。经验和信心是干事成事的基本前提、精神基础、动力源泉。只有不断品尝胜利"甜头"，才能激发制胜欲望。应该引导教育国人，坚持从易处着手干事创业。深刻认识从易处着手，既有利于快速掌握要领、把握真谛，及时总结成功经验、汲取过程教训，又有利于从成功中增强信心，激发前进动力的重要性，深刻认识离开了经验和信心，必将缩手缩脚、裹足不前的危害性。二要从易处着手不断夯实基础、积蓄力量。万丈高楼平地起。事物发展普遍遵循由易到难、由低到高、由小到大演进规律，试图一步登天、一蹴而就、一鸣惊人，不过是一厢情愿、异想天开，必须在不断夯实基础、积累力量的前提下，由低处向高处攀升。应该引导教育国人，坚持从易处着手干事创业，从基本抓起、从基础做起、从基层干起，主动打牢素质能力基本功，提升解决复杂问题、疑难问题、顽障问题的能力，夯实兵来将挡、水来土掩的实力基础。三要从易处着手理性循序渐进、稳健发展。饭要一口一口吃，仗要一场一场打，任何超越基础、超越条件、超越阶段的速战速成思想，都是危险之举，而且后患无穷。应该引导教育国人，坚持从易处着手干事创业，坚持循序渐进、稳健推进的战略，不能心浮气躁、心高气傲、好高骛远、盲动冒进，避免出现根基不牢、地动山摇的危险局面，防止已有发展基础被吞噬，未来发展前景被断送。

从细处着力，抓细节成大事。树立"从易处着手"理念还远远不够，必须同时辅之以"从细处着力"方法，确保工作落实、落地、落细。细节决定进程，关键细节决定成败。一要抓住关键环节。抓关键环节，属于立足本质抓细，只有牢牢抓住本质，才能真正体现细处着力。应该引导教育国人，坚持从细处着力干事创业，切实把握事物发展总进程、总流程、总过程中的中心环节、要害环节、根本环节，防止以小失大、过粗失准、进程失控。二要把握进程重点。事物发展各个阶段都有其自身的特点、要点、难点，只有立足这些重点抓细，才能真正体现细处着力。应该引导教育国人，从细处着力干事创业，不能眉毛胡子一把抓，如果特点、要点、难点抓不住，工作推动就会出现"中梗阻"。应该始终做到把握准特点、要点、难点，一把钥匙开一把锁，对症下药、有的放矢、各个击破。三要发扬细致作风。从细处着力，既需要把握关节和重点，还需要细致的工作作风做保证。没有过细的工作作风，"从细处着力"就会成为一句空谈。应该引导教育国人，坚持从细处着力干事创业，应该自觉培养严谨细致、精益求精、细致入微的工作作风、工作习惯、工作标准,坚决杜绝粗枝大叶、概率瞄准、不求甚解的粗犷作风,切实把漏洞、隐患、风险堵塞住、消灭掉、化解好。

从难处着眼,有准备克大难。失败多源于轻敌,失误多源于轻率,失策多源于轻心。无论大事小事、难事易事,如果没有应对困难的思想准备、方法预案,易会变成难,难会变成更难,甚至一事无成。应该引导教育国人,从难处着眼,牢固树立"有准备才能克大难"理念,凡事把困难想到、想全、想足,防止"大意失荆州""想当然误大事""无准备闹翻船"。一要知其难。任何事物不可能轻轻松松成功、顺顺利利办到、如入无人之境。应该引导教育国人,坚持从难处着眼干事创业,要看到困难存在、找准困难重点、发现困难原因,做好克服困难的心理准备,不能轻视、忽视、无视困难存在,犯盲目乐观主义、过度理想主义、极端幼稚主义的毛病。二要善克难。困难无处不在、无时不有,善于解决困难、克服困难、战胜困难,是难处着眼的根本所在。应该引导教育国人,从难处着眼干事创业,不断提高克服困难能力,以实际成效体现办法总比困难多的道理。三要不畏难。困难不会轻松"缴械",旧的困难被克服,新的困难又会出现,甚至新旧困难会交织叠加发难,这是由困难与克难的矛盾运动规律所决定的。应该引导教育国人,坚持从难处着眼干事创业,牢固树立永不畏难的心态和信念,坚定"困难面前有我们,我们面前无困难"的决心和勇气,自觉培养百折不挠的定力和毅力,切实把从难处着眼真正作为克服困难的基本保障。

# 第六十四章

"安时思危、富时守俭、治时防乱"，"防微杜渐、防萌杜变、防患未然"

### 老子原典

其安易持。其未兆易谋，其脆易泮，其微易散。为之于未有，治之于未乱。合抱之木，生于毫末；九层之台，起于垒土；千里之行，始于足下。为者败之，执者失之。是以圣人无为，故无败；无执，故无失。民之从事，常于几成而败之。慎终如始，则无败事。是以圣人欲不欲，不贵难得之货。学不学，复众人之所过。以辅万物之自然，而不敢为。

### 法融释典

安静时事物容易把持，一旦动荡，把持就难了。修身者，更为切要。在内念未发、外物未接的宁静之时，洗心澄虑、万念俱消，处于清静真一、元神自在、母子相抱、神气相守、坎离相交、水火既济的境地。如情欲一起，受外物牵动，必致烦恼妄想、忧苦神心、便遭浊辱、失去真道的境地。治国、谋事亦然，应在安静之时、未兆之先、脆弱之际、微小之期、尚未发生和生乱之时，防患于未然。天地间万物芸芸、千难百乱、产生发展,无不从未兆开始。人之成形,或善或恶、或福或祸、或正大或邪僻,在初生时,如同无知无识的素体婴儿,其性体犹如一张洁白素纸,无污而纯洁。家庭教育中,父母应尽早给孩子做表率楷模,把握最佳教育时机。如在细小细脆之时不加教育、培养,一旦坏习成性,就错过了最佳机会。合抱之大树,自微小毫末长成;九层高台,靠一筐筐土垒起;行千里之远,从迈第一步出发。因此,安泰时要有预防危险之备;大治时要有预防变乱之备;昌盛时要有消亡之备。不能在大治时贪求享乐,在安静时横行逞狂,在富裕时挥霍浪费。贪其享乐、横行逞狂、挥霍浪费,不能视为小事,应在未兆、微小时及时纠正。如果放任自流、蔓延发展,终将铸成大错、不可收拾。

悖理徇私的有为之为非败不可,违逆人伦的有执之执非失不可。圣人体虚无之妙道,循天理、顺人情,符物之自然而无为无执,所以无败无失。常人不然,始以道德戒慎,行至中途,因贪世情而忘其道,往往在将近成功时而败之。不能始终如一,必遭败北。

常人之所欲者,在于功名货利、口得美味、耳闻乐音、目视丽色。根本不知功名显达、利禄色味,只能快于一时。圣人之所欲,与常人所欲不同,是无为、无事、无味的无欲之欲。常人贵难得之货,而圣人深知贵可致祸,故"不贵难得之货"。常人以奸诈诡怪为学问,猎奇追巧、弃真效伪。圣人以清静无为、虚无自然之道为学问,不重复常人之所过,坚持顺乎万物自然生息,不敢有丝毫故意造作和任性妄为。

## 悟道鉴典

"为之于未有，治之于未乱"，"慎终如始，则无败事"。老子通过"其安易持，其未兆易谋，其脆易泮，其微易散"等客观现象，揭示了只有在问题初始、微小、稳定状态时及时加以治理，做到防患于未然，并慎终如始，才能永远立于不败之地的深刻道理，告诫世人，一切问题应该在萌芽微小时及时纠正，否则就会铸成大错，最终导致一发不可收拾。

"天地间万物芸芸、千难百乱、产生发展，无不从未兆开始"，"安泰时要有预防危险之备；大治时要有预防变乱之备；昌盛时要有消亡之备"。"不能在大治时贪求享乐，在安静时横行逞狂，在富裕时挥霍浪费"，"应在未兆、微小时及时纠正。如果放任自流、蔓延发展，终将铸成大错、不可收拾"。法融道长以儿童教育为例，进一步阐明了"为之于未有，治之于未乱"的深刻道理，劝导世人，应该遵循"合抱之木，生于毫末；九层之台，起于垒土；千里之行，始于足下"的事物演变规律，做到"安时思危、富时守俭、治时防乱"，实现"防微杜渐、防萌杜变、防患未然"。

"其安易持"是老子极其深刻的思想，揭示了事物在安逸、安稳、安静之时，因无外来干扰、急事困扰、难事缠绕，往往思虑比较缜密、思考比较周全、思想比较深入，能够清醒、理性、客观地把握事物进程和发展趋势。古今中外事物发展规律充分证明，在问题、矛盾、危机没有任何先兆之前，提前谋划、提前布局、提前准备，就能永远立于不败之地，成为"常胜将军"。2004年，当时华为公司与美国高通公司紧密合作，高通公司长期为华为供应芯片。当大家都陶醉在合作的顺风顺水之时，智慧的任正非就设想到，随着华为公司的崛起，总有一天要和美国的一些对手在"山顶上"迎头相遇，那一刻他们必定会毫不犹疑地撕毁协议，采取釜底抽薪之法，给华为以致命一击。在这一想法的影响下，任正非在华为成立了一家自主研发芯片的海思半导体公司，以防止因芯片断供给企业带来致命风险。十四年后，当美国相关人士以各种方式对华为进行全面"绞杀"之时，华为人则以非常巧妙的手段实现自主研发的海思芯片"一夜转正"，从而彻底粉碎了他们的妄想和图谋。毫无疑问，华为公司如果没有提前十四年研发海思芯片和提前八年研发鸿蒙软件系统，今天的华为就是第二个中兴。正是华为人这种先知先觉的忧患意识和慎终如始的思想理念，十几年如一日坚持不懈，最终在突如其来的疯狂追击中，非但没有被"绞杀"，反而闯出了一条新路，着实扬眉吐气了一把。经此一战，华为成为真正具有核心竞争力的世界级企业，任正非也为亿万国人交口称赞。然而，在现实生活中，真正恪守"凡事预则立，不预则废"古训的智者慧者并不是很多，甚至极为稀有。新时代中国，最终要真正建设成为世界强国，前进道路上必然会遭遇类似华为事件这样的严重问题、重大矛盾和致命危机。未来中国，应该通过深刻总结华为事件给国家发展带来的启示，借鉴老子"为之于未有，治之于未乱"的思想，在推进国家发展进程中，努力做到防微杜渐、安时思危，防萌杜变、富时守俭，防患未然、治时防乱。

防微杜渐，居安思危。天下万事万物无不处在矛盾的运动、变化和发展中。安定局面永远隐藏着不安定因素，坚持防微杜渐理念，居安思危才能确保高枕无忧。未来中国，无论在推进国家发展还是个体发展中，都应该坚持防微杜渐理念，在形势一片大好、趋势一切向好的时候，依然做到安不忘危、居安思危。对国家发展而言，要增强"生于忧患，死于安乐"意识。对已经取得的发展成就应该理性看待，切忌"飘飘然"、盲目乐观；对未来困难应深想一层、多备一招，切忌"想当然"、盲目自信；对问题苗头、倾向应高度敏感、高度警觉，切忌"马大哈"、不以为然。特别是在国际格局加速调整、国内形势持续向好的反差背景下，更要自觉查找战略漏洞和致命隐患，确保不打无准备之仗、不下无后手之棋，顺利走到世界舞台中央。对个体发展而言，既要对自身出现的苗头和倾向性问题高度敏感，在萌芽时、轻微时、易控时及早解决，防止小问题演变成大问题、小毛病发展为大毛病，牢牢抓住解决问题的最初时机、最佳时机、最好时机；又要在自身发展处于顺境、兴盛时，居安思进、居安思危，不能原地踏步"吃老本"，也不能忘乎所以"乐逍遥"，更不能狂妄自负"大无畏"。

防萌杜变，入富守俭。防萌杜变与防微杜渐既相同又不同，防微杜渐要求在事物微小时就加以管控，防止由小变大；防萌杜变要求事物出现苗头和萌芽时就加以管控，防止量变生成质变。在推进国家发展进程中，既要坚持防微杜渐、安时思危，又要坚持防萌杜变、富时守俭。"历览前贤国与家，成由勤俭败由奢。"贫穷时不具挥霍浪费资本，奢不起来，一旦过上了富裕生活，如果不加以自我约束，很容易从富演变成铺张浪费，从铺张浪费发展成奢靡无度，最终精神褪变、败空家业、走向堕落。"奢"是和平时期国家发展的最大隐患。在国家经济大发展、物质大丰富的优越条件下，必须全力做好防奢、制奢、治奢大文章。既要在政治上防治"官奢"蔓延，杜绝权力弃用、乱用、滥用，通过制度建设，推进政府权力"减负"，实现治理体系"增效"；又要在经济上倡简治奢，始终坚持适用、实用、好用原则，远离"贪大求洋"陷阱，依靠制度去防范配置过奢、产能过剩、效益过低的问题；还要从作风上倡俭治奢，引导教育国人涵养"淡泊以明志，宁静以致远"的精神境界，倡导"不戚戚于贫贱，不汲汲于富贵"的社会风气，防止陷入先俭后奢、先勤后靡、先慎后纵的骄奢歧途。对个体发展而言，既要把握事物演变规律，在问题、矛盾、危机刚显萌芽时，就严肃正视、高度重视，坚决摒弃侥幸心理和麻痹心理，采取得力措施防止事物变味、事态变坏、事情变质，及时化解质变风险；又要尽力摆脱奢的诱惑、奢的欲念，以避开奢的危害，牢固树立"只有享不了的福，没有吃不了的苦"的辩证思想，养成朴素、节俭、节约的优良习惯，远离讲排场、摆阔气、比享受的奢侈作风，防止奢靡败家、败身、败业。

防患未然，处治防乱。"人无远虑，必有近忧"；"人无近忧，必有远虑"。这句话不仅深刻揭示了潜在忧患和现实危险的深层关系，而且深刻揭示了实现长治久安必须未雨绸缪、防患未然，在大治时防乱象、大盛时防衰象的道理。对国家发展而言，除了要做到防微杜渐、安时思危，防萌杜变、富时守俭外，更要做到防患未然、治时防乱，切实从战略高度、战略层面、战略管理上，防止颠覆性错误和致命性危险发生。首先要确保党的高层特别是核心层的政治安全性、领导干部的灵魂健康性、党的组织功能健全性，防止致命危险、隐性伤害和功能衰竭发生；其次要守住国家不发生系统性风险底线，构建更加科学、长效、完善的风控防治体系，防止"黑天鹅""灰犀牛"事件损害大局、贻误大局、颠覆大局；再次要确保党对军队的绝对领导和人民军队永远忠于党、忠于人民的政治本色，从制度上防止"军队非党化、非政治化"和"军队国家化"的错误发生。对个体发展而言，应该强化"生于忧患，死于安乐"意识，在事业发展顺利时不得意忘形，在事业发展困难时不自暴自弃，养成"防患未然、居安思危"良好习惯；应该牢牢把控住影响人生发展的重大隐患，坚决不犯政治错误、方向错误、路线错误，始终做到追求真理、坚持正义、保持定力；应该坚决守住守纪守法原则底线，做到"红线"不碰、"高压线"不触，确保人生大局不发生颠覆性错误，把握好人生航向、人生进程、人生命运。

# 第六十五章

## 秉持"诚得诚、信得信、实得实",才能"顺天理、得民心、赢大治"

### 老子原典

古之善为道者,非以明民,将以愚之。民之难治,以其智多,故以智治国,国之贼;不以智治国,国之福。知此两者亦稽式。常知稽式,是谓玄德。玄德深矣!远矣!与物反矣!然后乃至大顺。

### 法融释典

道为天地之始。天地有始、日月往来、阴阳升降、寒暑交替、四时成序,万物自然而然,有条不紊生长收藏。其未尝明彰法制、禁令,亦没有任何名教、法规。寓天地万物之中,而天地万物却不知。故古之圣君、明王善于法"道"之纯厚朴素本性,行无为之政,真诚自然治国理民。从不教民玩弄机智、尔虞我诈,而以纯粹朴素、真诚无妄引导于民,使民返朴还淳、去妄存诚,养其本来良知良能。以德化民,从而使君民默化在浑厚淳风之中。

百姓为什么难治呢?因为治理者以己为是、以己为然,内心不充实道德。若上对下以机智巧诈欺哄于民,下则必以机智欺瞒于上。上下相欺，国纲必乱、伦理必乖，必然刁民横生，像贼一样害国害民。善以道治国者，顺物自然、内心真诚，外在"和光，同尘"，不逆于理，不背于道。含其辉、韬其明，无事、无为、无欲，天下自然太平，百姓必然富足安康。以"智"治国，不仅难以成功，反而倒遭贼害。不以机智治国，体无为、顺自然，又简又易，还造福于民。以智致"贼"，不以"智"致福，这是两种不同的治国平天下之法。既知不以"智"治国为循道之法，那么就应永恒持守、须臾不离、存诚不妄，这才合于清静自然、真常之道的体性。自然真常之道的体性无名相、无头绪，"视之不见、听之不闻、搏之不得"。其用为德，德之用其量无穷、不可测度，是谓"玄德"。"玄德"又深又远，与有形有象事物完全相反。万物以私利为快，昭昭察察以自明，而"玄德"取其厚、去其薄，居其实、去其华，长而不宰、为而不恃、功成不居。道本虚无自然，德合无为之体。按此理民，民无不理；按此治国，国无不治：是谓"大顺"。

## 悟道鉴典

"以智治国，国之贼；不以智治国，国之福。"老子通过对以"智"治国和不以"智"治国两种方法对比分析，深刻揭示了以机智、巧诈治国理民，必将导致"上有政策，下有对策"的恶性循环，以淳厚、朴实治国理民，必将产生上下同欲良治局面的客观规律，告诫世人，治国理民应体"无为"、顺"自然"、随民情，牢牢把握这一又简又易的治国之道。

"故古之圣君、明王善于法'道'之纯厚朴素本性，行无为之政，真诚自然治国理民。""道本虚无自然，德合无为之体。按此理民，民无不理；按此治国，国无不治：是谓'大顺'。"法融道长深刻分析了以"智"治民，民必以"智"相对，不以"智"治民，民必以"诚""信""实"相对的内在逻辑。深刻揭示了以"智"治国和不以"智"治国的出发点不同，结果必然大为不同的客观规律，劝导执政者，应该秉持"以诚得诚、以信得信、以实得实"循道之法，坚持待民以诚、待民以信、待民以实，这样才能开创"顺天理、得民心、赢大治"良治局面。

老子"以智治国，国之贼；不以智治国，国之福"的思想，深刻阐明了国家治理主体和客体间内在的同体关系、互促关系、制约关系，深刻揭示了治理者对百姓耍"机智"则刁顽之民愈多、治理者对百姓持诚信则善良之民愈多的客观规律。古今中外治国安民的历史充分证明，老子这一思想具有真理性和时代性。治理者指导思想端正，能够自觉站在百姓角度思考问题，百姓才能由衷响应号召、支持国家政策，真正发挥主体、主观能动作用，形成上下合力推动社会发展的互动局面。回望数千年中国历史，无论是武王伐纣建周，还是瓦岗军起义灭隋，无不印证了执政者失道离德，以机智、机巧、机诈之术愚弄百姓，必引来百姓反噬反制的深刻道理。与之相反，中国共产党在领导人民推翻国民党反动统治过程中，始终以真诚之心、诚信之心、朴实之心对待人民，最终赢得了人民的广泛支持和拥护，建立了中华人民共和国。新时代以来，中国共产党不断强化"以人民为中心"思想，把满足人民对美好生活向往作为奋斗目标，治国理政的指导思想更加端正、更加纯正、更加中正，形成了"上下同心，其利断金"的大好局面。但也必须看到，部分基层政府、基层干部，在贯彻执行中央决策部署时，对人民群众没有真感情，耍手段、耍手腕、耍手法，以巧对民、以诈欺民、以狠攻民，站到了人民群众的对立面。这些问题如果不加重视、及时解决，必将破坏干群关系，影响党和政府威信，削弱党和人民的血肉联系。未来中国，在深入践行"以人民为中心"思想理念进程中，应该大力引导教育各级干部，真诚待民、诚信待民、朴实待民，以实际行动为国家赢得大治添砖加瓦、贡献力量。

以诚为基顺天理。对执政者而言，"诚"是一种能力和魅力，具有巨大的引领和感召作用。对百姓以诚，体现的是待民的态度、为民的程度、爱民的温度，发挥着沟通作用、互通作用、融通作用。执政者只有以诚心对待百姓，才能真正赢得百姓的真诚支持和拥护。以真诚之心对待百姓，不仅是顺应天道规律的基本做法，而且是治国安民的基本方法。没有"诚"，一切说法做法，都会变得苍白无力、难以信任、难以依靠，甚至一事无成。未来中国，在干部教育管理实践中，应该大力培养干部的"诚"意识、"诚"能力、"诚"品质。一要强化"诚"意识。应该引导教育各级干部，充分认清以诚待民是良治善治的前提基础，认清机智于民、巧诈于民、欺哄于民的严重危害，牢固树立"诚"能安民、"诚"能导民、"诚"能化民、"诚"能服民的治理观念。二要提升"诚"能力。"忠诚大于能力"，揭示了"诚"具有无形的力量。应该引导教育各级干部，提升对"诚"的本质理解，从素质修养层面提升到能力水平高度加以把握，做到自觉提升"诚"认知、强化"诚"意识、坚定"诚"信念、把握"诚"原则、养成"诚"习惯、增强"诚"定力，切实把"诚"贯穿于治理实践全过程。三要塑造"诚"品质。践行"诚"知易行难。做到待人坦诚、真诚、忠诚，需要以格局、境界、情怀作为深层支撑。满嘴谎话必定是无德、无才之辈，也不可能取信于民、受民拥戴。应该引导教育各级干部，在强化意识、提升能力同时，更加注重"诚"品质塑造，以党性担保"诚"、以心性涵养"诚"、以人性维护"诚"，不断提升认识格局、思想境界、情怀操守。

以信为要得民心。信是"诚"的延伸、发展和升华，是讲诚信、守信用、有信誉的融合体。"仁义礼智信"，"信"是中华民族优秀传统文化基本内核之一。对治理者而言，对民有信、信守承诺、一诺千金，百姓才能心悦诚服，以诚信回之。未来中国，在干部教育管理实践中，应该引导教育各级干部，自觉讲信义、坚持守信用、持续积累信誉，努力打造"信字金色招牌""信字优势品牌""信字制胜王牌"。一要讲信义。牢固树立信义无声、信义无价、信义无敌的理念，自觉在思想深处、灵魂深处，筑牢讲信义的意识基础，并融入思维、思想、思路之中。切实把以信立身、以信立事、以信立威、以信服众的指导思想和行事准则立起来、强起来。二要守信用。信用是经济学概念，也是政治学概念。信用是长期积累的信任度和诚信度，是一种自我管理行为模式。信用难得易失。信用的基本特征决定了必须强化"守"理念，贵在坚持、要在坚持、成在坚持。应该引导各级干部，自觉积累信用"资产"，养成坚守信用习惯，砥砺恪守信用品质，形成以信用领导群众、指引群众、带动群众的独特优势。三要积信誉。信用发展的最高境界是信誉，信誉是声誉、美誉、赞誉的融合体，具有引领人、影响人、感召人的无声力量。应该引导教育各级干部，自觉从讲信义、守信用不断向积信誉的高境界发展演进，以优良信誉不断赢得人民群众称赞、支持和拥戴，努力营造自身优势品牌，进而打造干事创业、开拓进取的制胜王牌。

以实为本赢大治。"实"是诚和信的本质体现，也是诚和信发展的必然结果。中国共产党之所以能领导人民不断创造辉煌、赢得节节胜利，最根本、最关键、最重要的原因，在于遵循了实事求是、从实际出发、干在实处、求实创新的思想路线和指导原则，在于坚持发扬了思想求实、作风扎实、工作务实、行为朴实的优良传统。在建设社会主义现代化强国进程中，应该更加矢志不渝坚持党的思想路线，发扬光大以"实"为本的优良传统，引导教育各级干部，以实干精神、实干作风、实干毅力，共同为实现中华民族伟大复兴盛世局面而协力奋斗。一要反对虚假作风。自觉与弄虚作假、欺上瞒下、招摇撞骗的行为进行坚决斗争，自觉与"包装"文化、"装潢"文化、贴金文化彻底决裂，自觉与数字游戏、浮夸政绩、官样文章划清界限，切实把"实"字、"真"字、"硬"字立起来。二要反对形式主义。形式主义的实质是投机、欺骗、不负责任，如任其存在、蔓延发展，必然祸患无穷。应该引导教育各级干部，认清形式主义危害，坚决不搞"表面文章""面子工程""作秀样板"，努力创造经得起时间、历史、人民检验的真业绩、真成果、真贡献。三要反对"混"字文化。任何事业不是说出来、等出来、混出来的，"不干，半点马克思主义都没有"。应该引导教育各级干部，深刻认清"混"字哲学的严重危害，以在位几年"涛声依旧""重复昨天故事"为耻辱，以实干、能干、善干为荣，坚决抛弃腐朽、消极、堕落的"混"字文化，做到在实干中成长、在实干中成才、在实干中成功。

# 第六十六章

## 放低"姿态、身态、心态",方能"亨通、光明、成功"

### 老子原典

江海所以能为百谷王者,以其善下之,故能为百谷王。是以圣人,欲上民,以其言下之;欲先民,以其身后之。是以圣人处上而民不重,处前而民不害,是以天下乐推而不厌。以其不争,故天下莫能与之争。

### 法融释典

海平面下,百川皆归,自然而然。江海之所以能成为百谷王,因为它甘居于最下处。虽处低下,任何事物却无法超越。圣君明王,取法江海善于处下。欲在万民之上,应以谦虚处下为首。无论天道、地道、人道,皆宜谦恭卑下,这样方能亨通永久、前景光明、走向成功。圣人之所以成为人上人,因为谦恭自卑、虚心接物;之所以能立在人前,在于不敢为天下先。

圣人具备谦下品质,即使处上,万民也心悦诚服、衷心拥戴而不以为过;即使处前,万民也百般推崇、真心崇拜而不以为害。天下普施乐举,万民自然不会厌恶和抛弃。圣人谦下自然而不有意相争,天下万民就不会有与之相争的。

## 悟道鉴典

"欲上民，以其言下之"；"欲先民，以其身后之"；"以其不争，故天下莫能与之争"。老子通过分析江海之所以成为百谷王的根本原因，揭示了治国安民，应该遵循谦下之道的客观规律，告诫世人，坚持以谦下不争品质治世治国，天下必定心悦诚服、衷心拥戴，不会与其激烈相争、互相对抗。

"海平面下，百川皆归，自然而然。""无论天道、地道、人道，皆宜谦恭卑下，这样方能亨通永久、前景光明、走向成功。"法融道长进一步揭示了天道、地道、人道，均遵循"谦恭卑下"自然法则的内在原因，劝导世人，无论是国家还是个人，唯有谦恭卑下、虚心接物，不敢为天下先，才能亨通永久、前景光明、走向成功。

"谦下"一词是对于高者、能者、强者而言的。所谓"谦下"，就是身处高位而谦敬、具有贤能而谦虚、实力强大而谦逊，始终保持接地本色、汲取众人智慧、克制膨胀心理。"谦下"是一种人格魅力，具有无形感召、无声感染、无尽感化的神奇力量。老子从推动事物发展能动力量的视角，深刻揭示了干事、成事、兴事的方法本质：谦下使人清醒、理性和沉稳，助人发展、进步和成功。千百年来，无论是国家发展还是个人成长实践都反复证明，谦下是关键的制胜法宝、成功王道。历史上许多才高八斗的才俊本应成就大业，但因为骄狂不羁、狂妄自大、居功自傲，最后一一事业挫折，甚至身败名裂。这样的案例数不胜数、比比皆是、层出不穷。相反，身居高位依然谦和有加、手握重权依然谨言慎行、实力超群依然平视众人的谦谦君子，最后一一事业亨通、发展顺利、结局圆满。"东方式谦逊"，是中华五千年文明馈赠给中华儿女的精神瑰宝，也是中华民族历经磨难、饱经沧桑、立于不败之地的精神密码。新时代中国，由于在国际地位、经济实力、综合国力上实现了前所未有的新飞跃，其取得的新成果、新成就也令越来越多的人信服。在日益向好、备受尊重的大背景下，作为中国人，应该保持清醒、冷静、理性头脑，应该更加弘扬中华民族谦下精神，在国际交往中更加放低姿态、放低身态、放低心态，切实放大视野、放大胸襟、放大格局，坚持以君子风度取信于各国、取信于世界，确保中国特色社会主义事业过程顺利、前景光明，赢得圆满结局。

理念上更加放低姿态。中国是正在崛起的新兴大国，经济总量、科技水平、军事实力、综合国力正在快速追赶守成大国，这是不可阻挡的发展趋势。在吸引更多掌声、更多关注、更多赞誉之时，更要清醒意识到中国的人口规模、疆域面积、发展速度、综合实力，可能会引起一些国家的不适应，甚至引起他国的误解、担忧。未来中国，应该深刻把握中国求"大"的本质内涵，积极培养"大国姿态"和"大国心态"，真正追求"大就要有大的样子"，尽可能少宣扬体积庞大、规模巨大、威力强大，多提倡目标远大、担当强大、情怀博大，在国际舞台上展现新时代中国谦下的文明形象。既要牢固树立低姿态理念，不搞咄咄逼人、以势压人、盛气凌人，又要保持低调内敛、谦下柔和、宽容包容的传统，以平和心态处理国际事务，以理性姿态处理国际争端，以智慧方法化解地区矛盾。对个体而言，应该牢固树立低姿态处事、高姿态工作理念。认清谦下、谦虚、谦逊之利，骄傲、高傲、狂傲之害；认清谦下不是渺小、不是示弱，而是自信和智慧，放低自己更会受人尊重、受人器重、受人仰重。

态度上自觉放低身态。放低身态就是有意淡化身份、淡化身价、淡化声望，主动低处着眼观全局、放低重心察实情、放下身架看事物，切实以平常心、平等心、平和心面对他人、面对事物、面对一切。对中国这样的发展中大国而言，自觉放低身态，既是保护自身的有效策略，又是发展自身的有力武器。在国际交往中，首先要长期坚持发展中国家的国际定位，处理国际事务姿态要放低，对于那些非国家核心利益，不必锱铢必较、针锋相对，防止给"中国威胁论"者提供借口；其次要坚决贯彻量力而行原则，不超实力宣传、不超能力承诺、不超速度办事；再次要始终坚持国与国之间无论大小强弱，一律平等相处、一视同仁，尊重所有国家对其核心利益的关切之情。对个体而言，应时刻牢记高高在上、高不可攀、高谈阔论将遭人厌倦、遭人孤立、遭人唾弃的道理，明白挺直腰杆与放下身态并不矛盾，放下身态更不会影响认知高度，努力做到眼界高、姿态低，目标高、重心低，追求高、心态低。

期待上合理放低心态。适度欲求无可厚非，过度欲求则会适得其反。国与国交往合作，应该恪守互惠互利、合情合理原则，对利益的诉求心态要平，既不能过度索取，也不能过度求报，更不能过度占有，这样才能相互获益、真正获益、长久获益。通常而言，一个国家随着国力日益强大，在国际交往合作中，地位越来越重要,话语权越来越强大,优势越来越明显,容易形成强势思维、强势做派、强势作风,形成"以我为先、我要优先、我最重要"的自大格局,这种做法属于违道之举,必将陷入因算短账、算小账、算局部账,而丢大局、丢全局、丢格局的危险境地,甚至会陷入被孤立的绝境。未来中国,决不能效法霸权国家依赖权势,图求高额回报和一次回报的短视策略,应坚持追求合理回报、长期回报的长远策略;对待弱小国家的支援帮助,应该追求综合回报,不能只算经济账,还要算政治账、长远账;在推进构建人类命运共同体进程中,作为发起国,应主动承担更多国际义务、履行更多国际责任、推进世界向好发展。对个体而言,应该防止欲求超过能力、欲求过度膨胀、欲求变成欲念的情况发生,切实把欲求控制在合情、合理、合规范围内;要自觉培养奉献意识,摒弃凡事图报心理,求回报不是事事都求回报,不是马上得到回报,应以奉献精神点亮人性之光;要自觉防止私心、私念、私欲膨胀,坚决守住欲求基线、欲望底线、欲念高线,以公心为上理念点亮人性之光。

# 第六十七章

"慈悲、慈俭、慈爱","战必胜、守必固、天必护"

### 老子原典

天下皆谓我道大,似不肖。夫唯大,故似不肖。若肖,久矣,其细也夫。我有三宝,保而持之:一曰慈,二曰俭,三曰不敢为天下先。夫慈,故能勇;俭,故能广;不敢为天下先,故能成器长。今舍其慈且勇,舍其俭且广,舍其后且先,死矣!夫慈,以战则胜,以守则固。天将救之,以慈卫之。

### 法融释典

"道"大而无所不包,细而无所不入,无法用形名色象比拟。因为道大,更不能用具体形象事物加以描述。如用形象比拟之法,道就成为具体事物,那么就变得细小了。"道"有精神"三宝":一是仁慈,天地万物皆生长在道之慈爱中;二是俭约,既不造作又不妄为,既清静、自然、无为,又顺天应人、任物自然;三是谦让处下,不自见、不自是、不自伐、不自矜,更不以机诈、强暴炫示于事物之先。"道"本无为,自然慈于万物,故天下事物无不归服于道之慈。慈有不战而胜、不攻而克的神奇力量；道本俭约而无奢侈不节之兆，故天地万物皆在无为、俭约中自化，具有广大悉备、无所不有、无所不包的容量；道本谦下不争，故如同"无名之朴"，虽不能当器用，但能成"众器之长"。

项羽勇冠三军，气吞山河，神勇有加，但因大肆残杀降卒，终自刎于乌江。秦始皇筑长城，国防并非不固，但因残暴统治，最终后代子婴自降于刘邦。无论是项羽还是秦始皇，最终结局悲惨皆因不慈所致。人若体无为之道、怀仁慈之德，体恤百姓、慈爱万物，以慈行天下，战则必胜、守则必固，其原因在于天道运行之序救助慈善，天道永远以慈善护卫谦下。

## 悟道鉴典

"夫慈，故能勇"，"以战则胜，以守则固。天将救之，以慈卫之"。老子运用"三宝"的形象比喻，彰显了"慈"在"道"中的首要地位，深刻揭示了"慈"具有战无不胜、防无不固的神奇力量，告诫世人，慈是天道力量，慈能生勇、慈能化险、慈能胜狠；无慈之勇是匹夫之勇，必败无疑。

"天地万物皆生长在道之慈爱中"，"天下事物无不归服于道之慈"。"人若体无为之道、怀仁慈之德"，"以慈行天下，战则必胜、守则必固"。法融道长通过揭示"天地万物皆在道之慈爱中生长"的客观事实，得出了"天下事物无不归服于仁慈"的深刻道理，阐述了慈爱之德之所以能攻必克、守必固，在于天道救助慈善、天道永远以慈善护卫的原因，劝导世人，应该坚持以"慈悲、慈俭、慈爱"理念行天下，开创"战必胜、守必固、天必护"无敌结局。

"慈"是世界三大宗教的核心要义和共同价值，共同倡导应该以慈悲之心、慈善之心、慈爱之心对待世间万物。慈又是人世间最博大的爱、最深沉的爱、最无私的爱，这种大爱、真爱、挚爱，具有无可比拟的神奇力量。相反，没有慈悲之心就会走向残暴，没有慈善之心就会走向自私，没有慈爱之心就会走向仇恨。事实证明，残暴、自私、仇恨不加管控，必然走向败亡。古今中外，国家兴亡乃至人生成败的历史充分证明，老子"慈"思想具有穿越古今的生命力：以慈爱之心行天下、成万事、谋未来，必能无往不利、万事皆成、未来可期。相反，缺失慈悲为怀的善念、乐善好施的信念、大爱无疆的正念，必定人生难顺、事业难成、未来难期。不难发现，事业大成、人生成功的企业家，无不都是心有大爱、心有大善的慈善家。比尔盖茨、霍英东、曹德旺等成功企业家，以辉煌的成就生动诠释了小成靠勤、中成靠诚、大成靠天的深刻道理，这个"天"就是行天道、守"慈"宝。新时代中国，尽管国民素质较之以往大有提高，但就整个社会而言，麻木之人、自私之人、抱怨之人、怀恶之人依然有之，如果不能尽快改变这种现状，就会被放大，成为影响社会发展、国家进步、民族复兴的负能量。未来中国，应该通过公民道德教育和实践，教育引导国人弘扬光大老子"慈"理念，认清慈爱力量，倡导慈爱精神，弘扬慈爱文化，做到以慈悲之心、慈善之举铸造慈爱之魂。

心怀慈悲之心。心怀慈悲之心是乐施慈善之举、拥有慈爱之情的前提基础。没有慈悲意识、慈悲反应、慈悲心念，就会朝着感情淡漠、反应冷漠、行为凶残的方向发展。一个社会如果没有悲天悯人之心，只有麻木不仁之风、冷酷无情之恨，必会让民众陷入无望甚至绝望境地，看不到希望之光，最终使社会陷入恐慌、走向崩溃。只有国民心中充盈慈悲之心，才能推动社会向上向善、充满友爱。一个有爱、有大爱的社会，才能汇聚形成战胜一切困难的磅礴力量。应该大力引导教育国人，抛弃冷酷麻木之念，常怀慈悲之心。一要认清慈悲的人性本质。面对一切事物，产生本能反应、自然反应、情感反应是人之本性，如果事事难以感动，一切无动于衷，失去了应有的感觉、知觉，就会慢慢丧失人性，进而践踏人性。应该积极引导教育国人，身在大社会中，应多一点悯人之心、少一点冷淡之情，应多一点怜惜之心、少一点冷漠之情，应多一点慈悲之心、少一点冷酷之情，争做能感动、愿感动、常感动的有血有肉之人。二要区分慈悲与脆弱的不同。慈悲之心与情感脆弱的本质完全不同，决不能混为一谈。在社会上，有相当多的人认为慈悲之心，属于情感脆弱、作风软弱、意志薄弱的表现。显然，这种认知是非常错误的、极端有害的。慈悲，不仅是正常情感反应，而且代表了情义力量、正义力量、道义力量，是一种真坚强、真坚定、真坚毅。应该积极引导教育国人，严格区分慈悲与脆弱的本质差异，争做有情有义、内心强大的真慈悲之人。三要培养向善慈悲情怀。慈悲为怀是一种优秀特质、内质和品质，正所谓"无情未必真豪杰，怜子如何不丈夫"。应该积极引导教育国人，不断涵养怜悯之心、同情之心、向善之心，树立正确的情义观、正义观、道义观，不断养成在怜悯中触动、在触动中感动、在感动中行动的良好习惯，争做感情真淳、待人真挚、做事真诚的富有温度之人。

乐行慈俭之举。乐行慈俭之举是人类社会积极倡导的美德。一个文明社会必然是崇尚、崇敬慈俭的俭朴有爱社会。鼓励社会大众在节俭生活同时，力所能及捐款捐物、献计献策、出钱出力，有利于在全社会播撒善良种子、传播温暖之情、凝聚大爱力量、提升文明程度。应该积极引导教育国人，自觉尊俭、守俭、节俭，释善意、植善根、积善德、养善心，不断增强俭朴意识、奉献意识、责任意识，尽己所能投身公益、支持公益、崇尚公益。一要强化公益意识。参与公益活动，体现了公民应有的道德素质和文明修养。应该坚决摒弃公益是"有钱人""有权人""有志人"追求的行为，与普通人、一般人、平常人无关的错误思想。应该牢固树立公益活动不在多少、重在参与，不在形式、重在内容，不在先后、重在行动的正确理念，不断养成主动自觉为社会做贡献的文明习惯。二要强化责任意识。文明社会是人人为我、我为人人的社会，作为社会一部分、一分子、一细胞，为社会担责尽责理所应当、天经地义。应该自觉强化参与慈善活动既是义务更是责任的强烈意识，切实让国人走进去、渗进去、融进去，自觉尽一份责任、献一份爱心、出一份力量，争做具有社会责任感的合格公民。三要强化自觉意识。慈俭贵在自觉、要在自愿，勉强、逼迫、强制就失去了慈俭意义。在强化公益意识、责任意识同时，更要强化自觉自愿意识，自觉在灵魂深处把慈俭之念立起来、把慈俭之心热起来、把慈俭之火点起来，切实让慈俭融于日常、坚于经常、成为常态。

修炼慈爱之魂。慈爱是怜爱、友爱融合叠加的高层次大爱，体现了"慈"从形式到内容、从情感到品质、从精神到行动的高度统一。慈爱是一种深入人心、融入血液、触及灵魂的博大情怀。慈爱的形成非一日之功，需要经过长期积累、修炼和升华。社会拥有慈爱氛围就会充满无穷力量；个体具有慈爱品质就会充满无敌力量。应该积极引导教育国人，胸怀理想追求，不断沿着慈悲之心向慈俭之举、向慈爱之魂修炼升华，让慈爱之魂在心灵深处常驻永驻。一要心中装满大爱。不断培养家国情怀、奉献情怀、人民情怀，把爱的力量用在做好工作、推进事业、助力国家发展、为人民群众谋利益上，始终把国家利益、民族利益、人民利益、集体利益置于首要位置，切实把"天下为公"理念和感情、真情、深情融入工作全局、事业全部、人生全程。二要发挥慈爱带动作用。应该积极引导教育国人，不能满足于自我精心、自我尽心、自我安心的小"慈"状态，而要充分激发慈爱本质的磁场容量、磁场能量、磁场力量，积极带动身边人一起传递慈爱，形成一加一大于二的倍增效应。三要坚定把慈爱进行到底。践行慈爱、播撒慈爱、传递慈爱与心情、心绪、心境的状态高度关联，总会受到外界影响、干扰甚至掣肘。应该不断强化信念、排除干扰、增强定力，不断培养以大格局约束小格局、以大道理管住小道理、以大情怀束缚小情调的能力，最终以有力、一贯、持久的行动，开创"战必胜、守必固、天必护"的完美局面。

# 第六十八章

自觉"敬贤爱士、礼贤下士、信贤赖士",实现"仰才而治、垂拱而治、自然而治"

### 老子原典

善为士者不武;善战者不怒;善胜敌者不争;善用人者为之下。是谓不争之德,是谓用人之力,是谓配天,古之极。

### 法融释典

处事接物宜于真诚仁慈、含虚自敛、韬光养晦。遵此理事,事事必理;遵此接物,物物顺应。天道不争而万物自化,圣人不争而万民自归。威望将帅,修德畜众,不以威武耀示于卒,自然三军臣服;善战将领,不会轻易发怒、心存邪怒,没有诛杀怒心;常胜将军,不与敌强争、不与敌硬拼,避敌之锋、善化敌心。善治君主,不以己为能,不高高在上,而以国事为重,以万民为上,谦下为本、礼贤下士、恭敬一切,使贤能者舍身为其效力。

如能体"不武""不怒""不争""为之下"的真常之道和无为而无不为的自然之德,必可在修身、齐家、治国、理民乃至处事接物时，随心应手、不争自得、不劳自成，必让一切贤能者归其心、效其力。这符合天道运行、上古行事规律，虽有德而不自以为德，更不有意为德。

## 悟道鉴典

"善用人者为之下"，"是谓不争之德，是谓用人之力，是谓配天"。老子以有威望的将帅、善作战的将领、常得胜的将军拥有的智慧品德，引出了"善用人者为之下"的深刻思想，揭示了耀武扬威、发威动怒、滥杀无辜是治军大忌，以己为能、高高在上、目空一切是治国大忌的深刻道理，告诫世人，治理国家应该谦下恭敬、礼贤下士，以不争之德凝聚、感召贤能之士为国效力，以"用人之力"实现天下大治。

"处事接物宜于真诚仁慈、含虚自敛、韬光养晦"，"天道不争而万物自化，圣人不争而万民自归"。"善治君主"，"不高高在上"，"以万民为上"，"使贤能者舍身为其效力"。法融道长通过分析带兵和用人规律，阐述了处事接物宜于真诚仁慈、含虚自敛、韬光养晦的道理，阐明了以谦下智慧用人，必能天下归心、不争自得、不劳自成的意义，劝导世人，只有以谦下之心"敬贤爱士、礼贤下士、信贤赖士"，才能以用人之力实现"仰才而治、垂拱而治、自然而治"。

观国者观君，观君者观将。执政者、掌舵者以什么样的认知、姿态、胸襟发现、凝聚、感召、重用天下良才、英才、贤才，是为君者的核心智慧，也是国家治理的核心命题，得人才者得天下。自古以来，凡是治国有大成的圣君明王，无不留下了礼贤下士、倚才兴国的千古佳话。历史上,齐桓公胸襟博大,任命仇人管仲为相,终成"九合诸侯,一匡天下"的春秋霸业;西汉王朝之所以兴盛发达,一定意义上得益于"汉初三杰"张良、韩信、萧何的股肱辅助;三国时期,刘备求才若渴,"三顾茅庐"诚请诸葛亮出山,开创了"三分天下有其一"的汉室基业;唐朝之所以开创"贞观之治",一定意义上得益于房玄龄、杜如晦、魏徵等贤臣名相的鼎力支撑。由史可鉴,"为政之要,在于得人",这已经成为亘古不变的治国规律。应该看到,对照建设社会主义现代化强国大业和实现中华民族伟大复兴的中国梦的远大目标,中国的优势在人才,劣势也在人才,尤其缺乏有大信仰、大抱负、大情怀,有真本事、大本事、奇本事,有大气概、大气魄、大气度的旷世贤才。当今世界已进入大调整、大变局、大转折的前夜,新冠肺炎疫情对中国而言,既是挑战也是机遇,在这关键的历史节点上,中国应该尽快在选人用人理念制度上加快突破,积极借鉴老子"不争之德"的用人之道,以敬贤爱士、礼贤下士、信贤赖士的认知、姿态、胸襟,加快把真正的天下英才、天下遗才、天下奇才发掘出来、尊重起来、使用起来,以充满底蕴的东方智慧,为世界贡献力量、贡献方案,同时努力走出一条仰才而治、垂拱而治、自然而治的治国新路。

敬贤爱士,仰才而治。国家发展人才为基,国家兴旺人才为要。尊重人才、敬重人才、倚重人才,特别是仰仗卓越人才、杰出人才、伟大人才的国度必能兴旺发达、开创盛世。毛泽东同志曾精辟指出,"领导者的责任,归纳起来,主要地是出主意,用干部两件事",邓小平同志也反复强调"抓头头、抓方针"的治国方法，习近平同志也做出了"人才资源是第一资源"的精辟论断，这些思想和论断旨在向全党传递敬贤爱士、仰才而治的治国理念。新时代中国比历史上任何时期，更加呼唤顶尖人才、精英人才、贤能人才，只有通过不拘一格选人才的理念机制，把个顶个、过得硬、撑得起、把得稳的主心骨选出来、用起来、顶起来，才能更好应对百年未有之大变局，不断创造伟大事业新辉煌。一要牢固树立"没有人才一切归零"理念。应该坚定不移树立以人才推动事业、兴旺事业、发展事业的理念，真正把人才战略作为国家发展的核心战略。二要压实党政一把手在选拔培养人才中的主体责任。应该把任期内发现了多少组织视野之外优秀人才，培养了多少堪当重任的优秀干部，重用了多少改天换地的稀缺人才，淘汰了多少滥竽充数的伪才、劣才，作为履职绩效考核的重要标准，引导主要领导切实履行"用干部"的责任。三要加快构建杰出人才筛选和平庸干部淘汰机制。应该以刚性标准、拉网式考评让胜人一筹、潜力无穷的真人才全面显现，让滥竽充数的"东郭"式干部全面"现形"，尽快走上科学化、高效化、时代化的选人用人之路。

礼贤下士，垂拱而治。礼贤下士既是渴才姿态、爱才真心、用才诚意，更是选才用才大谋略、大智慧、大品德。无数事实证明，真正的英才、大才、奇才普遍淡泊功名、身有傲骨、不畏权贵，具有独立人格和价值操守，不为做官而官是其最本质特点。这些杰出人才一旦决定出山，就会赴汤蹈火、鞠躬尽瘁，产生"三分天下诸葛亮，一统江山刘伯温"的惊世效果。毫无疑问，一个国家有了"刘伯温""诸葛亮"这样能扭转乾坤的人物，必将全盘皆活、实现垂拱而治。新时代中国，应该积极效仿古代明君礼贤下士的用人智慧，以赤诚的心、真诚的意感召杰出人才为国效力。一要有谦下之心。用人者首先要放低姿态、放低身段、放低位置，对杰出人才高看一眼、深看一层、厚爱一分，以谦下品德打动人才、唤醒人才、激活人才，不能装装样子、做做姿态、喊喊口号，叶公好龙。二要有包容之品。真人才从来不是全才、完人，普遍都有个性、缺点，甚至缺陷，但瑕不掩瑜，应该以宽广的胸襟、包容的态度、客观的认知多看长处、专用长处、善用长处，包容个性、宽容缺点、容忍毛病，切实以"内举不避亲、外举不避仇"的博大情怀聚天下英才而用之，决不能用"完人"标准评价人才、用上帝视角检视人才、用狭隘格局压制人才。三要有慧眼之能。人才发现的规律表明，一些真人才普遍含蓄内敛、和光同尘、韬光养晦，不显山不露水、不炫耀不作秀，往往淹没在茫茫人海中、埋没在芸芸众生中，把他们发现出来、挖掘出来，需要洞若观火的慧眼和独具一格的眼力。识人、用人具有自身的规律，是天大的学问。用人者应该不断提高识人、察人能力，既要防止金子被埋没，造成人才资源巨大浪费，又要防止把沙子当钻石，避免贻误事业发展。

信贤赖士，自然而治。敬才、惜才、爱才为的是用才。用才就要信贤赖士，对杰出人才充分信任、充分信赖、充分依赖，给予其平台、高台、舞台，让其尽展其才、尽显价值。一要尊重规律、重用贤才。国家治理本质就是选贤任能，杰出人才有用武之地才符合天道法则。重用贤才，天经地义；埋没贤才，违道失道。必须把重用贤才组织路线通过科学的机制、刚性的制度、明确的政策真正落实到位。二要用人所长、量才而用。杰出人才发挥作用依赖于量才而用、适才而用，正所谓"用人如器，各取所长"。只有充分发挥人才长处，才能真正把人才的优势、价值、作用发挥出来。三要用人不疑、大胆放手。人才发挥作用，既不会一帆风顺，也不会立竿见影，应该秉持科学态度，给人才时间、过程、空间，即使使用过程中，一时遭遇挫折甚至失败也不能怀疑，应给予更大的包容和信任，万万不能稍有不顺就将信将疑、半信半疑，甚至束其手脚，而要放手大胆让人才重整旗鼓、东山再起、彰显才能、追求成功。

# 第六十九章

秉持"不畏战、不生战、不好战"防御战略，铸造"威武、正义、文明"胜利之师

### 老子原典

用兵有言：吾不敢为主而为客，不敢进寸而退尺。是谓行无行，攘无臂，扔无敌，执无兵。祸莫大于轻敌，轻敌则几丧吾宝。故，抗兵相加，哀者胜矣。

### 法融释典

对于用兵之道，古人有言："不可恃其强暴而贪图好杀，以佳兵利器而凌加于人，妄动兵戈必败。""兵者不祥之器，不得已而用之。"永远不能主动发起战争，敌国无故用兵于我，则以自卫应之。即使出于不得已自卫反击，也要坚持防御思想，决不能恃勇妄进。

圣君明王，怀仁慈之德于苍生，虽然看不到调兵遣将行迹，但四海宾服。如同虽然没有伸出打人胳膊，但人人畏威。临敌虽然没显杀戮之心，但敌人败退。虽然没有操持杀人的刀枪剑戟，照样令敌人害怕。

恃勇轻敌而好杀，必遭大祸。因无故用兵、恃强妄进、轻敌

好杀，丧失了道之"慈""俭""不敢为天下先"的"三宝"，不怀好生之德的违道失道一方，天道必以灾祸加以惩罚。当两军对阵尤在兵力旗鼓相当时，心怀仁慈、哀民痛命、体恤苍生的哀兵必将获胜。

## 悟道鉴典

"不敢为主而为客，不敢进寸而退尺。""抗兵相加，哀者胜矣。"老子用"主"和"客"两个关键词，深刻阐述了永远不能主动生战、即使被迫而战也应适可而止的军事战略指导思想，深刻揭示了仁义之师终将胜利的战争规律。老子欲告诫世人，军队战斗力强大的根本，在于战略威慑力，战争制胜的最高境界，在于不战而屈人之兵；任何时候应该坚持"客场"原则，不要主动挑起战争，即使为正义而战也要体恤苍生。

"永远不能主动发起战争，敌国无故用兵于我，则以自卫应之"，"决不能恃勇妄进"。"恃勇轻敌而好杀，必遭大祸"，"当两军对阵尤在兵力旗鼓相当时，心怀仁慈、哀民痛命、体恤苍生的哀兵必将获胜"。法融道长通过分析圣君明王具有的虽未调兵遣将却四海宾服、虽未伸出打人胳臂却人人畏威、虽未显杀戮之心却让敌人败退、虽未持刀枪剑戟却令敌惧怕的强大威慑力量，深刻揭示了"得道者多助，失道者寡助"、战争最后的胜利永远属于坚守道义这一方的规律，劝导世人，应该秉持"不畏战、不生战、不好战"积极防御战略，把武装力量铸造成为威武、正义、文明的胜利之师。

老子提出的"永远不能主动生战""被迫而战应适可而止"

"仁义之师终将胜利"的战争指导思想，已被古今中外的无数战争史所证明，展现了强大的生命力和思想力。不战而屈人之兵，已经成为兵家谋求胜战的最高境界；不费一兵一卒、不战而胜的战略，已成为兵家首选的优势策略。中国古代墨子止楚攻宋、烛之武智退秦师、韩信一书降燕、郭子仪单骑盟回纥等不动兵戈就大获全胜的历史典故，无疑是这一战略思想的深刻体现和生动佐证。相反，恃强好战、生战、妄战，虽然可能取得暂时胜利，但都会深陷战争泥潭而以失败告终。世界现代史上，无论是朝鲜战争、越南战争，还是阿富汗战争、伊拉克战争，一些国家在军事上陷入了长期消耗战而无法获胜的窘境，不仅在政治上丧失出师道义和国际影响力，而且在经济上付出了高昂的战争代价。当年世界两大军事强国发起的阿富汗战争更是铁的例证。苏联武装入侵阿富汗前后将近 10 年，共有 150 万苏军投入战场，累计伤亡 5 万余人，耗资 450 亿卢布，几乎拖垮了苏联经济；以美国为首的联军入侵阿富汗，美国历经十余年的长期消耗，投入 10 万美军，耗资数万亿美元，最后还是不得不与塔利班坐到谈判桌前。同时，中外战争史无不昭示，决定战争最终胜利的不是武器、武力、武装，而是正义、道义、仁义。抗日战争和解放战争的历史，就是最佳例证。日本军国主义的覆灭和蒋家王朝的败亡，不是败在战争力量上，而是败在丧失正义、道义、仁义上；中国共产党、中国人民正是站在了正义、道义、仁义的制高点，取得胜利就成为必然结果。"枪响之后没有赢家"，战争是解决问题和矛盾的最后选择，也是最坏选择，最终没有真正的胜利者。

当今世界进入了百年未有之大变局，一些传统霸权国家依然摩拳擦掌、剑拔弩张，近几年，特别加强了对中国的战略遏制，频频发动军事挑衅，使中国面临的安全威胁日趋严峻。面对动荡不安、多面威胁的安全形势，新时代中国，既要高度重视战争威胁存在，不可刀枪入库麻痹大意，而要厉兵秣马、枕戈待旦，随时准备保卫国家主权和领土完整不受侵犯，又要坚决贯彻积极防御战略，恪守只为正义而战原则，始终铭记"好战必亡、忘战必危"历史警示。在不畏战、不生战、不好战前提下，誓把人民军队铸造成为威武、正义、文明的胜利之师。

慎战"不畏战"，铸就威武之师。只要大同世界没建成，战争威胁就永远存在，战争随时都可能在家门口发生。乞求和平、幻想和平、妄想和平，永远是一厢情愿的想法，回避战争、躲避战争、逃避战争，更是不切实际。任何时候，必须坚定树立不畏战信念和能战方能止战理念，把打造一支能打胜仗的威武之师，作为国防和军队建设的首要目标。一要坚定不移实现新时代强军目标。没有强大的人民军队，就没有强大的国家，更没有新时代人民的一切。建设社会主义现代化强国，一刻也离不开强大的人民军队的战略支撑。无论国际环境如何变化，和平发展主题如何凸显，实现人民军队现代化强军目标不能有丝毫松懈、丝毫动摇、丝毫改变；人民军队的政治地位、特殊作用、独特价值永远不能削弱、不能动摇、不能改变；军费预算、装备提升、军队建设应该持续保持与国家定位、国际形势、战略目标相适应的投入强度，决不能有丝毫的和平麻痹思想和单纯的经济利益考量。二要坚定不移秉持战斗力标准。军队为打仗而存在，战斗力是衡量军队建设成败的核心标准。任何时候，都要把战斗力标准，作为军队建设的根本遵循，坚决按照"政治建军、改革强军、科技兴军、依法治军"战略，推动新时代军事能力建设。特别要适应现代战争特点，向科技创新要战斗力，不断提升国防和军队现代化水平，努力实现多领域、集群化、代际性的军事优势效应。三要坚定不移落实备战打仗思想。练是为了战，备战打仗永远是人民军队的第一要务。任何时候，都应该坚决按照"仗怎么打就怎么练""怎么能打胜仗就怎么准备"的思路，切实加大实战训练、实战演练强度，提高快速反应能力、出奇制胜能力、一招制敌能力，做到第一时间拉得出、第一时间打得响、第一时间战得胜，彰显人民军队强大威力。

善战"不生战"，铸就正义之师。打造盘马弯弓、令之能战、战之能胜的威武之师，不是为了主动进攻他国，而是为了夯实积极防御之堤。中华人民共和国成立以来，中国始终坚持积极防御战略，打赢了中印自卫反击战、中苏珍宝岛之战、中越自卫反击战，充分展示了善战而不生战的正义之师形象。任何时候，都应该坚定不移秉持积极防御战略，不图他国一寸领土，始终站在战争正义一边。一要把积极防御战略旗帜永远高举。积极防御战略，符合真理规律、正义原则、人道主义，符合中国军事文化传统和社会主义国家的性质，是处理战争问题的优势战略、积极策略、高级智慧，从全局、根本、长远上，占领了正义制高点，掌握了反击主动权，降低了战争风险成本，奠定了最终胜利根基。无论国家强大到何种程度，必须永远高举积极防御战略旗帜，既要让世界相信中国永远不会主动侵略别国，不会主动生战，更不会借机挑战，又要把积极防御战略优势、价值、作用渗透到国民思想灵魂深处，让全体国民理解、支持、拥护国家奉行的积极防御战略方针，并使之成为一种自觉追求和自觉行动。二要把立足和平解决争端作为首选。中国既是世界上周边邻国最多的国家——陆上邻国有14个，隔海相望的邻国有8个，又是世界上存在岛屿主权争端和海洋权益纠纷最多的国家，加之历史上领土纠纷遗留问题众多，出现主权争端、边境摩擦、利益矛盾不可避免，应该充分认清这种客观现实性，既要坚定地维护国家主权、安全、领土完整和海洋权益，又要注意管控危机，防止争端升级、矛盾加剧、摩擦失控。应该牢固树立立足和平解决争端为首要选项的基本方针，避免卷入战争边缘、漩涡和泥潭。既要本着尊重历史原则，妥善处理遗留问题，又要本着有利本国原则，审慎处理突发事件，还要本着从长计议原则，巧妙处理敏感问题。三要把为正义而战底线奉为基本原则。当今世界霸权主义、强权政治、扩张行为有所抬头，随着中国综合国力的长足发展，中国日益走进世界舞台的中央，以某些西方发达国家为代表的反华势力，为遏制中国崛起，千方百计在中国周边制造麻烦，处心积虑干扰中国社会主义现代化强国的建设进程，小范围的局部战争随时都有可能发生。但作为奉行积极防御战略的国家，无论敌对势力如何猖狂，都应该保持战略定力，坚决守住不开第一枪的原则底线，即使被迫还击也应该师出有名，向国人和世界充分展示中国正义之师形象。

胜战"不好战"，铸就文明之师。被迫而战、为正义而战，必须把最终战胜敌人作为根本目标，不战则已，战则必胜，胜必干净利落。战争一旦打响，就要以最快的速度、最大的力度、最高的强度，粉碎侵略者的野心图谋，打出中国军队的八面威风，彰显中国军人的骁勇善战。但是，战争意味着伤亡和流血，自身也会付出牺牲和代价。从人道主义和珍惜生命角度出发，被迫还击或被迫以武力解决祖国统一问题时，在取得战争优势和胜利大势后，应该铭记不能恃强好战、恃勇妄进，更不能轻敌好杀、滥杀无辜，而应心怀仁慈之德、好生之德，优待俘虏、善待百姓，力求以最小限度、最小规模的作战行动达成战略目的，展示仁义之师和文明之师形象。一要恪守战争伦理。战争是国家之间或政治集团之间的敌对行为，在被迫采取作战行动时，应该遵循战争伦理，最大限度确保自身伤亡最小化，同时尽可能避免滥杀无辜情况发生。二要防止恋战嗜战。积极防御战略，不是以杀戮敌人为目标，而是以威慑、战胜敌人为宗旨，达到威慑、战胜敌人目的后，应该尽快撤离战场，决不能因恋战嗜战而增加不必要的伤亡、付出不必要的代价、遭受不必要的损失。三要杜绝穷兵黩武。赢得战争胜利，容易使人热血偾张、激情澎湃、志得意满，甚至出现因报复心理走上穷兵黩武道路的可能。任何时候，都要与侵略扩张思想绝缘，不断反思战争危害，坚定和平发展理念，坚持和平崛起道路，始终彰显中国军队文明之师形象。

# 第七十章

## "表形、表征、表意"露外似石，"品位、品格、品质"藏内如玉

### 老子原典

吾言甚易知，甚易行。天下莫能知，莫能行。言有宗。事有君。夫唯无知，是以不我知。知我者希，则我者贵。是以圣人被褐怀玉。

### 法融释典

体悟清静、虚无真常自然之道的言论学说，通俗易懂、至为简易、极易明晓、最易行持。天下人既不懂又不行，反以智虑求奇、巧言以乱物性，放着平夷之路不走，反履崎岖之径。体悟清静、虚无真常自然之道的言论学说，有根有据、有纲有领、有轴有心、有主有宰，逻辑严密、妙用无穷。世人无知，在于对这套言论学说之体用价值没有真正了解。为什么会这样呢？因为天道自然无为、无事无欲，非智虑有为而彰显于外；非自是、自伐、自矜而昭示于众。道本虚无自然，无形无迹。自然了解之人会少，但不影响道的珍贵。像体现真常自然之道的圣人一样，他们"处其厚不处其薄；居其实不居其华"，虽然身穿破旧衣服，然而内心却怀揣着如宝玉般的珍贵"道德"。

## 悟道鉴典

"知我者希，则我者贵。是以圣人被褐怀玉。"老子通过天道宝贵但世人不善行道的反差分析，揭示了真常之道虽外在粗简，但内质珍贵的深刻道理，告诫世人，应该摒弃只看表面、不重内质的肤浅做派，做到"处其厚不处其薄；居其实不居其华"，向圣人学习厚藏道德，不被智虑巧言扰乱心性，努力成为"被褐怀玉"的有道之人。

"世人无知，在于对这套言论学说之体用价值没有真正了解。""道本虚无自然，无形无迹。自然了解之人会少，但不影响道的珍贵。"法融道长深刻分析了世人对通俗易懂、简便易行的真常之道了解不多、行之更少的内在原因，揭示了世人只重表象、不重内质的现实问题，劝导世人，应该深刻认识"表形、表征、表意"如同露外之石，"品位、品格、品质"如同内藏之玉的规律性和本质性。

自古以来，"被褐怀玉"的圣人往往不被认同、不被理解，其行其德往往不被推崇、不被赞美。根本原因在于世人，习惯于从表面看问题，不善于从深层次"透过现象看本质"；习惯于追求外在感官刺激和虚华、荣华、奢华，不注重内在品位、品格、品质的升华修炼。老子通过"被褐怀玉"四个字，既对只从表面看问题、不关注内质，只求外在快利、不求内在修炼的凡夫俗子进行了严厉批判，又对有道圣人进行了高度赞美。实践证明，珍贵无价之宝的品质，发现难、掌握难、践行更难。真常之道与普通人道完全相反，认识、理解、运用、推行更是难上加难。数千年以来，老子倡导的"道"思想起起落落、断断续续、盛盛衰衰的境遇就是有力明证。尽管个中原因众多，但根本原因在于世人在认识上有惯性思维、在思想上有懒惰行为、在行动上有私欲作祟，进而犯表皮化、简单化、肤浅化的毛病，犯浅尝辄止、浮光掠影、蜻蜓点水的毛病，犯私心作祟、私念放纵、私欲膨胀的毛病，无论是帝王将相还是凡夫俗子概莫能外。当今世界，物欲横流、物质至上、纸醉金迷的奢靡风气依然普遍存在，本应成为道德楷模的某些西方国家政要更是不讲道德，堂而皇之撕掉"遮羞布"，公然追求外在的、眼前的、表面的利益，这些违道失德问题，给人类社会发展蒙上了一层阴影。未来中国，在建设社会主义现代化强国和构建大同世界进程中，应该进一步借鉴老子"重里不重表""重质不重形""重本不重末"的深刻思想智慧，引导教育国人，自觉追求品位、品格、品质等内质塑造，不断提高思想精神道德之境界。

提高人生品位。品位是形成优秀品格、优异品质、优势品牌的根基，影响人生价值取向、生活情趣、情操格调。一个品位不高的人，不可能拥有高尚的品德、无私的情怀、奉献的境界。离开了人生品位，谈个人品格、为人品质、人生品牌，如同在空中建楼阁、在纸上谈战争。在公民道德教育和实践中，应该从提高国民人生品位入手，不断夯实人生品位基础，切实把提高人生品位作为国人基本追求。一要涵养正气。正气不彰，品位低下。提高人生品位，首先要涵养做人正气，公私分明、是非分明、美丑分明、善恶分明，思想端正、行为中正、追求纯正，而不能待人偏心、处事偏向、想法偏激、思路偏废。二要彰显大气。视野大气、做事大气、为人大气，是人生有品的本质特征。品位就是品质的高度，具有强大感染力、向心力、凝聚力。在提高国人人生品位时，应该把握做人大气这个关键，不断开阔眼界、打开心胸、提升格局，而不能思想狭隘、思维狭窄、思路狭小。三要远离俗气。人生活在尘世中，沾染俗气不可避免，但庸俗、世俗、媚俗之气与健康向上的人生品位背道而驰，必须树立远离俗气的追求。在提高人生品位过程中，应该杜绝俗气对思想行为的侵蚀腐化，自觉远离低级趣味、低俗情调、低下格调，而不能对庸俗行为视而不见、听之任之、放任自流。

  涵养人生品格。品位的升华就是品格。品格集性格、风格、格调、格局于一体，是品性的总和。在提高人生品位基础上，应该积极涵养国人人生品格，不断提升性格包容度、风格鲜明度、格调高雅度、格局弘阔度。一要塑造优良风格。风格是一种管理力和领导力，鲜明风格如同一面旗帜，能够影响周围、团队和组织。应该引导教育国人，认清行事风格的价值和作用，培养符合人性特征、心理需求、价值取向，令人舒服、让人接受、使人钦佩的宽容型、包容型、高效型行事风格，自觉纠正违背人性、践踏人格、伤害人心的粗暴型、自大型、狂妄型行事风格。二要培养高雅格调。格调不同于情调，是一种做事风度、为人风度、人生风度。为人处世风度具有无形的感召力和影响力。应该引导教育国人，自觉涵养对人宽容、遇事包容、有事能容的大将风度，不能滋长凡事斤斤计较、锱铢必较、争长论短的小家子气，行事做事努力做到大气一些、大度一些、大量一些。三要开阔人生格局。格局是认识高度、认识广度、认识深度的总汇，格局决定一切。应该引导教育国人，不断开拓人生格局，培养站高一步看问题、深入一层想问题、立足全面谋问题的意识和习惯，不断打开视野、打开心胸、打开思路、打开格局，不能坐井观天、鼠目寸光、只见树木不见森林。

锤炼人生品质。品质是一种固定、持久、可靠的内在质量，具有巨大的自身魅力，也是品位、品格向前发展的必然结果。健康向上的品位、宽容谦下的品格融汇发展，必然形成优异的品质。在提升国人人生品位和滋养人生品格基础上，还应在锤炼人生品质上深下功夫。一要坚持修身。自觉修炼在牢骚欲发之时，及时反观自省，避免满腹牢骚、怨天尤人情况发生；自觉与"惰"字思想、"傲"字作风做斗争，在懒惰之时，及时反省自控，骄傲自满之时，及时降温降调；自觉与"三天打鱼两天晒网"涣散作风决裂，在自我放松、自我放任、自我放纵之时，及时警醒警示，知止自止。二要持续修炼。既要不断磨炼忍得住孤独、耐得住寂寞、挺得住痛苦、顶得住压力、挡得住诱惑、经得起折腾、受得起打击、丢得起面子的承受能力，又要不断磨炼宠辱不惊、处变不惊、从容不迫、稳如泰山、镇定自若、安之若素、临危不乱的守静能力，还要不断磨炼"看山是山、看水是水""看山不是山、看水不是水""看山还是山、看水还是水"的超然能力。三要提升修为。修身养性、修炼品性，根本目的在于提升修为、修养、涵养等软实力。既要不断厚植文化底蕴，拓宽知识面，优化知识结构，提高文明素养；又要不断培养高尚情操，提升政治品德、思想品德、为人品德；还要不断提升人生境界，树立胸怀远大、格局宏大、情怀博大、本领高大的人生理想。

# 第七十一章

## 不知为知太无知、小知大知半无知、知而不知真大知

### 老子原典

知不知，上。不知知，病。夫唯病病，是以不病。圣人不病，以其病病，是以不病。

### 法融释典

太阳高悬于空，普照万物，上下四方无不透彻。明道圣人，恬淡自养，不露聪明，不显机智，看似无知，其实是上知。常人不然，如火炬在暗室，只照一角，而自以为亮。以小知自见、自是、耀人眼目，本来知不多，而自以为有知，其实这是毛病。只有把强不知以为知当作毛病，才能不犯强不知以为知的毛病。明道圣人，始终把强不知以为知当作病，所以行事永远不会有毛病。

### 悟道鉴典

"知不知，上。不知知，病。夫唯病病，是以不病。"老子生动分析了"不知为知、小知大知、知而不知"这一世人对待世界万物的三种表现形式，旗帜鲜明地表达了对"不知为知、小知大

知"的坚决否定，对"知而不知"的高度肯定，告诫世人，"强不知以为知"是一种毛病，应该效法圣人恬淡自养，不露聪明，不显机智，不断追求"大智若愚"之境界。

"明道圣人，恬淡自养，不露聪明，不显机智，看似无知，其实是上知。""以小知自见、自是、耀人眼目，本来知不多，而自以为有知，其实这是毛病。""明道圣人，始终把强不知以为知当作病，所以行事永远不会有毛病。"法融道长通过"火炬在暗室，只照一角""小知自见、自是、耀人眼目""太阳高悬于空，普照万物"等形象比喻，进一步肯定了"知而不知"的修养智慧，指出了"不知为知、小知大知"毛病的危害性，劝导世人，应该铭记"不知为知太无知、小知大知半无知、知而不知真大知"的深刻道理，不断追求自知之明、虚怀若谷、大智若愚的修养境界。

"知之难，不在见人，在自见"，知与知表面上展示的是认识事物的外在形式，实质上体现了认识事物的内在格局、修为和境界。正所谓"不知为知"徒惹笑耳，"小知大知"粗鄙无知，只有才高八斗依旧谦虚谨慎、学富五车依旧不矜不伐、满腹经纶依旧虚怀若谷，才是人所共知、共誉的大修养、大美德、大智慧，也是老子推崇的"知而不知"最高境界。战国时期，自幼修习兵法的赵括认为自己"天下莫能当"，当秦赵两军对垒之际，受到谣言蛊惑的赵王，命令赵括为将取代廉颇，因为赵括只知兵法，却无经验，更不知变通，便轻率改换老将廉颇采取的战法，以兵书所学之理论与秦军展开正面交锋，结果溃不成军，招致身死国灭。人类历史反复证明，自知之明、不露锋芒、内敛自重、大智若愚者，才是真正有大胸怀、大智慧、大格局者，也是能避大灾祸、成大事业、写大人生者；夸夸其谈、滥竽充数、夜郎自大，"一瓶子不满，半瓶子晃荡"，不知轻重、不知高低、不知廉耻，纸上谈兵、无知无畏、无德无才者，最终必将招致灾祸。

二十一世纪是知识爆炸时代，传统知识边界飞速扩展，新领域、新知识层出不穷，知识传播速度前所未有，庞大的"未知"世界从未像今天这样逼近包围人类的"已知"领域。人类对未知的态度、对已知的态度、对自己的态度，无疑将成为检验人生修养、境界、智慧高低的试金石。进入大竞争、大开放、大发展新时代，弄虚作假、无病呻吟、装腔作势的伪人才在透明阳光下终将暴露无遗，低调内敛、大智若愚、智慧自谦的真人才终将倍受尊重。"不懂装懂是蠢材，知而自见是伪才，大智若愚是真才"的人才评价标准必将渐成风气、深入人心。新时代中国，坚持以人为本、以人才为先的战略，应该坚决摒弃蠢材、辨别伪才、呼唤真才，通过建立完善体系化的科学机制，让"不知为知"者有自知之明、让"小知大知"者能虚怀若谷、让"知而不知"者成标杆楷模，推动德才兼备、含而不露、诚实自谦的真人才成批涌现。

让"不知为知"者有自知之明。"欲胜人者必先自胜，欲论人者必先自论，欲知人者必先自知"，"败莫大于不自知"，"不知为知"就是一无所知却装知道，表现为糊里糊涂、浑浑噩噩、夸夸其谈，本来无知却虚张声势做出无所不知、无所不晓、无所不能之态。"不知为知"如萤火照室，却自以为像阳光一样能普照万物，这种幻觉无论在修身、齐家还是治国上无疑隐藏着巨大风险，会催生重大隐患，甚至招致祸患发生，妨害事业、坑害组织、危害全局。新时代中国，一个人才百花齐放的大竞争时代正在大步走来，应该尽快建立理念先进、制度健全、标准科学、机制完备、顺应潮流的现代人才评价新体系，以科学的机制、创新的举措推动"自知之明"文化兴起，让"不知为知"者有自知之明。一要客观认识自身能力、实力、潜力。通过机制创新，让真相"水落石出"、造假无处遁形、真才脱颖而出，防止"能力不足关系救、智商不足情商补"的庸才上位。二要让滥竽充数者没有市场。通过机制创新，防止"实力没有牛皮一张、才华缺缺门道一堆"的劣才滥竽充数风气盛行，避免"情况不明有决心、水平没有能吹嘘"的伪才大行其道，使滥竽充数者受鄙夷、靠边站。三要引导国人远离"南郭先生"。树立新时代"南郭先生终将难以立足"理念，不断认识自我、反省自我、完善自我，做到低调内敛、谦虚谨慎，即使肚里有七分货最多亮出五分，尽可能给自己留有余地，给别人留有空间，给人才留出机会，凭真实才华、真实能力、真实潜质创造成绩，既对自我负责，又对他人负责，更对组织负责。

让"小知大知"者能虚怀若谷。"小知大知"表现为以小知为大知、以小能为大能、以小才为大才，夸耀才华、显摆能力、恃才放旷，属于"一叶障目，不见泰山"的行为。"小知"本是大多数人拥有知识的常态，在知识爆炸时代真正的专才寥寥，真正的全才匮乏，顶尖的真才稀缺。小知、小能、小才者若能认清自我、敬畏未知、虚怀若谷，其才华不会减色，也是货真价实，但若"半瓶子醋夸耀满瓶子酒"，以火炬之光作普照万物之用，必将沦为伪才、虚才、假才，终将误人、误己、误国。新时代中国，正在进入人才自由流动的大开放时代，才华的真伪虚实必将回归更加客观真实的状态，通过建立完善科学机制，让"小知大知"者能虚怀若谷。一要尽快建立科学、客观、动态人才评价评估机制。解放思想、勇于创新,把"自知自明""虚怀若谷""知而不知"作为重要内容,增强人才评估的客观性、真实性、深刻性,切实把才华称出分量、挤出水分、挖出实质。二要建立及时指正、坚决纠正、督促改正纠错机制。通过内外监督、上下监督、自我监督,使正确看待自我、真实评价自我、准确衡量自我蔚然成风。同时要建立"真枪实弹"的人才鉴别和淘汰机制,杜绝虚才、伪才、假才招摇过市,做到虚才寸步难行、伪才难以为继、假才一文不值。三要引导国人以"小知大知"为"病"。树立"敦兮其若朴,旷兮其若谷"的追求,以自我夸耀、自命不凡、自以为是为耻,不断向虚怀若谷者靠拢,自觉防止因高估自己而毁前程、毁事业、毁人生。

让"知而不知"者成标杆楷模。"知而不知"表现为无知实乃有知、有知仿若无知,虽通晓万事万物却虚怀若谷、深藏若虚、大智若愚,属于大智慧、大美德、大境界。"知而不知"是圣人境界,更是最具东方文明含蓄本色的修养之德,既是知识修养的最高境界,又是人生成功的制胜法宝,还是事业长盛的不衰之道。新时代中国,正在进入人才竞相迸发的大发展时代,培养一代又一代知而不知的大才应成为国家人才培养的终极目标。通过建立完善科学机制,让"知而不知"者成标杆楷模。一要旗帜鲜明地树立以大智若愚为上的人才塑造导向。强化"大智若愚不是情商高而是境界高,不是会做人而是品德佳,不是会来事而是格局大,是才德兼备、又贤又能、核心能力软硬兼备的实才、大才、真才"的大理念,通过顶层设计,树起大智若愚人才标杆,做到不让知而不知者不为人知、不让虚怀若谷者无人问津、不让大智若愚者明珠蒙尘。二要精准地辨别虚才、果断地淘汰庸才、科学地筛除伪才。应该最大限度发现真才、挖掘真才、重用真才，营造尽用大才、施展大能、发挥大用的良好环境，使"知而不知"者成为示范标杆、学习标准、追随对象。三要引导国人向"知而不知"者学习。牢记"夫唯不盈，故能弊不新成"的箴言，虽无圣人之才，但应有向圣之心，自觉以谦虚之心对待已知、以谦卑之心对待未知、以谦下之心对待他人，无论知识多丰富、能力多突出、水平多高强，都不要炫才、显才、耀才，不要刚愎自用、矜才使气、目空一切，而要坚持自制、自谦、自警，把大智若愚作为高尚人生追求的重要方面。

# 第七十二章

## 去"自威、自见、自贵",取"自尊、自知、自爱"

### 老子原典

民不畏威,则大威至。无狎其所居,无厌其所生。夫唯不厌,是以不厌。是以圣人自知不自见,自爱不自贵,故去彼取此。

### 法融释典

"祸福无门,唯人自招。善恶之报,如影随形","天网恢恢,疏而不失"。常人为其贪生之厚,恣情纵欲,无所不为,不知"大小过恶,各有所归",急如风火,形影紧随。"以小恶为无伤而弗去",久而久之,必将恶积而不可掩,罪大而不可解,乃致杀身之祸临头。

既知天理昭昭,毫厘不差,只有修道德,上顺天理,下符人心,中应万事,方可无所不周,无所不宜。不敢处于悖理徇私、利欲妄为的窄狭之地,以免天道惩罚。重养自我天真、恬淡世情,不可因贪生之厚,胡作非为,遭刑法而致命。人不轻生,而能享尽天年,是因为不因求生之厚,自我抛弃生命。

圣人涵养其知，不以机智彰示于外，而能爱其自我本来天真，谦恭处下，不自我尊贵。

## 悟道鉴典

"民不畏威，则大威至"，"是以圣人自知不自见，自爱不自贵，故去彼取此"。老子运用一个"威"字揭示了如果老百姓不惧国家权威，那么国家就要大祸临头的深刻道理；运用一个"去"和一个"取"字，深刻告诫世人，应该努力涵养"自尊不自威、自知不自见、自爱不自贵"优秀品质。

"祸福无门，唯人自招"；"大小过恶，各有所归"。"圣人涵养其知，不以机智彰示于外，而能爱其自我本来天真，谦恭处下，不自我尊贵。"法融道长揭示了"祸福无门，唯人自招"的深刻思想，劝导世人，只有上顺天理，下符人心，中应万事，才能无所不周、无所不宜，万不可悖理徇私、利欲妄为，更不可"贪生之厚，胡作非为"，而应"重养自我天真、恬淡世情"，做到不彰显机智、不自我尊贵。

自古以来，"为求自尊而大耍淫威、为显自知而固执己见、为展自爱而妄自尊贵"，最终身败名裂、大祸临头、轻生致命的事例数不胜数，可谓恶习难治。尽管数千年前圣人先贤就谆谆教导后人不要"自威、自见、自贵"，而要"自尊、自知、自爱"，可是"为自尊而自威、为自知而自见、为自爱而自贵"始终是长期存在的社会通病。有的在认知上犯错误，把自尊和自威、自知和自见、自爱和自贵画等号，搞简单化；有的在意识上犯错误，在自尊和自威、自知和自见、自爱和自贵之间走偏锋，搞两极化；有的在欲念上犯错误，在自威、自见、自贵上耍任性，搞扩大化。久而久之，要权威、要本事、要地位的不良风气在社会上不断滋长，相反那些"自尊不要威、自知不要见、自爱不要贵"的遵道者、守道者、行道者却得不到应有的认可和尊重，这种不良现象如果任其蔓延，必将进一步导致世风日下，后果不堪设想。

新时代中国，大兴自尊、自知、自爱之风，事关国民素质、国民修养、国民智慧提升，事关社会文明风尚、社会价值导向、社会精神追求向上。未来中国，加强精神文明和公民道德建设，应该进一步从老子去"自威、自见、自贵"，取"自尊、自知、自爱"思想中汲取营养智慧，在全社会营造"自尊而不自威，立亲和形象；自知而不自见，养谦下品质；自爱而不自贵，宽平等胸怀"的氛围。

自尊不自威，立亲和形象。无论国家还是个人，树立有尊严的正面形象至关重要。但形象树立有自身规律，不能因过度自尊而大耍权威，更不能因过度自尊而走上威慑威压之路，要坚持自尊而不自威、亲和而不高压。对国家而言，本身具有专政机器、行政命令等固有强制力量，对社会民众具有无形的强制力和威慑力，任何时候决不能过度彰显、依赖、使用非权威约束力、强制力、震慑力，否则人民就会产生紧张感、压迫感、恐惧感，一旦长期高压紧绷，必将引发人民对政府的不满、不平、不服，这是治国理政之大忌。未来中国，治国安民应该进一步在亲和人民上用心用情、着力用力。一要在执政理念上更加亲和人民。始终坚持以人民为中心执政理念，坚持全心全意为人民服务的根本宗旨，坚持人民当家作主基本方略，坚持人民本位、社会本位、权利本位不动摇。二要在政策导向上更加亲和人民。始终站在人民立场、人民观点、人民角度制定政策、创新体制、完善机制，切实把"为人民服务""人民至上""天大地大，人民最大"等宗旨理念落实到方针政策中、制度机制上、实际行动里。三要在权力运用上更加亲和人民。坚决不能把人民赋予政府的权力当作炫耀资本，坚决不能把政府变成凌驾于人民之上的官僚机构，坚决不能把行政手段、强制手段、高压手段作为治国理民的优先选择，而要不断端正政府对人民的立场、对人民的态度、对人民的情感，最大限度让人民在心悦诚服中服从服务于政府管理、服从服务于国家政策、服从服务于国家战略方针，坚决杜绝民众畏惧政府而臣服、表面服从心里不满现象滋长蔓延。

  自知不自见，养谦下品质。无论国家还是个人，有自知之明至关重要。能够对自身能力实力客观评估、理性评估、正确评估，做到对自身知识见地、能力品质、长处优势主动看低，不高估、不虚估、不妄估，不自以为是、不固执己见、不自命不凡，是令人称道的宝贵品质。谦下，是保持不败、长盛不衰的大智慧、大法宝、大利器。对国家而言，拥有谦下品质能够博采众长、兼听则明、集聚智慧，能够保持低调内敛、求真务实、居安思危的作风，能够感染八方、凝聚八方、团结八方。未来中国，治国安民应在谦下地对待人民上更加用心用情、着力用力。一要秉承"民贵君轻"理念。"民贵君轻"是中华民族优秀传统文化精髓之一，"民为贵，社稷次之，君为轻"，这是千古传承的执政理念，应该在治国思想理念上更加强化尊重人民意识。要永远视人民为父母、以百姓为天、把人民当地，坚决防止执政者高高在上、轻看人民、高看自己的现象发生。二要自觉拜人民为师。进一步深入搭建国家与人民沟通交流的桥梁，疏导建言献策的渠道，疏通人民反映诉求的通道，永远坚信人民有无穷无尽的智慧和创造力，永远以人民为师，永远向人民求教，永远向人民问计，永远向人民问策，使民意、民愿、民求真正能够直通中南海。三要谨慎公道地用权。公道用权是对人民的真正谦恭、根本谦恭、实质谦恭。永远牢记"权为民所赋、权为民所用、权为民所谋"，始终以对人民谦虚、谦下、谦恭的姿态，谨慎公道地用权、平等公正地用权、透明公开地用权，在一件件、一项项、一桩桩具体策略事项中，让广大人民群众感受公平、公正、公道的气息和氛围。

  自爱不自贵，宽平等胸怀。无论国家还是个人，都需要爱惜自身品性、品质、品牌，但不能过度自爱、自恋、自贵，而应自爱有度、自爱有节、自爱有数。否则，就会滋长高人一等、高高在上、上智下愚的自大、自傲、自狂倾向，人为制造上下不平等、上下生隔阂、上下互猜忌的不和谐环境。对国家而言，拥有平等胸怀既能够彰显大国气量、气度、气概，又能够赢得人民信服、佩服、叹服，还能够营造上下同心、同频共振、同舟共济的和谐局面。未来中国，治国安民应在平等待民上更加用心用情、着力用力。一要强化"人民最伟大、人民最崇高、人民最珍贵"执政理念。矢志不渝弘扬中国人民具有的伟大创造精神、伟大奋斗精神、伟大团结精神、伟大梦想精神，在治国理政顶层设计中，充分体现依靠人民、团结人民、信任人民的指导思想。二要善于从人民群众"牢骚"中发现解决时代之问的方法。敢听、能听、善听逆耳忠言，善于在刺耳、偏激、批评甚至攻击性言论中发现问题、发现矛盾、发现弊病，是对人民的真尊重、真亲切、真友爱，也是执政者的真成熟、真自信、真智慧。应该加快建立人民群众诉求分析、反馈、解决机制，确保小问题不发展成大问题、老问题不演变成"老大难"问题、新问题不累积成老问题。三要全面落实人民作为国家主人的知情权、参与权、表决权、监督权。深化落实人民当家作主的主人翁地位，这是对人民最大的尊重，体现了最大的平等。应该适应人民参与国家治理的愿望日益强烈的新特点，大力创新体制机制，确保宪法赋予人民的一切权利落地落实、发挥作用。

# 第七十三章

## "谨慎、审慎、周慎"则活,"冒失、冒进、冒险"则杀

### 老子原典

勇于敢则杀;勇于不敢则活。知此两者,或利或害。天之所恶,孰知其故?是以圣人犹难之。天之道,不争而善胜;不言而善应;不召而自来;繟然而善谋。天网恢恢,疏而不失。

### 法融释典

逆正道,悖常情,逞刚强。莽撞用事,贸然进取,轻生粗暴者,不是遇毒手以伤身,便是因超常而殒命。临事审慎,谋划周详,谦谨慎行,天下共服,人们拥戴,与事有成,保全生命。

四时运行,有生有杀。秋冬不争,万物自然凋零而收藏;春夏不言,自然冰消雪融,万物生长。不须召唤,寒暑交递,昼夜往来。天道运行,宽缓平易,万物自然而生化。自然法网之孔虽大,却粒米不漏。"勇于敢则杀","勇于不敢则活",或正或邪,或善或恶,无论大小多少,只要为下,定有所报。

## 悟道鉴典

"勇于敢则杀；勇于不敢则活。""天网恢恢，疏而不失。"老子运用"杀"字与"活"字，鲜明揭示了"勇于敢"与"勇于不敢"产生的两种截然相反的行事结果，告诫世人，应该坚持"审慎为上、鲁莽为下"原则，遵循"顺道有生机、违道必遭祸"的天道法则。

"四时运行，有生有杀"，"自然法网之孔虽大，却粒米不漏"，"或正或邪，或善或恶，无论大小多少，只要为下，定有所报"。法融道长通过深入阐释"敢"与"不敢"两种迥然不同的表现形式和行为后果，进一步揭示了"天网恢恢，疏而不漏""天地万物自然生化，正邪善恶定有所报"的天道规律，劝导世人，务必坚持"谨慎、审慎、周慎"原则，避免"冒失、冒进、冒险"行为，在顺道而为之中，使事业得以成就，使生命得以保全，使活力得以永续。

老子以一个"杀"字全盘否定了"逆正道，悖常情，逞刚强"的违道行为，以一个"活"字全面肯定了"临事审慎，谋划周详，谦谨慎行"的顺道行为，鲜明亮出了对守道之"慎"与违道之"冒"的清晰态度。"谨慎为上、冒失为下"的思想智慧历经数千年演变，已成为中华民族公认的行为准则。世人普遍把"谨慎、审慎、周慎"作为行事准则和智慧。在英国一直流传着"真诚是玻璃，谨慎是钻石"的谚语，对"慎"文化的自身价值和功能作用给予了极高评价。但必须看到，尽管人类眼里"谨慎"永远高于"冒进"，但由于人性使然，普遍都有标新立异和出奇制胜的冲动，总希望以异乎寻常的打法，获得超常规回报，从而导致了现实生活中冒失、冒进、冒险行为屡见不鲜、屡禁不绝，甚至还有一些好大喜功、急功近利、目空一切的狂躁莽汉，不惜冒进冒险贪求成功。最经典的案例当属二战期间法西斯分子希特勒。众所周知，苏德两国曾在1939年签订了《苏德互不侵犯条约》，然而德军在战无不胜"光环"的刺激下，法西斯头目希特勒竟以"苏军在德国东部边境集结，使德国安全受到'不可容忍的威胁'"为由，公然撕毁两国协议，悍然集结550万大军对苏联发起了闪电战。正是希特勒在战略上采取了极大的冒险行为，直接导致了德国最终惨败。在国际军事斗争中，抛弃审慎选择冒险，最终失败而归远不止希特勒一例。美苏冷战期间，苏联冒险入侵阿富汗，不仅使苏联深陷长达近十年的战争泥潭，而且在与美国竞争中渐落下风，同时为日后苏联解体埋下了重重伏笔。综上可见，无论是军事、国家发展史，还是人生发展史无不证明，激进、冒进、险进是成功天敌，或许能获得一时胜利、暂时回报、瞬时成功，但终将因失道、违道无法长久，落得"中道崩殂"、不得善终甚至毁灭的悲惨下场。

　　当今世界正处于大发展、大变革、大调整的转折时期，国际局势风云变幻、大国关系冲突加剧、国内发展面临瓶颈，给中国未来发展增加了更多的不可控性、不可预性、不可测性。二十世纪八十年代，邓小平针对冷战时期复杂交织国际局势，创造性地提出了"冷静观察、稳住阵脚、沉着应付、韬光养晦、善于守拙、决不当头、抓住机遇、有所作为"的战略思想，曾为中国推进改革开放、快速增强实力、抓住有利时机创造了有利条件、夯实了发展基础。未来中国,面对战略机遇与风险挑战并存的现实环境,老子"谦谨慎行"思想不仅没有过时落伍,而且更加彰显了时代价值,"韬光养晦"思想依然闪烁着时代光芒。必须始终恪守"谨慎、审慎、周慎"发展策略,坚决避免"冒失、冒进、冒险"激进策略,有效防止大隐患、大祸患、大危患。

谨慎为上防冒失生事。谨慎与冒失势不两立,谨慎代表成熟智慧,冒失意味鲁莽幼稚,属于两种截然不同的处事心态和行事风格。事实证明,冒失如同妄念,一旦产生急功近利意识,就会演化成冲动莽撞行为。中华人民共和国经过七十多年的建设,国家发展翻天覆地、改革开放成果举世瞩目、物质条件日益丰厚,创造了举世公认的人类发展奇迹。但我们没有任何骄傲的理由,决不能被胜利冲昏头脑,应该采取谨慎战略、坚持谨慎决策、保持谨慎作风。应该看到,国家总体发展水平、社会生产能力、民众文化素养与发达国家相比还有较大差距,国家治理体系与治理能力现代化还有漫长的路要走,盲目冒失就会犯下不可原谅的低级错误。未来中国,无论国际上关于"中国将取代美国成为世界超级大国""中国将成为世界第一大经济强国"捧杀之风如何吹起,都要保持头脑极其清醒、坚决坚定排除干扰、自觉自信保持定力,坚持"我国仍处于并将长期处于社会主义初级阶段的基本国情没有变,我国是世界最大发展中国家的国际地位没有变"的基本判断不动摇;继续保持谨慎、科学、客观评估自身发展进程、综合实力、国际地位和未来潜力,自觉把谨慎为上、谨慎为本、谨慎为重的治国理念贯穿于顶层设计、政策引领、推进落实全过程。对个人而言,冒失意识和行为,从本质上看是一种人格缺陷,应该加强自我克制，自觉克服、及时纠正，坚决摒弃"冒失只是性格表现、风格使然，无伤大局"的错误认知，坚持效法天道自然，知勇而谦退，修善而去恶，以柔弱胜刚强，以静定去制动，牢牢把握取胜、制胜之道。

审慎为上防冒进生害。审慎既是理念风格更是策略智慧。冒进与审慎截然相反，前者既是错误理念更是愚蠢行为。事物发展规律表明，审时度势、稳妥慎重有益无害，不顾现实、急躁冒进有害无益。无论国家发展还是个人成长，冒进行为都无法助其获得圆满结果。1949年以来，中国七十多年的发展历程更是以事实证明了冒进不仅误事，而且误人误国。六十多年前，在中国大地上掀起的那场轰轰烈烈的"大跃进"运动，就是最典型的"左"倾冒进产物。"十五年超英赶美""人有多大胆，地有多大产""砸锅炼钢铁"等冒进思想和愚蠢做法，不仅没有给国家发展奠定良性基础，反而给国家发展带来巨大伤害，这一前车之鉴永远不能忘记。新时代推进中国继续健康向前发展，应该深入吸取"冒进生害"的历史经验与教训，防止类似冒进错误再次发生。应进一步树立重大方针、重大战略、重大政策出台时务必确保万无一失的审慎思想，始终按照时代发展规律、国家发展规律、社会主义建设规律制定大政方针、战略策略；应进一步提高审视全局、全面分析、科学决断的执政能力，科学把握事物演进规律、事物演变时机、事物演化趋势，确保发力精准、发力有度、发力得法。对个人而言，冒进等于感情用事、意气用事，对人生成长有害、对人生进步有害、对人生发展有害。应该自觉强化审慎意识、涵养审慎心态、培养审慎风格，在思想深处坚决与情况不明决心大、水平不高胆子大、不顾结局力度大等冒进行为做坚决斗争，不断养成慎之又慎、慎之更慎的审慎习惯和侧目倾听、洗耳恭听、屏息谛听的审慎风格。

周慎为上防冒险生祸。周慎集谨慎和审慎于一体，是"慎"哲学最高形态，具有周全、周密、周详，稳重、厚重、持重，鲜有缺失、缺漏、缺陷的特质品质，是防止祸害、祸患、祸殃的治本之道。冒失、冒进、冒险与周慎根本对立，缺少智谋思虑，如同飞蛾扑火，自投罗网，自落死地，是祸害、祸患、祸殃源头总根。实践证明，周慎之道无论对国家还是个人都是防止出现颠覆性风险、致命性危险的基本策略。世界正处于百年未有之大变局，中国正处于战略机遇和变局风险交织新时期，保持业已取得的发展成就、沿着业已确定的发展方向稳健前进，最首要、最关键、最要害的问题，应该锁定在防止因决策失准、决策失误、决策失败而导致重大危机发生，进而导致长期奋斗成果被吞噬，向前发展步伐迟滞等严重后果上。未来中国，面对错综复杂的国际环境和矛盾叠加的国内环境，应该坚持周慎为高、周慎为上、周慎为佳的治国理念，严加防范违背规律而冒失、冒险决策问题发生，更不能产生失道、违道冒犯之举。一切事关改革发展稳定、内政外交国防、治党治国治军全局性政略方略、战略策略，不应有一点点似是而非态度、一点点概率瞄准倾向、一点点投机侥幸心理，宁可发展速度稍慢一些，但决不能冒险强为。任何超出国力、实力、能力范围的决策承诺务必掂之又掂、衡之又衡、慎之又慎，防止因力不从心耽误自身发展甚至影响长期国运。对个人而言，首先要杜绝冒失、冒险行为给人生事业带来严重后果和致命挫折的情况发生；其次对冒险动机、侥幸心理、投机行为作祟生祸要保持高度警觉、警惕、警醒，自觉防患于未然；再次要大力提高以自我调适、自我调整、自我调向为主要内容的自我纠正能力，做到发现冒失错误和冒险行为，以"快刀斩乱麻"的方式果断及时止祸，以最快的速度把冒失、冒进、冒险的危害控制在最小范围、降低到最低限度。

# 第七十四章

## "以道教之、以德化之、以法惩之"齐下，"法德兼顾、法德并重、法德共治"同行

### 老子原典

民常不畏死，奈何以死惧之？若使民常畏死而为奇者，吾得执而杀之，孰敢？常有司杀者杀。夫代司杀者杀，是谓代大匠斫。夫代大匠斫，希有不伤其手矣！

### 法融释典

犯分越理的凶顽之徒，习性恶劣，内心奸诈，外在蛮横，根本不怕惩罚。既知此理，怎么能用国法、禁令去威吓他们呢？那么，对这类不怕天道惩罚的凶顽之徒，究竟如何惩治才好呢？以死刑将其处斩于市，以彰法令，可行吗？要知道那些犯分越理、违法乱纪之徒，为了避免当时的杀身之祸，可能暂时不敢继续作案。但他们一定会待机而动，因而这不是万全之策。

"天生天杀，道之理也。"违法乱纪的刁顽横行者，必将会自入于死地。天道是一张恢恢法网，只要干下坏事，终究无法逃脱。执政者以刑律处杀，有时执法者出于私情，处杀未必公道，狱中必有冤囚。如果这样就等于代替执政者杀人了。这种做法，好比

不会木匠手艺之人，去代替巧匠斫木一样，必有失误。因此，对于那些习性恶劣、从不怕死的愚顽之徒，只靠刑法威慑不够，必须兼之以德化，教之以道义，使其晓天理而不可违、不昧良心而自省悟。

## 悟道鉴典

"民常不畏死，奈何以死惧之？""夫代大匠斫，希有不伤其手矣！"老子运用反问表达，引出了科学治理社会这一重大命题，通过论述凶顽之徒不怕死、严刑峻法效果差的生动事实，对单方面采取严刑峻法进行了批评，提出了法德兼治的真知灼见，告诫世人，既要坚持以法惩之，又要坚持以德化之，做到法德并用。

"犯分越理的凶顽之徒，习性恶劣，内心奸诈，外在蛮横，根本不怕遭惩罚"；"对于习性恶劣、从不怕死的愚顽之徒，只靠刑法威慑不够，必须兼之以德化，教之以道义，使其晓天理而不可违、不昧良心而自省悟"。法融道长进一步剖析了凶顽之徒不怕威慑的行为逻辑，同时揭示了因徇私行为导致冤囚存在的社会问题，进而得出了一味靠国法禁令威吓威慑并非万全之策的结论，劝导世人，社会治理应该坚持"以道教之、以德化之、以法惩之"，坚持走"法德兼顾、法德并重、法德共治"之路。

以德治国与以法治国是古今中外社会治理实践两条基本路径。然而长期以来，究竟是坚持以德治国为主，还是坚持以法治国为主，始终争论不休。中国数千年的社会治理实践对老子主张的德法并举治理思想向来比较推崇。孔子"宽猛相济"、孟子"徒善不足以为政，徒法不能以自行"、荀子"隆礼重法"、董仲舒"阳为德，阴为刑"，以及唐代实行的"制礼以崇敬，立刑以明威"思想、宋元明清延续绵延的德法合治传统，统统体现了德治与法治相辅相成的治理之道。古今中外的历史证明，德治与法治走向极端非常危险，秦朝灭亡和唐朝兴盛就是两个截然相反的例证。秦始皇全盘接受了法家思想、过分迷信严刑峻法，直接导致了秦朝灭亡；相反，唐太宗与囚犯"死亡之约"的佳话却催生了唐初"路不拾遗、夜不闭户"安全社会的形成，为开创大唐盛世奠定了坚实的社会基础。新时代以来，中国全面依法治国进入了前所未有新阶段，既讲法治又讲德治，重视道德教化作用，把法律和道德的力量、法治和德治的功能结合起来的氛围已经基本形成。但必须看到，总体德治效能还没有充分显现出来，在认识上，存在片面化倾向，在实践上，存在表皮化倾向，这对于建设社会主义法治国家、推进国家治理体系和治理能力现代化非常不利，甚至有害。在朝着建设集政治、经济、社会、文化、生态文明于一体的社会主义现代化强国迈进的今天，必须借鉴历史经验、吸取历史教训，应该尽快在顶层设计上把德法兼治思想充分体现出来，切实重视以德治国，防止法治全能化和治理极端化倾向，尽快走出一条以建设法治国家为牵引、以推动法治建设为目标、实现德法融合互促发展的新路。

坚持法德结合不偏废。"法律是成文的道德，道德是内心的法律。"法律和道德是人类社会治理实践不可或缺的两条行为规范，都是上层建筑的重要组成部分，都是维护社会秩序稳定、规范国民思想行为、调节缓和社会矛盾的基本手段，犹如"车之两轮、鸟之双翼"，不可偏废、缺一不可。如果法律没有道德滋养，就会失去源头活水，难以全面体现民众常情常理；如果道德没有法律支撑，就会失去应有力量，难以有效引导社会从善向善。新时代以来，中国在科学立法、严格执法、公正司法、全民守法方面取得了全面长足的进步，但以德治国的深度相较于以法治国的进步尚有差距。由于受"运动式""突击式""钟摆式"惯性思维影响，社会上出现了一些德法偏废思想，有的领导干部忽视"德"的润滑作用，把社会治理成效完全寄托在单一法治上，这种苗头倾向必须高度警惕，及时加以纠正。一要在顶层治理思想上刚性确立以法治国与以德治国相结合理念，既大力强调法治，又大力强调德治，防止思想认识源头出现偏差；二要在大力加强法治建设同时加强德治建设，在以法治理中渗透德治，在以德教化中渗透法治，防止治理过程出现偏差；三要大力度推进德治法治融合发展进程，形成法治中有德治、德治中有法治，互为渗透、互相支持、相得益彰的科学治理格局，防止出现治理方向偏差。

坚持法德并重不偏颇。坚持以法治国与以德治国相结合，是古今中外国家治理智慧经验的深刻总结。法德并重就是要在国家治理中把以法治国和以德治国放在同等重要位置，不能顾此失彼、有轻有重。"并重"不是简单的平均用力、平分投入、平衡施策，而是重要性并重、目标性并重、效用性并重，既强调法治对德治的支撑作用，又强调德治对法治的滋养功能，形成相互补充、相互协同、相互促进的良性循环。一要坚持在立法、执法、司法全程贯穿道德教化。坚决避免就立法谈立法、就执法行执法、就司法而司法，人为地把德治和法治割裂开来。同时应将德治实践中广泛认同、相对成熟、操作性强的道德标准及时上升到法律规范层面，增强治理效能。二要着力提升国民素质和道德水平。立足历史传统、现实国情、未来发展，更加重视道德教育、思想教化、理念引导，通过提升道德水准，扩大向善群体，降低执法成本，进而反哺以法治国。三要坚定高举依法治国大旗。为适应中国人口众多、地区差异较大、国民素质参差不齐等现实情况，要从实际出发，坚持实事求是原则，坚如磐石发挥法治强制功能，通过法治加强推动公民道德素养提升，推动法治与德治融合并重发展。

坚持法德共治不偏向。国家治理实践证明，一个国家在不同的发展阶段法德兼顾、法德并重、法德共治力度会有所不同，在良治、善治、大治局面未形成前，必然需要保持依法治国力度强度，但是并不意味着德法共治理念、方向、目标应该改变。毫无疑问，党中央成立的中央全面依法治国委员会，对法治中国建设必将产生巨大推动作用。由于在顶层设计上尚没有形成整体推动法德共治体制机制，在具体执行中，一定程度上还存在法治和德治相互脱节、衔接不紧，甚至"两张皮"现象。根据德治和法治目标一致、作用互补、功能转化等性质和特点，应当在顶层设计上尽快把德治和法治统筹起来、统一起来，从制度上防止相互割裂、相互掣肘的局面出现。未来中国，应该在以法治国和以德治国顶层设计上进一步完善，通过发挥制度机制力量，确保法德共治理念全面、深入、真正落实落地。建议在中央全面依法治国委员会职责中增加"以德治国"内容，由中央全面依法治国委员会，全面担负起法德共治领导职责，统筹部署、协调推进法德共治实践，依靠机制力量实现法德共治融合发展。

# 第七十五章

"强求、贪求、妄求"终难求,"自然、顺然、超然"成果然

## 老子原典

民之饥,以其上食税之多,是以饥。民之难治,以其上之有为,是以难治。民之轻死,以其求生之厚,是以轻死。夫唯无以生为者,是贤于贵生。

## 法融释典

圣君明王治天下,随物自然而无为。相反,有的统治者,贪其享乐、奢侈不节,追求宫廷豪华,征民役以修宫室,恣耳目以求声乐,纵科派之条,横征暴敛,不恤民之饥寒,使民遭饥馑之患。百姓为什么难治?因为统治者政令繁苛,任意妄为至甚。为什么有的人享不尽天年而中途夭亡?原因有二:一是求其生存与厚享,操劳过度,导致精神疲惫,气血枯竭,过早死去;二是因求生之厚,分外贪求,触犯刑法而丧命。由此昭示,求生愈厚,其死愈快。求生者,反至于死,厚生者,反而轻生。唯有存心养性,恬淡世情,才能"外其身而身存",不求生,而长生。

## 悟道鉴典

"夫唯无以生为者，是贤于贵生。"老子通过剖析"民之饥馑""民之难治""民之轻死"根源，发现了"无以生为者，是贤于贵生"的普遍规律，深刻揭示了治国安民，应该遵循自然之道、客观规律，否则就会事与愿违的道理，告诫世人，国家要实现长治久安，不能违道强为，更不能失道妄为。

"圣君明王治天下，随物自然而无为"，"求生愈厚，其死愈快"，"不求生，而长生"。法融道长深入分析了求长生者最终不能长生的根本原因，深刻揭示了欲念、贪念过甚，终将自取灭亡的客观逻辑，劝导世人，应该遵守"随物自然而无为"的天道规律，追求"自然、顺然、超然"之境界，克制"强求、贪求、妄求"之欲念。

"人不求福，斯无祸。人不求利，斯无害"这一经典名言，在另一个角度阐述了老子"夫唯无以生为者，是贤于贵生"的思想。千百年来，不求长生反而长生，妄求长生反而轻生几乎成为一条铁律，反复佐证着老子思想蕴含的真理智慧。中国古代那些前赴后继以炼丹求长生者反致短命的案例，充分证明了违背自然规律的欲望终将成为欲壑深渊。秦始皇统一中国后随即做起了长生美梦，不惜一切代价以召鬼神、炼丹砂、泰山封禅、刻石记功，遣千名童男童女拜求长生不死药等一系列强求、贪求、妄求之举，求取长生不老，结果在巡游途中暴病而亡。明朝嘉靖皇帝本来身体健壮，完全可以颐享天年，但其贪心不足，同样妄想长生不死，每天吃仙丹，最终只活了六十岁。社会发展规律同样表明非分之求、非常之求、非理之求终将难获、难成、难果，违背规律强求强为、贪求妄为，终将事与愿违。道理非常简单，一旦强求就会贪求，一旦贪求就会妄求，欲望愈多、执念愈深、人性愈迷；妄念一旦形成就会无限滋长，进而使执念之人步入无力回天的"死循环"。尽管如此，人类面对千古真理，总是抱有幻想，因而失道妄为者不绝于世。在科学技术迅猛发展的今天，祈求长生不老者依然大量存在，违背自然规律者依然屡禁不绝，这种违道现象无论对社会发展，还是对人生成长都贻害无穷。未来中国，应该深刻借鉴老子"不求生反而长生"的思想，以"自然、顺然、超然"之境界，防止"强求、贪求、妄求"思想滋长，提高国家治理科学化水平，促进国民素质全面提升。

秉持自然，切忌强求。"自然"本意指的是没有人为雕琢的天然状态；社会科学的"自然"概念，内涵极其广泛，一般是指遵循自身发展规律运行的正常状态。治国理政作为最广泛、最重要、最高端的社会实践活动，秉持事物发展、国家发展、人类发展的基本规律、基本法则、基本逻辑，是起码的前提，如果离开这一前提，一切追求都是强求。未来中国，应该坚守"秉持自然，切忌强求"原则，在自然而然中推进国家发展，引导个人成长。对国家发展而言，应当自觉与强求动机、欲念、行为做持久斗争，无论发展到什么阶段，都坚定尊重地区发展差异、国民素质差异、民族文化差异等历史差异将长期存在的客观现实，决不能一厢情愿、一味强求，更不能幻想一夜之间把这些必将长期存在的差异缩小甚至消灭。对个体发展而言，首先应树立自然而然的成长理念，强化"强扭的瓜不甜，强摘的花不香，强求的事不成"的意识。在自然中收获，在自然中进步，在自然中使然。其次应顺应人生成长、事业成功、人生进步的客观规律。在推进事业、创造价值中，既不强出头又不强作为，走稳自然过程、走实必经过程、享受渐进过程。再次应升华"无心而自化、无欲而自在、无为而自成"人生境界，淡泊名利、克制欲望、约束私心，不断向人生自由王国迈进。

保持顺然，切忌贪求。所谓"顺然"，就是顺其自然，按规律发展、顺趋势作为、据实际定向，不提不切实际目标、不喊蛊惑人心口号、不许超越能力承诺、不做跨越阶段发展。未来中国，应该坚守"保持顺然，切忌贪求"原则，在顺其自然中推进国家发展，引导个人成长。对国家发展而言，随着全方位提升国家实力和赶超世界先进水平进程加快，应该更加涵养顺其自然心态，坚持社会主义初级阶段基本判断、恪守发展中大国基本定位，切忌速成、速决、速胜等妄自尊大贪求理念滋长。无论发展到什么阶段，都不能滋长虚荣心理、炫耀心态、浮夸作风，理性认清自我、客观看待世界，万万不能滋生"全面争做世界第一、全面领导世界、全面掌控世界"的贪念欲望，防止因虚华贪求而葬送来之不易、业已取得的大好局面。对个体发展而言，首先应树立"顺其自然是走向成功可靠捷径"的理念，在推进事业、创造价值中，按规则、规定、规程办事，多余的动作不做，变形的动作不为；其次应认清"贪求就是祸患之源"的道理，贪求是非自然之求、非正常之求，贪求之果苦涩、贪求之利难久，稍有差池则会前功尽弃、后患无穷；再次应培养求实、踏实、朴实作风，坚决避免好大喜功、夸夸其谈、空喊口号的违道行为，凭借实实在在的奋斗、努力和拼搏走实人生道路每一个脚印，从根本上防止因盲目贪大而导致失败的情况发生。

　　修持超然，切忌妄求。超然既是离尘脱俗、高超出众、脱然物外的至高境界，又是自然而然、顺其自然演进发展的必然结果。超然境界是约束妄求行为的根本武器，拥有心理稳定、心态平和、心境淡定的独特禀赋和排除干扰、抵制诱惑、杜绝妄大的超强能力。无论国家和个人，只要秉持自然而然、顺其自然、修持不息，就会向着超然境界不断迈进。未来中国，应该坚守"修持超然，切忌妄求"原则，在无为超然中推进国家发展，引导个人成长。对国家发展而言，无论世界上"中国世纪论""中国中心论""中国超越美国论"狂风刮得多猛、多烈、多甚，始终应该保持警醒、清醒、理性头脑，决不能在不切实际和不怀好意的"捧杀"中产生飘飘然和为所欲为的心态。即使未来经过不懈努力真正成为了名副其实、实至名归的世界强国，也不能滋长忘乎所以、随心所欲、为所欲为的心态，而要坚持以超然心境、谦和心态、自谦智慧恪守永不称霸承诺，永远不走传统强国崛起老路，以强大的自信和深层的智慧走出一条与传统霸权国家完全不同的发展新路。对个体发展而言，首先应深刻认识"妄求"不仅践踏规律、违背规则，而且无法实现、危害巨大的客观本质，锁住一切妄求之心；其次应自觉把修持超然心态作为长期追求，坚持不懈磨炼修持意志、持续不断培养修持毅力、坚持一贯增强修持定力；再次应自我构建约束"妄求"内在机制，坚持依靠自身力量和能力，积极防止强求向贪求演变、贪求向妄求发展，筑牢"止妄"堤坝，把妄求欲念扼杀在摇篮之中。

# 第七十六章

## "强横、强制、强势"暗藏危机,"柔弱、柔和、柔韧"潜藏生机

### 老子原典

民之生也柔弱,其死也坚强。万物草木生也柔脆,其死也枯槁。故坚强者死之徒,柔弱者生之徒。是以兵强则不胜,木强则折。强大处下,柔弱处上。

### 法融释典

新生婴儿,心性纯素、肢体柔软,时时趋向于生长。步入壮年,气血逐渐枯竭、筋骨开始僵硬,渐渐转化于死亡。万物草木亦然,在幼小时枝杆柔弱,趋向于生长;在近死之时,枝叶枯槁。由此可见,坚强者属于死之一类,柔弱者属于生之一类。行兵布阵,应心怀仁慈,顺天应人,不可强暴横行。倘若贪杀恃强,不得人心,必然败亡,犹如干枯草木,一折就断。坚强者实则居下,柔弱者实则居上。

### 悟道鉴典

"故坚强者死之徒,柔弱者生之徒";"强大处下,柔弱处上"。

老子通过婴儿成长和草木生长规律，深刻揭示了柔弱代表生机、强硬预示危机及"柔弱胜刚强"的真理性。老子欲借此告诫世人，柔弱看似处于下风，实则占据上风和优势；强硬看似处于上风，实则占据下风和劣势：处世为人应该守"弱"弃"强"。

"行兵布阵，应心怀仁慈，顺天应人，不可强暴横行。倘若贪杀恃强，不得人心，必然败亡"。法融道长进一步阐述了"兵强则不胜，木强则折"的深刻道理，劝导世人，"强横、强制、强势"中暗藏着危机，而"柔弱、柔和、柔韧"中潜藏着生机。

"强大处下，柔弱处上"的思想，充分体现了老子观察现象的敏锐力、认识事物的穿透力、思考问题的贯通力。在常人眼里，柔弱意味着软弱、无力、可欺，不占优势；强大代表着主导、强悍、有力，占据优势。而在老子眼中，柔弱代表生机、强硬蕴含危机，柔能克刚、弱能胜强。这一反向思维、超常认知极具智慧，已被古今中外国家兴亡史、战争成败史、事业兴衰史不断证明。汉王朝对西域诸国推行"柔远宽和"边疆政策大获成功就是典型案例。面对匈奴屡次进犯与西域诸国各自为政的内外局势，汉武帝采取宽厚、仁慈、柔和的西域政策，派遣张骞出使西域打通"丝绸之路"，实施宽抚、和亲、质子等柔和政策，一举使数十个诸侯国家心悦诚服，从而扫除了西汉维护周边安宁、促进多民族国家"大一统"的长期隐患，也为西汉王朝繁荣兴盛创造了有利条件。曾有历史学家认为，如果西汉采用武力威慑、暴力征服、疆域扩张等强硬手段，恐怕汉王朝的历史就会改写。

当代中国发展势头异常迅猛，正在以前所未有的速度走向世界舞台中央，向着中华民族伟大复兴目标坚实迈进。在世界一体化、经济全球化大背景下，中国究竟采取硬实力征服世界还是采取软实力悦服世界，是亟待做出的重大抉择。世界发展史昭示世人，西方依靠殖民扩张、武力侵略、霸权主义、强权政治领导世界的模式已经走到尽头，人类命运共同体理念必将大放异彩。新时代以来，中国智慧、中国方案、中国力量愈发受到全球重视就是一个生动证明。未来中国，在大踏步走向世界进程中，应该坚定不移运用和发挥老子"强大处下，柔弱处上"思想智慧，以崭新的姿态、创新的模式、全新的魅力赢得世界支持和拥护。在国际关系处理上，应该进一步秉持柔弱姿态、摒弃强横态度，秉持柔和风格、摒弃强制行为，秉持柔韧品质、摒弃强权文化。

秉持柔弱姿态，摒弃强横态度。强横就是骄横跋扈、蛮横无理、专横霸道，是不顾他人感受、不善换位思考、不管别人利益的野蛮姿态，本质就是倚强凌弱、以大欺小、以势压人。事实终将证明，强横态度既不得人心更不会长久。中国作为拥有五千年文明史的伟大古国，一向崇尚"以和为贵、以礼待人、以德服人"的和合文化，现在和将来永远都不能效法强横霸道者去做失道、违道的事情，即使未来国家硬实力发展达到了前所未有新高度，具备了"强"的资本和"横"的条件，也应保持中华民族温和内敛、宽和礼让待人接物的优秀品质。永远不能忘记曾经被列强强横欺辱的历史，始终坚持换位思考原则，自觉站在对方、站在公正立场上思考问题、谋划战略、制定政策。应始终坚持以柔软谦下姿态和智慧圆融艺术处理国际关系和对外事务，以独特的魅力影响世界、感召世界、悦服世界。对个体发展而言，应该深刻认识柔弱不是软弱，不是示弱，更不是懦弱的道理，深刻认清柔弱是一种底蕴深厚的处世智慧和人格修养；应始终坚信"柔弱暂时吃亏最终获益，暂时处下最终占上"的理念，透过表象看本质，立足现实想长远，不断涵养"柔弱"姿态。

秉持柔和风格，摒弃强制行为。强制就是采取某种强迫力量和暴力行动实施压迫、驱动和影响，以达到逼迫服从目的，本质是一种不屑商量、不容解释、不讲方法的霸道行径。当今世界有的国家试图以金融制裁、冻结合法资产、实施经济封锁等手段扰乱国际秩序的行为就是最典型的强制行为。尽管其依仗自身强大实力、以强制手段压迫其他国家屡屡得手，但这种做法不得人心，不会长久，终将自食其果。在国际关系处理上，应该讲究艺术和智慧，避免吃"眼前亏"。与个别霸权国家战略博弈，既要坚决反对强制的霸道行为，又要避免与其正面交锋、直接碰撞，防止对方变本加厉、孤注一掷，影响、损害国家发展整体进程和战略大局；与其他国家战略交往，应该始终坚持"有事大家商量、大事反复商量"原则，积极寻求国与国利益最大公约数，全面树立中国柔和文明的大国形象。对个体发展而言，应该深刻认识"强人所难必定适得其反、盛气凌人必定引人反感、勉为其难必定终无善果"的道理，做到设身处地、将心比心、推己及人认识问题、思考问题、处理问题。面对人民内部矛盾，应尽最大可能给对方留下余地、留下空间、留下面子，通过智慧和艺术妥善解决问题、化解矛盾、消除分歧。通常情况下，不必选择撕破面子之下策，而应选择留足面子之上策。

秉持柔韧品质，摒弃强权文化。强权就是凭借军事、政治、经济强大实力和优势地位，对别国实施干涉、欺压、侵略行为，是强横、强制向前演化的必然结果。强权一旦与国家政策策略相结合，极容易发展成为难以改变的霸道文化。强权文化必然催生强权政治，强权政治必然强化霸道思维，霸道思维必然强化强盗逻辑，必然对世界发展造成巨大危害。中华民族作为具有五千年优秀文化积淀的伟大民族，向来主张协和万邦、礼仪天下，具有忍辱负重、不屈不挠的优秀品格，既不畏惧也不迷信霸道行径、强权文化，历史上曾以柔韧、坚韧、强韧品质战胜了艰难万险和强敌入侵，谱写了一曲曲以柔克刚、以弱胜强的胜利赞歌，对此必须高度自信。在国际关系处理中，中国应保持柔韧定力，坚持走和平崛起道路，坚定地向世界许下现在不称霸、将来不称霸、永远不称霸的承诺，以切实的行动反对强权文化，赢得世界一切爱好和平的国家的支持和拥护；应主动推介深藏于中华民族血液中、骨髓里的和平、和睦、和谐"三和"文化，以让世界听得懂、听得顺、听得进的传播方式打消其他国家心头的疑虑顾虑，化解误解和偏见，在文明交流互鉴中竖起与强权文化完全不同的东方文明旗帜，涵养大国品格、培养大国品质、铸就大国品牌。对个体发展而言，应把培养柔韧品质作为战胜困难挫折、走出至暗时刻、练就反弹能力的关键内容。不断培养"忍"的意志、"忍"的毅力、"忍"的定力，防止不想忍、不能忍、不会忍而乱大谋，以"韧"的品性、"韧"的张力、"韧"的底蕴，杜绝功亏一篑、半途翻车、行百里半九十的悲剧发生。

# 第七十七章

遵循"平衡、权衡、守衡"天道法则,防止"分化、异化、恶化"人为灾难

### 老子原典

天之道,其犹张弓与?高者抑之,下者举之,有余者损之,不足者补之。天之道,损有余而补不足。人之道,则不然,损不足以奉有余。孰能以有余奉天下?唯有道者。是以圣人为而不恃,功成不处,其不欲见贤。

### 法融释典

天道运行,不偏不倚,至为公平。如同张弓射箭,高了压低、低了抬高、多余减去、不够补足,直到合适为止。天之道,以减损有余而补充不足,使二者中和平衡,消灭差别。人之道,则相反,以减损不足而奉给有余,不好雪中送炭,而喜锦上添花。谁能减损有余的豪富而救济不足的贫困者?只有天道和"替天行道"者才会这样做。天道"中平",人道相反,催生"两极分化"。只有防止两极分化,消灭悬殊差别,均贫富、等贵贱,这才合乎天道,符合社会发展规律。有道的圣人为天下谋福利而不自以为是,做出了伟大成就而不居功自傲,谦虚谨慎,含光内敛,不愿彰示自己的功劳和才干。

## 悟道鉴典

"天之道，损有余而补不足。人之道，则不然，损不足以奉有余。"老子通过解析射箭原理，深刻揭示了"损有余而补不足"的天道原理、"损不足以奉有余"的人道现象，告诫世人，治国安民必须遵循天道法则，保持社会平衡、权衡、守衡发展。

"天道'中平'，人道相反"，"只有防止两极分化"，"均贫富、等贵贱，这才合乎天道，符合社会发展规律"。法融道长通过天之道与人之道对比分析，进一步揭示了人道与天道做法截然相反，根源在于人喜好锦上添花而不愿雪中送炭，劝导世人，治国理政应该不断克服人道固有缺陷，遵循社会发展规律，以"平衡、权衡、守衡"之道，防止社会两极分化，努力避免"分化、异化、恶化"导致的人为灾难。

老子"社会财富不能过度集中集聚，避免两极分化生乱"的思想数千年以来流传不息，无论是资本主义国家，还是社会主义国家，在政策导向上普遍注重引导社会财富更加均衡，防止社会矛盾激化。但财富分配问题，自古以来就是一道基本无解的世界难题，"富者越富、贫者越贫"的怪圈从未打破。这既有经济规律、资本力量发生作用的客观原因，又有政策上防范两极分化力度、强度、准度不足的主观原因。有研究表明，随着国家经济发展，社会财富不断向少数人群集中，少数人占有社会巨量财富，这必将最终引发深层矛盾和危机爆发。中国经过四十多年的改革开放，经济实现了飞速增长，社会财富得到了巨大积累，但同时也出现了贫富差距逐渐拉大的问题：一大批私营企业主财富急速膨胀，成为巨富阶层；与此同时，贫困阶层人数依然不少。未来中国，在推进社会主义现代化强国建设进程中，应该积极借鉴老子"损有余而补不足"的天道思想，在国家发展过程中，更好地做到讲平衡、善权衡、求守衡，切实把两极分化的重大隐患防住、制住。

把握平衡规律防止两极分化。"千钧将一羽，轻重在平衡。"平衡思想是中国古典哲学思想精髓，它从源头上、本质上、人本上揭示了社会治理规律。中国几千年封建社会演变历史，就是一部由不平衡到平衡，再由平衡到不平衡的发展史，自古以来明君圣贤普遍深谙平衡思想的精髓真谛。中国共产党带领中国人民闹革命，就是因为不满在国民党独裁统治下，社会财富高度集中在"蒋宋孔陈"四大家族手里，人民大众食不果腹、衣不遮体、贫困潦倒的社会现状。中国共产党因此被激发出带领贫苦人民闹革命的信念，而他们也是通过土地改革，解决了社会贫富分化问题，获得百姓支持、爱戴、追随，最终夺取政权。毛泽东同志更是老子思想的践行者，是把握平衡的大家、智者，其著名的《论十大关系》，就是对平衡思想的高超运用和横向拓展。党的十九大做出了"我国社会主要矛盾已经转化为人民日益增长的美好生活需要和不平衡不充分的发展之间的矛盾"的重大判断，新时代中国，必须全面认清社会主要矛盾转化的时代背景和实践要求，坚持在顶层设计、政策导向上积极把握平衡规律，解决社会发展不平衡问题，在指导思想上端正对两极分化现象的认识。一要从战略高度认清两极分化严重危害。两极分化不是简单的财富占有、财富分配、财富统计问题，而是深层社会问题、国家治理矛盾、长期执政隐患，既关系到国家安定团结的政治局面，又关系到国家长治久安的事业全局，必须从战略上高度重视、慎之又慎。二要在政策导向上支撑缩小贫富差距理念。应该坚持既大力发展经济，又重视民生质量，防止"经济大步发展、百姓生活原地踏步"的情况发生；既坚持鼓励创造财富，又跟进兜底政策，防止贫富差距拉大；既坚持保护财富创造者，又鼓励财富创造者投身公益、回馈社会，防止社会仇富思潮和现象蔓延。三要在舆论方面倡导权衡思想反对平均主义。平衡与绝对平均，容易产生混淆，不能混为一谈。为确保平衡理念广泛深入人心，应该旗帜鲜明弘扬权衡思想，理直气壮反对平均主义，大力营造有利于创造财富的社会环境，坚决防止不劳而获群体打着"平均主义"旗号谋取私利。

善于权衡利弊防止矛盾异化。对财富创造者而言，创造财富和平衡财富永远是一对利益矛盾。对国家治理而言，兼顾创造财富和平衡财富永远是一道政策难题，如果把握不好、权衡失度，就会导致社会矛盾激化，甚至异化为百姓与政府、百姓与政党、百姓与政权之间的矛盾，最终引发政治危机。在建设中国特色社会主义进程中，应该更好地把创造与平衡利益的矛盾调节好、调适好、调整好，坚决堵住两极分化矛盾异化隐患。一要坚持以人民为中心思想。始终把最广大人民利益作为权衡利弊得失的基本点、出发点，确保国家发展与人民生活同步提高，从根本上平复贫困群体不平衡心理，深度化解怨气，维护稳定社会环境。二要合理区分劳动创造财富和资本创造财富的不同性质。应该在政策导向上，坚持平衡资本致富与劳动致富的相互关系，坚持"抑制资本致富，鼓励劳动致富"的基本方向，坚决防止资本财富累积过快导致社会矛盾异化。三要正确处理"做大蛋糕"与"分好蛋糕"的相互关系。在社会主义初级阶段，必须把做大蛋糕作为首要目标，把经济发展作为第一要务，同时也应最大限度把分蛋糕的事情办好、办实、办妥，防止"不患寡而患不均"观念异化生乱。

瞄准守衡目标防止问题恶化。两极分化必然导致社会深层矛盾异化，社会深层矛盾异化必然导致社会问题恶化。一旦社会矛盾出现恶化，国家治理难度必然加剧、社会发展必然受阻，甚至危及政权稳定。运用老子"平衡思想"，防止社会两极分化，应该致力瞄准守衡目标，坚决避免这些局面出现。一要建立动态预警机制。针对近年来我国出现的贫富差距日见悬殊问题，尽快建立以大数据为支撑的贫富差距社会风险早期预警机制，做到科学评估、及时预警、系统防范。二要建立动态反应机制。财富占有悬殊、利益分配不公，关乎每个人的切身利益，必然会通过各种渠道、各种形式、各种途径反映出来。应该高度重视人民群众的心理变化、思想变化、行为变化，做到早发现、早察觉、早重视、早应对，防止小矛盾演变成大问题、大问题演变成大灾难。三要增强宏观政策前瞻性。防止两极分化必须从长计议，既要立足解决眼前问题，又要着眼解决长远问题，增强政策的前瞻性和对社会的引导性。中国实行"让一部分人先富起来"的政策，已经走过了四十多年历程，毫无疑问，在这一政策引导下，一部分人率先进入了富裕阶层，甚至进入了巨富行列。本着社会主义共同富裕原则，未来中国，应抓紧启动"先富带后富"的政策安排，通过科学发挥税收杠杆作用和强化企业社会责任等多种政策，有序推动财富向更多人倾斜、扩散，进一步体现社会主义公平正义的价值观。

# 第七十八章

养"处下秉性、利他品性、守柔韧性"水之品质，入"能低能高、能舍能得、能屈能伸"自如境界

## 老子原典

天下柔弱莫过于水，而攻坚强者莫之能胜，其无以易之。故，柔胜刚，弱胜强，天下莫不知，莫能行。是以圣人云："受国之垢，是谓社稷主；受国不祥，是谓天下王。"正言若反。

## 法融释典

天下万物没有比水更柔弱的。水在方为方、在圆为圆，染红则红、染蓝则蓝，去高就下，顺其自然，可谓柔之至、弱之极。但攻坚克强的能力没有什么东西能胜过它。水斩关夺道、决堤冲坝、穿石毁物，无坚不摧、无所不至，这种性能没有什么东西能使其改变。

水至柔至弱，却可以战胜任何坚固强大的东西。天下人都知道"柔弱"的妙用，却很少人以此修身、治国、行万事。体性至柔，其用则刚；体性至弱，其用则强。天下人都懂得这个道理，

却很少有人实行。圣人有言："能承受全国性屈辱，才配做国家君主，能承受全国性灾患，才有资格做天下君王。"周武王为天下共怨征讨，将自身生存置之度外，罹受无数艰难，方才四海投归，天下共服。大禹为天下人民生息治水，三过家门而不入，千辛万苦，百姓拥戴。其命没，而民如丧其考妣（父母）。

柔能克刚，弱可胜强，能承受巨大屈辱和灾患才配做天下王。这听起来像在颠倒黑白说反话，其实这才是符合实际的至理名言和颠扑不破的不变真理。

## 悟道鉴典

"天下柔弱莫过于水，而攻坚强者莫之能胜"，"正言若反"。老子通过深入分析水的特质、品质、本质，揭示了柔能克刚、弱能胜强、下能制上的客观规律，告诫世人，只有真正经过屈辱、灾患、磨难之人，才能具有担当大任的能力，进而功成名就。

"体性至柔，其用则刚；体性至弱，其用则强。""柔能克刚，弱可胜强，能承受巨大屈辱和灾患才配做天下王。"法融道长通过进一步分析水之天性、品性、韧性，阐述了柔弱的巨大妙用，劝导世人，应该效法水"处下秉性、利他品性、守柔韧性"，涵养"能低能高、能舍能得、能屈能伸"之自如境界。

"上善若水"是老子对水至高无上的评价。"上善"二字是对水居高就下之姿态、利万物而不争之品质、滴水穿石之威力的高度赞美和褒扬。自古以来，无数仁人志士都把"上善若水"作为座右铭，但必须看到，真正能深谙其真谛的智者，仍然是凤毛麟角。现实生活中，大多数人被眼前利益、既得利益、个人利益所左右，在"低和高、舍与得、屈与伸"这道人生哲学命题前，往往选择有利位置、选择轻松易得、选择顺风顺水。然而，千真万确的是，柔能克刚、弱能胜强不仅已被自然规律所验证，也正在不断被人类社会实践所证实。美国第16任总统亚伯拉罕·林肯，仅接受过不到一年的小学教育，长期在底层奋斗磨炼，最终成为美国历史上最伟大的总统之一，演绎了一部低开高走的人生佳话；中国古代三皇五帝时期，大禹为了治理洪水，公而忘私，三过家门而不入，经过十三年抛家舍业、励精图治，最终完成了治水大业，不仅获得了舜帝禅位，而且留下了大舍大得的千古传奇；春秋末期，越国被吴国打败，越王勾践立志报仇，经过近二十年卧薪尝胆、艰苦奋斗，最终灭掉吴国，成为春秋时期最后一代霸主，谱写了一段能屈能伸、反败为胜的经典史诗。古今中外以下取上、以舍求得、以屈得伸，最终走向成功的经典案例启示人们，中华民族要实现伟大复兴梦想，必须砥砺艰苦奋斗、无私奉献、不屈不挠的民族精神、民族气质、民族品格，不断获取民族复兴的精神支撑和底蕴力量。新时代中国，应该结合公民道德教育和实践，从提高国家软实力高度，大力引导教育国民效法水的"处下秉性、利他品性、守柔韧性"，不断涵养"能低能高、能舍能得、能屈能伸"的自如境界，全面提高国民道德素质、奉献情怀、不屈精神。

涵养处下秉性以低求高。水不以居下为耻、不以处低为辱，而是心甘情愿在低洼处蓄势待发，这种不择环境、不择地势、不择条件的品质永远值得世人效仿。现今之世，相当多的人皆以争胜逞强为荣，以柔弱卑下为耻。缺乏道德涵养，心欲难平，因负气争胜求高而引起的心理、生理疾病与日俱增，已经成为社会现实问题。这种背道现象，不仅损伤自己性命，而且影响社会安定、腐蚀民众心灵。事实证明，从低处、弱处、微处着力发力走向成功，最坚实、最可靠、最令人敬佩，是一种大能力、真本事和无敌力量，而附带条件的成功必定难以服众、难以巩固、难以持久。中国人民正在进行新的伟大长征，开辟未来道路，需要一代又一代心甘情愿在艰苦环境、艰苦条件、艰苦岗位埋头苦干的奋斗者。应该引导教育国人特别是各级干部，主动到最艰苦的地方建功立业。既要牢固树立艰苦环境锻炼人、塑造人、成就人的奋斗理念，坚定从基层起步、从底层发力干事创业的决心；又要珍惜基层机会、积累基层工作经验、熟悉真实国情民情，打牢干事创业、人生发展的坚实根基；还要保持艰苦奋斗本色，做到无论身处何等位置，苦干实干精神不能丢、挑肥拣瘦作风不能有、拈轻怕重习气不能长。

　　涵养利他品性以舍求得。"水利万物而不争"，水以无私、无欲、无求的利他品性，既赢得了百谷之王的美誉，又拥有了无人能敌的力量。奉献者终不吃亏，付出终不白费，有舍有得、小舍小得、大舍大得，已成为公认的客观规律。不劳而获、贪得无厌、私欲膨胀者终将受到天道惩罚，同样成为公认的社会认知。利他能舍的本质既是无私奉献精神，又是人生成功智慧，核心是能够舍小利为大义、舍小家为大家、舍私利为公利。未来中国，应该引导教育国人特别是各级干部，既要树立正确的"舍得观"，认清舍与得的因果关系，坚信"有舍有得、小舍小得、大舍大得、不舍不得"的道理，不断厚积"舍"的哲学底蕴；又要牢固树立"奉献为基、奉献为本、奉献为先"的思想，通过自身努力、自身拼搏、自身奋斗，不断创造业绩、赢得尊重，坚决不做沽名钓誉、投机取巧、偷天之功而遭人唾弃的无道索取之事；还要自觉培养"敢舍"作风，抛弃私心杂念、局部利益、个人安危，关键时刻敢于站出来、危难时刻敢于冲上去、生死时刻敢于豁出去，以个人的小舍赢得全局的大得，展现华夏儿女应有的牺牲品格。

涵养守柔韧性以屈求伸。"流水虽小石必穿"，滴水穿石、斩关夺道、摧城溃堤，无不展现出水无坚不摧、无往不胜、无所不至的坚韧力量。不择栖地、甘于低处是水的常态，但经过千磨万击后总能展现出惊人的爆发力，形成一触即发、一泻千里、一鸣惊人的强大威力。实践证明，屈是伸的准备、铺垫和前奏，屈得越多、越大、越久，必定伸得更高、更广、更远。未来中国，应该引导教育国人特别是各级干部，既要把磨难当作真财富，把握磨难是成功"垫脚石、试金石、磨刀石"的真谛，领悟"天将降大任于斯人也，必先苦其心志、劳其筋骨、饿其体肤、空乏其身"的真理；又要树立正确的磨难观，人生有委屈、有挫折、有坎坷是常态，世上既没有一帆风顺的事业，也没有一帆风顺的人生，面对磨难应该淡定、从容、振作，不能怨天尤人、怨声载道、消极颓废；还要不断提高面对磨难、适应磨难、战胜磨难的能力，努力涵养能忍的意志、能屈的智慧、能扛的耐力，以积极心态、顽强斗志、拼搏作风，把内心委屈吞下去、把人生坎坷爬过去、把至暗时刻熬过去，最终赢得光明的未来。

# 第七十九章

"以善防怨、以善止怨、以善化怨"，"养善心、植善根、求善报"

### 老子原典

和大怨，必有余怨。安可以为善？是以圣人执左契而不责于人。故有德司契，无德司彻。天道无亲，常与善人。

### 法融释典

人若利欲熏心、争权夺利、尔虞我诈、互相攻伐，必结怨结仇。一旦怨仇产生，即使设法和解，仍会遗留余恨。先种怨、再和解，不是最根本、最妥善的解决办法。

人若能去掉私欲和分外的贪心，充其自然之善，必能不求和怨而怨自和。契乃借财物之文约，一纸分为两半，左半张由债权人持留，右半张由债务人收存。债务到期偿还时，须持右半张与债权人所持左半张相合以求信。始借时借债人必然感激出借人，还债时仍由借债人自行持约偿还。不论借与还，均非出借人有意求和，如此岂有致怨之处？因此，有德者好比持左契的债权人一样，先施惠于人，使人在无形中感恩戴德，必然不求和而自和。

无德者，如同收税的，本未施善于人，却向人索取，必致万民恨之在心、怨之在口。天道公正无私、无所偏爱、一视同仁，种恶得恶、种善得善，惩罚恶者、救助善者。

## 悟道鉴典

"和大怨，必有余怨"，"天道无亲，常与善人"。老子以借钱和收税为喻，把施恩于先的债权人比作有德之人，把从未施恩只顾索取的收税人比作无德之人，深刻揭示了因利欲产生的重大冤仇，即便采取和解措施仍将留有余恨，无法达到和怨而怨自和这一愿望的深刻道理，告诫世人，应坚持以善心为上的天道之法防止怨恨产生，才是避免怨积仇增的治本之道。

"人若能去掉私欲和分外的贪心，充其自然之善，必能不求和怨而怨自和。""天道公正无私、无所偏爱、一视同仁，种恶得恶、种善得善，惩罚恶者、救助善者。"法融道长阐述了有德者和无德者的根本区别在于是施恩还是索取，揭示了施恩于先，必能使人感恩在心，索取在先，必将使人心生怨恨的正反结果，劝导世人，应该争做有德之人，既以善防怨，又以善止怨，还以善化怨，通过养善心去植善根、得善报。

怨，是指心与心之间的裂缝、伤痕与隔膜，是一种越积越深、越积越重、越积越多的负能量。轻则伤和气，重则失和谐，甚至会引发风险、触发危险。老子从道的角度早早提出了防怨、止怨、化怨的治本之策。然而，自古以来，信奉有仇报仇、有怨报怨、冤冤相报理念者始终大有人在，在某个时期甚至大有市场。相反，坚持以善止怨、以善化怨、以善报怨者始终相对稀缺，属于少数。

古今中外众多经典案例反复证明，以善心善意、善行善举，能够止怨化怨，甚至还能收到化干戈为玉帛的神奇效果。中国历史上，李世民与魏徵、齐桓公与管仲、蔺相如与廉颇的传奇故事，就是有力佐证。应该看到，当代中国和谐社会建设尽管取得了巨大成绩，但不和谐、不协调、不友善问题还普遍存在，百姓的怨气、怨恨，甚至怨仇还有不少，有的问题还比较尖锐，很容易演变成"火药桶"。应该坚持多措并举、协同发力，用心用情，做好化怨促和工作，积极借鉴老子"以善防怨、以善止怨、以善化怨"思想，引导国人养善心防怨埋种、植善根防怨蔓延、求善报防怨恶化。

养善心防怨埋种。怨气、怨恨、怨仇，无论对人际关系还是社会稳定，都是一种巨大的负能量和破坏力。怨是恨、恼、怒、烦之源，不仅伤和气、伤感情，而且伤身体、伤心灵。古人曾有"积怨畜祸"之说，民间也有"冤不可极、怨不可积"的说法。如果人与人的怨恨演变成社会积怨，不仅会影响公共生活，而且会威胁社会秩序，甚至会引发社会危机和社会动乱，危害巨大。正因如此，孟子就曾主张以民众是否有积怨作为衡量统治者有道与否的客观标准。由于怨不同于一般意义的矛盾、隔阂和裂缝，属于伤筋动骨的伤害，一旦埋下怨恨种子，就会有生根发芽的可能，甚至最终结出恶果，即使采取方法一时止怨、化怨，也很难拔掉怨根。怨的这一特点，决定了必须把防怨埋种作为治本之道。新时代中国，应该结合公民道德教育和实践，引导教育国人自觉在养善心防怨埋种上下功夫。首先，应该积极倡导以善防怨理念。认清怨的根源、怨的危害、怨的后果，明白施善于先是防止怨恨产生的根本之策，让全体国民争做行善者、先善者、施善者。其次，应该强化与人为善意识。提高施善于先的觉悟，形成崇善、向善、行善自觉，将善念、善意、善愿真正内化于心、外化于形。再次，应该自觉摒弃从众心理。培养向善心态，摒除不善行为影响，从自身做起、从点滴做起、从小善做起，让善永驻心灵。

植善根防怨蔓延。"善不可失，恶不可长。"彻底铲除怨"种"生长土壤是理想化、不现实的想法，社会矛盾的普遍性决定了怨无处不在、无时不有，关键是在怨产生之后如何控制怨"种"生长速度，防止怨恨蔓延滋长，有效清除怨恨的负面能量、有效消除怨恨的负面影响、有效消敛怨恨的负面危害。一要引导教育国人正确对待怨气、怨恨、怨仇。树立防止怨扩大化的理念，从控制怨气起步，防止怨气发展成怨恨，甚至怨仇，还要防止怨恨无限扩展，波及他人和社会，尽最大可能把怨扼制在萌芽状态。二要引导教育怨恨主客体主动反思自身问题、查找自身原因。积极寻找止怨时机、止怨方法、止怨对策，本着"冤家宜解不宜结"的出发点，主动释放善意、拿出行动，消除隔阂、实现互谅。三要引导教育国人坚信"做好事心不亏，做好人人无愧""善有善报，恶有恶报"的理念。坚持深扎善根，保持善的动念、善的姿态、善的行动，把以善止怨进行到底，无论怨有多重、恨有多深，都要防止怨恨朝着恶化方向发展，避免采取以暴制暴、以牙还牙、以眼还眼的失控方法。

求善报防怨恶化。怨恨任其蔓延必然滑向水火不容、势不两立、一触即发的危险境地。在这种境况下，坚持以善化怨将非常困难，需要以大善之心支撑化怨信念和行动。大善是修善的最高境界，离开了格局、境界、情怀支撑，不可能达到大善高度，但不能因为大善难成而放弃化怨，否则局面将不可收拾、后果不堪设想。一要引导教育国人积极涵养大善境界。不断提升做人格局和情怀，坚信"善恶有报""常行善、行大善，必有常报、必有大报"的天道规律。二要引导教育国人把握爱恨相互转换规律。既要努力善爱他人，又要学会忘记仇恨，通过提升格局打开心扉、打开心结、打开心锁，使怨恨在善行中逐渐消融。三要引导教育国人做好"化"字文章。在思想深处、心灵深处、灵魂深处不断筑牢积善扬善根基，提高劝诫施恶者改邪归正、弃恶从善、弃暗投明的能力，形成共同化怨的合力。

# 第八十章

## 反对"图霸、争霸、称霸"霸权思维,崇尚"和平、和睦、和谐"和合文化

### 老子原典

小国寡民。使有什伯之器而不用,使民重死而不远徙。虽有舟舆,无所乘之;虽有甲兵,无所陈之;使民复结绳而用之。甘其食,美其服,安其居,乐其俗。邻国相望,鸡犬之声相闻,民至老死不相往来。

### 法融释典

国小就小,民少就少。欲立大国,图创霸业,必然要发动战争,互相兼并、互相残杀,给天下人民带来灾难。如果安于国小民少之现状,安守本分,与他国和谐相处,就不会有战争。没有战争,刀枪铠甲就派不上用场。百姓就会各安本分,不贪身外之物,珍惜生命,更不会颠沛流离。没有战争,虽有战车和战船,但同样派不上用场;虽然拥有披甲戴盔的战士,也不需要在边境大量陈兵。这样百姓就能尽享淳厚素朴的天然之乐,如同回到上古结绳记事那个淳朴时代。

没有战争,各国根据各自所处的地理、物产条件,享用自产

的粮食就会感到香甜可口，身穿自制的服装自觉舒适美观，居于自建的房舍自然心安理得，实行自己的风土民俗就会感到快乐。如同自给自足之自治体，没有贫富之分，没有贵贱之别，各尽所能，各得其所，国与国之间相安无事，人与人之间和睦相处，因为没有战马嘶鸣之声，鸡鸣狗叫的自然之音都能清晰听到，呈现天下太平、万民康乐之景象。

## 悟道鉴典

"小国寡民"，"邻国相望，鸡犬之声相闻，民至老死不相往来"。老子通过分析当时诸侯各国为图霸业而实施侵略扩张造成的严重危害，鲜明提出了反战争、反扩张、反争霸的反战思想，告诫世人，人类应该远离战争，国与国之间应和平相处、人与人之间应各得其所，追求太平康乐世界。

"国小就小，民少就少。欲立大国，图创霸业，必然要发动战争，互相兼并、互相残杀，给天下人民带来灾难"；"没有战争，刀枪铠甲就派不上用场"，"如同回到上古结绳记事那个淳朴时代"，"没有贫富之分，没有贵贱之别，各尽所能，各得其所，国与国之间相安无事，人与人之间和睦相处"。法融道长深刻分析了小国争霸、侵略扩张产生的灾难和互不侵犯、远离战争给百姓带来的幸福，描绘了没有贫富之分、贵贱之别，各尽所能，各得其所的理想国图景，劝导世人，为了满足自身欲望的"图霸、争霸、称霸"行为违道而不可取，坚持"和平、和睦、和谐"大爱思想循道并应推崇。

老子"小国寡民"思想可以说是人类反战思想的最早启蒙；

"鸡犬之声相闻，民至老死不相往来"的景象描绘，是中华民族致力建设大同世界的思想萌芽和文化起源。在当今"地球村"的现实语境和"人类命运共同体"理念下，老子的反战思想更是彰显了穿越时空、跨越国界的时代价值和智慧光芒。纵观世界近代史，就是一部扩张与反扩张、侵略与反侵略、霸权与反霸权的斗争史，即使二战后世界整体上进入了一个相对和平的发展时期，但地区冲突、局部战争、霸权行径依然此起彼伏，世界并不安定、天下并不太平。近年来，冷战思维更是抬头，地缘政治博弈加剧，小国谋扩张、大国图霸权，竞相斗狠愈演愈烈，世界进入了更加不确定、不可测、不太平的新阶段。毫无疑问，好战思想、扩张思维、霸权主义已成为威胁世界和平、影响社会进步、损害人类福祉的最大祸根。随着中国综合国力的显著增强，尤其是经济实力和军事实力的快速跃升，世界影响力、带动力、引领力也与日俱增。作为负责任的大国、东方文明大国、坚持反对霸权思想的新兴大国，在人类发展的十字路口，理应更加积极主动地担负起推动大同世界发展的历史使命，坚定不移、一往无前、充满自信地运用"构建人类命运共同体"这一最高层次的反战思想，辐射世界、渗透世界、引领世界。未来中国，无论发展到何种程度，都要始终坚持永不图霸、永不争霸、永不称霸，真正成为世界和平、人类和谐、天下太平的积极力量、推动力量和砥柱力量。

根除"以霸图强"思想。中国在国际舞台上承诺永不称霸，这不是一句简单承诺，而是经过深思熟虑做出的战略选择。坚定不移践行这一国家战略，应该首先在思想深处，打牢永不称霸思想根基，在灵魂深处，彻底根除"以霸图强"思想。否则，在长期践行过程中容易受到干扰、影响和动摇。一要牢固树立"'以霸图强'别国行得通、中国行不通"的思想理念。中国的国体性质、立国思想、文化传统、屈辱遭遇等综合因素，决定了中国永远不能有"以霸图强"思维，应该在国家和政党制度顶层设计中，旗帜鲜明体现反对"以霸图强"思维，从制度上确保坚定不移走和平崛起道路。二要牢固树立"'以霸图强'可能一时通、终究走不通"的思想理念。历史上的葡萄牙、西班牙、荷兰、德国、日本、英国、苏联等国家，为谋取霸权大肆侵略扩张，最终都以失败收场的前车之鉴警示中国：靠侵略扩张、搞霸权主义必定好景不长，终将自食恶果。任何时候应该牢记历史教训，加强历史文化教育，使其成为国民共识，切实打牢反对"以霸图强"的思想基础和社会基础。三要牢固树立"'以霸图强'表面走得通、根本走不通"的思想理念。世界发展史生动表明，没有永恒的霸权。老霸权被新霸权取代、小霸权被大霸权碾压、大霸权为自身所累终被拖垮，是一条不可抗拒的历史规律。当今世界，虽然美国已经称霸世界近百年，但多极世界的滚滚洪流正在加速到来，全世界和平力量埋葬强权政治正在迎来转折前的黎明。中国要实现长治久安，必须立足根本、遵循规律，致力走出一条与"以霸图强"完全不同的强国兴盛之路。

杜绝"争霸逐强"行为。和平发展虽然是当今世界主题，但是霸权主义、强权政治、扩张思维依然调门很高、市场很大、诱惑力很强，稍有犹豫、略有动摇，就有可能滑入"争霸逐强"泥潭。未来中国，在坚决根除"以霸图强"错误理念基础上，还应该采取更加有力的措施，坚定走和平发展道路的定力和毅力。一要坚决杜绝参加任何军备竞赛。参加军备竞赛，就是滑向争霸的开端，一旦卷入必将难以自拔。无论在任何情况下，都必须自觉与任何形式的军备竞赛隔绝、绝缘。二要坚定不移奉行不结盟战略。不结盟是走独立自主和平发展道路的基本保证。任何情况下，都必须自觉摒弃结盟思维，给自己留有战略回旋余地，把国家命运真正掌握在自己手中。三要始终站在正义和道义一边。在参与国际事务进程中，应始终坚持以正义和道义为判断标准和行动标准，无论对友好国家还是对有矛盾的国家，甚至对有敌意的国家，不论亲疏远近，只论是非曲直。在任何情况下，都要坚持把和平正义的大旗立起来、举起来、扛起来。

践行"永不称霸"承诺。不称霸思想源自中国文化"和"基因，也是毛泽东思想的精髓之一。中华人民共和国成立七十多年来，始终坚守和践行"不称霸"战略，得到了世界一切爱好和平国家的肯定和信任，成为世界和平发展的典范和重要推动力量。但是，少数西方国家出于自身偏见和不良图谋，不断散布"中国威胁论"，大肆抹黑中国永不称霸的承诺和努力。在如此现实背景下，中国应该更加坚决践行"永不称霸"战略思想，以爱好和平、维护和平、促进和平的实际行动，回击阴谋、戳穿阴谋、粉碎阴谋。一要坚持以行动回击来自西方世界的造谣污蔑。行动是对造谣和污蔑最有力的回击。针对"中国威胁论"甚嚣尘上的趋势，应该积极借鉴老子"信言不美，美言不信""善者不辩，辩者不善"的智慧，减少意义不大、效果不佳的"嘴仗"，在采取必要回应和解释的同时，把着力点更多放在多做和平努力上，以实际行动消弭"中国威胁论"负面影响，展示中国永不称霸大国形象。

二要坚持履行中国共产党神圣使命，坚定构建人类命运共同体。为中国人民谋幸福、为中华民族谋复兴，是中国共产党神圣使命的全面内涵。在国际交往和推进世界发展中，应该牢记使命，在造福人民、振兴民族的同时，坚定构建人类命运共同体。应该根据国力基础，力所能及地支持、帮助有困难的国家，积极履行国际和平义务。在世界面临危机之时，应该充分体现大国担当，挺身而出，既以实际行动证明中国不谋求霸权，又以实际行动彰显中国的天下情怀。三要完善建立永不称霸接力传承的制度机制。中国向前发展的趋势不可阻挡，中国走向世界舞台中央的进程正在加快，实现中华民族伟大复兴的梦想终将成真。未来中国，应该以长治久安、基业长青为指引，尽快完善机制，建立确保永不称霸战略全面落实落地、能够代代相传的制度，以保证在建设社会主义现代化强国进程中不称霸，还要确保社会主义现代化强国建成后永不称霸，切实把"永不称霸"思想，渗透到中国人民血液中，融入到中华文化基因中，以全面的中国自信、中国担当、中国智慧、中国情怀取信全世界、全人类。

# 第八十一章

向往"只唯真、只唯实、只唯爱"圣心,追求"为大众、益大众、爱大众"境界

### 老子原典

信言不美,美言不信;善者不辩,辩者不善;知者不博,博者不知。圣人不积。既以为人,己愈有;既以与人,己愈多。天之道,利而不害;圣人之道,为而不争。

### 法融释典

有德之人,外行庄重、内心真诚,言语虽不悦耳动听但诚实真朴;无德之人,外行轻躁、内心狡诈,言语虽动听悦耳但未必真实可信;有道之人,德充其内、含光内敛,不好哗众取宠与人争辩;无道之人,自作聪明、口巧舌辩,却未必真知善辩;体道之人,深明万物之性、宇宙玄理,通于执本驭末、执简驭繁、举纲张目,不奔逐于外,追逐粗浅外在之学,有真知而未必博学;博学之人,知其末而不知其本、知其徼而不知其妙,看似博学,未必有真知。圣人与常人不同,不积攒财货,只积攒德性,对百姓贡献越大就越感满足,给予百姓的越多就越感富有。

天道自然，生养万物而不宰制，有利于万物而不加害。圣人大爱，为民造福而不求报，为天下奉献而不索取。

## 悟道鉴典

"美言不信"、"辩者不善"、"博者不知"、"圣人不积"。"圣人之道，为而不争。"老子用"不信""不善""不知""不积"四个关键词，高度概括了圣人有别于常人的优秀品质——讲真言、干真事、求真知、有真爱，告诫世人，应该仿效为而不争的圣人之道，只唯真不唯巧、只唯实不唯虚、只唯爱不唯私，做到心有大爱、奉献社会、造福大众。

"圣人与常人不同，不积攒财货，只积攒德性，对百姓贡献越大就越感满足，给予百姓的越多就越感富有"，"为民造福而不求报，为天下奉献而不索取"。法融道长通过进一步阐析美言不信、辩者不善、博者不知、圣人不积的深层原因，揭示了圣人不图表、不图名、不图利，只求真、只求善、只求实的品质特征。劝导世人，应该追求向圣之心，向真、求真、为真，向实、求实、为实，向爱、友爱、撒爱，光大为了大众、行益大众、施爱大众的善行、美行、圣行。

自古以来，华夏子孙向圣之心代代相传，崇拜圣贤、仿效圣贤、追随圣贤、成为圣贤，一直是仁人志士孜孜以求的理想目标。但究竟什么是"圣人"，怎样才能成为"圣人"，始终是仁者见仁、智者见智，没有形成公认、统一的评判标准，其根本原因在于对圣人的神仙化、神秘化塑造，使圣人形象变得虚无缥缈、能力吹得神乎其神、精神扬得高不可攀，无法效仿学习，从而使向圣之心的培养实践根本无法落地。然而，早在几千年前，老子就对圣人标准做出了高度凝练，概括起来就是"圣人不积""为而不争"八个字。圣人本质就是不积累财货而积累德性，为民谋利造福而不争回报名利。纵观历代名人圣贤，尽管身上的优秀品质诸多，但最根本、最核心、最宝贵的品质，主要集中在"先天下之忧而忧，后天下之乐而乐""心有大爱、心怀众生、心系天下"上。以毛泽东同志为主要代表的中国共产党、中华人民共和国、中国人民解放军的缔造者们，就是老子笔下杰出圣贤的代表。毫无疑问，追求向圣之心是一种无比强大的精神力量，在新时代建设社会主义现代化强国进程中，特别需要这种向圣精神，特别需要向真、向善、向实，热爱大众、忠于大众、奉献大众，一切为了大众的大爱情怀和天下情怀。未来中国，应该客观审视向圣文化在中华优秀文化传承过程中存在的缺失和不足，切实站在为中国人民谋幸福、为中华民族谋复兴的使命高度，更好地把向圣文化旗帜高高举起，进一步打牢中华民族接力奋斗、开创未来的精神基础。

只唯真、忌唯巧，全心全意为大众。"真"字是圣贤最鲜明的特质。圣贤讲真话、办真事、求真效，不投机、不取巧、不作假；圣贤追求真理、坚守正义、坚走正道，不取悦于人、不算计于人、不轻慢于人；圣贤心里装着他人、装着众人、装着世人，理想远大、格局宏大、情怀博大。未来中国，在公民道德教育和实践中，要引导国人特别是各级干部，追求唯真忌巧，培养全心全意为大众的情怀。一要向圣贤学追求真理、遵循规律的真心。追求真理、遵循规律是所有圣贤最突出的品质，表现为追求真理而不盲从权威，遵循规律而不迷信经验，尊重事实而不夸大自欺。应该引导教育国人特别是各级干部，无论在什么情况下，应该做到追求真理、为真理而战、为真理奋斗到底；应该遵循规律、按规律谋事、按规律办事、按规律成事，而不盲目行事、盲目蛮干、盲目作为，保证干事创业、人生成长大方向不偏、不离、不移。二要向圣贤学怀抱信仰、矢志不渝的真念。具有坚定信仰、坚强毅力、坚持耐力是圣贤的共有特征，突出表现在心有信仰、追求信仰、践行信仰，能够排除干扰、抵制诱惑、跨越羁绊，无论遇到什么困难，都能做到不气馁、不放下、不转向。应该引导教育国人特别是各级干部，自觉做到历尽挫折磨难而追求圣人之心不改、屡立功劳却屡遭构陷仍坚守本心不变、命运不公仍坚守立功立德立言"三不朽"不移。三要向圣贤学坚走正路、不入小路的真道。正路就是正道、符合天道规律之道，而不是充满凡人欲念的利己之道、违背天道规律之道。坚走正道终得天佑，巧走小道终受天罚。应该引导教育国人特别是各级干部，自觉敬畏天道、顺应天道、践行天道，不能利欲熏心而走小道、抄近道、玩歪道，不断提升做人做事格局、敬畏因果报应规律、摒弃侥幸心理，始终在正道上谋作为、求作为、有作为。

只唯实、忌唯虚，真干实干益大众。"实"字是圣贤又一鲜明特质，真实而不虚伪、求实而不弄假、扎实而不浮夸、朴实而不虚浮，谋得实、干得实、成得实，以真干实干惠及大众，不图虚华、不求虚名、不做虚功。一要打牢求真务实思想。只唯实、不唯虚，首要的是树立"求真务实"指导思想，坚守思想求实、工作扎实、行为朴实、成果殷实的基本原则，坚决防止形式主义、表面文章、弄虚作假等恶劣作风。应该引导教育国人特别是各级干部，坚持长期艰苦奋斗之实、抓好发展第一要务之实、确保广大人民利益之实，以真作为求真业绩、以真本事谋真发展、以真成效获真支持。二要树立真干实干作风。坚决杜绝官僚主义、形式主义不正之风和欺骗百姓的虚假工程、虚伪业绩。应该引导教育国人特别是各级干部，对人民群众永远不能开空头支票，永远不能有投机取巧、欺诈敲诈的行为，永远不能虚张声势、虚骄恃气、虚情假意，切实把工作做实、做细、做精、做好。三要创造货真价实业绩。牢固树立科学的发展观、正确的政绩观、自然的进步观，努力创造经得起时间、实践、历史检验的真业绩。应该引导教育国人特别是各级干部，树立"功成不必在我、功成必定有我"的大局观，坚决避免为了个人政绩滥用人力、物力、权力，搞表面繁荣、脆弱繁荣、透支繁荣、虚假繁荣，追求体量虚胖发展、无视规律任性发展、寅吃卯粮透支发展。

只唯公、忌唯私，真心实意爱大众。圣贤之人以天下为公，以苍生为念，不为私、不谋私、不徇私，对世界万物播撒爱、倾注爱、奉献爱，从不为个人利益所动，也不为人性私欲所困，更不为世俗名声所扰，真心实意关爱人民、热爱人民、挚爱人民。在涵养只唯真、忌唯巧，只唯实、忌唯虚圣贤品质的同时，还应该引导教育国人特别是各级干部，自觉以真诚之心、善良之心、永恒之心善待人民、厚待人民、优待人民。一要培养真诚之心。对人民群众有爱首先体现在是否有真情实感上，虚情假意是对爱的最大亵渎。应该引导教育国人特别是各级干部，自觉摆正与人民群众的关系，既要以诚相待、平等相处、和睦共处，又要真诚听取意见建议、真诚汲取智慧营养、真诚相信放手使用、真诚依靠发挥作用。二要培养善良之心。对人民群众善良是有爱心的根本标志，对人民群众偷奸耍滑是对爱的最大伤害。应该引导教育国人特别是各级干部，自觉从善念出发，多释善意、多做善行、多施善心、多结善果。既要关心困难群众疾苦，又要关心广大群众生活；既要提高广大群众物质生活水平，又要提高广大群众精神生活质量；既要立足解决人民群众眼前问题，又要不断满足人民群众对美好生活向往。三要培养永恒之心。对人民群众有大爱不能半心半意、三心二意，而应一心一意、全心全意。应该引导教育国人特别是各级干部，树立毕生为人民群众服务的雄心壮志，不断端正态度、端正作风，培养韧性、培养毅力，慎终如始、坚持一贯，切实把爱人民群众当作永恒追求、毕生追求，努力成为人民群众的贴心人、知心人、可心人。

# 后 记

　　回望人类进入新千年以来的二十年历程，不难看到世界并没有像人们最初祈愿的那样：新世纪、新希望、新未来！相反，二次世界大战后形成的全球治理体系频现失序、失焦、失灵危险，从种族矛盾到地区冲突，从难民危机到气候变化，从恐怖主义到金融风险，从军备竞赛到核武器扩散，全球治理赤字日益凸显。政治领域，随着美国不断"退群"，世界秩序日益混乱、治理效能日益衰弱、治理权威日益下降，"丛林法则"恶性回潮。军事领域，地缘政治博弈白热化，强国欺压弱国，大国霸凌小国，富国剥削穷国等失道离德事件司空见惯，为一己私利而做出不顾道义、不顾正义、不顾仁义的无道无良之事的行为屡见不鲜。经济领域，2008年全球金融危机重创了世界经济发展根基，寅吃卯粮下的政府债务危机积重难返、社会阶层贫富差距日益拉大、金融泡沫膨胀濒临破裂边缘。贸易保护主义、区域保护主义、国家保护主义重新抬头，零和博弈、你输我赢、你死我活的强盗逻辑沉渣泛起，国家竞争进入不择手段的危险境地。自然生态领域，过度捕捞和砍伐导致生物多样性锐减和生态失衡，过度工业生产导致多形态环境污染，过度采掘开发导致能源资源衰竭，地球出现了前所未有的生态危机、环境危机和资源危机。科技领域，随着科技日益发展与应用，负面作用越来越引发关注和预警，既蕴藏着核电站与核武器引发的战争危机和军备危机，又埋藏着工业革命带来的环境危机和能源危机，还潜藏着生物技术触发的伦理危机和道德危机。同时，新一轮科技革命加速突破，未来基因工程、人工智能、太空开发等颠覆性技术在推动人类进步同时，增加了人类发生毁灭性灾难的风险。

令世人更为担忧的是，全球领袖危机日益严重。有的国家领导人如"走马灯"般轮换，年年换相；有的国家领导人陷入"政坛魔咒"，退出舞台就身陷囹圄；有的国家领导人耄耋高龄复位，尽显后继无人颓势；有的国家政治素人异军突起，执政后洋相百出，令人大跌眼镜。特别是个别国家领导人，严重缺失领袖人物必备的基本道德水准和能力水平，存在严重的性格和能力缺陷，不断自导自演、自吹自擂、自弃诚信，上演强横野蛮、霸道霸凌、扰乱世界的人间"闹剧"。在如此错综复杂的危局下，地球在呻吟，世界在彷徨，人类在呼唤，世人在呐喊：未来之路究竟在何方？

2019年以来，世界冲突和矛盾更是逼近新的临界点和饱和点，"黑天鹅""灰犀牛"事件层出不穷。美国总统特朗普遭众议院弹劾、法国爆发"黄马甲"运动、多国卷入叙利亚战争。特别是进入2020年后，世界几乎每天都在刷新历史。新冠肺炎疫情全球大爆发、国际油价史无前例出现"负值"等等，使世界进入了更加复杂、更加严峻、更加叵测的危机时期。

当下中国，尽管继续保持着"这边风景独好"的发展局面和政通人和的发展势头，但也必须看到许多深层次问题尚未得到根本解决。经济发展上，人口、资源、环境矛盾呈现加剧趋势，传统增长方式和新发展理念仍在深度博弈；社会风气上，追求物质、追求奢侈、追求享受之风尚未从根本上遏制，道德缺失、诚信缺失、信仰缺失问题尚未从根本上扭转；吏治建设上，不知敬畏、不知收敛、不知自止的冒天下之大不韪者，在反腐利剑高悬之下仍试图浑水摸鱼、铤而走险、以身试法。在我身边和周围竟然还发生了利用组织名义和公共权力，堂而皇之挑战正义、陷害忠良的恶劣事件，让人扼腕叹息、倍感痛心。

在这些国际困局、国内问题、亲身经历的交织之下，我从心底萌发出了一股强大的求本索源动力，它催促着我尽快搞清楚这个世界到底怎么了？社会怎么了？人怎么了？怎样才能破局化解？通过一段时间静心思考，我深深感到：当今世界发生的种种危机，实质是全球性价值观危机；当下时代发生的种种问题，根源是人类自身出了问题，而问题核心之核心，是人的道德出了问题。正是因为失道离德，导致了人类认知不明、是非不清、善恶不辨、美丑不分现象发生，导致了部分领导干部心无敬畏、为所欲为、无视法纪问题出现，导致了个别国家领导人不守底线、不讲诚信、跋扈猖狂行为频发，进而导致了社会价值观混乱、国家价值观冲突、世界局势动荡不安。我认为，解决世界正在面临的大危机、大冲突、大矛盾，解决国内一切深层问题和现实难题，应该回归到人这个推动世界发展的能动性主体上，应该回归到思想这个一切行为的本质源头上，探求本始性、本源性、本根性解决之道。这个"道"，不是普通治世道理、治世规则、治世法律，而是超越宗教、国家、政党、阶层界限和一切文化意识形态纷争，能够被全人类普遍认可、共同遵守、共同践行的大道和王道。

天道人德作为一切文化灵魂与根蒂，属于放之四海而皆准、颠扑不破的真理范畴。宇宙万物，森罗万象，芸芸众生，既由"道德"运化，"道德"又蕴涵其中。在自然界中，山川动植，有道即生；胎卵湿化，离道即亡。在人间社会，得道多助，失道寡助；寡助之至，亲戚畔之；多助之至，天下顺之。在国家治理中，合道国泰民安，失道民叛国倾。人类社会发展规律不断证明，天道人德既是宇宙运化万物唯一能量，又是万事万物演化发展本源力量。

中国古代大圣人、大思想家、大哲学家老子以"道"为核心概念，以"道法自然""尊道贵德""清静无为"等为基本原则，创建了中国思想史上第一个系统探究世界"始源"问题的哲学理论体系。所撰五千字皇著《道德经》探讨了宇宙形成、自然规律、国家治理、身心修养等一系列重大问题，揭示了天道、人道、治道、兵道等真理规律。孙中山先生曾有"有道德始有国家，有道德始成世界"的高度评价，许多中外思想家、哲学家曾有"解决一切时代问题都可从《道德经》中找到答案"的真切呼唤。据统计，十六世纪以来，《道德经》在西方的发行量仅次于《圣经》。西方人之所以迷恋东方道文化思想，就是因为可以从中找到普遍认同的世界观和价值观。正是在这样的启发下，我决心从老子

《道德经》中挖掘时代价值，汲取智慧力量，形成较为系统的治世思考，撰写一部以《道德经》的思想智慧为借鉴，为治理现实世界提供启示、启发、启迪的专著。

《道德经》对我而言，既不陌生又陌生，不陌生在于从小就有所接触，背诵过其中名言警句，陌生在于从未进行过系统研究和透彻思考，对其内涵理解尚显肤浅。开始研究时，如读天书、如坠云雾，难以深入。随着反复研习、反复思考、反复领悟，终于偶有所得，如同一路跌跌撞撞，终归曲径通幽，行至柳暗花明、鸟语花香处一般，在心灵深处打开了一扇天窗，豁然开朗。在研究领悟过程中，我研读了大量《道德经》经典译本释本，应该说各有特色，各有千秋，但令我眼前一亮的是，中国道教协会前会长、世界著名文化学者任法融道长所著《道德经释义》自成一派、独树一帜、精准到位。我之所悟与大师释义很多地方不谋而合，让我顿生神交已久之感。于是征得法融道长同意，我决定通过重温老子经典、借鉴名人释典、深入悟道鉴典的层层递进方式，创作一部《道德经新鉴》，借鉴传统东方智慧探索解决时代新命题，同时希望借此时代新探索激发传统东方文化之不竭时代生命力，实现思想、学术、理论探究的新跨越。

学习研究《道德经》的过程是一段不断领悟、开悟、幡悟并渐入佳境的升华历程。无数次令我忘情感叹：老子思想确实博大精深、奥妙无穷，不愧为人类历史上的一位伟大思想家。如果人类借鉴老子思想谋事行事，世界绝不会陷入今日之困境，更不会出现今日之危局。尤其令我感慨的是，老子收笔于第八十一章，其内涵极其玄妙、极其奥妙、极其奇妙。"八十一"暗含"九九"之意,"九"在中国传统文化中是一个神奇数字,被认为是一个至阳虚数、极数,既代表最多、无数,又代表终极、本初,最为典型的就是"九九归一"和"九九八十一难"之说。我无数次大胆揣测,老子著作《道德经》八十一章恐要昭告世人:《道德经》传递的是人类终极的思想和智慧,道德是宇宙间永远不可战胜的本源力量。同时暗示世人:《道德经》属于无数磨难、痛苦、坎坷沉淀的结晶,是历经千辛万苦、千难万难、向圣不止的开悟之作,是只有那些历经人生苦难、人生挫折、人生坎坷而不低头的"向道之士",才能由衷相信、深刻领悟、自觉践行的大道学说,而那些"逆道之人",只会不屑一顾、嗤之以鼻,甚至倒行逆施。

掩卷长思,感慨万千。我的人生经历,又何尝不是如此,一直在"九九八十一难"中不停地打磨和蹉磨、锤炼和修炼。幸运的是,正是这些人生磨难、挫折锤炼、经历际遇、经验沉淀,奠基并成就了本次《道德经新鉴》的创作。我想,如果人生没有童年时代九岁丧父、家境贫寒的苦难,没有少年时代两次高考落榜的磨难,没有青年时代因精简整编二度上军校求学和国家机关重大机构改革等的曲折,没有中年时代与腐败分子斗争的经历做铺垫,必定无法与圣贤产生如此多的思想共鸣;如果没有工农商学兵的人生经历、军队高级机关和国家机关的锻炼,没有丰富的人生阅历、思想积淀、理论积累、能力支撑做铺垫,必定无法完成当下这项创作;如果没有从小埋下"要成为一个有用的人"的朴素理想,坚持思考不止、笔耕不辍、追求真理、坚定执着做铺垫,必定无法形成今天的思想创见；如果没有二十年持续探索领导者核心能力理论和六年潜心研究领袖核心能力命题，没有新时代"中国梦"使命强烈召唤，没有几十年如一日思考思索做铺垫，《道德经新鉴》必定无法达到目前的深度和广度。

在《道德经新鉴》创作关键之时，正值新冠肺炎疫情在中国和全球爆发之际，正如老子所言，任何事物都有正反两面，突如其来的全球大疫情给人类带来了无比灾难，但客观上为我提供了千载难逢的静思机会和创作条件。在自我隔离、网络办公阶段，我放空一切、心无旁骛、倾尽全力，全身心投入到创作之中。一遍又一遍研读领悟、一遍又一遍反复推敲、一遍又一遍提炼升华，几乎到了如痴如醉、魂牵梦萦、日思夜想的境地，终于在度过一个又一个不眠之夜、一个又一个烧脑熬神的白昼、一个又一个呕心沥血的日常后，渡过了"九九八十一难"，见到了希望曙光。

《道德经新鉴》试图彻底跳出几千年以来对《道德经》大多停留在字面翻译、表面释义，就文化谈文化、以哲学论哲学的传统窠臼，围绕人类面临的重大问题、重大挑战、重大威胁，围绕开创中国新时代盛世目标，围绕构建人类命运共同体理念和建设大同世界愿景，围绕提升人类文明道德素养，以提供具有创见的思考和可操作的思路。希冀每一章、每一鉴都能直击问题、直击本质、直击心灵，让读者受触动、受启发、受影响，进而达到借鉴中华传统文化智慧，启发世人自觉思考，推进人类社会进步，促进时代发展之目的。

衷心期待通过出版本书，帮助世人扬起天道旗帜、真理旗帜、文明旗帜，树立敬畏天道、顺应天道、践行天道理念；引导世人结束无神和有神、唯物和唯心、物质和精神等没有终极结论的争论和对立，形成超脱于各种宗教信仰之上的全新观念，终结文明冲突、文化冲突、宗教冲突，构建起跨越种族、跨越制度、跨越国界的新文化信仰。衷心期待世界政治家们，通过阅读《道德经新鉴》能有所启示，以人类永续发展为己任，投身构建人类命运共同体之大道，协力构建和平世界、和谐世界、大同世界；衷心期待社会各界精英们，通过阅读《道德经新鉴》能有所启发，形成全新宇宙观，恪守道德价值追求，遵天道、行王道、入大道；衷心期待中外各国读者们，通过阅读《道德经新鉴》能有所启迪，切实知敬畏、守真理、遵规律、归本根，明心见性，努力开创圆满人生新途径。

　　写到这里，已故母亲的身影突然清晰地浮现在我眼前，抬头一看日历，正是母亲生日，顿感温暖、平添力量。此刻特别想大喊一声：谢谢您，妈妈。谢谢，母爱。我深深知道，是母爱的光芒照亮了我的人生之路。假如没有母亲的言传身教，从小教育我正直、善良、坚强、无畏，也许在艰难坎坷的人生路途上，事业追求不知夭折了多少回，不知被意外的磨难击垮过多少回，自己不知又会放弃多少回。在本书即将付梓之际，我要深深地再一次向九泉之下的母亲道一声感谢：谢谢母亲的无私给予、恩赐和大爱。写到这里，我要衷心感谢人生道路上一如既往鼓励、支持、帮助我的各级领导和各界朋友，如果没有你们追求真理、坚守正义、公正无私，也许我的人生之路会更加坎坷、挫折、曲折，可能会遭遇更多的不公和磨难。写到这里,我要衷心感谢在创作《道德经新鉴》过程中为我提供帮助的同事们、朋友们、知音们,如果没有你们的倾力相助,整个创作过程不会如此酣畅淋漓、高效顺利;我要衷心感谢任法融道长抬爱欣然作序,给本书增添了新的光芒;我还要衷心感谢为本书出版提供帮助的国内知名专家、学者和商务印书馆国际有限公司的编辑同志们,如果没有你们的鼎力相助,本书不会如此快速问世。由于本人并非研究传统文化的专业人士,对《道德经》的感悟难免不够精准深刻,时代启鉴难免不够深邃解渴,敬请海内外同仁和各界人士多加包涵,不足之处给予批评指正,我将把大家的批评化作继续前行、继续寻道的强大动力。

周新民

二〇二〇年四月二十九日